말씀과 기도가 있는 구역 만들기 9

기초가 튼튼한 사람들

| 정명철 지음 |

쿰란출판사

머리말

성경은 천지창조로부터 예수님의 재림에 이르기까지 하나님의 인간 구원의 역사와 섭리에 대해 모든 것을 기록해 놓은 책입니다. 그러므로 성경을 바로 알 때에 하나님의 뜻을 알 수 있습니다. 하나님의 뜻을 바로 알 때에 성도는 복된 생활을 할 수 있습니다.

요즘 이단 때문에 시끄럽습니다. 성경말씀에서 벗어나 다른 길로 간 것을 이단이라 합니다. 이단에 빠지게 되면 정상적인 사고를 할 수 없게 되어 자신은 물론 가정생활도 파괴가 됩니다.

우리 성도들이 영적 분별력을 갖기 위해서는 신앙의 기초가 든든해야 합니다.

그래서 한 해 동안 신앙의 기초 시리즈로 말씀을 전했습니다. 성부 하나님으로부터 시작하여 기독론, 교회론, 죄론, 성도의 생활 등 교의신학 중심의 말씀을 1년 동안 쉬지 않고 전했습니다.

기독교 교리는 성경이 말씀하는 근본이 되는 가르침입니다. 오늘의 우리가 살아가는 시대는 자기의 소견에 옳은 대로 행하는 시대요, 믿음의 근본이 흔들리는 시대입니다. 이러한 때에 교리에 대한 체계적인 교육과 훈련이 있어야 흔들리지 않습니다.

저도 말씀을 전하는 일에 있어서 조직신학적인 주제들에 대한 민감성 때문에 힘들었고, 부족한 신학적 지식을 찾아 매주일 공부하고 연구해야 했기에 굉장히 고단한 한 해였습니다. 그런데 놀라운 사실은 교리 중심의 설교를 하면서 교회가 은혜를 크게 받았고 부흥을 한 것입니다. 새 성전 건축을 시작하며 주차장이 없는데도 오히려 성도들이 더 열심히 나와 말씀을 들었습니다.

이번에 발간되는 책은 우리 성도들이 늘 가까이하고 반복해서 읽으면 신앙의 정체성을 정립하는 데 도움을 줄 것입니다.

제9권 《기초가 튼튼한 사람들》이 출판될 수 있도록 허락하신 하나님께 감사와 영광을 돌립니다. 이 책이 출판되는 데 도움을 주신 쿰란출판사와 도림교회를 섬기는 모든 성도들께 이 책을 바칩니다.

2017년 12월

정명철 목사

차 례

1

신앙의 기초를 튼튼하게

- **본 문**: 누가복음 6장 48~49절(신 100쪽)
- **찬 송**: 204장(주의 말씀 듣고서, 통 379장)
- **요 절**: 집을 짓되 깊이 파고 주추를 반석 위에 놓은 사람과 같으니 큰 물이 나서 탁류가 그 집에 부딪치되 잘 지었기 때문에 능히 요동하지 못하게 하였거니와 듣고 행하지 아니하는 자는 주추 없이 흙 위에 집 지은 사람과 같으니 탁류가 부딪치매 집이 곧 무너져 파괴됨이 심하니라 하시니라(눅 6:48~49)

옛말에 "시작이 반이다"라는 말이 있습니다. 이는 어떤 시작을 하느냐가 중요하다는 말입니다. 지금까지 그렇게 살아왔으니 올해도 그렇게 살겠다는 사람과 새로운 각오로 새 출발을 하는 사람은 결과가 다릅니다. '새해에는 믿음으로 살겠다. 더 기도하며 살겠다. 더 충성하며 살겠다'고 다짐하며 첫 시간을 하나님께 드리고 기도로 시작하는 사람을 하나님께서 붙잡아주십니다. 세상 사람들은 자기가 사업을 하고, 자기가 사람을 만나고, 자기가 노력하는 만큼 이루어지는 것으로 생각합니다. 그러나 올리기도 하시고 내리기도 하시는 분은 하나님이십니다. 하나님께서 사업도 인도하시고 좋은 사람도 만나게 하셔야 복된 인생이 되는 것입니다.

성경을 보면 하나님께서 특별히 쓰시는 사람은 한결같이 하나님을 의지하고 신뢰하는 사람들이었습니다. 하나님께서는 아브라함을 사용하셨고 야곱과 요셉을 사용하셨습니다. 그리고 다윗을 사용하셨습니다. 이들의 특징은 하나님을 의지하고 신뢰하는 사람들이었다는 것입니다. 이들은 특별한 재능이 있는 사람들이 아니었습니다. 하나님께서 특별하게 세워주신 것입니다. 우리 교회가 지난해에도 부흥을 했습니다. 전국의 모든 교회가 부흥하려고 하지만 다 부흥되는 것이 아닙니다. 하나님께서 우리 교회를, 우리 성도들을 특별하게 지켜주신 것입니다. 우리 교회가 증축을 하고 또 본당이 가득 차서 예배를 늘렸습니다. 그런데 또 가득 채워주셨습니다. 이것은 사명을 주신 것입니다. 복음 전하는 사명, 하나님께서 안타깝게 여기시는 선교지의 교회들을 지원하고 일꾼들을 세우라고 우리 교회에 복 주신 것입니다.

새해에도 성전 건축이 계속 진행됩니다. 앞으로 더 많은 일을 한국교회를 향해 감당해야 하는 사명을 우리에게 주셨습니다. 성전 건축을 하며 우리 인생의 건축도 튼튼하고 아름답게 지어야 합니다. 특별히 이 책의 제목을 《기초가 튼튼한 사람들》이라고 정했습니다. 무슨 일을 하든 기초가 중요합니다. 공부를 해도 기초가 중요합니다. 기초가 안 되어 있으면 상급학년이 될수록 어려워집니다. 고등학교 수업시간에 보면 잠자고 있는 학생들이 많습니다. 처음부터 기초를 튼튼하게 했으면 공부가 재미있을 텐데 들어도 알 수가 없는 것입니다.

수학시간에 아무리 열심히 들어도 이해가 안 되니 열심히 하려 해도 안 됩니다. 처음부터 다시 시작해야 합니다. 운동도 기초가 중요합니다. 동네 탁구, 동네 바둑, 동네 씨름이라는 말이 있습니다. 동네에서는 잘했는데 선수들과 붙어보면 상대가 안 됩니다. 기초가 다른 것입니다. 탁구를 배워도 자세부터 배우고, 스텝부터 배워야 합니다. 군인이 되면 처음부터 전투를 가르치지 않습니다. 기초부터 가르칩니다. 매일같이 지루하게 걷는 훈련을 시키고 한 달이 되어야 비로소 사격을 할 수 있는 자격이 주어집니다.

건물도 그렇습니다. 기초가 튼튼해야 합니다. 우리가 건축하는 땅의 지하에 암반이 없답니다. 그런데 한 30m 가까이 내려가면 암반이 있답니다. 그래서 그곳까지 파서 기초를 하고 건축을 하는 것입니다. 미국의 맨해튼이라는 도시는 도시 전체가 암반으로 되어 있습니다. 그래서 이곳 건물은 지하가 거의 없습니다. 도시 아래를 흐르는 물을 그냥 마셔도 좋다고 합니다. 암반 아래로 흐르는 물이기 때문입니다. 이곳은 천연적으로 기초가 튼튼하기 때문에 큰 건물을 이곳에 많이 지었습니다. 엠파이어 스테이트 빌딩도 이곳에 있고, 쌍둥이 빌딩도 이곳에 있습니다. 기초가 튼튼해야 건축물이 안전합니다. 삼풍백화점, 와우아파트, 성수대교가 왜 무너졌습니까? 기초를 튼튼히 하지 않았기 때문입니다.

신앙의 기초도 튼튼해야 흔들리거나 무너지지 않습니다. 신앙의 제일 기초는 예수 그리스도이십니다. 예수님의 반석 위에 신앙을 세워야 합니다. 그래서 예수님은 베드로에게 “이 반석 위에 내 교회를 세우리니 음부의 권세가 이기지 못하리라”(마 16:18)고 말씀하셨습니다. 예수님을 믿는 믿음이 흔들리지 않아야 합니다. 예수님께서 나의 죄를 사해 주시기 위해 이 땅에 찾아오셨습니다. 예수님은 십자가에 죽으셨으나 삼 일 만에 부활하셨습니다. 그리고 승천하셔서 우리를 기다리고 계십니다. 이 사실이 가장 중요한 기초입니다. 이 기초를 잘못 세우면 교만하게 됩니다. 은혜를 잊어버리고 감사하지 않습니다. 불평하는 입술이 됩니다. 복음의 사명을 잊어버리고 삽니다. 이단에 빠집니다. 기초가 중요한 것입니다. 그래서 새해에는 특별히 신앙의 기초를 튼튼하게 세우시기 바랍니다.

오늘 말씀은 예수님께서 실제로 있었던 일을 비유로 말씀해 주신 내용입니다. 유대 나라는 우기와 건기가 있어 비가 집중적으로 옵니다. 우리나라의 소나기 정도가 아닙니다. 마른 땅에 강이 생깁니다. 비가 휩쓸고 지나가면 땅이 참 고르게 됩니다. 평평하고 좋은 땅들이 도처에 있습니다. 그래서 외부에서 온 사람들이 그 평평하고 좋은 땅에 집을 지으려 합니다. 그때에 유대인들이 말합니다. 그곳에 집을 지으면 안 된다고. 비가 오면 그곳에 물이 넘친다고 경고를 합니다. 그리고 이쪽에 집을 지어도 그냥 지으면 안 된다고, 땅을 깊이 파고 반석 위에 주추를 놓아야 물이 흐를 때에 집이 무너지지 않는다고 가르쳐줍니다.

그런데 '이렇게 운동장 같은 곳에 무슨 비가 그렇게 많이 와서 집을 무너뜨리겠는가?'라고 생각하고 고집대로 쉽게 집을 지은 사람들이 있었다는 것입니다. 우기가 되어 비가 쏟아지기 시작하면 강물이 흐르고 휩쓸고 지나갑니다. 그때에 흙 위에 기초를 부실하게 하고 집을 지은 사람들의 집은 탁류가 흐를 때에 무너지게 된다는 것입니다. 예수님의 말씀은 집 짓는 이야기를 하신 것이 아닙니다. 신앙의 집을 말씀하신 것입니다. 집을 짓는 것과 인생을 짓는 것은 공통점이 있습니다. 집을 짓는 데는 여러 가지 재료가 필요합니다. 어떤 재료를 사용하느냐에 따라 집이 달라지고 누가 짓느냐에 따라 집이 달라집니다. 아무리 좋은 재료도 건축가가 형편없으면 좋은 집을 건축할 수 없습니다. 그러나 진흙으로 집을 지어도 최고의 건축가의 손으로 집을 지으면 예술작품이 만들어지는 것입니다.

인생의 집도 그렇습니다. 하나님께서 우리 모두에게 재료를 주십니다. 각기 다른 달란트를 주십니다. 사명도 주십니다. 그 재료를 가지고 어떻게 짓느냐는 우리의 몫입니다. 우리는 인생의 집을 짓는 사람들입니다. 올 한 해 인생의 집을 예술작품처럼 잘 지으시기 바랍니다. 새해에는,

1. 신앙의 기초를 튼튼하게 세우시기 바랍니다.

어렵더라도 주일을 지키고 말씀 중심의 삶을 사시기 바랍니다. 말씀으로 살아가면 하나님께서 필요한 것을 채워 주십니다. 나는 보잘것없어도 말씀이 내 길을 지도해 주십니다. 갈 길을 인도해 주십니다. 말씀을 따라가면 반드시 복된 길로 가게 되어 있습니다. 그러나 말씀을 떠나면 고통스런 일들이 생깁니다. 말씀을 떠나면 사탄이 들어오고 역사합니다. 말씀은 신앙의 기초입니다. 왜 신앙이 흔들립니까? 왜 신앙인처럼 살지 못합니까? 왜 교회 안에 어려움이 있습니까? 왜 행복하지 못합니까? 왜 그 입술에 감사와 축복이 없습니까? 그 원인은 말씀을 떠난 데서 시작되는 것입니다.

믿음의 기초 위에 인생의 집을 지어나가면 점점 멋진 작품이 됩니다. 아브라함은 믿음 위에 그 인생의 집을 지었습니다. 점점 더 믿음의 길을 걸어가 마침내 믿음의 조상이 되었습니다. 다윗도 믿음 위에 인생의 집을 지었습니다. 그래서 목동에서 왕이 되었습니다. 하나님은 다른 것을 믿는 것을 기뻐하시지 않습니다. 거래처도 믿지 마십시오. 아들도 믿지 마십시오. 남편도 아내도 믿지 마십시오. 이 말은 의심하라는 말이 아닙니다. 하나님을 믿으라는 말입니다. 하나님을 믿으면 거래처도 지켜주시는데 거래처가 튼튼하다고 거래처를 너무 믿

고 하나님께 기도하는 일을 게을리하면 하나님께서 기뻐하시지 않는다는 말입니다.

세상을 믿어 고통스런 일이 생기는 적은 많지만 하나님을 믿어 손해 보는 일은 없습니다. 그런데도 사람들은 어느 순간 하나님을 믿지 않고 자기 실력을 믿고, 자기 방법을 믿습니다. 이것은 인간의 죄 때문입니다. 하나님의 말씀을 가까이하면 저절로 죄가 물러가는 것을 기억하시기 바랍니다. 예수 믿는 것도 내 힘으로 믿으려고 하면 실패합니다. 하나님의 은혜를 구하셔야 합니다. 올해는 주일 성수를 위해 힘써 기도하십시오. 하나님께서 도와주십니다. 말씀을 들을 때 힘을 다하십시오. 하나님의 은혜가 임하는 것을 체험할 것입니다. 하나님께 감사하는 생활을 하십시오. 인생의 가라지가 사라질 것입니다.

우리 인생은 모두가 병들어 있습니다. 진짜 심각한 것은 영적인 병입니다. 영적인 병에 걸리면 말씀의 꿀맛을 잃어버립니다. 이렇게 주님 앞에 나오는 것도 감사하지 못합니다. 영적인 병에 걸리면 입술에서 감사가 사라집니다. 불평하고 이간질합니다. 교회에 나와도 은혜받은 다른 사람들의 심령에 먹구름이 끼게 만듭니다. 웃음이 사라집니다. 예수 믿는 사람은 얼굴에 먼저 나타납니다. 얼굴에 예수 믿는 모습이 나타나야 하는 것입니다. 신앙의 기초가 튼튼하면 우리 인생은 행복한 인생이 될 수 있습니다. 우리 성도들 모두가 신앙의 기초를 튼튼하게 세우는 한 해가 되시기를 바랍니다.

2. 축복받을 기초를 튼튼하게 세우시기 바랍니다.

축복에는 원리가 있습니다. 성경은 이 원리를 기록한 책입니다. 성경에는 인생의 지도가 들어 있습니다. 그 길을 따라가면 우리 인생은 축복받는 인생이 됩니다. 역사적으로 하나님을 열심히 믿은 민족이 잘못된 적이 없습니다. 하나님을 잘 믿어 축복받지 못한 가정이 없습니다. 내 자녀들이 축복을 받으려면 아버지가 축복의 기초를 잘 세워야 합니다. 아버지가 세운 축복의 기초를 이어받아 자녀가 믿음으로 살면 대를 이어 형통하게 하시겠다고 하나님은 약속하셨습니다. 이 종은 부모님이 복음을 위해 헌신하여 대신 복을 받았습니다. 그 은혜를 잊지 않으면 대를 이어서 축복을 받습니다. 그래서 내가 도울 수 있는 은혜를 받은 것을 감사하며 어려운 교회나 목회자들을 보면 늘 도우려고 합니다. 빈손으로 보내지 않으려고 합니다. 축복의 기초를 세워야 하기 때문입니다.

이삭은 아버지 아브라함의 믿음을 이어받아 은혜를 잊지 않고 살았습니다. 그래서 복의 사람이 되었습니다. 이삭의 아들 중에 에서와 야곱이 있는데 이 두 사람을 다른 길로 가게 한 것이 무엇입니까? 야곱은 은혜를 잊지 않고 하나님께서 주실 복을 구하며 살았습니다. 그래서 대를 이어 축복의 사람이 되었습니다. 그런데 에서는 하나님의 은혜를 잊었습니다. 말씀을 지키지 않고 고향을 떠나 세일 산에서 살았습니다. 이방 여인들과 결혼하여 살았습니다. 결국 그 길이 처음에는 잘되었지만 나중에는 복 받지 못한 길로 가게 된 것입니다.

세상에서는 거짓을 행하여 잘될 수도 있습니다. 남을 속여 잘될 수도 있고 남의 것을 빼앗을 수도 있습니다. 우리나라 기업들도 보면 대통령이 바뀔 때마다 수난을 당합니다. 큰 기업도 빼앗는 것입니다. 그런데 하나님의 법은 그런 적이 없습니다. 우리가 행한 대로 마지막에 잘되게 해주십니다. 세상을 믿지 말고 하나님의 능력을 믿으시기 바랍니다. 자녀를 키워도 믿음으로 키우시기 바랍니다. 그래야 자녀들이 대를 이어 형통하고 효도하는 자녀들이 됩니다. 사업을 해도 믿음으로 사업하시기 바랍니다. 사업이 안 되어도 기도하고 잘되어도 기도해야 합니다. 그래야 마지막이 좋습니다.

결혼을 해도 믿음으로 결혼하시기 바랍니다. 그래야 고생하지 않습니다. 남편을 위하여 눈물로 기도하고 남편을 얻으십시오. 그러면 남편이 나를 위해 기도해 주는 축복의 가정이 되는 것입니다. 농사를 지을 때 거름을 잘 뿌려놓으면 농작물이 잘 자랍니다. 좋은 퇴비를 오랫동안 쓰면 땅이 힘을 얻어 웬만한 병충해도 이겨냅니다. 사람도 잘 먹어야 힘을 쓰지 않습니까? 축복받는 원리도 평소에 거름을 많이 뿌려놓아야 하는 것입니다. 축복받을 일들을 천국에 많이 쌓아놓아야 하는 것입니다.

세상 사람들은 세상에 쌓으려고 합니다. 그리고 그것을 지키기 위해 애를 씁니다. 그러나 믿음의 사람들은 천국에 심는 것입니다. 그러면 하나님께서 자라게 하시고 거두게 하시고 그 열매를 지켜주십니다. 천국에 심은 것에는 황충과 가라지가 없습니다. 심은 대로 거두리라고 하신 것처럼 축복의 씨앗을 많이 심은 자가 많이 거두게 되는 것입니다.

♬ 금보다 귀한 믿음은 참보배 되도다
이 진리 믿는 사람들 다 복을 받겠네(찬송가 450장) ♬

금보다 귀한 믿음으로 새해에 다 복을 받는 성도들이 됩시다.

3. 성전 건축이 튼튼하게 되도록 기도하시기 바랍니다.

성전 건축은 물질로 되는 것이 아닙니다. 다윗은 주의 전을 짓기를 원하였지만 하나님께서 허락하시지 않았습니다. "너는 전쟁을 많이 한 사람이라 피를 많이 흘렸으니 내 이름을 위하여 성전을 건축하지 못하리라"(대상 28:3)고 하나님은 말씀하셨습니다. 하나님의 성전은 누구나 와서 평화를 누리고 행복해야 합니다. 그런데 다윗은 전쟁을 통해 그 손에 피를 많이 묻혔습니다. 많은 사람들이 그 손에 죽었습니다. 그러면 그 가족들이 와서 예배드릴 때에 '이 성전을 다윗이 지었지' 하는 마음이 들면 은혜가 안 되는 것입니다. 그래서 하나님은 허락하시지 않았습니다.

성전은 아무나 짓는 것이 아닙니다. 짓겠다고 해서 지어지는 것도 아닙니다. 하나님께서 허락하셔야 되는 것입니다. 성전은 기도로 짓는 것입니다. 시공사가 짓는 것이 아닙니다. 우리의 심령으로 짓는 것입니다. 감동으로 짓는 것입니다. 사람의 지혜로 성전을 지으려고 하거나, 사람이 앞서서 지으려고 하면 어려움이 옵니다. 시험에 빠집니다. 은혜가 되지 않습니다. 축복이 되지 않습니다. 이 종이 매일 기도한 것이 "하나님, 주의 전을 사람이 짓지 않게 해주시옵소서. 사탄이 틈을 타지 않게 해주시옵소서" 하는 것이었습니다.

그동안 우리 건축위원들이 일사천리로 진행해 왔고 은혜로 모든 일들이 이루어져 왔습니다. 앞으로 남은 일들이 더 많습니다. 어떻게 지을 것입니까? 하루도 쉬지 않는 우리의 기도가 하늘보좌를 감동시킬 수 있기를 바랍니다. 교회학교로부터 남녀선교회에 이르기까지 모이면 함께 드리는 기도로 성전 건축이 될 때 하나님이 놀라운 은혜를 부어주실 줄로 믿습니다. 이 성전 건축을 통하여 수많은 영혼을 구원하시고 우리 자녀들에게 놀라운 축복을 주실 줄로 믿습니다. 금년 한 해 동안 신앙의 기초를 튼튼히 하여 축복의 인생을 지어나가는, 기억에 남는 한 해가 되시기를 바랍니다.

적 용

ⓐ 오늘 말씀의 주제 파악하기:

ⓑ 오늘 말씀 중 은혜 받은 부분 나누기:

ⓒ 삶에 구체적으로 적용하기:

함께 드리는 기도제목

1. 신앙의 기초를 튼튼히 세우는 한 해가 되게 하옵소서.
2. 축복받을 기초를 튼튼히 세우는 한 해가 되게 하옵소서.
3. 성전 건축을 위해 쉬지 않고 기도하게 하옵소서.

2

나는 하나님을 믿습니다

- **본 문**: 시편 95편 1편 1~8절(구 872쪽)
- **찬 송**: 77장(거룩하신 하나님)
- **요 절**: 오라 우리가 여호와께 노래하며 우리의 구원의 반석을 향하여 즐거이 외치자 우리가 감사함으로 그 앞에 나아가며 시를 지어 즐거이 그를 노래하자 여호와는 크신 하나님이시요 모든 신들보다 크신 왕이시기 때문이로다(시 95:1~3)

신앙의 기초는 제일 먼저 하나님을 믿는 신앙이 바로 서야 합니다. 교회의 신앙의 기초를 가장 잘 표현한 신앙 고백문이 사도신경입니다. 사도신경은 열두 사도에 의해 기록되었다는 설이 있지만 그 기원은 확실하지 않습니다. 사도신경은 예수님이 부활하신 후 200년 정도 지난 후 세례자들을 훈련시키기 위하여 교회에서 사용하였고, 지금으로부터 1,500년 전 오늘의 사도신경이 형성되었습니다. 역사적으로 기독교 공동체는 사도신경을 통하여 이단들과 싸워왔고 신앙의 기초를 세워왔습니다. 초대교회 성도들은 이 사도들의 신조를 중심으로 신앙을 고백하고 이 신앙을 지키기 위하여 사자굴에도 들어가고 콜로세움에서 사형을 당하기도 했습니다.

사도신경은 우리 신앙의 선조들이 하나님을 믿기 위해 박해와 싸워 나가며 나는 이렇게 하나님을 믿는다는 고백임을 그리고 우리가 그 고백을 주님이 오실 때까지 함께 고백해야 하는 것임을 깨달을 때 감격이 있는 것입니다. 우리가 매주일 사도신경을 암송하는데 이 사도신경이 얼마나 귀한 것인지를 우리는 깨달아야 합니다. 사도신경은 성경에 기록된 삼위일체 하나님과 성도의 생활에 대한 함축된 내용을 기록하고 있습니다. 사도신경은 개인의 신앙생활은 물론 교회생활에 있어서 가장 중심이 되는 기초를 이야기하고 있습니다.

초대교회 이후 교회에는 많은 이단들이 일어났습니다. 이들은 개인의 체험을 중심으로 신앙을 이야기하고 개인이 느끼는 감정에 의해 하나님에 대해, 성령님에 대해, 예수님에 대해 이야기했습니다. 이것은 교회에 큰 혼란을 주었습니다. 오늘날에도 은혜를 받고 가정제단을 쌓는다든지, 무인가 신학교를 운영한다든지 하는 곳에서 이런 잘못들을 발견할 수 있습니다. 내가 은혜 받은 체험을 중심으로 하나님을 믿다 보니 전체를 보지 못하고 부분만을 강조하게 되고 또는 잘못된 길로 가게 되는 것입니다.

하나님의 교회라고 간판이 붙어있는 안상홍을 하나님으로 믿는 안상홍증인회나 이만희 교주를 믿는 신천지 같은 곳도 사도신경을 부정합니다. 삼위일체의 하나님을 부정해야 교주를 신으로 만들 수 있기 때문입니다. 기독교 교리는 하루아침에 이루어진 것이 아니라 수천 년의 역사 속에서 이루어진 것입니다. 오늘날 전세계 모든 교회가 이 사도신경을 암송합니다. 이 사도신경은 모두가 같은 하나님을 믿고 모든 교파와 교회가 하나로 묶여지는 교회에 주신 선물인 것입니다.

사도신경에서는 "나는 전능하신 아버지 하나님 천지의 창조주를 믿습니다"라는 아주 짧은 문장으로 하나님에 대해 간결하게 표현하고 있습니다. 성경에는 하나님에 대한 수많은 기록들이 있습니다. "하나님은 나의 반석이시다. 나의 도움이시다. 나의 피할 바위이시다. 나의 산성이시다. 존귀하신 하나님, 풍성하신 하나님, 은혜의 하나님" 등 수많은 표현들이 있습니다. 본문 시편 95편 말씀도 "나는 이렇게 하나님을 믿습니다" 하는 신앙고백입니다. 오늘 말씀은 사도신경을 중심으로 전하려고 합니다.

1. 하나님은 전능하신 하나님이십니다.

전능이란 말은 히브리어로 '샤다이'입니다. 우리는 하나님을 믿을 때 전능하신 하나님이심을 믿어야 합니다. 하나님께서는 아브라함에게 나타나셔서 "너는 고향 친척 아버지 집을 떠나 내가 네게 지시할 땅으로 가라. 내가 너에게 복의 근원이 되게 하겠다"라고 말씀하셨습니다. 아브라함은 하나님의 명령에 따라 고향 집을 떠나 이리저리 방황하며 25년을 지냈습니다. 그의 나이가 99세가 되었습니다. 이때 하나님은 다시 아브라함에게 나타나셔서 약속을 주시며 자손을 하늘의 별과 같이 바다의 모래와 같이 주겠다고 하셨습니다.

그리고 하시는 말씀이 "나는 엘 샤다이다. 전능한 하나님이다"라고 하셨습니다. 전능이란 말은 불가능이 없다는 말입니다. 그래서 아들을 낳을 수 없는 아브라함에게 이삭을 주셨습니다. 사라는 경수가 끊어져 아기를 낳을 수 없었으나 전능하신 하나님께는 문제가 안 되는 것입니다. 아브라함의 이야기를 믿을 때 동정녀 마리아에게서 예수님이 오신 것도 믿어지는 것입니다. 이 사실을 믿을 때 나에게도 전능하신 하나님의 역사가 일어날 수 있음을 믿을 수 있는 것입니다.

우리 교회에도 아기를 갖지 못하다가 나이 들어 기도 받으러 오시는 분들이 있습니다. "하나님 우리 가정에 아기가 필요합니다. 저는 아브라함에게 주셨던 그 전능하신 하나님의 역사가 우리 가정에서도 일어날 줄 믿습니다" 하는 믿음이 있을 때에 역사가 일어나는 것입니다. 얼마 전에도 어떤 가정에서 출산을 못했는데 나이가 많이 들어 아기를 갖게 되었습니다. 그런데 병원에서 아기의 심장이 멈춰 있으니 빨리 수술하라는 것입니다. 시어머니 권사님이 병원에서 전화를 걸어 목사님이 기도해 주시면 죽은 아기도 살아나지 않겠느냐고 일단 수술 받지 않고 기도 받으면 어떻겠냐고 했습니다.

금요일 저녁이라서 그날을 넘기면 토요일, 주일은 수술도 못 합니다. 의사선생님이 살아있는 아기가 죽었다고 그런 실수를 하겠습니까? 순간적으로 기도했습니다. "하나님 어떻게 해야 합니까? 잘못하면 산모가 위험해지지 않겠습니까?" 이 시어머니의 믿음이 참 어린아이 같은 믿음입니다. 그런데 주의 종이 믿으면 된다고 하고, 기도하면 된다고 했는데 시어머니의 믿음보다 못해서야 되겠습니까? 기도 받으러 오라고 했습니다. 그리고 걱정이 됩니다. 위험해지면 어떻게 하나 걱정이 됩니다. 그래서 간절히 기도했습니다. "하나님, 믿음을 봐서라도 은혜를 주시옵소서. 전능하신 하나님께서 도와주시옵소서." 송구영신예배 후 이 가정을 붙들고 간절히 기도하고 나서 다시 큰 병원에 가보라고 했습니다. 그랬더니 다시 연락이 왔는데 임신 4주에 아기가 살아있다는 것입니다. 그다음에 이 가정이 말씀을 듣는 것을 보니 눈이 초롱초롱 빛이 납니다.

무엇입니까? 전능하신 하나님께서 도와주셨다는 것입니다. 불신앙의 사람은 첫 번째 병원에서 오진했다고 생각합니다. 그러나 믿음의 사람은 하나님께서 고쳐주셨다고 생각합니다. 그 믿음과 감사를 잃지 않고 살 때 이 가정이 대를 이어 축복의 가정이 되는 것입니다. 불가능한 상황을 가능으로 바꾸시는 하나님의 역사를 믿을 때 우리 앞길이 막혀 있고 절망적인 상황일 때에도 기독교인들은 절망하지 않습니다. 전능하신 하나님을 믿기 때문입니다. 기독교인은 환경 때문에 절망하고 포기하지 않습니다. 하나님은 환경을 바꾸시는 분이심을 믿기 때문입니다.

하나님은 망하는 길로 가는 사람도 성공하는 길로 옮겨주십니다. 병든 자도 치료해 주십니다. 세상 줄이 끊어져도 하나님은 새로운 길을 열어 주십니다. 가정의 문제가 막혀 있어도 전능하신 하나님을 믿으면 하나님의 방법으로 새롭게 해주십니다. "할 수 있거든이 무슨 말이냐 믿는 자에게는 능히 하지 못할 일이 없느니라"(막 9:23)고 말씀하셨습니다. 교회 안에 분쟁이 있고 문제가 일어나는 것은 전능하신 하나님을 믿지 못하기 때문입니다. 너도 못 믿고 하나님도 못 믿으니 내가 해결해보겠다는 것입니다. 전능하신 하나님을 믿으면 어떤 일이 있어도 "우리 하나님께 기도합시다" 하고 함께 무릎 꿇는 공동체가 되는 것입니다.

전능하신 하나님을 믿는 것은 우리의 인생을 하나님께 맡기는 데서부터 출발합니다. 교회도 하나님께 맡기는 것입니다. 회사도, 국가도 하나님께 의뢰하는 것입니다. 성경의 인물들은 절망적인 상황에서 꿈을 가졌습니다. 전능하신 하나님을 믿었기 때문입니다. 그래서 믿음을 순결하게 지켰고 죽음의 자리에 들어갈지라도 변하지 않았습니다. 여러분, 마음과 삶을 전능하신 하나님께 온전히 맡기고 전능하신 하나님을 믿는 믿음으로 살아가는 성도들이 됩시다.

2. 하나님은 아버지이십니다.

아버지 하나님은 성부 하나님을 말하는 것입니다. 아버지는 히브리어로 '아브'인데 아람어로 '아바'라고 합니다. 예수님께서도 유대인들에게 평소 사용되었던 친근한 언어인 아람어로 '아바 아버지여'라고 하나님을 불렀습니다. 예수님은 복음서에서 170번 이상 하나님을 아버지라 부르고 있습니다. 이것은 당시 바리새인들에게는 상상도 할 수 없는 일이었습니다. 하나님은 예수님의 아버지만 되시는 것이 아니라 제자들에게도 아버지라고 가르쳐주셨고 우리에게도 하나님 아버지라고 부르게 하셨습니다. 우리가 하나님을 아버지라고 부르는 것은 하나님께서 하나님의 모양과 형상을 따라 우리를 지으셨음을 고백하는 것입니다.

요즘 뉴스에 보면 자식을 돌보지 않는 비정한 부모의 이야기가 많이 나옵니다. 얼마 전에도 11살짜리 소녀가 부모의 학대 가운데 살다가 뼈만 남은 앙상한 몸으로 탈출한 사건이 모두를 슬프게 했습니다. 인터넷 게임을 하느라 아기를 굶겨 죽인 부모도 있었습니다. 뉴스에서도 어린 아들을 학교에도 보내지 않고 구타하여 죽인 이야기가 보도되었습니다. 그런데 우리 하나님 아버지는 그런 아버지가 아닙니다. "자기 아들을 아끼지 아니하시고 우리 모든 사람을 위하여 내주신 이가 어찌 그 아들과 함께 모든 것을 우리에게 주시지 아니하겠느냐"(롬 8:32)고 하였습니다. 하나님 아버지는 우리를 위해 예수님을 십자가에 내주신 하나님이십니다.

마태복음 6장 26절에서도 "공중의 새를 보라 심지도 않고 거두지도 않고 창고에 모아들이지도 아니하되 너희 하늘 아버지께서 기르시나니 너희는 이것들보다 귀하지 아니하냐"고 말씀하셨습니다. 아버지의 사랑을 못 받고 자랐다든지 아버지를 아주 어릴 적에 잃었다면 사실 아버지에 대한 고백이 가슴에 와 닿지 않을 수도 있습니다. 종교개혁자 마틴 루터가 그랬습니다. 마틴 루터는 아주 엄한 아버지 밑에서 자랐습니다. 그래서 하나님을 아버지라 부르면 아무 감동이 없었습니다.

이 종은 아버지 생각을 하면 눈물이 나옵니다. 자녀들을 위해 마음으로 희생하고 자녀들을 위해 쉬지 않고 기도하셨던 아버지셨기 때문입니다. 가난한 목회자로 은퇴하시고 시골에 계실 때 연금도 없었고 참 어렵게 사셨습니다. 은퇴하신 후 목회하시던 교회에서 보내주는 생활비는, 교회가 어려운데 이거 받아서 되겠느냐고 그대로 교회로 헌금하셨습니다. 저도 그때 넉넉하지 못했기 때문에 한 달에 아주 조금밖에 못 보내드렸습니다. 몇 년 전 아버지가 돌아가시고 나니 그 아픔이 잊혀지지 않는 것입니다. 조금 더 보내드렸어야 하는데 하는 후회가 많습니다. 그래서 어머니에게는 더 보내드리려고 애를 씁니다.

여러분, 부모님이 살아계실 때 힘을 다하여 효도하셔야 합니다. 그래야 후회가 없습니다. 부모님 생각을 하면 왜 마음이 아픕니까? 나를 위해 희생하셨기 때문입니다. 저는 하나님 아버지 하면 그 아버지라는 단어가 너무나 가슴에 와 닿습니다. 예수님께서 들려주신 탕자의 비유에 아버지가 어떤 분이신지가 잘 설명되어 있습니다. 탕자는 아버지의 재산을 받아 도시로 나가 유흥비로 다 탕진을 합니다. 아버지는 집을 나간 아들이 돌아오기만을 날마다 동구밖에 서서 기다리고 계십니다. 탕자가 돌아왔을 때 아버지는 왜 재물을 다 허비하고 돌아왔느냐고 묻지 않았습니다. 탕자를 얼싸안고 새옷을 입히고 가락지를 끼워주고 살진 송아지를 잡아 잔치를 하고 용서해 주십니다.

아버지는 자녀를 위해 배고픔도 참습니다. 땀을 흘리며 일을 합니다. 자녀를 공부시키기 위해 직장에서 모욕을 받아도 묵묵히 견뎌냅니다. 우리 하나님 아버지는 우리의 죄를 사해 주시기 위해 십자가의 모욕도 다 참으셨습니다. 그리고 지금도 악한 마귀 사탄이 우리를 침범하지 못하도록 지켜주고 계십니다. 세상이 위험하고 악해도 아버지 품안에 있으면 자녀들은 안전합니다. 미래가 보이지 않아도 아버지를 믿고 따라가면 좋은 길로 인도해 주십니다. 광야 같은 세상에서도 우리에게 기쁨을 주고 소망을 주십니다. 그러므로 하나님을 아버지라고 부르는 사랑받는 자녀로 사시기를 바랍니다.

3. 하나님은 천지를 만드신 분이십니다.

성경은 "태초에 하나님이 천지를 창조하시니라"(창 1:1)란 말씀으로 시작합니다. 이것이 성경의 시작입니다. 성경의 첫 절이 하나님이 천지를 창조하셨다는 말씀으로 시작하는 것은 그만큼 중요하기 때문입니다. 이 사실을 믿을 때 우리는 하나님께서 천지를 창조하셨기 때문에 지금도 천지의 활동에 관여하고 계심을 믿는 것입니다. 세상에서는 힘으로 다 되는 것 같습니다. 남보다 더 똑똑해야 잘살 수 있고 남을 누르고 살아야 내가 잘살 수 있다고 생각합니다. 그래서 이 세상에서는 모두가 이기려고 합니다.

히틀러는 8천 3백만 명의 사람들을 죽였습니다. 유태인만 6백만 명을 죽였습니다. 수많은 군인들이 전쟁터에서 죽였습니다. 그래서 무엇을 얻었습니까? 이기려고 싸웠지만 인류에게 수많은 고통을 가져다주었습니다. 이 세상은 혈과 육의 싸움이 아니라고 했습니다. 기독교인은 세상의 싸움을 이기려 하는 것이 아니라 영적인 싸움에서 이겨야 합니다. 그것이 창조주 하나님을 믿는 것입니다. 이 세상은 강한 자가 이기는 것이 아니라 천지를 창조하시고 주재하시는 하나님을 믿을 때 이기는 자가 되는 것입니다. 그러면 이 세상을 다스리는 자가 되는 것입니다. 이 세상은 힘으로 문제를 풀 수가 없습니다. 지식으로도 풀 수가 없습니다. 과학으로도 문제를 풀 수가 없습니다. 창조주 하나님을 믿을 때, 그 섭리를 따라 살 때 세상의 문제가 풀리는 것입니다.

하나님께서 창조하신 세상은 참 신비합니다. 과학자들이 수천 년 동안 풀어도 점점 더 신비한 것들이 많습니다. 하나님께서 창조하신 그 신비를 조금씩 조금씩 알아가는 것입니다. 우주는 컴퓨터보다도 정확하고 정밀합니다. 지구는 태양과 조금만 가까워져도 익어버리고 조금만 멀어져도 추워서 살 수가 없습니다. 지구가 태양의 주위를 돌면서 지구도 스스로 돌아가기 때문에 생물체가 살아갈 수 있습니다. 낮과 밤이 만들어집니다. 밀물과 썰물이 있어 대기가 순환이 됩니다. 비가 내리지 않으면 지구는 금방 죽어버리고 맙니다. 바닷물이 수증기가 되어 하늘로 올라가고, 그것이 구름이 되고 비가 되어 내립니다. 비가 그냥 물이 아닙니다. 산화질소 성분이 만들어져 비료가 되어 내려 식물을 자라게 합니다. 이런 것들이 우연히 만들어진 것이 아닙니다.

사람들은 수천 년 동안 우주를 연구해도 모르는 것이 점점 더 많아집니다. 가까이 있는 바다도 모르는 것이 많습니다. 먼 데 있는 것만 그런 것이 아닙니다. 사람의 몸만 보아도 얼마나 정교한지 모릅니다. 사람의 몸 안에 있는 핏줄을 연결하면 무려 112,000km로 지구를 두 번 반이나 감을 수 있습니다. 그런데 피는 46초 만에 몸을 한 바퀴 돕니다. 우주왕복선을 만드는 데 백만 개의 부품이 들어가는데 사람의 뇌는 그보다 훨씬 더 많은 천억 개의 신경세포를 가지고 있습니다. 하루에 심장박동이 10만 번을 뛰닙니다. 아무리 정교한 자동차도 늘 고장이 나서 수리를 해야 합니다.

그런데 우리 몸에 들어있는 수많은 부품들이 고장나지 않고 굴러가는 것이 얼마나 신비한지 모릅니다. 창조주 하나님을 믿는 사람들은 아침에 일어나 숨이 쉬어지는 것이 감사한 것입니다. 그래서 전도서 12장 1~2절에 "너의 창조주를 기억하라 곧 곤고한 날이 이르기 전에, 나는 아무 낙이 없다고 할 해들이 가깝기 전에 해와 빛과 달과 별들이 어둡기 전에, 비 뒤에 구름이 다시 일어나기 전에 그리하라"고 말씀하신 것입니다. 우리가 마지막 날에 하나님 앞에 설 때 "나는 하나님이 계신 것을 몰랐습니다"라고 말하면 될 것입니까? 그때 하나님께서 '네가 사는 모든 주변에서 하나님이 살아계신 것을 다 보여주었는데 무슨 말이냐' 하시면 할 말이 없는 것입니다.

여러분, 우리가 사는 세상은 교만하지만 않다면 밤하늘의 별을 보아도, 떨어지는 낙엽을 보아도, 바람이 불어오는 것을 느껴도 다 하나님의 살아계심을 깨달을 수 있습니다. 날마다 이 세상을 바라보며 하나님께서 이 천지를 창조하셨음을 바라보고, 지금도 천지를 운행하시는 하나님을 느끼고 하나님의 자녀로 힘 있게 살아가는 성도들이 됩시다.

적 용

ⓐ 오늘 말씀의 주제 파악하기:

ⓑ 오늘 말씀 중 은혜 받은 부분 나누기:

ⓒ 삶에 구체적으로 적용하기:

함께 드리는 기도제목

1. 우리 인생을 전능하신 하나님께 맡기고 하나님을 믿음으로 살게 하옵소서.
2. 하나님을 아버지라 부르며 하나님께 사랑받는 자녀가 되게 하옵소서.
3. 인생을 살아가면서 천지를 창조하시고 운행하시는 하나님을 느낄 수 있는 믿음을 주옵소서.

3

나는 예수님을 믿습니다

- **본 문**: 요한복음 3장 16~17절(신 146쪽)
- **찬 송**: 94장(주 예수보다 더 귀한 것은 없네, 통 102장)
- **요 절**: 하나님이 세상을 이처럼 사랑하사 독생자를 주셨으니 이는 그를 믿는 자마다 멸망하지 않고 영생을 얻게 하려 하심이라(요 3:16)

사도신경에서는 우리가 믿는 삼위일체의 하나님에 대하여 고백하고 있습니다. 믿음이란 무엇입니까? 우리가 사는 세상에도 믿음이 존재합니다. 선생님을 믿고, 남편을 믿고, 텔레비전에 나오는 뉴스를 믿습니다. 음식을 사먹어도 이곳에서 만든 음식은 분명하다고 믿는 믿음이 있습니다. 그러나 성경이 말씀하는 믿음은 그런 것이 아닙니다. 믿음은 나로부터 오는 것이 아니라 하나님으로부터 오는 것입니다. "너희는 그 은혜에 의하여 믿음으로 말미암아 구원을 받았으니 이것은 너희에게서 난 것이 아니요 하나님의 선물이라"(엡 2:8)고 말씀하셨습니다.

믿음은 노력한다고 해서 되는 것이 아닙니다. 매일 새벽에 일어나 치성을 드린다고 해서 생겨나는 것도 아닙니다. 믿음은 하나님의 선물입니다. "믿음은 들음에서 나며"(롬 10:17)라고 했습니다. 믿음은 하나님의 말씀을 듣고 그 말씀이 내 안에 들어와 나를 변화시키는 것입니다. 그러므로 하나님의 말씀을 받아들이는 자는 이미 복을 받은 백성입니다. 하나님의 말씀은 그 자체가 능력이 있습니다. 말씀이 하나님이십니다. 그러므로 말씀이 내 안에 들어올 때 나는 성령의 사람이 되는 것입니다.

사도신경에서는 우리가 믿는 예수 그리스도에 대한 내용이 가장 많이 차지하고 있습니다. 제일 먼저 나오는 신앙고백이 "나는 그의 유일하신 아들 우리 주 예수 그리스도를 믿습니다"입니다. 우리는 모두가 하나님의 자녀입니다. 아들입니다. 그런데 사도신경에는 그냥 아들이 아니라 "그의 유일하신 아들"이라고 했습니다. 이것은 삼위일체의 하나님으로 성자의 위치를 말씀하는 것입니다. 그분이 예수 그리스도이십니다. 예수 그리스도라는 말은 이 땅에 오신 예수님이 그리스도라는 말입니다.

그리스도란 '세상을 구원할 자'라는 말입니다. 이스라엘 백성들이 세상을 구원할 메시아를 기다렸는데 메시아는 히브리어이고 그리스도는 희랍어입니다. '기름 부음을 받은 자' 혹은 '세상을 구원할 자'라는 같은 뜻을 가진 말입니다. 이 고백이 지금은 아무렇지도 않게 들릴 수 있지만 초대교회 성도들에게는 엄청나게 충격적인 고백이었습니다. 사람으로 오신 예수라는 분이 성자 예수님이시고 나는 그분을 나의 주님으로 믿는다는 고백입니다. 주님이라는 말은 "주님께서 나의 삶을 주장하시고 나는 그 소유입니다"라는 고백입니다.

사도신경에는 '나의 주'라고 하지 않고 '우리 주'라고 했습니다. 이것은 나만을 위해 예수님이 오신 것이 아니라 우리를 위해서 오셨고,

오늘도 교회를 통해 일하시고 계심을 고백하는 말입니다. 성경에 나타난 인물들을 보면 주님을 만났을 때 다 변화가 되었습니다. 내가 죄인임을 깨달았습니다. 자기의 소유를 내어놓았습니다. 예수님을 만나면 저절로 변화되는 것입니다. 예수 믿는 사람도 세상 사람들과 똑같이 고난도 당하고 어려움도 당합니다. 그러나 다른 것이 있습니다. 예수 믿는 사람들은 불행하다고 생각하지 않습니다. 좌절하지도 않습니다. 주님께서 인도해 주실 것을 믿기 때문입니다. 그래서 어려운 일을 만나도 기쁨이 있습니다. 가난해도 행복합니다.

예수 믿는다고 하면서 그 마음이 불행하고, 감사하지 못하고, 미워하고, 불평하고 산다면 사실은 예수님을 제대로 믿지 않는 것이기 때문입니다. 믿음은 나를 믿는 것이 아니라 전능하신 주님이 내 인생길을 인도해 주실 줄로 믿는 것입니다. 예수님은 우리를 구원해 주시기 위해 오셨습니다. 누구든지 믿는 자마다 구원의 은총을 약속해 주셨습니다. 이것이 귀한 것입니다. 구원받은 사람은 하나님의 백성이기 때문에 하나님께서 지켜주시기 때문입니다.

예수님의 제자들이 특출나게 대단한 것이 있어서 초대교회를 세운 것이 아닙니다. 구원받은 백성으로 삼아주시고 사명을 주셨고 그 길을 따라가니 지켜주신 것입니다. 다윗이 대단한 사람이라서 왕으로까지 세움 받은 것이 아닙니다. 하나님께서 택하셨고 그 길을 따라가니 복된 길로 인도하신 것입니다.

여러분이 강추위에도 예배드리러 나온 것은 하나님께서 택하셨기 때문에 나올 수 있는 것을 깨달아야 이 예배에 감사와 감격이 있습니다. 우리가 못나고 부족해도 구원의 백성이니 주님께서 인도해 주신 줄로 믿습니다.

사도신경의 그다음 고백은 "그는 성령으로 잉태되어 동정녀 마리아에게서 나셨다"는 것입니다. 이것은 불신자들에게 아주 좋은 공격거리가 됩니다. 어떻게 사람이 동정녀에게서 탄생할 수 있습니까? 그런데 이것을 믿는다고 우리는 고백합니다. 왜 예수님은 동정녀의 몸에서 오셔야 했습니까? 유대식 사고로 볼 때 이 땅의 모든 사람들은 남자의 후손입니다. 성경에 '누가 누구를 낳고 낳고'라고 기록되어 있는데 모두 남자의 후손으로 기록되어 있습니다. 그런데 예수님은 여자의 후손으로 오신다고 구약에 예언되어 있습니다. 남자의 후손, 즉 아담의 후손은 모두가 타락하여 그 속에 죄가 있는 후손입니다. 이 문제를 해결하려면 남자의 후손으로 올 수가 없습니다.

그래서 성경은 여자의 후손을 말씀하신 것입니다. 이 의미를 사람들은 몰랐습니다. 도대체 여자의 후손이라는 것이 무슨 의미가 있는지 몰랐지만 하나님께서는 동정녀를 통해 예수님을 보내주실 것을 이미 구약성경에 예고하신 것입니다. 한 번도 남자를 가까이하지 않은 동정녀의 몸에서 예수님이 오셨다는 것은 원죄가 없으시다는 뜻입니다. 살인죄가 있는 사람을 위해 다른 살인죄를 지은 사람이 죽어준다고 해서 그 죄가 사라지는 것은 아닙니다.

그러나 아무 죄가 없는 사람이 죄 있는 사람을 위해 대신 죽어주면 그것은 용서가 됩니다. 고대의 전쟁시에 그런 일들이 실제로 있었습니다. 사형을 당하는 사람을 위해 대신 내가 죽겠다고 자처하고 죽을 사람을 살리는 일들이 있었습니다. 바로 그런 것입니다. 죄가 있는 사람이 아무리 제물이 되어준들 죄가 사해질 수가 없습니다. 그래서 죄 없으신 예수님께서 십자가의 제물이 되어주신 것입니다.

"예수님께서 성령으로 잉태되어 동정녀의 몸을 통해 오신 것을 우리가 믿습니다"라고 고백하는 것이 우리의 신앙고백입니다. 어떻게 이

것을 믿습니까? 내가 믿는다 믿는다 다짐해서 되는 것이 아니라 말씀이 내 안에 들어오시고 예수님이 내 주님이 되시면 저절로 믿어지는 것입니다. 주님이 내 마음과 생각을 주장하시기 때문입니다. 그래서 믿음이 은혜요, 선물인 것입니다. 주님이 내 마음과 생각을 주장하시면 악한 영이 침범하지 못합니다. 주님은 나의 인생길을 복된 길로 인도해 주시는 분이십니다.

그다음에 우리가 고백하는 것은, 예수님은 "본디오 빌라도에게 고난을 받으사 십자가에 못박혀 죽으시고"라는 것입니다. 이것은 단순히 예수님께서 고난당하셨다는 기록이 아닙니다. 예수님의 고난과 십자가는 우리의 죄를 인함입니다. "그가 찔림은 우리의 허물 때문이요 그가 상함은 우리의 죄악 때문이라 그가 징계를 받으므로 우리는 평화를 누리고 그가 채찍에 맞으므로 우리는 나음을 받았도다"(사 53:5)라고 말씀합니다. 예수님은 우리의 죄 때문에 찔리셨고 상하셨습니다. 그래서 우리가 오늘 은혜를 입고 사는 것입니다.

이 세상에서 누가 우리를 위해 채찍을 대신 맞아주고 십자가를 져줍니까? 세상은 참 냉정합니다. 친했던 사람들도 변합니다. 돈 앞에서는 형제도 변합니다. 긴 병에 효자 없다고 자식도 마음이 변하고 친구도 마음이 변합니다. 그러나 주님은 변치 않으십니다. 제자들은 예수님이 십자가에 달리실 때에도 도망쳤고 뿔뿔이 흩어졌습니다. 그런데도 예수님은 제자들을 찾아오시고 사랑한다고 말씀하십니다. 그 주님이 우리에게도 찾아오셨습니다. 우리가 믿음을 잃고 낙심할 때에도 찾아와 주셨습니다. 주님의 마음을 아프시게 할 때에도 변함없이 와주셨습니다.

본디오 빌라도에게 고난을 받았다고 했는데 본디오 빌라도는 로마로부터 파송된 유대 총독이었습니다. 빌라도는 예수님께 죄가 없음을 잘 알고 있었습니다. 세 번씩이나 예수는 죄가 없다고 말합니다. 그럼에도 불구하고 예수님에게 채찍을 명하고 십자가에 내어준 것은 자신의 욕망 때문이었습니다. 자신의 지위와 명예와 재물을 지키기 위해 예수님을 희생시킨 것입니다. 우리는 사도신경을 통해 빌라도라는 한 사람을 지목하여 그의 죄를 이야기하는 것이 아닙니다. 그 빌라도가 바로 우리라는 것입니다.

우리가 예수님을 믿으면서 세상 사람들처럼 살았습니다. 불의를 묵인했습니다. 거짓에 동조했습니다. 적극적으로 죄를 짓지는 않았을지라도 '우리도 동조자입니다'라는 고백을 매주일 하는 것입니다. 예수님은 십자가에 달리셨습니다. 십자가는 예수님의 죄 사함의 제사요 우리를 향한 무한한 사랑의 표현입니다. 우리의 내면에 있는 빌라도의 모습 때문에 예수님은 오늘도 채찍에 맞으시고 십자가에 달리십니다. 그래서 세상 사람들이 교회를 손가락질하고 예수님을 욕되게 합니다. 누구의 죄입니까? 빌라도입니다. 그 빌라도가 바로 우리임을 매주일 사도신경을 통해 고백하고 죄 용서를 구하는 것입니다. "십자가에 못박혀 죽으시고"라는 고백도 우리가 바로 그 증인입니다. "우리도 십자가 밑에서 항의하지도 못했고 이 세상의 로마 병정이 두려워 싸우지도 못했습니다"라고 고백하는 것이 사도신경입니다.

오늘 우리는 사도신경을 고백하며 우리의 모습이 변화되기를 바랍니다. 이 종이 늘 "복된 말을 하십시오. 긍정의 말을 하십시오. 행복한 고백을 하십시오"라고 전하는 이유가 여기에 있습니다. 사도신경을 고백하고 뒤돌아서기가 무섭게 부정적인 언어를 말하고 험담하고 주님의 몸 된 교회를 어둡게 만드는 죄를 더 이상 짓지 않아야 하는 것입니다. 예수 믿으면 변화되어야 합니다. 주님의 영이 인도하는 대로 말하려고 해야 합니다.

그러므로 여러분은 주일날부터 주님을 더 깊이 생각하십시오. 우리의 신앙의 기초가 튼튼해야 합니다. 기초는 한 번에 되는 것이 아닙니다. 한 걸음씩 한 걸음씩 나아가는 것입니다. 주일에는 그동안 밀린 성경도 읽으시고 묵상하십시오. 믿음의 말을 하기 위해 애쓰십시오, 텔레비전 보는 것도 삼가셔야 합니다. 개인의 오락을 즐기는 것도 삼가셔야 합니다. 주님께 더 가까이 가는 날이다, 이렇게 정하고 나아가는 자를 주님은 기억해 주십니다. 그러면 우리가 부족해도 은혜의 길로 인도하셔서 아브라함같이 되고 다윗과 같이 되고 요셉과 같이 되는 것입니다.

그다음엔 "장사된 지 사흘 만에 죽은 자 가운데서 다시 살아나셨으며"라고 고백합니다. 우리나라의 사도신경에는 빠져있는 부분이 있는데 "음부에 내려가신 지 사흘 만에"라는 구절이 괄호 안에 들어 있습니다. 전세계의 기독교와 가톨릭이나 루터교, 성공회 등 모든 교파가 이 구절을 암송합니다. 예수님은 십자가의 죽음 후 바로 부활하실 수 있었는데 왜 장사한 후 삼 일 동안 무덤에 계셔야 했습니까? 예수님의 죽음은 온전한 죽음을 말합니다. 신학자 몰트만은 예수님의 죽음은 지옥권세와의 싸움의 기간이었다고 해석을 했습니다. 예수님은 죽음의 권세를 이기고 부활하셨습니다. 부활하려면 죽어야 합니다.

교회학교에서 선생님이 어린이들에게 "천국에 가려면 어떻게 해야 하나요?" 하고 질문을 했습니다. 그러자 한 어린이가 손을 들고 "그러면 먼저 죽어야 합니다"라고 대답을 했습니다. 사실은 맞는 말입니다. 예수님께서도 하나님의 지위와 체면과 능력을 다 내려놓으시고 인간의 몸으로 오셔서 인간의 고통을 당하시고 십자가에 죽으셨습니다. 예수님은 얼마든지 십자가에서 내려오실 수도 있었습니다. 예수님께서도 그런 말씀을 하셨습니다. 그러나 우리의 죄를 대속하시기 위해 우리 인간의 죽음을 죽으신 것입니다. 오늘 예수 믿는 우리는 먼저 우리가 죽어야 합니다.

사도 바울도 옛사람이 죽는 것을 말씀했습니다. 그런데 오늘의 신자들은 안 죽으려고 합니다. 죽는 것뿐입니까? 욕도 안 먹으려고 합니다. 비난을 받으면 싸우려고 합니다. 혈기가 나서 공격을 합니다. 왜요? 아직 덜 죽어서 그렇습니다. 대장간에서 쇠를 불에 달구고 사정없이 내리칩니다. 그리고 물에 넣었다가 다시 불에 달구고 또 내리칩니다. 이런 과정을 거쳐야 강한 쇠가 만들어지기 때문입니다. 강한 믿음의 사람이 되려면 자꾸 내가 죽어야 합니다.

예배는 자신이 죽는 시간입니다. 산 제물이 된다는 것이 바로 그것입니다. 제물은 죽어야 바쳐질 수가 있습니다. 우리가 예배를 통하여 "나는 죽습니다. 나의 생각, 교만, 혈기, 불신앙은 모두 죽습니다"라고 고백하고 장사지내는 시간이 예배시간인 것입니다. 예수님도 죽어야 산다고 말씀하셨습니다. 기독교는 내가 땅에 떨어져 죽어야 열매를 맺고, 내가 버림으로 얻고, 내가 깨어져야 회복되는 것입니다. 주님이 십자가에서 나를 위해 죽으셨으니 우리도 교회를 위해 내가 죽어야 합니다. 그래야 교회가 삽니다. 이 세상에 나가 내가 죽어야 합니다. 그래야 세상이 삽니다.

우리 주님은 십자가에서 죽으셨습니다. 그리고 사흘 만에 다시 살아나셨습니다. 기독교 신앙의 핵심은 부활신앙입니다. 믿는 자는 죽음이 끝이 아닙니다. 예수님은 "나는 부활이요 생명이니 나를 믿는 자는 죽어도 살겠고"(요 11:25)라고 말씀하셨습니다. 우리가 부활한다는 것은 우리 주님의 약속을 믿는 것입니다. 하나님께서 전능하신 아버지이심을 내가 믿는 것입니다. 부활신앙이 있을 때에 성도는 죄와 담대히 맞서서 싸울 수가 있습니다. 죽음도 두려워하지 않습니다. 부활의 소망이 있기 때문에 좌절하지 않습니다. 불평하지 않습니다. 이 땅에 신령한 것을 심으면 영원한 하나님 나라에서 거둘 것을 믿기 때문입니다.

사도신경에서 마지막 예수님에 대한 고백은 "살아있는 자와 죽은 자를 심판하러 다시 오십니다"입니다. 예수님의 재림은 신약성경에만 300여 회나 기록되어 있습니다. 그만큼 재림이 분명하다는 것을 강조하고 있는 것입니다. 성경은 재림에 대해 많은 말씀을 주십니다. "그 날과 그 시는 아무도 모른다. 천사도 모르고 아버지만 아신다"고 했습니다. "그날은 도적같이 온다"고 했습니다. 그래서 "깨어서 준비하라"고 했습니다. 예수님이 하늘로 승천하실 때 너희가 본 바대로 다시 오실 것이라고 천사가 말했습니다.

이 사도신경에 대한 것만 확실히 알아도 오늘의 이단들이 다 비성경적이요 가짜임을 알 수가 있습니다. 예수님은 하늘에서 내려오십니다. 그러므로 재림예수라고 하는 것들은 다 가짜입니다. 또 그날은 아무도 모릅니다. 그러므로 언제 어느 때 재림이 이루어진다고 하는 시한부 종말론도 다 가짜입니다. 우리는 매일매일 깨어 준비하여야 하는 것입니다. 또 재림하시는 예수님은 살아있는 자와 죽은 자의 심판주로 오십니다. 그날이 마지막 날입니다. 한 번 죽는 것은 사람에게 정해진 것이요 그 후에는 심판이 있다고 성경은 말씀하셨습니다. 그날은 살아있는 자에게는 감사와 구원의 날이요, 죽은 자들에게는 저주와 영원한 멸망의 날입니다.

그러므로 우리는 주님이 오시는 날을 살아있는 자로 준비하며 살아야 하는 것입니다. 본문 말씀에 "하나님이 세상을 이처럼 사랑하사 독생자를 주셨다"고 했습니다. 누구에게 주셨습니까? 우리를 위해 주셨습니다. "누구든지 그를 믿는 자마다 영생을 얻게 하려 하심이라"고 하셨습니다. 누구든지 믿으면 영생을 얻습니다. 심판을 받지 않습니다. 그러나 믿지 아니하면 그 누구도 소용이 없습니다. 이 세상에 어떠한 유혹이 와도, 과학이 우리의 지식을 통해 우리를 흔들어도, 이 세상 어떠한 시련이 와도, 죄악이 관영한 이 땅이 여러분을 힘들게 하여도 "나는 예수님을 믿습니다"라고 분명히 고백할 수 있기를 바랍니다. 주님이 다시 오시는 날 "마라나타 주 예수여 오시옵소서." 주님을 향해 기쁨으로 맞이하는 성도들이 됩시다.

적 용

ⓐ 오늘 말씀의 주제 파악하기:

ⓑ 오늘 말씀 중 은혜 받은 부분 나누기:

ⓒ 삶에 구체적으로 적용하기:

함께 드리는 기도제목

1. 하나님의 자녀 삼아주심을 감사하며 믿음으로 살게 하옵소서.
2. 사도신경을 고백하며 우리의 삶이 변화되게 하옵소서.
3. 이 세상 살아가면서 힘든 일이 있더라도 "나는 예수님을 믿습니다" 라는 신앙의 고백을 하게 하옵소서.

신앙의 기초 시리즈 3

4

나는 성령님을 믿습니다

- **본 문**: 사도행전 2장 37~41절(신 189쪽)
- **찬 송**: 190장(성령이여 강림하사, 통 177장)
- **요 절**: 베드로가 이르되 너희가 회개하여 각각 예수 그리스도의 이름으로 세례를 받고 죄 사함을 받으라 그리하면 성령의 선물을 받으리니(행 2:38)

신앙의 제일 목표는 하나님을 잘 믿는 것입니다. 장로교인도 하나님을 잘 믿으려고 하고 감리교인도 천주교인도 구세군도 다 하나님을 잘 믿으려고 합니다. 그런데 교리가 조금씩 다릅니다. 장로교 안에도 교리가 조금씩 다릅니다. 그런데 어떤 사람은 내 속에 하나님을 가두어놓고 있습니다. 전지전능하신 하나님이 내 속에 다 있습니다. 그래서 하나님은 이런 분이라고 내 속에 가두어놓고 내 생각을 넘어서면 다른 사람들은 틀렸다고 합니다. 우리는 하나님의 세계가 얼마나 넓고 큰지 잘 모릅니다. 하나님의 섭리가 얼마나 놀라운지, 하나님의 사랑이 얼마나 큰지 잘 모릅니다.

공부를 하면 할수록 점점 더 모르는 것이 많다는 것을 깨닫게 됩니다. 저는 선교학 박사인데 사실 선교학을 잘 모릅니다. “어떻게 선교해야 하느냐?" 하고 묻는다면 기도해야 한다고 대답합니다. 하나님께서 선교할 수 있는 지혜를 주시고, 선교의 길을 도와주셔야 바른 길로 갈 수 있습니다. 짧은 지식으로 하나님께서 선교하시는 그 놀라운 섭리를 다 알 수가 없는 것입니다.

이 세상의 교단과 교파는 많이 배웠다고 하는 사람들이 주로 갈라놓은 것입니다. 내 지식과 방법을 주장하지 않고 성령의 도우심을 엎드려 간절히 구하면 굳이 갈라지지 않아도 좋을 것을 갈라놓은 것입니다. 우리는 성경이 말씀하는 인간에 대하여 잘 알아야 합니다. 인간은 완전하지 않습니다. 지식과 지혜도 완전하지 않습니다. 마음에는 원이로되 육신이 약하여 시험에 들기도 합니다. 육신이 약하여 병에 걸리기도 합니다. 인간은 죄를 좋아하고 정욕을 따라 사는 존재입니다. 인간의 힘으로는 이 죄를 이길 자가 없습니다. 인간은 서로를 미워하고 시기하고 갈라놓습니다. 사탄이 여러분을 시험하면 이길 자가 없습니다. 그래서 성령님의 도우심이 필요합니다. 성령님이 도와주셔야 우리가 신앙생활을 승리할 수 있는 것입니다.

우리는 매주일 사도신경을 통해 "나는 성령을 믿으며"라고 고백합니다. 세례를 베풀 때에도 성부와 성자와 성령의 이름으로 베풀고, 죄 사함의 선포를 할 때에도 성부와 성자와 성령의 이름으로 선포합니다. 이 성령님이 우리를 도우시는 것입니다.

첫째, 성령님은 누구십니까?

전능하신 하나님의 영입니다. 창조주이신 하나님의 영입니다. 창세기 1장에 하나님의 영은 수면 위로 운행하셨다고 했습니다. '운행'이라는 말은 독수리가 새끼를 품에 안은 모양을 말하는데 이 말씀은 하나님의 영이 온 우주를 감싸고 계셨다는 뜻입니다. 시편 104편

30절에는 "주의 영을 보내사 그들을 창조하셨다"고 했습니다. 성경을 잘못 이해하면 오순절 마가의 다락방 사건 이후 성령님께서 일하시는 것으로 생각합니다. 성령님은 태초부터 일하셨고, 구약시대에도 일하셨습니다. 엘리야에게 하나님의 영이 임하셨습니다. 그래서 두루마기로 요단 강물을 가르기도 했습니다. 삼손에게도 임하실 때에 나귀턱뼈 하나로 수천 명의 군사를 대적하기도 했습니다. 기드온에게도 임하셨고, 많은 사사들과 선지자들에게 임하셨습니다.

그런데 삼위일체의 하나님이신 예수님께서 인간의 몸을 입어 이 땅에 내려오셔서 십자가를 지셨습니다. 그리고 승천하시면서 약속하시기를 "너희는 몇 날이 못되어 성령으로 세례를 받으리라"(행 1:5) 약속하셨습니다. 성령세례를 받는다는 말씀이 무슨 뜻입니까? 요한복음 14장을 보면 예수님께서 세상을 떠난다고 말씀하시자 제자들이 근심하였습니다. 그때 예수님은 "너희는 마음에 근심하지 말라"고 하시며 "내가 너희를 고아와 같이 버려두지 아니하고 너희에게로 오리라"(요 14:18) 말씀하셨습니다.

마태복음 28장에서는 "내가 세상 끝날까지 너희와 항상 함께 있으리라"(마 28:20)고 약속하셨습니다. 이것은 육신으로 오신 예수님께서 이 세상을 떠나가시지만 그 영으로 우리와 세상 끝날까지 함께 거하시겠다는 약속을 주신 것입니다. 제자들은 예수님의 약속을 믿고 마가의 다락방에 모여 합심으로 기도하였습니다. 사도행전 2장에는 오순절날 임하신 성령의 역사를 말씀하고 있습니다. 예수님의 약속대로 예수님을 믿는 자는 성령의 임재하심을 체험하며 성령과 동행하는 삶을 살게 되었습니다. 우리는 성령으로 세례를 받아야 합니다. 이것은 성령을 모시고 사는 삶을 말합니다.

둘째, 어떻게 해야 성령의 사람이 될 수 있습니까?

1) 하나님의 말씀을 듣고 그 말씀을 믿으면 성령께서 여러분의 마음에 오십니다.

말씀을 듣고 믿으면 이 세상을 창조하신 하나님의 능력이 믿어집니다. 예수님께서 나의 죄를 위해 십자가를 지신 사건이 믿어집니다. 믿음 외에는 없습니다. 이 믿음은 하나님의 말씀으로만 시작되는 것입니다. 그러므로 말씀을 가장 귀하게 여기셔야 합니다. 성경말씀은 세상 책과 같이 읽는 것이 아닙니다. 하나님을 대면하듯이 읽어야 합니다. 성경을 왜 하나님의 말씀이라고 합니까? "성경은 하나님의 감동으로 된 것으로"라고 말씀하셨습니다. 이 말씀은 하나님께서 사람에게 성령의 감동을 주셨다는 말씀입니다. 사람이 그저 생각나서 쓴 글이 아니라 특별히 택한 사람들을 위하여 성령께서 찾아오셔서 그 글을 기록하게 하시고 우리에게 성경을 주셨다는 말씀입니다.

그러므로 성경말씀은 바로 하나님의 말씀이요, 그 말씀이 능력이 있습니다. 그러므로 성경말씀을 읽고 묵상하십시오. 그러면 그 말씀이 우리 안에 들어와 우리를 변화시키고 새롭게 하십니다. 예배 때 들려지는 하나님의 말씀을 귀하게 들으십시오. 전력을 다하여 들으셔야 합니다. 앞으로 신앙시리즈의 생활 편에서 말씀을 전하겠지만 예배드리는 자의 자세가 중요합니다. "나는 하나님의 말씀을 겸손히 받겠습니다. 말씀을 내려주시옵소서" 하는 자세로 예배드릴 때 성령께서 임재하시는 것입니다. 대개 초신자들은 예배 때 말씀을 듣다가 성령의 임재를 체험합니다. 성령께서 불같이 임하기도 하시고, 감동으로 찾아오기도 하시고, 질병의 치유와 함께 찾아오기도 하십니다. 그러므로 말씀을 가장 귀하게 여기는 성도들이 됩시다.

2) 간절히 기도해야 합니다.

본문 말씀 앞에 있는 사도행전 2장 1절에 보면, 예수님의 약속을 믿고 일백이십 명의 제자들이 마가의 다락방에 모여 간절히 예수님의 약속을 기다렸습니다.

"홀연히 하늘로부터 급하고 강한 바람 같은 소리가 있어 그들이 앉은 온 집에 가득하며 마치 불의 혀처럼 갈라지는 것들이 그들에게 보여 각 사람 위에 하나씩 임하여 있더니 그들이 다 성령의 충만함을 받고 성령이 말하게 하심을 따라 다른 언어들로 말하기를 시작하니라"(행 2:2-4).

이 사건은 이들에게 동시에 임하신 성령의 역사를 기록한 것입니다. 이들이 모여 기도할 때에 성령의 임재를 경험했습니다.

오늘도 기도할 때 성령께서 임하십니다. 그리고 그 기도가 계속될 때 성령충만한 사람이 되는 것입니다. 성경에 보면 안수기도를 받을 때에도 성령이 임하셨습니다. 기도할 때 성령이 찾아오십니다. 그러므로 성령을 모시고 사는 사람이 되기 위해 간절히 기도하시기 바랍니다. 매일 기도하시기 바랍니다. 아침에 일어나면 "하나님, 오늘도 성령께서 나의 마음과 생각을 인도하시고 나의 갈 길을 인도하여 주시옵소서" 하고 기도하시기 바랍니다. 그러면 성령께서 여러분의 인생길을 지도해 주시는 줄로 믿습니다.

3) 나의 죄를 회개해야 합니다.

이처럼 마가의 다락방에서 일어난 사건을 보며 처음에는 사람들이 조롱하였습니다. 백여 명의 사람들이 다락방에 모여 기도하는데 각기 다른 방언을 받았기 때문입니다. 그러니 얼마나 시끄러웠겠습니까? 어느 교단에서는 성령의 임재를 경험하게 되면 반드시 방언을 해야 한다고 가르치는데 그것은 잘못된 것입니다. 그래서 방언을 따라 하도록 하고 가르친다고 하는데 이것은 성령을 모독하는 것입니다. 은사는 여러 가지입니다. 방언의 은사를 안 받았어도 여러분이 예수님을 나의 구주로 고백하면 이미 성령이 임재하신 것입니다.

"성령으로 아니하고는 누구든지 예수를 주라 할 수 없느니라"고 하셨습니다. 그러므로 예수님을 나의 구주로 고백할 때 이미 성령의 사람인 줄로 믿고 의심하지 마시기 바랍니다. 사람들이 방언하는 것을 보며 이들이 낮술에 취하였다고 조롱할 때에 베드로가 일어나 설교를 합니다. 이것이 예수님께서 주신 약속이라는 것과 너희가 이 땅에 오신 예수님을 십자가에 못 박았고 하나님께서 그를 높이시고 주와 그리스도가 되게 하셨다고 말합니다. 이때에 사람들이 마음에 찔려 우리가 어찌할꼬 할 때에 베드로가 외친 설교가 본문 말씀입니다.

베드로는 이들에게 "회개하라. 세례를 받고 죄 사함을 받으라. 그리하면 성령의 선물을 받으리니"라고 외쳤습니다. 회개해야 하고 죄 사함의 은총을 입어야 성령이 임하시는 것입니다. 우리나라 초대교회 시절에는 성령의 임재를 많이 경험했습니다. 하나님께서 뜻이 계셔서 신앙의 불모지인 한국에 성령의 역사를 많이 보여주셨지만 또 한 가지는 초대교회 성도들이 한가지로 마음이 순수했다는 것입니다. 그래서 모이면 함께 합심하여 기도하며 가슴을 치며 회개했습니다. 옛날에 뭐 그리 회개할 일이 많이 있었습니까? 아이들까지 눈물을 흘리며 밤을 새워 회개했습니다. 아이들이 무슨 큰 죄를 그렇게 지었습니까? 그럴 때 모인 곳마다 성령의 역사가 임했습니다.

요즘 교인들은 잘 회개하지 않습니다. 지은 죄는 더 많은데 회개하지 않습니다. 죄를 짓고도 뻔뻔스럽게 나서기도 합니다. 온 교회가 회개할 때인 것입니다. 우리에게 주신 사명을 감당하지 못하는 것을 바라보며 회개해야 합니다. 우리가 받은 축복을 감사하지 못하는 것을 회개해야 합니다. 그때 성령께서 강하게 역사하시는 것입니다. 성령은 죄 있는 곳에는 오시지 않습니다. 먼저 성령의 사람이 되려면 회개하여 우리의 죄를 사함 받고 정결한 마음에 성령을 모셔야 하는 것입니다. 그래서 성경은 "성령을 소멸하지 말라"(살전 5:19)고 하셨습니다. "하나님의 성령을 근심하게 하지 말라"(엡 4:30)고 하셨습니다. "성령을 모독하는 것은 사하심을 얻지 못하겠고"(마 12:31)라고 하셨습니다. 개역성경에는 "성령을 훼방하지 말라"고 하셨습니다. 여러분, 죄를 회개하시기 바랍니다. 그리고 죄의 길을 벗어나시기 바랍니다. 그러면 성령께서 여러분을 인도해 주시는 줄로 믿습니다.

셋째, 성령이 우리 가운데 오셔서 어떤 일을 하십니까?

성령의 사역은 많습니다. 성령의 열매만 하여도 사랑과 희락과 화평, 인내, 자비, 양선과 충성과 온유와 절제입니다. 성령이 함께하시면 사랑의 사람으로 변합니다. 그전에는 미워하는 사람이 있었고, 마음에 안 드는 일이 많았습니다. 예수 믿으면서도 희락이 없었습니다. 얼굴이 굳어 있습니다. 기쁨의 열매가 없습니다. 서로 간에 화평을 심지 못하고 늘 분열을 일으킵니다. 불평하지 말라는 것이 바로 그것입니다. 다른 말로 하면, 사탄의 역사를 물리치고 성령을 모시고 살라는 말씀입니다. 여러분은 성령을 모시고 성령의 열매가 풍성한 성도들로 늘 변화되시기를 바랍니다.

성령을 모시면 거룩하게 됩니다. 사람은 스스로 거룩하게 될 수 없습니다. 하나님은 거룩하신 분이십니다. 그러므로 하나님을 믿고 성령이 내 안에 거하시면 우리가 하나님의 성품을 닮아 거룩하게 변화되는 것입니다. 우리 인간은 범죄함으로 말미암아 우리 속에 있는 하나님의 마음을 마귀에게 빼앗겨버렸습니다. 마귀는 우리의 마음에 욕심을 줍니다. 그래서 교만하게 만들고 욕심 때문에 강퍅해지게 만듭니다. 우리 마음속에 평안이 없고, 악한 생각이 들고 불평의 마음이 생겨나는 것이 마귀 때문입니다. 신앙생활에 어려움을 겪는 것도 마귀 때문입니다. 우리를 이런 죄에서부터 구원해 주시려고 성령께서 우리 가운데 오신 것입니다. 그러므로 성령을 마음에 모시고 살면 우리를 지켜주십니다.

로마서 8장 26절에 "이와 같이 성령도 우리의 연약함을 도우시나니"라고 말씀하셨습니다. 다윗은 늘 성령의 도우심을 간구하였습니다. 다윗은 약한 사람이지만 성령의 도우심으로 강한 사람이 되었고 성령께서 그의 길을 인도해 주셔서 복된 인생이 된 것입니다. 성령께서는 여러분에게 비전을 주십니다. 아브라함은 하나님의 영이 임함으로 고향 친척 아버지 집을 떠나 하나님이 약속하신 땅을 위해 걸었습니다. 나이가 100세가 되어도 하늘의 별과 같이, 바다의 모래와 같이 자손을 주실 것을 믿었습니다. 세상의 꿈은 헛된 꿈이 많고 못 이루어질 꿈이 많지만 하나님께서 주신 비전은 반드시 이루어지는 것입니다.

오늘의 시대는 꿈이 없습니다. 사람들이 잘못된 꿈을 꿉니다. 정욕의 꿈을 꾸고, 죄지을 꿈을 꿉니다. 그러나 성도들은 바른 꿈을 꾸어야 하는 것입니다. 성령을 모시고 살면 꿈을 주시고 그 꿈을 이루시게 하시는 줄로 믿습니다. 성령께서는 우리에게 은사를 주십니다. 방언의 은사, 예언의 은사, 병 고치는 은사, 지혜와 지식의 은사, 영 분별의 은사를 주신다고 하셨습니다. 이 은사가 있어야 사탄 마귀를 이기는 성령의 사람이 되는 것입니다.

하나님의 전신갑주에서 투구와 방패와 흉배와 허리띠 모두가 방어용 무기인데 공격무기는 단 하나입니다. 바로 성령의 검입니다. 성령을 모시고 살아야 마귀와 싸워 이기고 죄와 싸워 이기는 자가 된다는 말씀입니다. 성령을 모시면 예배와 찬양이 즐거워집니다. 복음을 전하는 것을 기뻐합니다. 감사가 넘치는 사람이 됩니다. 직분을 감당할 능력을 받습니다. 영적으로 강한 성도가 됩니다. 예수 그리스도의 증인이 됩니다. 성령을 모시면 영적으로 풍성해지는 축복이 임하는 것입니다. 심령이 가난한 것은 좋지만 다른 것은 가난하면 안 됩니다. 거지가 되면 불쌍해지는 것입니다.

요즘 거지가 참 많습니다. 밥 먹은 후에 나타나는 거지는 무슨 거지? 설거지입니다. 늘 폭행당하는 거지는? 맞는 거지. 타의 모범이 되는 거지는? 바람직한 거지. 쑥스럽게 생각하는 거지는? 미안한 거지. 말씀 들으면서 아멘 하고 들으면? 은혜 받은 거지. 이렇게 말하는 데도 웃지도 않고 쳐다만 보면? 목사님 삐질 거지.

여러분, 매주일 예배드리면서도 성령의 임재를 경험하지 못하고 내 힘으로 세상을 살면 영적 거지가 되는 것입니다. 그러면 힘이 드는 것입니다. 늘 배고프고 춥고 불쌍하게 사는 것입니다. 여러분에게 주신 약속의 선물인 성령을 모시고 사는 성도들이 되시기를 바랍니다.

큰 배를 바다 위에서 움직이는 것은 키입니다. 자동차도 운전대가 움직이는 대로 갑니다. 무거운 탱크도 하늘의 비행기도 모두가 운전대가 움직이는 대로 갑니다. 사람도 그렇습니다. 누가 여러분을 움직이는 것입니까? 성령께서 여러분의 중심에 계시고 키가 되고 운전대가 되어 주셔야 인생길이 복된 길로 가는 것입니다. 여러분의 인생길을 지금 누가 인도합니까? 내가 합니까? 좋은 내 직장이 합니까? 뛰어난 내 지식이 합니까? 아닙니다. 성령께서 인도하셔야 하는 것입니다. 여러분, 주님 앞에 나와 늘 성령충만한 은혜를 입으시고 성령의 능력으로 살아가는 성도들이 됩시다.

적 용

ⓐ 오늘 말씀의 주제 파악하기:

ⓑ 오늘 말씀 중 은혜 받은 부분 나누기:

ⓒ 삶에 구체적으로 적용하기:

함께 드리는 기도제목

1. 성령을 모시고 사는 사람이 되기 위해 간절히 기도하게 하옵소서.
2. 성령을 모시고 성령의 열매가 풍성한 성도가 되게 하옵소서.
3. 우리에게 주신 약속의 선물인 성령을 모시고 사는 성도들이 되게 하옵소서.

5

나는 거룩한 공교회를 믿습니다

- **본 문**: 에베소서 2장 19~22절(신 311쪽)
- **찬 송**: 210장(시온성과 같은 교회, 통 245장)
- **요 절**: 그의 안에서 건물마다 서로 연결하여 주 안에서 성전이 되어 가고 너희도 성령 안에서 하나님이 거하실 처소가 되기 위하여 그리스도 예수 안에서 함께 지어져 가느니라(엡 2:21~22)

운동이든 공부든 기초를 잘 다지는 것은 힘이 들고 어려운 일입니다. 그러나 기초가 튼튼해야 나중에 흔들리지 않습니다. 어려움이 와도 이겨낼 수가 있습니다. 본문 말씀은 교회에 대한 말씀입니다. 교회를 다니면서 교회가 어떤 곳인지를 분명히 알아야 교회를 잘 다니는 것입니다. 교회가 어떤 곳인지를 알아야 교회를 귀하게 여기고, 교회를 감사하게 됩니다. 교회를 오래 다니면서도 교회를 잘 모르면 시험에 들고, 넘어지는 것입니다.

하나님께서 우리가 세상을 사는 동안 주신 두 가지 천국이 있는데 하나는 가정이요, 다른 하나는 교회입니다. 가정이 천국이 되면 아무리 힘든 일이 있어도 다 견뎌냅니다. 저녁만 되면 웃음꽃이 핍니다. 오늘 이 시대의 문제는 가정이 변해버렸다는 것입니다. 가정에 웃음이 없어져버렸습니다. 대화가 없습니다. 남편은 컴퓨터 하고, 아내는 텔레비전 보고, 아이들은 휴대폰 보고 각자가 다른 곳을 보고 있습니다. 이 가정이 회복되어야 하나님이 주신 축복을 누리며 살게 되는 것입니다.

두 번째 천국은 교회입니다. 하나님은 자녀들이 세상과 싸우다가 교회로 돌아오도록 명령하셨습니다. 교회는 성도의 상처를 치유해 주는 병원과 같은 곳입니다. 교회는 성도들에게 새 힘을 주는 곳입니다. 교회는 성도들에게 축복을 주는 곳입니다. 교회는 성도들의 미래를 지켜주는 곳이요, 꿈을 주는 곳이요, 영혼을 보호해 주는 곳입니다. 이 세상의 모든 조직 가운데 교회보다 더 귀한 곳은 없습니다.

교회는 그 뜻을 정의하면 '하나님의 택하심을 입은 성도들의 무리' 입니다. 교회는 사람들이 모여서 만들 수 있는 것이 아닙니다. 하나님께서 택하셔야 되는 것입니다. 여러분이 이 자리에 그저 온 것이 아닙니다. 하나님께서 택하셔서 온 것입니다. 이 사실을 깨달을 때 주일날 교회에 나오면서도 감사와 감격이 있는 것입니다. 그다음에 '성도들의 무리, 즉 거룩한 백성들의 무리'라고 했습니다. 성경이 말씀하는 교회는 건물을 말하는 것이 아니라 거룩한 백성들이 예수 이름으로 모여 있을 때에 이것을 교회라고 합니다.

사람은 누구나 다 죄인이라고 했습니다. 하나님 앞에 "의인은 없나니 하나도 없으며"라고 했습니다. 그런데 어떻게 이 죄인들이 모였는데 거룩한 무리가 될 수 있습니까? 이것은 놀라운 의미가 있습니다. 우리는 모두가 죄인이지만 교회로 부르심을 받았을 때 거룩하게 되는 은총을 입게 되었습니다. 그러므로 교회가 축복이요, 귀한 것입니다. 교회를 쉽게 생각하거나 쉽게 말하는 사람들이 있습니다. 교회는 주님의 몸입니다. 그래서 교회에 모이면 조심해야 하는 것입니다 거룩하기를 힘써야 하는 것입니다.

혈기도 부리지 말아야 합니다. 어떤 교회를 보면 주일날 모여서 회의하느라 혈기를 부리곤 하는데 교회가 어떤 곳인지를 깨닫지 못해서 그런 것입니다. 신앙의 기초가 잘못되어서 그렇습니다. 어디 하나님 앞에서 혈기를 부립니까? 교만해져서 그런 것입니다. 나 같은 죄인이 하나님의 은혜로 거룩하게 됨을 입는 곳이니 얼마나 귀한 곳입니까? 그래서 주일에는 깨끗한 옷을 입고 몸과 마음을 정결히 하여 주님 만나기를 힘써야 합니다. 주일날 교회에 오면 휴대폰, 인터넷 같은 것 내려놓으시는 것이 맞습니다. 주님을 깊이 생각하고 주님께 가까이 가기를 힘쓰는 곳이 교회입니다.

하나님께서는 우리를 택하시고 불러주셨습니다. 예배드릴 수 있는 은혜를 주셨습니다. 우리의 죄를 용서해 주셨고 거룩하다고 하셨습니다. 이 사실을 교회에 나올 때마다 기억하고 감사하시기를 바랍니다. 사도신경에 보면 삼위일체 하나님에 대한 고백 이후에 이어서 나오는 것이 교회에 대한 고백입니다. “나는 성령을 믿사오며” 그다음엔 “거룩한 공교회와” 라고 고백합니다. 거룩한 공교회를 내가 믿는다는 것입니다. 이 고백 속에는 두 가지 의미가 있습니다. 교회가 거룩하다는 것과 다른 하나는 공교회라는 것입니다.

1. 나는 교회가 거룩함을 믿습니다.

이 세상에는 거룩한 것이 없습니다. 오직 하나님 한 분만이 거룩하십니다. 교회가 거룩한 것은 우리 주님이 세우셨기 때문입니다. 예수님께서는 이 세상에 다른 것을 세우지 않으셨습니다. 학교도 병원도 어떤 기구나 단체도 세우지 않으셨습니다. 예수님이 세우신 것은 오직 교회입니다. 이 교회를 친히 세우시고 사명을 주셨습니다. 예수님께서는 베드로에게 "너는 베드로라 내가 이 반석 위에 내 교회를 세우리니 음부의 권세가 이기지 못하리라"고 하셨습니다.

누가 세웠다는 말입니까? "시온 성과 같은 교회 그의 영광 한없다 허락하신 말씀대로 주가 친히 세웠다"(찬송가 210장). 예수님이 친히 세우셨다는 말입니다. 이 믿음이 분명해야 합니다. 우리 교회를 누가 세운 것입니까? 사람이 세운 것이 아닙니다. 그래서 사람이 주인이 될 수 없는 것입니다. 교회의 창립자는 예수 그리스도이십니다. 예수님께서 친히 모퉁잇돌이 되어주셨습니다. 그래서 예수님이 친히 이끌어주십니다. 흔들 자가 없는 것입니다. 음부의 권세가 이기지 못하는 것입니다. 사람들의 힘으로 세워왔다면 교회는 백 번도 더 무너졌을 것입니다. 세상의 강한 왕조도 다 무너졌습니다. 바빌로니아도, 앗시리아도, 몽골도 다 무너졌습니다.

그러나 교회는 아프리카에 들어가도 살아있고, 남미에서도, 공산국가에서도 살아있습니다. 심지어 북한 땅에서도 교회는 살아있습니다. 왜요? 우리 주님께서 분명히 음부의 권세가 이기지 못하리라 약속하셨기 때문입니다. 믿음을 지키고 살면 반드시 이기게 하시는 날이 오게 되어 있습니다. 교회는 주님께서 세운다고 하셨습니다. 우리는 주님이 이 교회를 어떻게 세우셨는지를 잊지 않아야 합니다. 주님은 교회를 위해 십자가를 지셨습니다. 자기 몸을 내어주셨습니다. 죽기까지 낮아지시고 십자가에서도 우리를 사랑해 주셨습니다. 그래서 교회를 세워주신 것입니다.

오늘날 교회가 어려움을 겪는 이유는 에덴동산에서의 시험과 똑같습니다. 사탄은 하와에게 "네가 선악과를 먹으면 눈이 밝아져 하나님과 같이 될 수 있다"고 시험했습니다. 오늘도 사탄은 네가 높아져야 한다고 시험하는 것입니다. 그래서 사람들이 서로 내가 교회를 세우려고 합니다. 내가 주인 되려고 합니다. 내 뜻대로 교회를 이끌려고 합니다. 낮아지려고 하지 않습니다. 십자가를 지려고 하지 않습니다.

교회는 주님이 세우셨고 주님이 주인이십니다. 주님께서는 우리를 불쌍히 여기셔서 구원시켜 주시려고 교회로 불러주셨습니다. 그러므로 우리는 감사하며 주님처럼 교회를 섬겨야 하는 것입니다. 우리는 교회가 거룩한 것을 믿어야 합니다. 주님이 이끄시기 때문입니다. 주님이 이 교회를 친히 세우셨고 이 교회를 통해 역사하시고 이 교회를 통해 우리 인생길을 이끌어 주시는 것을 믿으시기 바랍니다.

2. 나는 공교회를 믿습니다.

역사적으로 초대교회는 하나였습니다. 그런데 교회가 부흥하며 전 세계 다섯 교구를 중심으로 조직되었습니다. 예루살렘에 있는 교회, 안디옥 교회, 알렉산드리아 교회, 콘스탄티노플 교회, 로마에 있는 교회 이렇게 다섯 개 교회였습니다. 그런데 이 가운데 로마 교회가 갈라져서 자신들을 가톨릭 교회라고 불렀습니다. 가톨릭이란 말은 보편적인 교회, 즉 공교회를 말합니다. 그러니까 자신들이 정통이라는 말입니다. 그러자 나머지 네 개 교회도 자신들을 정교회라고 불렀습니다. 정교회란 '오서독스 처치'(Orthodox Church)로 자신들이 정통이라는 말입니다. 'Orthodox'가 정통이라는 말입니다. 오늘의 동방정교회가 바로 이 네 개 교회의 전통을 따라 내려온 교회입니다.

얼마 전 이집트 콥틱교회의 기독교인들이 IS에 의해 참수를 당하고 박해를 당하고 있는 내용이 보도가 되었습니다. 이집트 그러면 이슬람 국가로 생각하는데 원래 이집트는 기독교 국가입니다. 이슬람이 들어와 기독교를 황폐화시킨 것입니다. 지금도 이집트에는 기독교인 1,200만 명이 남아있습니다. 이들이 바로 동방정교회입니다. 동방정교회는 역사적으로 가장 많은 수난을 당한 교회입니다. 이슬람에 의해, 공산주의에 의해, 몽골의 침입으로 인해 많은 수난을 당한 교회입니다. 지금도 수난을 가장 많이 당하고 있습니다. 로마 가톨릭교회와 분열이 심각하게 된 것도 사실은 십자군전쟁 때 로마 가톨릭교회의 십자군들이 동방정교회 국가들을 약탈하면서 분열이 심화된 것입니다. 그러니까 동방정교회도 우리의 형제교회입니다.

그리고 세 번째가 마틴 루터의 종교개혁 이후에 세워진 개혁교회입니다. 우리 장로교, 감리교, 성결교 등 모든 개신교가 여기에 속해 있습니다. 교회는 크게 로마 가톨릭교회, 동방정교회, 그리고 개혁교회 이렇게 세 부분으로 분열되어 왔습니다. 천주교회가 자신들만 공교회라고 즉 가톨릭이라고 부르면 서로가 깨어집니다. 정교회도 사실은 굉장히 교만합니다. 유럽에서 우리 개신교와 대화도 잘하지 않으려 합니다. 사도신경도 하지 않습니다. 그러나 자기들만 정통이라고 주장하면 교회가 깨어지는 것입니다. 개신교도 로마 가톨릭을 향해 "너희들은 부패했으니 이제 너희들은 하나님의 자녀가 아니다"라고 한다면 역시 교회가 깨어지는 것입니다.

교회는 다 하나입니다. 에베소서 4장 5~6절에 보면, "주도 한 분이시요 믿음도 하나요 세례도 하나요 하나님도 한 분이시니"라고 말씀하시면서 "너희도 하나 되게 하신 것을 힘써 지키라"고 했습니다. 그런 의미에서 사도신경에 그저 '교회와'라고 하지 않고 '거룩한 공교회와'라고 고백하는 것입니다.

예를 들어, 아버지에게 아들이 셋이 있습니다. 그런데 큰아들이 아버지 재산을 달라고 하여 혼자서 나가버렸습니다. 그리고 방탕한 생활을 했습니다. 죄를 많이 지었습니다. 둘째 아들에게도 못되게 했습니다. 둘째 아들이 그것을 보고 나도 가만히 있을 수 없다 하여 아버지 재산을 받아 역시 사업을 시작했는데 사업을 제대로 못해서 많은 고생을 했습니다. 셋째는 늦둥이인데 가만히 보니 형들이 하는 것이 다 틀렸거든요. 그래서 아버지 마음이 많이 아프신 것을 보고 셋째가 큰형에게 대들었습니다. 가게도 빼앗았습니다. 제가 만들어본 이야기입니다.

그러면 죄를 짓고 방탕한 큰아들은 아들이 아닙니까? 아버지 마음에서 보면 마음 아픈 아들입니다. 둘째 아들도 보면 '너 왜 그렇게 고생하니?' 그러면서 아버지 마음이 아픈 것입니다. 셋째 아들은 참 기특한 아들인데 열심히 복음을 전합니다. 선교도 열심히 합니다. 그런데 다 아들입니다. 아들이 속을 썩인다고 해서 아들이 아닌 것이 아닙니다. 함께 힘을 모아 잘못된 아들이 돌아오도록 힘을 써야 하는 것입니다. 그것이 아버지가 기뻐하는 마음인 것입니다.

우리가 사도신경을 통해 공교회라고 고백하는 것은 "이 세상의 모든 교회가 하나 되게 하는 하나님의 역사를 내가 믿습니다" 하는 고백인 것입니다. 복음을 위해서는 감리교도 장로교도 하나가 되어야 합니다. 이슬람 지역의 형제교회들을 향해 눈을 감으면 안 됩니다. 북한 땅의 기독교인들이 다 같은 공교회인 것입니다. 한 지체인 것입니다. 교회 안에서도 그렇습니다. 성도들은 교회 안에서 신분과 나이와 학벌과 지역을 떠나 하나가 되어야 합니다. 그래서 교회에는 고대 동우회 이런 것이 없습니다. 향우회도 없습니다. 해병 동지회 이런 것도 없습니다. 주님의 십자가로 피 흘려 하나 되게 하신 교회를 다시 찢는 행위이기 때문입니다.

본문 말씀 앞에도 "너희는 사도들과 선지자들의 터 위에 세우심을 입은 자라"(엡 2:20)고 했습니다. 수많은 사도들과 선지자들이 우리를 위해 피를 흘려주셨습니다. 눈물과 기도가 있었습니다. 그래서 오늘의 교회가 세워진 것입니다. 그러므로 우리는 교회 안에서 누구나 하나가 되어야 합니다. 누구를 중심으로 하나가 됩니까? 그리스도 예수께서 친히 모퉁잇돌이 되어주셨기에 주님 안에서 우리는 서로 하나로 연결되어 주님의 교회를 짓는 것입니다. 교회는 주님이 피로 값 주고 세워주신 귀한 교회입니다. 그러기에 교회를 주님이 지켜주십니다. 교회를 통해 하나님의 말씀을 주십니다. 생수를 내려주십니다. 교회를 통해 성도들을 지켜주십니다. 성도들에게 복을 주십니다. 하나가 되게 하십니다.

그러므로 하나님께서 특별히 우리에게 주신 우리 교회를 가장 귀하게 여기고 우리 교회를 통해 이 땅에서 하나님의 은총을 누리고 영원한 생명의 나라에까지 인도함을 받는 성도들이 됩시다.

적 용

ⓐ 오늘 말씀의 주제 파악하기:

ⓑ 오늘 말씀 중 은혜 받은 부분 나누기:

ⓒ 삶에 구체적으로 적용하기:

함께 드리는 기도제목

1. 교회의 주인은 오직 예수 그리스도이심을 고백할 수 있는 믿음을 주옵소서.
2. 주님이 세우신 우리 교회가 거룩한 교회임을 깨닫게 하옵소서.
3. 우리 교회를 가장 귀하게 여기고 우리 교회에서 영원한 생명의 나라에까지 인도함을 입게 하옵소서.

6

나는 성도의 교제를 믿습니다

- **본 문**: 사도행전 2장 42~47절(신 190쪽)
- **찬 송**: 463장(신자 되기 원합니다, 통 518장)
- **요 절**: 날마다 마음을 같이하여 성전에 모이기를 힘쓰고 집에서 떡을 떼며 기쁨과 순전한 마음으로 음식을 먹고 하나님을 찬미하며 또 온 백성에게 칭송을 받으니 주께서 구원받는 사람을 날마다 더하게 하시니라(행 2:46~47)

현대사회를 가장 크게 바꾼 것이 컴퓨터의 발명입니다. 컴퓨터의 저장방식을 보면 플로피 디스크라는 것이 있었습니다. 처음에는 종잇장같이 얇은 디스크가 나왔다가 나중에 좀 작은 3.5인치 디스크로 대체가 되었습니다. 지금은 구경하기도 힘이 듭니다. 지금은 시디롬을 쓰고 있지만 얼마 지나지 않아 USB에 밀려 사라질 것입니다. 음악을 재생하는 시디플레이어도 사라질 것이라고 보고 있습니다. 세상의 모든 것들은 새로운 것이 오래된 것을 대체합니다. 100년만 지나도 옛것이 되어버리고 쓸 만한 것이 별로 없습니다. 그저 골동품으로서의 가치만 가지게 됩니다.

본문의 내용은 지금으로부터 무려 2천 년 전의 일입니다. 사도행전 2장에는 2천 년 전의 교회 모습이 나옵니다. 이 교회가 모든 교회의 모델입니다. 세월이 흐르고 문화가 바뀌어도 어느 나라, 어느 장소, 어느 시대에나 사도행전의 교회는 모든 지구상의 교회의 모델입니다. 성경의 말씀은 변함이 없습니다. 아무리 세월이 흘러도 성경말씀대로 돌아가면 그것이 옳은 것입니다.

본문의 내용은 성경에 나타난 성도의 교제에 대한 말씀입니다. 사도신경에서 우리는 "성도의 교제를 내가 믿습니다"라고 고백합니다. 초대교회는 성도의 교제가 함께하는 교회였습니다. 여기서는 초대교회의 모습에 대하여 네 가지 모습이 나옵니다. 오늘의 교회가 이 초대교회의 모습을 따라가면 세상에서 가장 훌륭한 교회가 되는 것입니다.

1. 그들은 사도의 가르침을 받았습니다.

교회는 가르침을 받는 곳입니다. 세상에서 아무리 많은 것을 배웠어도 교회에서는 가르침을 받아야 합니다. 이것은 지식을 말하는 것이 아닙니다. 초대교회의 가르침은 단순했습니다. 예수님께서 우리의 죄를 사해 주시기 위해 십자가를 지셨고 삼 일 만에 부활하신 것과 하늘보좌에 오르셔서 우리를 기다리고 계신다는 것입니다. 그러므로 우리는 예수님을 만날 신부의 준비를 하고 살아야 한다는 것입니다. 오늘처럼 많은 메시지가 아니었지만 이 메시지는 아주 강렬했습니다. 성도들은 이 말씀을 듣고 가르침을 받아 아멘 하며 순종하는 삶을 살았습니다.

초대교회는 배우는 일에 열심이 있었습니다. 사도들을 붙들고 더 가르쳐 달라고 했습니다. 역사적으로 보면 교회가 부흥할 때에는 배우려고 하는 성도들이 있었습니다. 우리나라도 교회가 부흥할 때 모이기에 힘쓰고 하나님의 말씀을 들었습니다. 사경회로, 부흥회로 많은 사람들이 쫓아다녔습니다. 오늘의 시대는 배우는 것이 많습니다. 자녀들에게도 수많은 지식을 집어넣습니다. 쉬지 않고 배우게 합니다. 그러나 가장 중요한 가르침은 성경의 가르침입니다. 성경대로 사는 것을 가르쳐야 합니다. 아무리 많은 것을 배워도 그 지식이 인생의 문제를 도와줄 수는 있어도 해결할 수는 없습니다. 인생을 고칠 수도 없고, 구원할 수도 없습니다.

교회는 인생의 구원의 진리를 가르치는 곳입니다. 누가 가르칩니까? 사도들이 가르쳤습니다. 교회는 사도성의 기둥 위에 세워진 것입니다. 말씀을 가르치는 주의 종들은 사도와 같아야 합니다. 사실 초대교회 사도들은 가정을 포기하고 교회마다 쉬지 않고 돌아다니며 말씀을 가르쳤습니다. 주의 종들은 요즘 성도들이 배우려 하지 않는다고 하기 전에 먼저 내가 사도와 같이 되기 위해 힘써야 하는 것입니다. 그렇다고 집을 나와야 한다는 말이 아닙니다. 사도와 같이 복음을 위해 순결해야 한다는 것입니다. 그리고 성도들은 가르침에 순종해야 합니다. 말씀을 듣고 그 말씀의 길로 걸어가면 여기에 생명이 있습니다. 말씀의 길로만 걸어가면 절대로 잘못되지 않습니다. 내가 내 길을 선택하려고 할 때 문제가 일어나는 것입니다. 우리 성도들은 주의 종의 가르침을 받아 그 길로 걸어가는 순결한 성도들이 됩시다.

2. 서로 교제하는 교회였습니다.

교회의 다섯 가지 지표 중 하나가 성도의 교제입니다. 교회의 다섯 가지 지표는 예배, 선교, 교육, 섬김과 봉사, 그리고 성도의 교제입니다. 교회는 이 다섯 가지가 반드시 이루어져야 합니다. 한국교회는 원래 성도의 교제를 잘했습니다. 모이면 서로 교제가 있었습니다. 우리의 전통문화가 원래 공동체적이었습니다. 사물놀이를 해도 연주를 위한 음악이 아니라 함께 즐기기 위한 것이었습니다. 그래서 이런 문화적 배경 때문에 한국교회가 빨리 부흥을 했습니다. 한국은 하나님을 받아들이도록 준비된 나라입니다. 하나님께서 특별히 21세기를 위하여 택하신 나라라는 말입니다. 그래서 교회가 삼천리 방방곡곡에 퍼졌고, 교회가 부흥했으며, 우리나라가 복을 받았습니다.

그런데 현대화가 진행되면서 공동체 문화가 깨어지고 있습니다. 함께 잘 모이지 않습니다. 교회에서도 구역예배를 잘 안 드리려고 합니다. 자기 집을 공개하는 것을 꺼립니다. 자기가 사는 모습을 다른 사람들에게 보여주기 싫어합니다. 심지어 등록하지 않고 교회생활을 하는 사람들이 늘어갑니다. 이것은 잘못된 것입니다. 시골교회를 목회할 때에 그곳 장로님이 하신 말씀을 기억합니다. "우리는 옆집 숟가락이 몇 개인지 다 알고 있습니다"라고 했습니다. 그러니 내 집을 다 공개해도 문제가 없는 것입니다. 그런데 요즘 교인들은 자신을 드러내는 것을 꺼립니다.

첫 번째로 사도의 가르침을 받았다고 했습니다. 제가 성경의 말씀을 받아 사도의 전승을 가지고 여러분에게 가르치는 것은 함께 모이라는 것입니다. 이것은 저의 말이 아니라 하나님의 말씀입니다. 자꾸 모여 함께 찬송하고 함께 기도하면 여기에 하나님께서 주시는 은혜와 축복이 임하는 것입니다. 성도의 교제란 세상 사람들의 교제와 다른 것이 있습니다. 단순히 서로 친해지자는 것이 아닙니다. 이것은 하나님이 함께 하시는 모임을 말합니다. 우리는 원래 거룩한 것이 아니라 성도의 교제를 통해서 하나님께서 역사하시고 임재하시고 복을 주셔서 점점 더 거룩한 공동체가 되는 것입니다. 그래서 성도의 교제가 귀한 것이요, 교회의 다섯 가지 지표 중 하나로 들어가게 되는 것입니다. 교회에서 모이면 성도의 교제가 있어야 합니다. 적어도 주일날만이라도 다른 세상 이야기, 정치 이야기 하지 말고 하나님 이야기를 하는 훈련을 하십시오. 남을 비판하는 말, 불평하는 말을 끊고 복된 말을 하십시오. 하나님을 찬미하십시오. 여기서 성도의 교제가 이루어지는 것입니다.

앞에서 로마 가톨릭교회와 동방정교회에 대한 이야기를 했습니다. 이들이 천 년이 지나도록 서로 만나지 않았습니다. 그런데 2016년 2월 12일 프란체스코 교황과 러시아 정교회 키릴 총대주교가 천 년 만에 처음으로 만났습니다, 이들은 서로 포옹하며 "마침내 만났다. 우리는 형제다"라고 말했습니다. 그리고 천 년 동안 만나지 않음으로 우리는 손해와 고통이 있었다고 고백하고 이슬람 체제하에 고통당하는 우리 기독교 형제들을 위해 함께 나서자고 했습니다.

성도의 교제를 잃어버린 우리가 영적 손해를 보는 것입니다. 그 죄의 고통을 당하는 것입니다. 이것을 깨달아야 합니다. 성도의 본질은 함께 모이는 것입니다. 그곳에 하나님께서 함께하시고 역사해 주십니다. 교회는 그저 예배드리기 위해서 모이는 곳이 아닙니다. 예배드리고 난 후 성도의 교제가 있어야 하고, 봉사와 이웃을 향한 섬김이 있어야 하고, 선교가 이루어져야 그것이 온전한 교회입니다.

여러분, 예배가 끝나도 교인들이 집에 안 가는 교회가 제대로 된 교회입니다. 주일이 아니어도 자꾸 교회에 모이기를 힘쓰는 교회가 좋은 교회입니다. 우리 교회는 늘 모이는 교회가 되기를 바랍니다.

3. 떡을 떼며 모였습니다.

먹는 곳에서 정이 난다고 모여서 함께 식탁을 나누면 가까워지게 되어있습니다. 부산 자갈치 시장의 한 깡패가 칠성파에서 탈출하여 거창에 와서 살고 있는데 주인집이 거창교회 수석 장로님이셨습니다. 이 장로님이 늘 구역예배 때마다 초청을 했지만 예수 믿는 것이 싫어 한 번도 간 적이 없었답니다. 그런데 하루는 빈대떡 먹으러 오라는 말에 하도 오라고 하니 빈대떡이나 하나 먹고 얼른 나오자 하고 들어갔는데 사람들이 모여 있는 것입니다. 알고 보니 그게 구역모임입니다. '아이쿠 속았다. 잘못 왔구나' 하고 일어서려는데 벌써 늦었습니다.

장로님이 기도를 시작한 것입니다. 기도가 끝나면 나가려고 눈을 감고 있는데 장로님이 기도하시길 "오늘 이 선생님이 함께 식탁을 대하게 해주셔서 감사합니다" 하고 기도를 했습니다. 이 사람은 태어나서 지금까지 '선생님'이란 말을 한 번도 들어본 적이 없었습니다. 그런데 장로님이 선생님이라고 하니 그 말이 마음에 걸렸습니다. 집에 돌아와 선생님이란 단어가 머릿속에 맴돌아 한잠도 자지 못했습니다. 왜요? 평소에 장로님의 기도가 있었던 것입니다.

우리 교회에도 교회 처음 나오신 분들이 많이 있는데 그저 온 것이 아닙니다. 그들을 전도하기 위한 기도가 쌓여있는 것입니다. 하나님께서 그 기도에 응답하신 것입니다. 요셉을 위하여 바로를 번민하게 하신 분도 하나님이십니다. 다니엘을 위해 느부갓네살을 번민하게 하신 분도 하나님이십니다. 하나님께서 번민을 주신 것입니다.

그래서 이분이 다음 날 부인에게 교회를 가자고 했다가 핀잔만 들었습니다. 안 되겠다 생각하고 그다음 주일 혼자서 교회에 갔답니다. 선생님이라고 했으니 그 말이 신경이 쓰여 양복을 멋있게 입고 갔답니다. 그날 이후로 교회에 열심히 나가 거창교회 장로가 되고 그 부인은 권사가 되었답니다. 빈대떡 먹고 장로, 권사가 된 것입니다.

초대교회는 함께 모여서 예배를 드리고 가까운 지역 사람들이 함께 모여 식탁을 나누었습니다. 먹는 것에도 오로지 힘을 썼다고 했습니다. 성도의 교제가 중요한 것입니다. 우리 교회는 성도들끼리 모여 함께 먹는 일에도 힘을 쓰는 교회가 되기를 바랍니다. 우리 교회에서는 주일날 누구나 점심을 먹을 수가 있습니다. 좋은 음식은 아니지만 함께 식탁을 대하면 거기서 대화가 시작되고 친교가 이루어지는 것입니다. 식당에서 앞자리, 옆자리 앉은 분들과 인사도 하시고, 대화도 나누시고, 떡을 떼며 성도의 교제를 나누는 성도들이 됩시다.

4. 오로지 기도하기를 힘썼습니다.

힘썼다는 말은 문법적으로 앞의 세 가지에도 다 해당하는 말입니다. 가르침을 받는 데 힘을 썼다, 교제하기에 힘을 썼다, 떡을 떼기를 힘을 썼다, 그리고 오로지 기도하기를 힘을 썼다는 말입니다. 교회 일은 그저 하는 일이 아닙니다. 힘을 써서 하는 일입니다. 혼자 하는 기도도 중요합니다. 그런데 함께하는 기도에는 놀라운 역사가 있습니다. 성경에는 성도들이 모여 함께 기도할 때 많은 기적과 역사를 행해 주셨습니다. 사도행전 2장에 나타난 오순절날 성령의 임재도 함께 기도할 때 이루어진 것입니다.

우리나라 초대교회는 모이면 함께 기도했습니다. 나라와 민족을 위해 기도했습니다. 내가 사는 지역의 복음화를 위해 기도했습니다. 이들은 자신을 위해 먼저 기도하지 않았습니다. 내 직장과 내 물질과 내 미래를 위해 먼저 기도하지 않았습니다. 하나님께서는 이 공동체의 기도를 귀하게 들어주셨습니다. 오늘날의 한국교회가 이기적이 되어가는 것은 공동체적인 기도를 잃어버렸기 때문입니다. 직분자들은 모이면 다른 이야기하기 전에 내 교구를 위해 기도해야 할 기도의 책임이 있습니다. 우리 교회학교 자녀들을 위해 다음 세대를 위해 기도해야 할 책임이 있습니다. 천 명의 선교사를 파송하기로 했으면 선교사 파송을 위해 기도해야 할 책임이 있습니다. 이 기도를 통해 교구가 부흥하고, 교회가 부흥하고, 사탄의 역사가 물러갑니다. 이 분량을 채워야 내 기도가 응답받습니다.

모여서 왜 기도해야 합니까? 기도하지 않으면 다른 말이 나오게 되어 있습니다. 사람의 말이 나오면 그다음에는 시험에 빠질 일이 생깁니다. 성도들이 모여 기도하는 것을 하나님께서는 기뻐하십니다. 기도할 때에 하나님의 뜻을 깨달을 수가 있습니다. 기도할 때에 은혜를 받습니다. 기도하면 내가 강건해집니다. 기도할 때에 응답을 받고 축복을 받습니다. 기도하면 사탄이 물러갑니다. 기도보다 더 정확한 것은 없습니다. 기도한 대로 응답을 받습니다.

"성령이 말할 수 없는 탄식으로 우리를 위하여 친히 간구하시느니라"(롬 8:26).

우리가 기도할 때에 성령님께서 더 안타까워하시면서 기도해 주시기 때문입니다.

그러므로 기도하는 교회는 담대합니다. 미래를 두려워하지 않습니다. 저는 우리 교회 성도들의 사업장을 믿지 않습니다. 개개인의 능력을 믿지 않습니다. 그들이 기도하는 기도의 능력을 믿습니다. 기도가 최고이기 때문입니다. 기도가 우리 교회의 재산이기 때문입니다. 그러므로 우리의 기도가 주님의 보좌를 감동시키는 기도, 늘 하늘에 상달되는 기도가 되기를 원합니다. 우리 교회는 늘 기도의 불이 붙는 교회가 되기를 원합니다.

초대교회 성도들의 이 네 가지 모습이 있을 때 43절 이하의 역사가 나타났습니다. 사도들로 말미암아 기사와 표적이 많이 나타났습니다. 저도 기도할 때에 우리 성도들의 심령과 가정과 일터에 기사와 표적이 많이 나타나기를 원합니다. 어떻게 하면 그럴 수가 있습니까? 초대교회와 같이 사도의 가르침을 받고, 교제하고 떡을 떼며 오로지 기도하기를 힘쓰는 네 가지의 모습이 바로 설 때 하나님께서 복을 주십니다. 기사와 표적이 나타나니 그다음에 어떤 일이 일어납니까? 성도들이 물건을 서로 통용하였습니다. 내 것, 네 것을 주장하지 않았습니다.

우리가 가정에서 자녀들에게 내 것 네 것 주장하지 않습니다. 하나라도 더 주려고 합니다. 사랑하기 때문입니다. 성도들이 사랑하면 이렇게 변화가 되는 것입니다. 내 것을 주어도 아깝지 않은 것입니다. 이들은 재산까지 팔아 나누어주었습니다. 마르크스는 공산주의 이론을 이 말씀에서 착안했습니다. 그런데 되지 않았습니다. 그 차이가 무엇입니까? 성도들은 성령충만함을 입어 기쁨으로 자원하여 서로를 섬겼습니다. 그런데 공산주의는 강제로 빼앗아 나누어주려고 했기 때문입니다. 공산주의는 인간의 신뢰 위에 이론의 기초를 세웠습니다. 그런데 기독교는 인간의 죄 된 본성을 고백하며 신앙의 기초를 세웠습니다. 이것이 다릅니다.

교회는 내가 할 수 있다는 것이 아닙니다. 사람이 할 수 있다는 것이 아닙니다. 하나님께서 도와주셔야 할 수 있습니다. "나를 고쳐주시옵소서. 나를 정결케 해주시옵소서. 나의 길을 인도하여 주시옵소서" 하고 하나님 앞에 엎드려 구하는 것이 기독교입니다. 초대교회가 은혜를 받으니 날마다 성전에 모이기를 더욱 힘썼습니다. 집에서는 모여 성도의 교제를 나누고 하나님을 찬미했습니다. 그럴 때 구원받는 사람을 날마다 더하여 주셨습니다. 교회는 성장이 목표가 아닙니다. 하나님의 뜻을 따라 살면 저절로 교회는 부흥되는 것입니다. 교회의 부흥은 하나님께서 이루어주시는 것입니다.

여러분, 우리 교회가 초대교회의 모습을 본받기를 원합니다. 그래서 늘 부흥하는 교회가 되기를 원합니다. 그리고 더 나아가 이 땅에서 하나님의 영광을 위해 순결하게 쓰임을 받는 위대한 교회가 되기를 원합니다. 여러분이 위대하게 되기를 원합니다. 우리는 "나는 성도의 교제를 믿습니다"라고 매주일 고백을 합니다. 이 고백처럼 우리 교회가 초대교회의 모습이 이루어지는 현장이 되기를 바랍니다.

적 용

ⓐ 오늘 말씀의 주제 파악하기:

ⓑ 오늘 말씀 중 은혜 받은 부분 나누기:

ⓒ 삶에 구체적으로 적용하기:

함께 드리는 기도제목

1. 초대교회의 모습을 따라 세상에서 가장 훌륭한 교회가 되게 하옵소서.
2. 주 안에서 모이기를 힘쓰는 교회가 되게 하옵소서.
3. 성도의 교제를 통해 주의 사랑이 넘치는 은혜로운 교회가 되게 하옵소서.

신앙의 기초 시리즈 6

7

나는 부활과 영생을 믿습니다

- **본 문**: 요한복음 11장 25~26절(신 165쪽)
- **찬 송**: 480장(천국에서 만나보자, 통 293장)
- **요 절**: 예수께서 이르시되 나는 부활이요 생명이니 나를 믿는 자는 죽어도 살겠고 무릇 살아서 나를 믿는 자는 영원히 죽지 아니하리니 이것을 네가 믿느냐(요 11:25~26)

사도신경에서 "나는 몸의 부활과 영생을 믿습니다"라고 고백을 합니다. 기독교의 핵심은 부활신앙입니다. 예수 믿으면 새로운 삶을 살게 되는 것도 맞습니다. 예수 믿으면 복을 받는 것도 맞습니다. 그러나 기독교의 핵심은 부활입니다. 예수님은 우리의 죄를 사하시고 부활의 소망을 주시기 위해서 오셨습니다. 그래서 예수님의 다른 이야기는 성경에 기록되어 있지 않습니다. 예수님께서 무려 30년 동안이나 살았던 이야기가 성경에는 없습니다. 예수님을 치장하는 이야기도 없습니다. 어릴 적의 이야기도 메시아 약속에 따라 이 세상에 오셨으며 성령으로 잉태되심을 기록한 아기 예수에 대한 말씀과 어릴 적 성전에 올라가셨던 이야기 외에 다른 기록이 없습니다. 성경에는 3년간의 공생애 기간 동안 행하셨던 말씀만이 남아 있습니다. 이것은 예수님께서 십자가를 위해 오신 것을 집중적으로 말씀하고 있는 것입니다.

우리는 신앙생활을 하며 이 예수님의 십자가와 부활에 대한 시선을 놓치지 않아야 합니다. 오늘 한국의 기독교인들은 자꾸 부활의 믿음이 희미해져 갑니다. 역설적이게도 인간은 축복받기를 구하지만 축복을 받으면 예수님을 바라보는 것을 잊어버립니다. 유럽의 기독교가 얼마나 뜨거웠습니까? 그런데 이들이 부유하게 되면서 부활의 신앙이 희미해져 갔습니다. 미국의 기독교인들이 얼마나 철저했습니까? 이들은 믿음을 위해 바다를 건넌 사람들이었습니다. 아메리카 대륙에 도착하여 배에서 내리기 전에 제일 먼저 예배당부터 지었던 최고의 믿음의 사람들이었습니다.

그런데 이들이 전 세계의 부를 움켜쥐면서 부활의 신앙이 희미해져 갔습니다. 지금 편안하기 때문입니다. 사람들은 편하고 행복할 때는 다른 행복을 꿈꾸며 삽니다. 돈을 많이 벌었으면 그 돈으로 또 새로운 사업을 구상합니다. 건강하면 건강한 몸으로 즐길 것을 찾아서 삽니다. 새로운 취미생활을 합니다. 인간의 욕심은 끝이 없습니다. 더 나은 미래를 위해 여러 가지 투자를 하고 준비를 합니다. 그런데 정작 가장 중요한 죽음과 부활에 대한 준비는 잊어버립니다. 여러분은 죽음에 대하여 얼마나 준비하고 사십니까? 부활의 날을 위해 어떤 준비를 하십니까? 부활의 준비, 영생의 준비는 매일매일 해야 하는 것입니다.

본문 말씀은 베다니에 사는 마르다와 마리아의 오라비인 나사로가 병들어 죽게 된 내용입니다. 예수 믿는 사람도 고난을 당하고, 예수 믿는 사람도 병이 들고, 예수 믿는 사람도 죽습니다. 마리아와 마르다는 예수님께서 즉시 달려오셔서 나사로를 낫게 해주실 것으로 생각을 했습니다. 그런데 예수님은 며칠을 더 계시다가 베다니로 가셨습니다. 이때는 나사로가 죽은 지 나흘이 지난 후였습니다. 마리아와 마르다는 예수님이 즉시 오시지 않은 것을 원망했지만 이제라도 주님께서 구하시면 놀라운 일이 일어날 것을 믿었습니다. 이때 예수님은 마르다를 향해 "네 오라비가 다시 살아나리라"고 말씀하셨습니다.

마르다는 부활신앙이 있었습니다. 그래서 "마지막 날 부활 때에는 다시 살아날 줄을 내가 아나이다"라고 대답했습니다. 이때 주신 말씀이 본문 말씀입니다. 이 부활이라는 것이 인간의 지식으로 볼 때는 황당한 것입니다. 죽은 사람이 어떻게 다시 살아날 수가 있습니까? 간혹 뉴스에 죽은 사람이 다시 살아난 이야기들이 소개됩니다. 장례식을 치르고 있는 도중에 관을 두드리고 나온 사람의 이야기가 다큐멘터리로도 나오고 책으로도 나옵니다. 잠깐 심장이 멈추었다가 다시 심장이 뛰어 살아날 수 있습니다. 심장이 멈춘 사람을 심장 충격기를 통해 다시 살리기도 합니다. 그것은 부활이 아닙니다. 다시 살아난다 해도 언젠가 또 죽습니다.

성경에 보면 도르가도 다시 살아났고, 본문 말씀에 나오는 나사로도 다시 살아났습니다. 그런데 이들 또한 죽었습니다. 오늘 예수님께서 말씀하시는 것은 "나는 부활이요 생명이니"라고 하셨습니다. 생명이라는 말씀은 영원히 죽지 않는 것을 말씀하신 것입니다. 예수님을 따르던 사람들도 처음에는 예수님의 말씀을 잘 믿지 못했습니다. 예수님의 어머니 마리아와 막달라 마리아조차 예수님의 죽음 이후에 슬피 울며 무덤을 찾아갔습니다. 제자들은 두려워 떨며 문을 닫고 있었습니다. 부활을 믿지 못했기 때문입니다. 그런데 예수님의 부활을 목도한 이후 이들은 변화되기 시작합니다.

사람들은 내가 눈으로 보면 믿습니다. 예수님을 따르던 제자들은 예수님이 행하신 많은 기적들을 보았습니다. 물로 포도주를 만드신 기적, 오병이어로 오천 명이 넘는 많은 사람들을 먹이신 기적, 병든 자를 일으키시는 기적, 귀신을 내어쫓는 기적을 보았습니다. 이것은 지금까지 어떤 사람들도 행하지 못하던 놀라운 것이었습니다. 그래서 사람들은 환호하며 따랐습니다. 왜 병든 자들이 예수님을 만나기 위해 몰려들었습니까? 왜 귀신들린 사람을 예수님께 데리고 왔습니까? 예수님께서 행하신 일을 보았기 때문에 또 하실 수 있음을 믿고 데리고 온 것입니다. 이들은 예수님께서 죽은 자를 살리시는 기적을 보았습니다. 그런데 예수님께서 다시 사실 것은 믿지 못했습니다. 그래서 낙심하고 슬퍼한 것입니다.

여기서 우리는 중요한 사실을 기억해야 합니다. 성경이 말씀하는 믿음과 사람들이 갖는 믿음은 차원이 다른 것입니다. 사람들은 전기에 감전되어 본 경험이 있으면 그 다음부터 전기를 조심합니다. 전기에 잘못 접촉하면 '으악' 하고 놀랄 만한 충격이 온다는 것을 믿기 때문입니다. 얼음판에 넘어져 본 경험이 있는 사람들은 바닥이 얼었을 때 조심조심합니다. 잘못했다가는 미끄러져 넘어진다는 것을 믿기 때문입니다. 이 세상에서 우리가 믿는 것은 참 많습니다. 농부가 씨를 뿌리면 싹이 나는 것을 믿습니다. 그래서 열심히 씨를 뿌리고 기다립니다. 이러한 믿음은 내가 갖는 것입니다 내 경험에 의해, 지식에 의해 내가 갖는 것입니다.

그런데 성경이 말씀하는 믿음은 그런 것이 아닙니다. 밖에서 오는 것입니다. 하나님께서 내게 주셔야 되는 것이 믿음입니다. 믿음은 연구하고 노력해도 안 됩니다. 애를 써도 안 됩니다. 하나님의 은혜가 있어야만 되는 것이 믿음입니다. 믿음은 들음에서 난다고 했습니다.

하나님의 말씀을 듣고 그 말씀을 믿을 때 말씀이 내 안에 역사하여 믿음을 주십니다. 부활의 믿음을 가진다는 것은 예수님께서 나의 죄를 위해 십자가를 지셨고 부활하셨음을 믿는 것입니다. 그리고 예수님의 부활만으로 끝나는 것이 아닙니다. 내가 예수님처럼 부활할 것을 믿는 것입니다.

예수님의 제자들은 예수님의 부활을 눈으로 보고 믿었습니다. 그러나 그 믿음이 계속될 수 있는 것은 아닙니다. 환난이 오고 시험이 올 때 그 믿음은 흔들릴 수가 있습니다. 예수 믿는 사람들도 그렇습니다. 부모님이 믿는 예수, 다른 사람이 믿는 예수를 보고 나도 믿는 사람들이 있습니다. 이 믿음은 내 안에서 오는 믿음입니다. 이 믿음은 시험이 올 때 흔들립니다. 진짜 믿음은 성령을 체험한 이후에 오는 것입니다. 예수님의 제자들도 오순절 성령 체험 이후 부활의 믿음으로 살게 되었습니다. 성령께서 내 안에 계시고 나를 주장하시니 죽음이 두렵지 않게 되었고 복음을 위한 삶을 살게 되었습니다.

그러므로 제가 하나님의 말씀을 전할 때 그 말씀이 여러분 속에 아멘으로 응답되기를 원합니다. 그 말씀이 여러분을 변화시키고 그 말씀의 힘으로 새 삶을 살아가는 성도들이 되시기를 원합니다.

사도신경에서 "몸의 부활과 영생을 믿는다"고 우리는 고백합니다. 왜 몸의 부활입니까? 초대교회에 이단의 사상들이 들어왔습니다. 영지주의는 이원론으로 영과 육을 분리합니다. 그래서 영은 고귀한 것이고, 육은 저급한 것으로 생각을 했습니다. 이런 이원론적인 사고가 참 위험합니다. 더 나아가다 보면 예수님의 십자가 죽음도 부정하게 됩니다. 신이 사람들에 의해 비참하게 십자가에 죽으실 수가 없다고 생각했습니다. 죽은 자의 부활도 없다고 생각했습니다. 육은 더러운 것이니 썩어지고 영만 부활한다고 생각했습니다. 이것이 생활로 나아갈 때 육체로는 죄를 지어도 되고 영혼만 깨끗하면 된다고 생각합니다. 죄를 지으면서도 내 마음은 안 그러니 괜찮다고 생각합니다.

오늘 한국교회에 이원론적인 영향이 많이 있는데 교회에서는 거룩하게 예배드리고 돌아서면 죄를 짓습니다. 세상에서는 세상 사람들과 똑같이 사는 것입니다. 영혼이 거룩하면 몸도 함께 거룩해져야 합니다. 교회에서 찬송을 불렀으면 세상에 나가서도 크리스천의 삶을 살아야 합니다. 이것이 성령을 모시고 사는 변화된 성도의 모습입니다. 예수님께서 제자들에게 나타나셨을 때 도마가 그 자리에 없었습니다. 도마는 다른 제자들에게 "나는 내 손을 그 손의 못자국에 넣어보고 그 옆구리의 상처에 넣어보지 않고는 예수님의 부활을 믿지 못하겠다"고 했습니다. 그때 예수님께서 나타나셔서 "도마야, 네 손가락을 이리 내밀어 내 손을 보고 네 손을 내밀어 내 옆구리에 넣어보라"고 말씀하셨습니다. 예수님은 영으로만 부활하신 것이 아니라 그 몸이 부활하셨습니다.

부활에 대한 말씀인 고린도전서 15장 42~44절에 "죽은 자의 부활도 그와 같으니 썩을 것으로 심고 썩지 아니할 것으로 다시 살아나며 욕된 것으로 심고 영광스러운 것으로 다시 살아나며 약한 것으로 심고 강한 것으로 다시 살아나며 육의 몸으로 심고 신령한 몸으로 다시 살아나나니 육의 몸이 있은즉 또 영의 몸도 있느니라"고 말씀합니다. 우리 몸이 다시 부활하는데 이 땅의 몸은 다 썩을 것이나 그날에는 썩지 아니할 것으로 다시 산다고 했습니다. 영광스러운 것으로, 강한 것으로, 신령한 몸으로 다시 살아날 것이라고 했습니다. 새 하늘과 새 땅이 있듯이 새 몸으로 부활하는 것입니다.

그래서 사도신경에 "몸의 부활과"라고 고백하는 것입니다. 그날에 노인들은 노인의 몸으로 부활하는 것이 아닙니다. 잘생긴 사람과 못생긴 사람이 없습니다. 뚱뚱한 사람도 걱정하지 마세요. 약한 사람도, 환자도 걱정하지 마세요. 영의 몸으로 부활할 것이라고 말씀하셨습니다. 우리 인생은 70년, 80년 살도록 만드셨습니다. 그다음에는 영생의 약속을 주셨습니다. 어떤 사람에게입니까? 부활의 믿음을 가지고 사는 사람에게입니다. 영생은 하나님과의 관계의 회복입니다. 원래 인간은 죽지 아니하는 몸으로 창조를 입었습니다.

그런데 에덴동산에서 죄를 범함으로 하나님과의 관계가 단절이 되었습니다. 인간의 생명도 유한하게 되었습니다. 이 관계를 회복시켜 주신 분이 예수님이십니다. 예수님의 십자가로 우리는 다시 하나님께서 주시는 생명을 소유하게 되었습니다. 우리가 예수님의 십자가의 보혈의 공로를 믿을 때 우리는 이미 생명을 소유한 사람들인 것입니다. 그리고 이 땅에서의 생명이 끝나는 순간 영원한 생명으로 나아가게 되는 것을 믿으시기 바랍니다. 이 사실을 믿는 사람들은 영원한 나라를 사모합니다.

예를 들면, 우리가 낡은 전셋집을 살다가 새 아파트를 사서 입주하게 되었습니다. 이제 전셋집에 살 날이 얼마 남지 않았습니다. 그러면 어떤 집을 사모합니까? 새 집을 사모하며 사는 것입니다. 지금 사는 집에 미련이 없습니다. 새 집이 더 좋기 때문입니다. 이사 갈 날이 얼마 남지 않았는데 지금 사는 집에 새로운 치장을 하지 않습니다. 돈을 들여 공사하지 않습니다. 새 집을 사모하기 때문입니다. 천국의 소망을 가진 사람들이 이와 같은 것입니다. 천국의 소망을 가지고 사는 사람들은 이 땅의 일들을 염려하지 않습니다. 세상의 일들을 부러워하지 않습니다.

영국 황제 루이스가 민정을 살피기 위해 민간 의복을 입고 한 동네에 들어섰을 때 물레방앗간에서 들려오는 노래 소리를 들었습니다. 가까이 다가가 가만히 들어보니 백발의 노인이 일을 하며 노래를 부르고 있었습니다. 우리가 잘 아는 곡입니다. "세상 사람 날 부러워 아니하여도 나도 역시 세상 사람 부럽지 않네 하나님의 은혜를 생각할 때에 할렐루야 찬송이 저절로 나네." 이 노래에 감동을 받은 황제가 2절은 이렇게 부르라고 했습니다. "세상 사람 날 부러워 아니하여도 영국 황제 루이스가 날 부러워해 십자가의 은혜를 생각할 때에 할렐루야 찬송이 저절로 나네."

여러분, 우리가 바라는 것은 부활과 영생입니다. 이 믿음이 분명할 때 우리는 세상 사람을 부러워하지 않습니다. 내가 가장 행복한 사람이기 때문입니다. 내가 가장 축복을 받은 사람이기 때문입니다. 부활의 소망을 가지고 사는 사람은 세상을 두려워하지 않습니다. 세상을 이길 권세를 우리에게 주셨기 때문입니다. 하나님께서 우리를 돌보시고 지켜주시기 때문입니다. 작은 것에 연연해하지 않습니다. 무엇과도 바꿀 수 없는 보배를 질그릇에 가졌기 때문입니다. 생활이 어려워도 절망하지 않습니다. 몸이 병들었어도 불평하거나 원망하지 않습니다. 부활의 소망이 있기 때문입니다

부활과 영생은 예수님을 구주로 믿는 자에게만 주어집니다. 본문 말씀에도 "나를 믿는 자"는 이라고 분명히 말씀하셨습니다. 예수님을 믿는 자는 죽을지라도 살아난다고 하셨습니다. "살아서 나를 믿는 자"는 육체적인 의미가 아니라 성령으로 거듭나 예수를 믿는 자를 말합니다. 여러분도 예수님을 구주로 믿는 이 부활의 신앙을 가지고 살아가는 성도들이 되시기를 바랍니다.

"그러므로 내 사랑하는 형제들아 견실하며 흔들리지 말고 항상 주

의 일에 더욱 힘쓰는 자들이 되라 이는 너희 수고가 주 안에서 헛되지 않은 줄 앎이라"(고전 15:58)고 말씀하셨습니다. 하나님께서 주신 날들 동안 천국을 바라보며 사십시다. 천국을 소유한 사람들은 암흑의 삶을 살지 않습니다. 밝은 얼굴로 삽니다. 성실하게 삽니다. 하나님의 영광을 위하여 삽니다. 이웃을 섬기며 삽니다. 빛으로 살고 소금으로 삽니다. 멀지 않아 우리는 행한 대로 보응을 받을 것이요, 천국으로 이사 갈 것이기 때문입니다. 우리 성도들 모두가 부활의 소망을 가지고 영생을 누리는 주인공들이 됩시다.

적 용

ⓐ 오늘 말씀의 주제 파악하기:

ⓑ 오늘 말씀 중 은혜 받은 부분 나누기:

ⓒ 삶에 구체적으로 적용하기:

함께 드리는 기도제목

1. 부활의 준비, 영생의 준비는 매일매일 하게 하옵소서.
2. 천국의 소망을 가지고 이 세상을 담대하게 살아가게 하옵소서.
3. 우리 모두가 부활의 소망을 가지고 영생을 누리게 하옵소서.

8

예배하는 자들을 찾으시는 하나님

- **본 문**: 요한복음 4장 24~25절(신 148쪽)
- **찬 송**: 273장(나 주를 멀리 떠났다, 통 331장)
- **요 절**: 하나님은 영이시니 예배하는 자가 영과 진리로 예배할지니라 (요 4:24)

예배는 하나님을 만나는 시간입니다. 물론 우리는 어느 곳에서나 하나님을 만날 수 있습니다. 길을 가면서도, 일을 하면서도 하나님께 기도하며 만날 수 있습니다. 그런데 예배는 하나님께서 약속해 주신 특별한 은혜의 자리입니다. "꼭 매 주일 예배드려야 하나?" 하고 질문할 수 있습니다. 하나님께서는 "안식일을 기억하여 거룩히 지키라"고 하셨습니다. 주일을 지키는 것은 하나님의 명령입니다. 지켜도 되고 안 지켜도 되는 것이 아닙니다. 반드시 지키되 거룩하게 지켜야 하는 것입니다. 주일을 거룩하게 지키는 민족이 잘못된 역사는 없습니다. 주일을 거룩하게 지키는 가정은 모두가 축복을 누리며 살게 됩니다. 주일은 천국의 잔치가 열리는 날입니다.

옛날에 잔칫집에 가면 평소에 먹지 못하던 음식을 배불리 먹습니다. 보고 싶었던 얼굴도 보고 형제 친척들이 모여옵니다. 노래도 부르며 흥겨운 시간을 갖습니다. 그래서 잔치는 모든 사람들이 함께 기다리는 시간이었습니다. 주일이 바로 성도의 잔치 자리입니다. 예배는 하나님의 자녀로 부르심을 입은 성도들이 누리는 특권입니다. 하나님께서는 예배의 시간을 통하여 특별한 은혜를 주십니다. 죄 사함의 은총을 주십니다. 우리의 상처를 싸매주시고 새 힘을 주십니다. 이 세상을 살아갈 수 있는 능력도 주십니다. 우리가 구하는 것을 응답해 주시고 복을 내려주십니다.

성도들은 서로 격려하고 기도의 제목을 나누며 축복합니다. 그러므로 예배드리는 시간이 우리 인생에서 가장 축복된 시간인 것입니다. 여러분이 이 세상의 모든 것을 다 잃어도 예배를 잃지 않으면 그것은 성공하는 것입니다. 그러나 많은 것을 가져도 예배를 잃어버리면 그것은 인생의 길을 잃어버린 것입니다. 아무리 많은 보화를 얻었어도 사막 한가운데로 걸어 들어가면 미래가 없는 것입니다. 그러므로 예배를 가장 귀하게 여기시기를 바랍니다.

본문 말씀의 배경을 보면 수가 성에 사는 사마리아 여인이 한낮에 물을 길러 우물가로 나왔습니다. 중동의 한낮은 너무나 뜨거워 사람들이 움직이지 않습니다. 물을 길러 먼 길을 가지 않습니다. 그런데 이 여인이 한낮에 물을 길러 나온 것은 사람들을 만나고 싶지 않았기 때문입니다. 이 여인은 남편이 다섯이나 있었던 여인입니다. 사람들을 만나면 뒤에서 숙덕거리는 소리를 듣기가 싫었습니다. 인생에 많은 상처와 곤고함이 있는 여인이었습니다.

그런데 그 우물가에 또 한 분이 찾아가셨습니다. 예수님입니다. 예수님은 이 여인을 만나기 위해 뜨거운 한낮에 일부러 찾아가셨습니다. 이 여인은 예수님과 대화하는 중에 은혜를 받았습니다. 그래서 예수님께 "어디에서 예배를 드려야 합니까? 그리심 산입니까? 예루살렘입니까?" 하고 묻습니다. 유대인들은 예루살렘에서 예배를 드려왔는데 사마리아 사람들에게 출입을 금지시켰습니다. 이들은 전쟁 포로기간에 유대인의 혈통을 지키지 못했기 때문에 혈통을 중요시하는 유대인들이 예루살렘 성전의 출입을 금지시켰습니다. 그래서 사마리아 사람들은 그리심 산에서 따로 예배를 드렸습니다. 예수님께서는, 예배는 장소의 문제가 아님을 말씀해 주십니다. "그리심 산도 아니고 예루살렘도 아니고 너희가 아버지께 예배할 때가 이르리라"고 말씀하셨습니다.

1. 예배는 하나님께 드리는 것입니다.

하나님께 참되게 예배하는 자는 영과 진리로 예배한다고 하셨습니다. 예수님의 말씀을 보면 누구에게 예배한다고 했습니까? 하나님께 예배한다고 했습니다. 예배는 하나님께 드리는 것임을 알 수 있습니다. 헬라어에서 예배드린다는 단어는 '프로스퀴네오'인데 이 말은 '앞으로 나아간다'는 뜻입니다. 하나님께로 나아가는 것이 예배입니다. 예배 때 드려지는 찬양도 하나님께 올려드리는 것입니다. 찬양대의 찬양도 사람 들으라고 하는 것이 아니라 하나님께 올려드리는 찬양입니다. 그래서 박수를 치는 것도 하나님께 올려드리는 것이지 찬양대가 잘했다고 박수 치는 것이 아닙니다. 봉헌도 하나님께 드리는 것입니다. 기도도 하나님께 드리는 것입니다.

예배는 하나님을 만나는 시간입니다. 그러므로 이 시간이 너무나 귀하고 영광스러운 것입니다. 구약시대에 하나님을 보게 되면 특별하게 택하신 자들을 제외하고는 죽음을 의미했습니다. 그래서 이사야 선지자도 하나님을 뵈었을 때 "화로다 나여 망하게 되었도다 나는 입술이 부정한 사람이요 나는 입술이 부정한 백성 중에 거주하면서 만군의 여호와이신 왕을 뵈었음이로다"(사 6:5)라고 외치며 두려워했습니다. 그때에 하나님께서는 천사를 통하여 제단의 숯불을 가져다가 이사야의 입술에 대어 주시고 "네 악이 제하여졌고 네 죄가 사하여졌느니라"고 하셨습니다.

죄가 있는 사람이 하나님을 뵙게 되면 죽는 것입니다. 그래서 하나님께서는 사죄의 은총을 주셨습니다. 우리가 하나님을 만날 때마다 죄의 문제를 해결받지 못하고는 하나님께로 나아갈 수가 없습니다. 무슨 말입니까? 이 예배는 하나님께서 우리의 죄를 사해 주시는 자리요, 하나님을 뵙는 자리이기 때문에 예배가 너무나도 복되고 귀한 것입니다. 하나님을 만나면 죄의 문제가 해결되고 인생의 문제가 해결되는 것입니다. 하나님을 만나는 순간 악한 영의 역사가 물러가는 것입니다. 그러므로 예배드릴 때마다 진정한 감사로 하나님을 만나는 은혜가 있기를 바랍니다.

하나님께서는 "이 백성은 내가 나를 위하여 지었나니 나를 찬송하게 하려 함이니라"(사 43:21)고 하셨습니다. 하나님은 우리가 예배를 통하여 하나님을 찬양하는 것을 기뻐하십니다. 하나님은 우리를 창조하신 분이시기 때문에 우리가 하나님께 영광을 돌릴 때 기뻐하십니다. 하나님께서 우상숭배를 왜 미워하십니까? 이 세상의 모든 피조물이 다 하나님이 창조하신 것인데 돌을 향해, 나무를 향해 복을 달라고 빌고 있으니 미워하시는 것입니다.

예를 들면, 여러분이 자식을 낳아 사랑하며 키웠습니다. 자식을 살리기 위해 죽기까지 했습니다. 그런데 이 자식이 알지도 못하는 사람이 자기를 도와주었다고, 자기 생명을 살려주었다고 찾아가서 늘 대접하고 고마워한다면 자식을 위해 목숨을 바친 부모님이 얼마나 서운하겠습니까? 바로 그런 것입니다. 우리 하나님께서 우리를 너무나 사랑하셔서 예수님을 십자가에까지 내어주셨으므로 그 은혜를 잊지 않고 하나님께 감사하는 것이 예배입니다. 예배드릴 때마다 나의 창조주가 되시고 구원주가 되시고 인도자가 되시는 하나님을 찬양하며 감사하는 예배를 드리시기 바랍니다.

2. 어떻게 예배해야 합니까?

예수님은 "영과 진리로 예배하라"고 하셨습니다. 예배는 하나님과의 영적인 만남이 있어야 합니다. 어떻게 영적으로 하나님을 만날 수 있습니까? 우리 가운데 임하신 성령님과 하나님과 교통하는 것입니다. 성령의 도우심이 없이는 영으로 예배드릴 수가 없습니다. 그러므로 예배드릴 때마다 주의 영이 나를 인도하시도록 나를 주님께 내어드려야 하는 것입니다. 진리로 예배한다는 것은 진리이신 예수님을 만나 거듭난 모습으로 예배드리는 것을 의미합니다. 우리는 예배에 대한 마음의 자세를 늘 새롭게 하고 기도로 준비해야 합니다.

예배 전에 차임벨 연주가 나오는데도 인사하고 이야기하시는 분들이 있습니다. 차임벨 연주는 이미 예배가 시작되었다는 것을 의미합니다. 그러므로 차임벨 연주가 나오면 마음을 모아 영과 진리로 예배하도록 하나님께 간절히 기도하는 시간이 되어야 합니다. 인사하는 시간이 아닙니다. 현대인들은 정해진 시간에 예배가 끝나야 잘 끝났다고 생각합니다. 설교가 5분만 길어져도 길다고 생각합니다. 그런데 드라마나 영화를 볼 때는 두 시간을 보면서도 길다고 생각하지 않습니다. 야구장에 가서는 딱딱한 플라스틱 의자에 앉아서도 몇 시간을 잘 버티면서 한 시간 앉아있는 교회의 의자가 불편하다고 합니다. 마음의 자세인 것입니다.

커피는 5천 원씩 주고 사먹으면서 헌금을 드릴 때는 신사임당이 잘못 나올까 봐 조심조심합니다. 어느 집사님 부부가 집에 가는 차 안에서 예배에 대해 불평을 했답니다. "오늘 목사님 설교가 그게 뭐야? 완전히 죽을 쓰더구만. 그런 설교라면 나도 하겠다." 그러자 아내도 거듭니다. "설교도 그렇지만 성가대는 왜 그래? 아침도 안 먹고 왔나?" 한참을 불평을 하고 있는데 뒷자석에 타고 있던 초등학교 다니는 아들 녀석이 한마디 합니다. "천 원 내고 보는 게 다 그렇지 뭐."

예배는 시작부터 마지막까지 영과 진리로 드려야 합니다. 예배에는 출석하는 자가 있고 예배하는 자가 있습니다. 우리가 드릴 수 있는 가장 큰 열정으로 예배로 나아가야 합니다. 하나님은 예배하는 자를 찾으신다고 하셨습니다. 그럴 때 예배의 성공자가 되는 것입니다. 예배의 성공 없이 신앙의 성공은 없습니다. 그러나 예배에 성공하면 신앙의 성공자가 되고 인생의 성공자가 되는 줄로 믿습니다. 예배하는 자는 자세가 다릅니다. 저는 예배할 때에 가장 좋은 옷을 입고 오라고 합니다. 비싼 옷을 입고 오라는 이야기가 아닙니다. 정결하게 준비된 옷을 입고 예배드리는 자가 되라는 말씀입니다. 결혼식장에 가는 옷보다 하나님을 만나는 자리에 올 때 더 정결하게 준비해야 하나님께서 그 마음을 받으십니다. 이것이 영과 진리로 예배드리는 자의 자세인 것입니다.

헌금을 드려도 그저 늘 하듯이 드리는 것이 아닙니다. 우리 신앙의 선조들은 헌금을 드릴 때 천 원짜리를 드려도 그저 드리지 않았습니다. 풀을 먹여 깨끗이 다림질을 했습니다. 하나님께 드리는 예물인데 최고의 것을 드리겠다는 정성이 있었습니다. 이것이 영과 진리로 드리는 자세입니다. 저는 말씀을 전하기 전에 늘 목욕을 합니다. 하나님의 말씀을 거룩한 강단에 들고 서는데 '내 몸부터 깨끗이 해야겠다'는 마음에서입니다. 예배하는 자도 마찬가지입니다. 몸과 마음을 거룩하게 하여 하나님께 나아가겠다는 정성이 있어야 하나님께서 그 예배를 받아주시는 것입니다.

우리가 대통령을 만난다면 다리를 꼬고 앉아서 만나겠습니까? 회사에서 사장님을 만나는데 다리를 꼬고 앉아있습니까? 그렇지 않습니다. 그런데 하나님 앞에서 예배하는 자는 더 조심해야 하는 것입니다. 그럴 때 그 예배를 받으십니다. 그리고 예배를 통해 응답해 주십니다. 예배는 일방통행이 아닙니다. 하나님께 올려드리고, 하나님께서 주시는 은혜를 받고, 능력을 받고, 기도의 응답을 받고, 축복을 받는 것이 예배입니다. 우리 성도들은 하나님께서 찾으시는 예배의 주인공들이 되시기를 바랍니다.

3. 예배의 내용입니다.

주보를 보면 예배의 순서가 있습니다. 제일 먼저 전주가 나옵니다. 바로 차임벨 연주입니다. 이 시간은 몸과 마음을 정결하게 하고 온전히 하나님만 바라보고 나아가겠다는 결단의 기도 시간입니다. 그리고 찬양대가 찬송을 부르는데 이 찬송은 '하나님께 나아갑니다' 하는 찬송입니다. 그러면 하나님의 말씀이 내려옵니다. 이것이 예배의 부름입니다. 그리고 다시 하나님께 찬송을 올려드리는데 송영이라고 합니다. 이것은 영광송이라고도 하는데 '하나님께 영광을 돌립니다'

하는 찬양대의 찬송입니다. 그리고 기원을 합니다. 이 기원은 아주 짧게 예배에 대한 내용만 기도합니다. 이 예배를 하나님께서 받아달라는 기원입니다. 다른 기도의 내용은 하지 않습니다.

그리고 온 회중이 함께 다시 하나님께 찬송을 올려드리고 그다음에 또 말씀이 내려옵니다. 바로 교독문입니다. 교독문은 하나님의 말씀이 찬송에 대하여 응답을 주시는 내용입니다. 그러면 다시 참회의 기도를 합니다. 하나님과 나만이 아는 죄를 기도하는 것입니다. 그러면 다시 사죄의 선포를 내려주십니다. 사죄의 선포는 주의 종이 하는 것이 아닙니다. 주의 종은 하나님의 말씀을 선포하는 것입니다. 이렇게 예배는 계속해서 하나님께 올라가고 하나님께서 내려주시고 하는 것으로 반복이 됩니다.

예배시간의 기도는 예배를 위한 기도입니다. 이 시간에는 다른 기도를 하는 것이 아닙니다. 예배를 위한 기도가 집중적으로 드려지는 기도입니다. 식사기도 시간에는 식사기도를 하고 병원에 심방 가서는 심방기도를 하듯이 예배시간에는 예배기도를 드려야 합니다. 봉헌을 드리고, 봉헌기도를 드리고, 그다음에 성도의 교제인 교회 소식이 있습니다. 그리고 성경 봉독을 합니다. 이 시간이 예배시간의 절정입니다. 하나님의 말씀을 주시는 시간입니다. 그러므로 힘을 다하여 하나님의 말씀을 들어야 하는 것입니다. 그리고 주의 종을 통하여 말씀을 전합니다. 이 시간이 목사의 이야기 시간이 되어서는 안 됩니다.

오늘 한국교회의 강단이 참 어지럽습니다. 하나님의 말씀이 내려오는 시간인데 성경과 관계없는 내용이 전해지기도 하고 성경과 관계없는 이야기가 되기도 합니다. 원맨쇼를 하는 것도 보았습니다. 설교자는 하나님의 말씀인 성경을 벗어나지 않도록 기도로 준비해야 합니다. 말씀을 잘못 전하면 하나님 앞에서 그 책임이 더 크기 때문입니다. 또한 듣는 성도들도 '목사님 이야기다' 하고 들으면 잘못된 것입니다. 하나님의 말씀으로 들어야 합니다. 하나님의 말씀은 기록된 말씀과 선포되는 말씀이 있습니다. 기록된 말씀은 성경이요, 선포되는 말씀은 설교입니다. 그러므로 전력을 다하여 말씀을 청종해야 하는 것입니다. 예배는 하나님의 말씀이 내려오는 축도와 마지막으로 하나님께 영광을 돌리는 영광송으로 마칩니다.

교회의 수준은 예배의 수준입니다. 신앙의 수준도 예배의 수준을 넘어설 수가 없습니다. 하나님께서는 예배하는 자를 찾으신다고 하셨는데, 이 말씀은 예배하는 우리를 찾아오신다는 말씀입니다. 예배를 통하여 하나님을 만나면 우리를 회복시켜 주십니다. 우리에게 정직한 영을 새롭게 부어 주십니다. 그래서 옛 생활을 떠나 새로운 사람으로 세상에 담대하게 나아가게 되는 것입니다.

그러므로 예배에 성공하는 자가 되시기 바랍니다. 그리고 받은 은혜와 축복을 예배 후에도 잘 지키시기 바랍니다. 천국은 한 번에 가는 것이 아닙니다. 한 걸음 한 걸음 주님과 동행하며 천국까지 걸어가는 것입니다. 우리 성도들은 바른 예배자가 되고 하나님이 찾으시는 예배의 성공자가 되시기를 바랍니다.

적 용

ⓐ 오늘 말씀의 주제 파악하기:

ⓑ 오늘 말씀 중 은혜 받은 부분 나누기:

ⓒ 삶에 구체적으로 적용하기:

함께 드리는 기도제목

1. 예배드릴 때마다 하나님을 찬양하며 감사하는 예배를 드리게 하옵소서.
2. 하나님께서 찾으시는 예배의 주인공이 되게 하옵소서.
3. 우리 모두가 하나님이 찾으시는 예배의 성공자가 되게 하옵소서.

9

은혜를 사모하는 성도가 됩시다

- **본 문**: 고린도후서 6장 1~2절(신 291쪽)
- **찬 송**: 368장(주 예수여 은혜를 내려주사, 통 486장)
- **요 절**: 이르시되 내가 은혜 베풀 때에 너에게 듣고 구원의 날에 너를 도왔다 하셨으니 보라 지금은 은혜 받을 만한 때요 보라 지금은 구원의 날이로다(고후 6:2)

신앙인들이 가장 많이 사용하는 단어 중 하나가 은혜라는 단어입니다. 설교를 듣고 '은혜가 있었다, 은혜 받았다'고 말하고, '모든 것이 하나님의 은혜'라는 말도 많이 합니다. 은혜가 무엇입니까? 성경에는 은혜라는 단어가 여러 가지가 있는데 히브리어로 '헨'과 '헤세드'를 많이 사용합니다. '헨'이나 '헤세드'는 하나님으로부터 받는 특별한 사랑으로, 위로부터 내리는 것을 뜻하는 단어입니다. 헬라어로는 '카리스'라는 단어를 많이 사용하는데, 하나님께서 값없이 주시는 선물을 의미합니다. 보통 예배드리고 나서 은혜 받았다고 합니다. 은혜는 내 기분에 따라서 받고 안 받고 하는 것이 아닙니다.

은혜는 우리의 인생 전반에 내려주시는 하나님의 역사입니다. 은혜가 없이는 우리가 숨 쉴 수도 없고 아무것도 할 수 없다는 것을 깨달아야 합니다. 성경에는 은혜 받은 사람들이 많이 나옵니다. 다윗은 하나님의 은혜를 받은 대표적인 사람입니다. 그는 목동에서 왕이 되기까지 하나님의 은혜를 많이 입었습니다. 요셉도 하나님의 은혜를 많이 입은 사람이고, 야곱도 하나님의 은혜를 많이 입은 사람입니다. 이들의 특징은 하나님의 은혜를 입고 그 은혜를 잊지 않았다는 것입니다.

얼마 전 한국의 전인지라는 골프선수가 한, 미, 일 3개 메이저 대회를 석권한 유일한 선수가 되었습니다. 재미있는 신문기사를 보았는데 전인지의 후원사인 하이트는 미국 US 오픈 우승으로 무려 2천억 원의 광고 효과를 보았습니다. 전인지 선수는 다른 대부분의 선수와는 다르게 어릴 적 아주 가난한 가정에서 자라났다는 것입니다. 전라남도 함평의 골프 고등학교에서 골프를 하다가 골프 경기 중 우연히 지나가던 하이트 사장의 눈에 띄어 앞길이 유망한 선수인데 후원을 해주겠다는 약속을 받고 본격적으로 골프를 했습니다. 그리고 오늘 세계적인 선수가 되었습니다. 일본에 처음 초청받아 간 경기에서 우승을 하고 미국에서도 처음으로 가서 우승을 했습니다. 그곳에서 안방처럼 연습하던 선수들을 이기고 우승을 했습니다. 이제 전인지 선수의 몸값이 어마어마하게 높아졌습니다. 세계적인 여러 회사에서 후원사 계약을 하자고 연락이 왔는데 오늘의 자기를 키워준 하이트와 의리를 지키겠다고 하여 훨씬 저렴한 비용으로 하이트와 계약을 했다는 것입니다.

그 기사를 읽고 의리가 있구나 하는 생각을 했습니다. 요즘 세상에 돈을 많이 주면 얼마든지 옮겨가는 풍조인데 오늘의 자기를 있게 한 후원사를 잊지 않겠다는 것입니다.

저는 의리를 참 중요시합니다. 그래서 직원을 채용할 때에도 “의리가 있느냐?"고 묻습니다. 목사님들에게 "신앙이 있느냐?"고 묻지 않고 "의리가 있느냐?"고 묻습니다. 신앙은 당연히 있어야 하는 것이고 여기에 의리도 있느냐고 묻는 것입니다. 의리는 내가 손해 본다고 해서 다른 생각을 품는 것이 아닙니다. 내가 처음에 가진 마음을 끝까지 지켜가는 것이 의리입니다. 신앙도 하나님께 대한 의리입니다. 내가 주님 때문에 배고프고, 내가 주님 때문에 고난을 당해도 나를 구원해 주신 주님을 버리지 않겠다는 것입니다.

더 나아가 주님 때문에 나는 순교의 자리에까지 갈 수 있다는 것입니다. 사도 베드로는 주님께 대한 의리가 있었습니다. 원래부터 그런 것은 아닙니다. 주님이 십자가에 달리실 때 멀찍이 따라간 사람이 베드로입니다. 주님이 돌아가신 후 나는 물고기나 잡으러 가겠다고 다시 어부로 돌아간 사람이 베드로입니다. 그런 베드로에게 주님은 나타나셔서 "네가 나를 사랑하느냐?" 하고 세 번을 물으셨습니다. 첫 번째와 두 번째는 네가 나를 '아가페'하느냐고 물으셨습니다. 아가페의 사랑으로 나를 사랑하느냐고 물으셨습니다. 베드로는 할 말이 없었습니다. 자신이 한 행동을 잘 알고 있었기 때문입니다.

그래서 내가 주님을 사랑한다고 감히 말할 수 없습니다. 그러나 "주님께서 내가 주님을 사랑하는 줄 아시지 않습니까?" 하고 대답을 했습니다. 베드로의 대답은 '필로스'였습니다. 아가페적인 사랑은 하나님이 우리를 사랑하시는 무한정한 사랑을 의미하는데 필로스는 친구와의 우정 정도 되는 뜻입니다. 예수님은 "Do you agape me?" 하고 물으시는데, 베드로는 "I pilos you" 하고 대답한 것입니다. 예수님은 세 번째로 "네가 나를 '필로스' 하느냐" 하고 물으셨습니다. '친구의 의리 정도로는 나를 사랑하느냐' 하고 물으신 것입니다. '그 정도만 나를 사랑해도 된다. 그러나 앞으로는 아가페적인 사랑으로 나를 사랑하기를 바란다'는 말입니다. 이후로 베드로는 예수님과의 의리를 지켰습니다.

베드로는 십자가를 질 때에도 "내가 감히 어떻게 예수님처럼 십자가를 질 수 있는가? 나를 십자가에 거꾸로 달아달라"고 최후 진술을 하고 십자가에 거꾸로 달려 순교했습니다. 우리가 세상의 의리 정도만 생각해도 우리 주님의 은혜를 잊을 수가 없습니다. 나를 위해 대신 십자가에 달려주시고 나의 죄를 대속해 주신 그 은혜를 우리가 잊어서는 안 되는 것입니다. 은혜는 계속 받아야 합니다. 성경의 인물들은 은혜를 계속해서 받은 사람들이었습니다. 과거에 한 번 받은 은혜 가지고는 안 됩니다.

삼손은 과거에 특별한 은혜를 받은 사람이었습니다. 다른 사람들이 갖지 못하는 힘도 받았고, 하나님의 백성들을 지킬 사사의 은혜도 받았습니다. 그런데 삼손의 문제는 계속해서 은혜를 누리지 못했다는 데 있습니다. 아나니아와 삽비라도 한 번 은혜를 받았습니다. 그러면 그 은혜를 계속해서 누려야 하는데 그만 유혹이 들어와 받은 은혜를 빼앗아버렸습니다. 그래서 시험에 들고 불행한 인생이 되었습니다. 한 번 소나기 은혜를 받아도 계속해서 은혜를 받지 못하면 시험이 올 때 무너지고 마는 것입니다. 우리 인생은 계속해서 은혜가 필요합니다.

하나님께서는 우리에게 은혜 주시기를 원하십니다. 나약하게 살아가는 성도들을 보면 강한 힘을 주고 싶어 하십니다. 병든 자를 보면 건강의 은혜를 주고 싶어 하십니다. 가난한 자에게는 부유를 주고 싶어 하십니다. 하나님은 우리의 아버지가 되시기 때문에 늘 좋은 것을 주고 싶어 하십니다. 그러므로 우리는 은혜를 받아야 합니다.

주님의 일을 하려면 한 번 받은 은혜 가지고는 안 됩니다. 목사가 한 번 받은 은혜 가지고 목회할 수 없습니다. 매주일 매시간 은혜 받아야 합니다. 그래서 말씀을 준비할 때마다 "하나님 은혜 주세요, 은혜 주세요" 하고 간구하는 것입니다. 은혜 없이는 하루도 목회할 수 없음을 잘 알기 때문입니다. 성도들도 은혜 받아야 주의 일을 할 수 있습니다. 교회학교 교사도 은혜 받아야 늘 감사와 감격 속에서 가르칠 수 있습니다. 은혜가 떨어지면 젖이 떨어지는 것과 같습니다.

새끼들이 어미의 젖을 먹고 자라야 하는데 젖이 말라버리면 새끼들이 영양실조에 걸리게 됩니다. 이웃집 아기가 악을 쓰고 우는 것을 보았습니다. "아기가 왜 그러느냐?"고 물어보았더니 어머니 젖이 나와야 하는데 젖이 나오지 않으니 아기가 젖을 물고 울어댄다는 것입니다. 교사는 자기가 먼저 은혜 받아야 아이들이 풍성하게 됩니다. 찬양대가 먼저 은혜를 받아야 그 찬양을 듣는 성도들이 함께 은혜를 받습니다. 주차봉사를 하시는 성도님들도 자신이 먼저 은혜 받아야 들어오는 성도들이 함께 은혜를 받습니다. 주의 일은 은혜 없이는 안 되는 것입니다.

가정생활도 은혜 받아야 풍성해집니다. 은혜 받으면 모든 것이 감사하게 됩니다. 남편도 감사하고 직장도 감사하게 됩니다. 지금 어려워도, 지금 문제가 있어도 우리 가정을 이끌어가시는 분이 하나님이시니 은혜 주실 줄로 믿고 나아가야 하는 것입니다. 자식이 좀 못나도 "야! 이 못된 놈아!" 하고 욕을 하면 점점 더 못된 놈이 되어갑니다. 자녀의 마음속에 '나는 못된 놈이니 못될 수밖에 없다'고 생각합니다. 잘못된 길로 가도 '나는 원래 못된 놈이니 그렇게 사는 것이 내 팔자다'라고 생각합니다. 그러니까 자녀들에게 욕을 하고 싶으면 차라리 "이 축복을 받을 놈아!" 하고 욕을 하세요. 그러면 '나는 축복을 받을 사람'이라고 각인이 되는 것입니다. 이왕이면 "너는 하나님의 사랑하는 자녀야. 하나님께서 너를 크게 쓰실 거야" 하고 말을 해주면 잘못된 길을 가다가도 '그래, 내가 잘못된 일을 해도 어머니는 늘 내게 하나님이 크게 쓰실 사람이라고 하셨지' 하고 방향을 바꾸게 되는 것입니다. 은혜 있는 가정과 은혜 없는 가정은 미래가 달라지는 것입니다.

성경에 보면 뛰어난 사람이 잘되는 것이 아닙니다. 하나님의 은혜를 받은 사람이 잘되는 것입니다. 기생 라합은 기생으로 살아야 하는 불행한 여인이었지만 하나님의 은혜를 입으니 예수님의 족보에 오르는 귀한 여인이 되었습니다. 요셉은 하나님의 은혜를 입으니 노예로 끌려가서도 이집트의 총리에 오르는 귀한 사람이 되었습니다. 삭개오는 미움받으며 사랑을 모르고 외롭게 살아가야 할 사람이었지만 예수님을 만나고 은혜를 입으니 그의 삶이 변하게 되었습니다. 우리 인생은 하나님의 은혜가 만드는 것입니다. 그러므로 내가 부족하다고 해도 실망하지 마세요. 하나님의 은혜만 있으면 됩니다. 누가 교회의 기둥이 되는지 아십니까? 은혜 받은 사람이 되는 것입니다. 그래서 자손이 복을 받고 대를 이어 계속해서 기둥 같은 가정이 되는 것입니다. 그러면 어떤 사람이 은혜를 받을 수 있습니까?

1. 은혜는 사모하는 사람이 받습니다.

"그가 사모하는 영혼에게 만족을 주시며 주린 영혼에게 좋은 것으로 채워주심이로다"(시 107:9)라고 말씀하셨습니다. 그러므로 주님의 전에 나올 때마다 은혜를 사모하시기 바랍니다. 그러면 은혜를 풍성히 주십니다. 예배는 은혜받는 자리입니다. 하나님께서 가장 기뻐하시는 자리가 예배의 자리이기 때문입니다. 우리가 하나님께 무엇을 드려 기쁘시게 할 수 있습니까? 세상의 모든 것이 하나님의 것인데 아무리 많은 것을 드려도 그것으로는 부족합니다. 그러나 우리가 영과 진리로 하나님께 예배하면 그것을 가장 값진 보석같이 여겨주십니다. 세상의 그 어떤 것으로 비교할 수 없는 가장 귀한 것으로 여겨주십니다.

그래서 하나님은 예배시간에 우리에게 은혜를 풍족히 부어주십니다. 우리의 상처를 치유해 주시는 은혜를 주십니다. 더럽고 못난 것을 새롭고 존귀한 것으로 바꾸어 주시는 은혜를 주십니다. 미래가 없고 막막한 삶을 풍성하고 복된 삶으로 바꾸어 주시는 은혜를 주십니다. 그러므로 예배드리고 은혜를 풍성히 받지 못하고 가는 사람처럼 불쌍한 사람은 없습니다. 은혜 받기 위해 기도하셔야 합니다. "하나님, 은혜 주세요. 하나님의 은혜 없이는 살 수 없습니다." 이렇게 엎드리셔야 합니다. 그러면 은혜를 주십니다.

우리가 기도할 수 있는 것도 은혜입니다. 기도의 문이 막히면 고통스러운 것입니다. 건강한 것도 은혜입니다. 우리 인생은 조금만 아파도 고통스런 인생이 되는 것입니다. 좋은 사람 만나는 것도 은혜입니다. 나를 괴롭게 하는 한 사람만 나타나도 얼마나 인생이 힘들어지는지 모릅니다. 그래서 늘 주변에 복된 사람들만 있게 해달라고 기도해야 합니다. 사탄 마귀를 물리칠 수 있는 믿음의 은혜가 있어야 합니다. 자녀에게 은혜가 있어야 합니다. 우리를 둘러싼 모든 것이 은혜입니다. 매주일 말씀을 들으면서 은혜 받을 수 있는 것도 은혜입니다. 하나님의 은혜를 사모하여 매주일 은혜를 풍성히 받는 성도들이 됩시다.

2. 은혜는 겸손한 사람이 받습니다.

"그러나 더욱 큰 은혜를 주시나니 그러므로 일렀으되 하나님이 교만한 자를 물리치시고 겸손한 자에게 은혜를 주신다 하였느니라"(약 4:6).

우리는 더욱 큰 은혜를 사모해야 합니다. 복을 받아도 작은 복을 받는 사람이 있고 큰 복을 받는 사람이 있습니다. 은혜도 작은 은혜를 누리고 사는 사람이 있고 큰 은혜를 누리고 사는 사람이 있습니다. 하나님의 사랑을 받아도 크게 받는 것이 좋습니다. 주의 일에 쓰임을 받아도 크게 쓰임 받는 것이 좋습니다. 야고보서 4장 6절에 어떤 사람에게 더욱 큰 은혜를 주신다고 했습니까? 교만한 자를 물리치시고 겸손한 자에게 은혜를 베푸신다고 했습니다. 겸손은 하나님 앞에서 나를 낮추는 것입니다.

은혜는 물과 같습니다. 물은 절대로 낮은 곳에서 높은 곳으로 흐르지 않습니다. 내가 낮아지면 저절로 모든 물이 다 흘러오게 되어 있습니다. 물은 가장 낮은 곳으로 흘러갑니다. 지구상의 가장 낮은 곳이 어디입니까? 바다입니다. 바다는 물이 얼마나 많습니까? 그래서 그곳에는 수많은 물고기가 살고 생물들이 삽니다. 큰 풍랑이 일어도 그 깊은 바다 속은 늘 고요합니다. 하나님 앞에서 겸손한 자는 이렇게 큰 은혜를 받아 이 세상의 모든 것을 소유하고 사는 것입니다. 태풍이 불고 풍랑이 일어도 그 깊은 바다 속은 고요하고 꿈쩍을 하지 않는 것입니다.

하나님은 교만한 자를 제일 미워하십니다. 교만한 사람이 있는 곳은 어디나 불행해집니다. 가정에 교만한 사람이 있으면 식구들이 불행해집니다. 직장에 교만한 사람이 있으면 그 옆에 있는 사람들이 불행해집니다. 교회에도 교만한 사람이 있으면 모두가 받을 복을 누리지 못하고 불행해지는 것입니다. 교만하면 하나님의 은혜가 그치게 됩니다. 은혜가 그치면 그다음에는 불행이 찾아오는 것입니다. 그래서 하나님은 우리로 교만해지지 않게 하시려고 늘 시련을 주시고 깨닫게 하십니다.

사도 바울은 이 사실을 잘 알았기 때문에 "내게 있는 질병도 나로 하여금 교만치 않게 하시려는 하나님의 은혜"라고 고백했습니다. 하나님의 은혜가 가장 귀한 것이기 때문입니다. 성도 여러분, 하나님 앞에 늘 낮아지시기 바랍니다. 나의 나 된 것이 하나님 은혜인 줄로 믿을 때에 감사하게 됩니다. 이 자리에 불러주신 것도 하나님의 은혜인 줄로 믿을 때에 하나님께서 불러주시지 않으면 예배드릴 수조차 없는 것을 깨닫게 됩니다. 늘 하나님 앞에 겸손하여 더 큰 은혜를 누리는 성도들이 됩시다.

3. 은혜는 지금 받아야 합니다.

세상의 모든 일은 때가 있습니다. 그때가 지나가면 다시 기회가 찾아오지 않는 것이 많습니다. 결혼하는 것도 때가 있습니다. 성공하는 것도 때가 있습니다. 그래서 전도서에 만사에 기한이 있고 때가 있다고 말씀합니다. 이것은 하나님께서 우리에게 기회를 주실 때, 은혜를 주실 때에 놓치지 말라는 뜻입니다. 성경에는 때를 놓치지 않은 사람들의 이야기가 실려 있습니다. 벳새다 들에서 어린 소년은 예수님께 오병이어를 드릴 기회를 놓치지 않았습니다. 마리아는 예수님께 향유 옥합을 드릴 기회를 놓치지 않았습니다. 삭개오는 예수님을 만날 기회를 놓치지 않았습니다. 그래서 이들은 은혜 받은 사람들이 되었습니다.

예수님께서도 비유를 통해 말씀을 주셨습니다. 천국 잔치에 사람들을 초대했는데 어떤 사람은 결혼을 해야 하고, 어떤 사람은 소도 사야 하고 논과 밭에 나가 일을 해야 하기 때문에 잔치를 거절했다는 말씀을 주셨습니다. 기회는 한 번뿐인데 이 사람들은 기회를 놓친 것입니다. 하나님께서 여러분에게 주신 은혜의 기회를 놓치지 마시기 바랍니다. 매주일 은혜 받을 기회를 놓치지 마시기 바랍니다. 은혜를 받으면 이 세상에서의 축복뿐 아니라 영적인 축복이 큽니다.

> "죄가 너희를 주장하지 못하리니 이는 너희가 법 아래에 있지 아니하고 은혜 아래에 있음이라"(롬 6:14).

죄가 여러분을 흔들지 못하는 것은 은혜 받은 사람이 누리는 축복인 것입니다.

우리는 신앙생활을 하면서 은혜를 깨달아야 합니다. 은혜를 사모해야 합니다. 더 큰 은혜를 누리고 살아야 합니다. 은혜가 말라버린 심령은 강팍하게 되고 가뭄에 바짝 말라버린 저수지 같은 인생이 되어 버립니다. 우리 인생에 축복을 가져다줄 모든 것이 다 말라 버리는 것입니다. 은혜는 우리 인생의 문제를 해결하는 통로입니다. 이 세상에 문제 없는 가정이 어디 있습니까? 아무리 큰소리쳐도 우리 인생은 하나님의 은혜가 사라지면 불쌍한 인생이 되고 마는 것입니다. 신앙생활도 은혜가 풍성해야 행복해집니다. 점점 더 많은 축복을 누리며 살게 됩니다. 은혜가 있으면 사탄의 역사가 물러가고 가정의 문제, 직장의 문제가 해결되는 것입니다. 우리 모두 큰 은혜를 사모하여 하나님께서 주시는 은혜로 풍성하게 살아가는 성도들이 됩시다.

적 용

ⓐ 오늘 말씀의 주제 파악하기:

ⓑ 오늘 말씀 중 은혜 받은 부분 나누기:

ⓒ 삶에 구체적으로 적용하기:

함께 드리는 기도제목

1. 하나님의 은혜를 사모하여 매주일 은혜를 풍성히 받게 하옵소서.
2. 하나님 앞에 늘 겸손하여 더 큰 은혜를 누리게 하옵소서.
3. 큰 은혜를 사모하여 하나님께서 주시는 은혜로 풍성하게 살아가게 하옵소서.

10

거듭나야 합니다

- **본 문**: 요한복음 3장 1~8절(신 145쪽)
- **찬 송**: 285장(주의 말씀 받은 그날, 통 183장)
- **요 절**: 예수께서 대답하여 이르시되 진실로 진실로 네게 이르노니 사람이 거듭나지 아니하면 하나님의 나라를 볼 수 없느니라(요 3:3)

본문 말씀을 보면 니고데모가 밤중에 예수님을 찾아왔습니다. 니고데모는 산헤드린 공의회 의원이었습니다. 당시 이스라엘은 로마의 속국으로 정치적으로는 로마의 지배 아래 있었으나 산헤드린이라는 자치 기구가 있었습니다. 산헤드린은 70명의 의원과 의장으로 이스라엘을 대표하는 사제와 율법학자 원로들로 구성이 되어 있었습니다. 니고데모는 이 산헤드린 공의회 의원이었으니 그 지위가 상당한 사람이었습니다. 이런 사람이 예수님을 만나려 하니 부담이 되었을 것입니다. 구설수에 오르내리는 것도 문제가 될 수 있었습니다. 그래서 니고데모는 밤중에 예수님을 찾아왔습니다.

니고데모가 한 질문을 보십시오. "당신은 하나님께로부터 온 선생입니다"라고 말합니다. 예수님을 특별한 존재로 생각했다는 말입니다. 예수님의 형제들도 형으로 오빠로 알고 있는데 니고데모는 하나님께로부터 온 선생이라고 알고 있으니 이것은 대단한 것입니다. 하나님께로부터 왔으니 예수님으로부터 하나님의 뜻을 알고자 한 것입니다. 그런데 무엇을 통해 예수님을 하늘로부터 왔다고 생각했습니까? 표적입니다. 요한복음 2장에도 예수님께서 행하시는 표적을 보고 많은 사람이 예수를 믿었다고 했습니다. 사람들은 표적을 좋아합니다. 병이 낫고, 귀신을 쫓아내면 대단한 줄 압니다.

그런데 진짜 대단한 것은 우리 가운데 귀신의 역사가 나타나지 못하고 도망가는 것이 대단한 것입니다. 우리가 예수 믿고 표적의 인물들이 된 것을 대단하게 생각하고 감사해야 합니다. 사람들은 금가루가 나오고 입신을 하고 그러면 대단한 것인 줄 압니다. 표적은 마귀도 하는 것입니다. 모세 당시에도 술법사들이 지팡이로 뱀을 만들었습니다. 무당들도 작두를 탑니다.

제가 옛날에 알았던 사람 중에도 작두를 타는 무당이 있습니다. 평소에는 대학교도 다니고 멀쩡한데 굿을 하면 짐승의 생피를 먹고 시퍼런 작두 위에 올라섭니다. 보통 사람이 올라서면 발이 갈라질 것입니다. 그래서 사람들은 신비한 일을 행하던 것을 보고 따라갑니다.

예수님 당시에도 사람들은 표적을 구했습니다. 그때 예수님은 "요나의 표적밖에는 너희에게 보여줄 것이 없다"고 하셨습니다. 요한복음 2장에서도 유대인들이 예수님에게 "무슨 표적을 보이겠느냐?"고 하자 "이 성전을 헐라 내가 삼 일 만에 일으키리라"고 말씀하셨습니다. 요나의 표적은 요나가 물고기 뱃속에 삼 일 동안 있다가 니느웨 성에 가서 복음을 전한 사건입니다. 사람이 물고기 뱃속에 삼 일 동안 있을 수가 없습니다. 이것은 예수님의 부활을 예표한 표적입니다. 예루살렘 성전을 헐면 삼 일 만에 일으키시겠다고 하신 것도 같은 말씀입니다. 삼

일 만에 성전의 주체이신 예수님께서 부활하시겠다는 것입니다. 우리에게 주시는 최고의 표적은 예수님의 부활입니다. 이 부활을 믿고 나도 부활할 것을 믿는 것이 진짜 표적을 믿는 것입니다.

표적을 보고 찾아온 니고데모에게 예수님은 "진실로 진실로"라고 말씀하십니다. '진실로'를 두 번이나 반복하시는 것은 예수님께서 강조하실 때 사용하신 방법입니다. 지금 예수님께서는 니고데모에게 관심을 가지고 계시다는 것입니다. 그리고 "사람이 거듭나지 아니하면 하나님 나라를 볼 수 없느니라"고 말씀하십니다. 니고데모는 예수님의 말씀을 이해할 수 없었습니다. 그래서 "사람이 어떻게 다시 날 수 있습니까? 늙으면 어머니 뱃속에 어떻게 다시 들어갑니까?" 하고 묻습니다.

예수님의 말씀을 자세히 보면 '거듭나지 아니하면'이라는 단어가 헬라어로 '겐네데 아노덴'(γεννηθη ανωθεν)이라 되어 있습니다. '겐네데'라는 단어는 '태어난다'는 뜻입니다. '아노덴'이란 단어는 '위로부터', 또는 '새롭게'라는 뜻을 가진 헬라어입니다. 우리나라 성경에는 '거듭나지 아니하면'이라고 번역을 했는데 이스라엘 사람들은 이 두 가지 의미를 알고 있습니다. 예수님은 '위로부터' 나야 한다고 말씀하시는 것입니다. 위로부터 나는 것은 하늘로부터 나는 것, 즉 성령으로 나는 것을 의미합니다. 그래서 예수님께서는 이 말씀 뒤에 성령에 대하여 말씀하신 것입니다.

예수 믿으면 거듭나야 합니다. 거듭나지 않으면 구원받지 못합니다. 거듭나지 않으면 큰일 나는 것입니다. 거듭난다는 것은 세상적인 뜻이 아닙니다. 세상 사람들도 어떤 사건들을 통해 새사람이 되겠다고 다짐을 합니다. 개과천선하기도 합니다. 예수님께서 말씀하시는 것은 그렇게 결심을 통해 새사람이 되는 것이 아닙니다. 위로부터 성령이 임하셔서 내가 하나님의 사람이 되는 것을 말씀하시는 것입니다. 예수 믿고 내가 결심하고 새사람이 되는 것이 아닙니다. 예수 믿는 것도 내가 하는 것이 아니라 성령께서 임하셔야 믿어지는 것입니다. 그래서 이것이 은혜입니다.

거듭나는 사건은 단 한 번 주어지는 것입니다. 하나님의 영이 내게 임하고 내가 예수님을 나의 구주로 믿는 것이 거듭남의 사건입니다. 거듭남이 중요한 것은 거듭나야 구원받기 때문입니다. 그다음에는 '성화'로 나아갑니다. 예수 믿으면 그다음에는 변화가 있어야 합니다. 이것이 예수 믿는 증거입니다. 우리는 모두가 성화의 과정에 있는 성도들입니다. 이미 거듭났습니다. 어떤 이단은 "당신 구원받았습니까?" 하고 질문합니다. 구원받았다고 하면 "몇 날 몇 월 몇 시에 구원받았냐?"고 질문합니다. 잘 모르겠다고 하면 "그것 보라고 당신은 구원받지 못했다"고 하면서 사람을 흔드는 것입니다.

잘 기억하셔야 합니다. 구원은 내가 결정하는 것이 아닙니다. 여러분이 어머니 뱃속에서 몇 날 몇 월 몇 시에 나왔는지 아십니까? 압니다. 부모님이 알려주니까 아는 것이지 내가 그때를 기억하고 아는 것이 아닙니다. 물론 구원의 회심 사건에서도 성령이 불같이 임하면서 내가 예수 믿은 그 시간을 아는 사람도 있습니다. 그러나 모르는 사람도 많습니다. 그러나 내가 지금 예수님을 나의 구주로 믿고 구원받은 것을 믿는 것이 거듭난 사람의 특징입니다. 그러므로 의심하지 마시기 바랍니다. 내가 은혜를 사모하는 것도 구원받았기 때문입니다. 다른 사람들은 이 좋은 날에 다 놀러 가는데 성전 건축으로 인해 주차장도 없는 불편함을 무릅쓰고 교회에 나와 예배드리는 것도 구원받았기 때문입니다.

성령께서 여러분의 마음을 움직여 주시기 때문입니다. 그렇지 않으면 무엇 하러 나오겠습니까? 내가 아파도 주님께 감사하고, 내가 헌금을 드리면서도 감사한 것은 구원받았기 때문입니다. 세상에 나의 물질을 주면서 감사하다고 하는 사람들이 어디에 있습니까? 구원받았기 때문에 헌금을 드리면서도 감사한 것입니다. 우리는 구원받은 다음에 더 조심해야 합니다. 마귀는 늘 우리의 마음을 미혹합니다. 땅 속에 있는 돌을 캐낼 때 한 번에 되지 않습니다. 이리저리 흔들어 보고, 두드려 보고 움직이면 그 방향으로 계속 흔듭니다. 그다음에 돌을 뽑아내는 것입니다.

시험도 그렇습니다. 마귀는 한 번에 시험하는 것이 아닙니다. 이리저리 흔들어 보고 두드려 봅니다. 흔들리면 그다음에는 마귀가 들어와 내 심령을 지배하고 병들게 만드는 것입니다. 크리스천들이 크리스천답지 못하게 사는 일들이 많습니다. 그래서 예수 믿는 사람들이 오히려 지탄의 대상이 되기도 합니다. 왜 그렇습니까? 구원은 받았는데 그다음에 그 구원을 지키지 못한 것입니다. 시험에 빠진 것입니다. 그래서 히브리서 3장 12절에 "하나님에게서 떨어질까 조심하라"고 하였습니다. 대학에 떨어져도 괜찮고 입사 시험에 떨어져도 괜찮습니다. 염려하지 마십시오. 그것이 더 좋은 길이 될 수도 있습니다. 그러나 하나님에게서 떨어지면 큰일나는 것입니다.

거듭난 다음에는 계속해서 성화되어야 합니다. 좋은 운동선수가 되기 위해서는 날마다 훈련해야 되듯이 성도도 신앙의 훈련을 쉬지 않고 해야 합니다. 이것이 성화입니다. 훈련하지 아니하면 녹슬고 무뎌지게 됩니다. 옛날의 신앙 가지고 영원히 신앙생활할 수 있다고 생각하십니까? 안 됩니다. 이런 사람이 시험에 빠지는 것입니다. 이런 사람이 자기만 시험에 들어 가만히 있으면 문제가 없겠지만 주의 일을 하는데 나서면 모두가 시험 들게 만드는 것입니다. 그러므로 구원받은 다음에는 성화에 더욱 힘을 써야 합니다. 여러분은 모두가 거듭난 줄로 믿습니다. 그러므로 이제는 거듭난 생명으로 예수님을 닮기 위해 힘쓰는, 날마다 성화되어 가는 성도들이 됩시다.

구원받았으면 그 구원의 은총을 지키기 위해 힘써야 합니다. 더 기도해야 합니다. 더 감사해야 합니다. 더 인내해야 합니다. 더 말씀을 사모해야 합니다. 더 화목해야 합니다. 그러면 구원의 역사가 일어나는 것입니다. 예수님께서는 니고데모에게 물과 성령으로 나지 아니하면 하나님 나라에 들어갈 수 없다고 하셨습니다. 물은 세례를 의미합니다. 당시의 세례는 내가 죽어도 예수를 믿겠다는 뜻입니다. 세례의 의미 역시 죽는다는 의미를 가지고 있습니다. 물속에 잠기면 모든 호흡이 끊어지듯이 옛 생각, 옛 모습은 모두 죽고 새사람으로 태어난다는 의미를 가지고 있는 것이 세례입니다. 이 세례는 성령의 인도하심이 없이는 받을 수가 없는 것입니다.

예수님께서 거듭나야 한다는 말씀을 하시고 이어서 왜 물과 성령으로 나지 않으면 하나님 나라에 들어갈 수 없다고 하셨습니까? 거듭난다는 것이 내 힘으로 되는 것이 아니라 하나님의 도우심으로 되는 것임을 말씀하신 것입니다. 육으로 난 것은 육이요 영으로 난 것은 영이라고 하셨습니다. 육으로 난 것은 육으로 끝나는 것입니다. 육신적으로 내가 올바로 살고, 깨끗하게 살고, 정직하게 살려고 애를 쓰지만 그것은 육적인 것입니다. 아무리 잡초에 좋은 비료를 주어도 그것이 금잔디가 될 수는 없습니다. 육적으로 난 사람은 영적으로 난 사람을 알 수가 없습니다.

불신자들은 예수 믿는 사람을 모릅니다. 왜 그렇게 열심히 믿는지 알지를 못하는 것입니다. 이들은 육으로 난 사람들이기 때문입니다. 외국인들이 말하는 곳에 앉아있으면 아무 말도 못 알아듣습니다. 소리는 쳐도 뜻을 알아들을 수가 없습니다. 영적인 세계가 그런 것입니다. 이 말씀을 예수님께서는 요한복음 3장 8절에서 설명해 주십니다. "바람이 임의로 불매 네가 그 소리는 들어도 어디서 와서 어디로 가는지 알지 못하나니 성령으로 난 사람도 다 그러하니라."

바람이 어디서 와서 어디로 가는지 아는 사람이 있습니까? 없습니다. 바람의 방향은 하나님만이 아십니다. 태풍이 남쪽에서 올라오면 다들 걱정을 합니다. 기상청에서는 제주도를 거쳐, 순천을 거쳐 대천으로, 인천으로 북상할 것이라고 보도합니다. 그런데 이 태풍이 갑자기 방향을 바꾸어 서해안으로 방향을 틀어 중국으로 가버렸습니다. 하나님께서 방향을 바꾸시면 어디로 가는지 모릅니다. 성령으로 난 사람도 이와 같다는 것입니다. 내가 내 인생을 인도하는 것이 아닙니다. 하나님께서 인도해 주십니다. 성령께서는 우리에게 꿈을 주십니다. 요셉은 그저 양치기로 살아야 하는 운명이었지만 하나님께서 꿈을 주셨습니다. 그 꿈은 내가 꾸고 싶다고 해서 꾸는 것이 아니라 하나님께서 주시는 것입니다.

8절에서 "바람이 임의로 불매"라고 말씀하실 때 그 바람이라는 단어는 '프뉴마'입니다 '프뉴마'는 '성령'이라는 뜻과 함께 '바람'이라는 뜻도 가지고 있습니다. 이 말씀이 참 의미가 깊습니다. 위의 성령도 '프뉴마'라는 단어를 사용했습니다. 우리는 번역된 성경으로 "바람이 임의로 불매" 이렇게 이해하는데, 이스라엘 사람들은 두 가지 의미로 알아듣습니다. "영이 임의로 불매"라고도 알아듣습니다. 한 번에 두 가지로 바람과 영을 생각하는 것입니다. 하나님의 영은 우리가 알지 못하는 곳에서 불어오십니다. 그래서 우리를 감동시키시고 변화시켜 주십니다. 그래서 하나님 나라를 바라보게 하시고 꿈을 주십니다.

그다음에는 믿음을 가지고 그 꿈을 향해서 나아가는 것입니다. 그래서 애굽의 총리까지 되는 것입니다. 성령으로 난 사람은 하나님께서 꿈을 주시고 인도해 주십니다. 우리 청년 중 한 자매가 청년회장으로 2년인가 열심히 봉사를 하는데 “저 자매는 직장에 안 다니는가? 왜 낮에도 교회에 와서 일하는가?” 하고 물었습니다. 그랬더니 고등학교를 졸업하고 직장을 다니지 않기 때문에 청년회장을 한다는 것입니다. 그런데 그다음부터 그 청년이 계속 떠오르는 것입니다. 그래서 제가 일이 없다고 사람을 쓰기만 하면 안 된다고, 사람을 키워주라고, 대학을 가라고, 장학금을 주라고 그랬습니다. 그래서 대학을 가고 교회에서 월급을 받고 일도 하고 있습니다.

왜 하나님께서는 주의 종에게 감동을 주십니까? 이 자매가 주의 일을 열심히 하니 성령께서 그 길을 인도해 주시는 것입니다. 하나님은 나에게 오는 태풍도 바꾸어 다른 곳으로 보내시는 분이십니다. 목동에게도 꿈을 주셔서 총리를 만드시는 하나님이십니다. 지금 손해보는 것 같아도 하나님의 영의 인도하심을 입는 사람은 마지막이 잘 되는 것입니다. 바람이 어디에서 와서 어디로 가는지 알지 못하는 것처럼 우리가 알지 못하는 길로 인도하시지만 그 길이 세상 사람들이 보지 못하는 놀라운 길이요, 축복의 길이요, 최고의 길인 것입니다.

성령으로 거듭나 구원받은 자는 하나님 나라를 바라보며 계속해서 그 길을 걸어가야 합니다. 성령으로 나지 않은 사람은 구원받은 사람이 하는 행동을 이해하지 못합니다. 마리아는 향유 옥합을 주님께 드렸습니다. 예수님의 제자들도 성령의 체험을 하고 구원받은 다음에 제자의 길을 걸어갔습니다. 두려워하지 아니하고 땅 끝까지 복음을 전했습니다. 은혜 받지 못한 사람은 은혜 받은 사람이 하는 행동을 이해할 수가 없습니다. 봉사하는 것도 그렇고, 매일 나와서 전도하는 것도 그렇습니다. 헌금을 드리는 것도 그렇습니다. 성령의 바람이 불어오지 않는 사람은 이해할 수가 없습니다.

그러나 성령으로 거듭나 그 길을 걸어가는 사람은 내가 하는 것이 아무것도 아닙니다. 하나님의 은혜에 비하면 보잘것없는 것입니다. 그래서 많은 것을 드려도 늘 부족하고 늘 은혜가 넘칩니다. 이것이 신앙생활입니다. 니고데모도 오늘의 대화를 통해서 거듭남의 은혜를 입었고 그다음부터는 제자의 길을 걸어갔습니다. 제사장들이 종들을 시켜 예수님을 잡아 오라 할 때에 니고데모는 사람들 앞에서 용감하게 예수님을 변호했습니다. 죄가 없으니 잡아갈 수 없다는 것입니다. 그래서 사람들이 다 돌아갔습니다. 예수님께서 십자가에 달리셨을 때에도 몰약과 침향 섞은 것을 백 근쯤 가지고 예수님을 장사지냈습니다. 이것은 왕의 장례식 때나 쓸 수 있는 굉장한 분량입니다. 다른 제자들은 다 두려워 도망할 때에 오히려 높은 지위에 있는 니고데모는 자기의 지위와 생명을 내어놓고 예수님 편에 섰습니다.

이제 구원받으셨다면 그 구원의 길을 놓치지 말고 계속해서 성령의 인도하심에 따라 걸어가십시오. 성화의 길로 가십시오. 그러면 주의 영이 나의 길을, 가정의 길을, 직장의 길을, 우리 교회의 길을, 이 민족의 길을 인도해 주실 것입니다. 우리 모두 매일 성령으로 인도하심을 받는 성도들이 됩시다.

적 용

ⓐ 오늘 말씀의 주제 파악하기:

ⓑ 오늘 말씀 중 은혜 받은 부분 나누기:

ⓒ 삶에 구체적으로 적용하기:

함께 드리는 기도제목

1. 우리 모두가 거듭난 생명으로 예수님을 닮기 위해 힘쓰게 하옵소서.
2. 내 인생을 하나님께 맡길 수 있는 믿음을 주옵소서.
3. 매일매일 성령으로 인도함을 받아 주님과 동행하게 하옵소서.

11

복음을 전해야 합니다

- **본 문**: 고린도전서 9장 16~24절(신 273쪽)
- **찬 송**: 490장(주여 지난 밤 내 꿈에, 통 542장)
- **요 절**: 내가 복음을 전할지라도 자랑할 것이 없음은 내가 부득불 할 일임이라 만일 복음을 전하지 아니하면 내게 화가 있을 것이로다(고전 9:16)

중국의 장자는 생사일여(生死一如)라는 말을 했습니다. '살고 죽는 것이 매한가지다. 인생은 꿈이요, 죽음은 결국 이 꿈에서 깨어나는 것이다. 그러므로 산다고 좋아할 것도 없고, 죽는다고 슬퍼할 것도 없다'는 뜻입니다. 여기에는 목표도 없고, 정열도 없고, 정말로 꿈과 같은 이야기입니다. 그런데 사도 바울도 비슷하게 들리는 말을 했습니다. 그는 살아도 좋고, 죽어도 좋다고 했습니다. 이 두 말은 비슷한 말처럼 들리지만 굉장한 차이가 있습니다. 장자의 말은 살아도 그게 그거고 죽어도 그게 그거라는 말입니다.

신문에 "다시 태어난다면 지금의 남편과 또 다시 결혼하겠는가?" 라는 물음에 절반 이상이 넘는 여성이 아니라고 대답했다는 기사가 있었습니다. 이를 보고 어떤 목사님이 교인들에게 같은 질문을 하며

"나는 다시 태어나도 지금의 남편과 결혼하겠다는 사람은 손을 들어 보라"고 했습니다. 모두 손을 들지 않는데 어떤 할머니 한 분이 손을 들었습니다. "그래, 그렇게 할아버지와 사랑이 깊었습니까?" 했더니 할머니가 대답하시길, "다 그 놈이 그 놈이여!"라고 했다고 합니다. 장자 같은 이야기지요.

김종환이란 가수가 부른 "사랑을 위하여"라는 노래가 있는데 아주 기억에 남는 가사가 있습니다. "하루를 살아도 행복할 수 있다면 나는 그 길을 택하고 싶다." 참으로 멋진 표현입니다. '하루를 살아도 행복할 수 있다면 나는 주의 길을 택하고 싶다.' 사도 바울이 바로 이런 마음으로 살았습니다. 그는 하루를 살아도 복음을 위하여 죽음의 길이라도 택하고 살겠다는 마음으로 살았습니다. 바울의 인생의 최고 목표에는 항상 그리스도가 있었습니다.

본문 말씀은 인생의 최고 목표를 그리스도께 둔 사도 바울의 고백입니다. 여기서 우리는 이 말씀을 통해 하나님께서 주시는 깨달음을 얻고자 합니다.

먼저 복음에 임하는 사도 바울의 마음 자세를 보시기 바랍니다.

> "내가 복음을 전할지라도 자랑할 것이 없음은 내가 부득불 할 일임이라 만일 복음을 전하지 아니하면 내게 화가 있을 것이로다 내가 내 자의로 이것을 행하면 상을 얻으려니와 내가 자의로 아니한다 할지라도 나는 사명을 받았노라"(고전 9:16~17).

사도 바울은 복음을 전하는 일이 자신의 일이라고 생각했습니다. 자신이 부득불, 어쩔 수 없이 해야 할 일이라고 생각했습니다. 이것이 소명입니다. 자의로 행하면 상을 받을 것이지만 자의로 아니하더라도 나는 하나님께서 주신 사명을 받았다고 고백하고 있습니다.

하나님께서 주신 사명이 사도 바울의 인생의 목표였습니다. 싫으나 좋으나 그는 이 인생의 목표를 위해 살았습니다.

> "내가 모든 사람에게서 자유로우나 스스로 모든 사람에게 종이 된 것은 더 많은 사람을 얻고자 함이라"(19절).

사도 바울은 유대인 중의 유대인입니다. 높은 지식과 좋은 가문과 많은 재산 이 모든 것이 모든 사람들로부터 부러움을 살 만했습니다. 그러나 그는 그 자유를 버리고 스스로 종이 되었습니다. 스스로 종이 되었다는 이 말이 우리 현실의 모습과 비교해 보면 얼마나 위대한 결단인지 모릅니다.

우리 인간들은 나 자신이 소유한 기득권을 버리지 않으려고 합니다. 많은 재물을 모았다가 그냥 버리는 사람은 없습니다. 공부를 열심히 해서 판사가 되었는데, 어렵게 장관이 되었는데 시골에 가서 농사짓겠다고 하는 사람은 보지 못했습니다. 이는 자신이 어렵게 얻은 것을 그냥 버리려 하지 않기 때문입니다. 그런데 사도 바울은 자신의 직업과 명예, 재물을 다 버렸습니다. 분토만도 못하다고 했습니다. 자신이 새롭게 얻은 것에 대한 자신감이 있었기 때문입니다.

바울의 삶은 위대한 사람 곧 거인의 삶이었습니다. 속이 좁은 사람은 원래 속이 좁아서 그런 것이 아닙니다. 대개 열등감이 많은 사람입니다. 당당한 사람은 "당신은 왜 그것을 생각 못하느냐?" 하면 '아, 내가 미처 그 생각을 못했구나!' 하고 오히려 감사하게 생각하지만 열등감이 많거나 자신이 없는 사람은 같은 말을 듣고도 그 말 때문에 마음이 상해 버립니다. 그런데 목표가 분명한 사람은 그런 말에 신경을 쓰지 않습니다. 쉽게 넘겨버리게 됩니다.

현대그룹에서 세운 현대고등학교가 있는데 명문 중의 명문으로 성장했습니다. 그런데 이 고등학교의 김재규 전 교장선생님이 아주 재미있는 분입니다. 그분은 초등학교밖에 나오지 못했습니다. 그런데도 나중에는 서울대, 연대, 고대 교수를 거쳐 대학 총장까지 지낸 분입니다. 집안이 가난하여 그는 거의 독학을 했습니다. 공무원 시험에 합격하여 서울에서 직장을 다니는데도 베잠방이 하나를 입고 출근을 했다고 합니다. 그런데 이분의 이야기가 재미있습니다.

공무원 시험을 치르고 다음 날 면접과 발표를 하는데 입고 있는 옷이 시골에서 입고 온 검정바지밖에 없습니다. 옷을 다려 입어야 하는데 다리미가 없습니다. 그래서 한 가지 생각을 했습니다. 어머니가 아버지 옷을 방바닥에 잘 펴서 이불 밑에 두었다가 아침에 꺼내면 주름이 졌던 생각을 했습니다. 그래서 여관방 바닥에 바지를 깔아 놓았다가 다음 날 입고 면접을 보러 갔습니다. 그런데 가만히 보니 다른 사람은 다 주름이 앞뒤로 있는데 자기 바지만 주름이 옆으로 있는 겁니다. 세워서 접어야 하는데 펴서 깔아놓은 거지요. 더구나 수석 합격이 되어서 면접 후 맨 앞에 나가 대표로 합격증을 받게 되었습니다.

그분 말씀이 사실 내가 공부도 못하고 옷도 옆으로 주름 잡아 입으면 좀 무시하겠지만 1등이니까, 사람들이 '1등은 저런 옷 입나 보다'라고 볼 것이라 생각하며 당당하게 나갔다는 것입니다. 사람이 대단한 것 같지만 옷만 조금 시원찮게 입어도 남 앞에 서지 못하는 것이 인간입니다. 찢어진 옷을 입고, 맞지 않는 옷을 입고 당당히 다닐 수 있는 사람이 쉽지 않습니다. 이 사람은 어떻게 그럴 수가 있습니까?

자신이 있기 때문입니다. 그러므로 옷차림 때문에 부끄러워하지 않았습니다.

여러분! 사도 바울이 종이 되어도 떳떳하고 자랑스러운 것은 사탄의 종에서 하나님의 종으로, 일등 국민으로 초청받았기 때문입니다. 대통령이 되면 모든 직업을 버립니다. 국회의원이나 대통령의 4대 의무 중 하나가 바로 사사로운 직업을 포기해야 합니다. 아무리 큰 사업을 하고 있었어도 대통령이 되면 다 포기를 해야 합니다. 그리고 많은 비난을 받아도 참습니다. 왜요? 대통령의 직분이 자랑스러운 직분이기 때문입니다.

우리도 그렇습니다. 우리가 예수님 때문에 비난을 당하고 예수님 때문에 어려운 일이 있어도 우리가 하나님의 자녀가 되었으니 참는 것입니다. 내가 고난을 당하고, 욕을 먹어도 그것이 내가 못나서가 아니라 주님을 위해서라고 생각하니 욕을 먹어도 감격스럽고 신나고 좋은 것입니다. 교회에서 남들보다 힘들어도 이것이 주님을 위해서라고 생각하면 얼마나 기쁩니까? 주님께서 특별히 나에게 이 일을 주셨다고 생각하면 힘들어도 기쁜 법입니다. 주를 위해서 참고 견디는 생활, 이것이 모든 사람에게 자유하였으나 스스로 종이 된 성도의 모습입니다.

사도 바울은 주님을 위해서라면 자신의 체면과 인격도 버렸습니다. 율법 없는 자들에게는 율법 없는 자같이 되었습니다. 약한 자에게는 약한 자처럼 되었습니다. 무슨 말입니까? 율법 아래 있다고 하는 유대인들, 특별히 바리새인들은 율법이 없는 사람들과 상종을 하지 않았습니다. 또 이방 민족들을 얼마나 무시했는지 모릅니다. 그래서 그들은 공공연히 이방인들은 지옥 불의 불쏘시게로 쓰시기 위하여 하나님이 창조하셨다고 말했습니다. 이렇게 유대인과 이방인들과는 구별이 있었습니다. 또 약한 자들은 강한 자들과 함께하지 못했습니다. 상류층은 상류층끼리만 교제하고 백성들은 잡초와도 같은 삶을 살아야만 했습니다. 감히 상류층과 어울릴 생각을 하지 못했습니다.

그런데 사도 바울은 상류층과 있을 때에도 그들에게 복음을 전했고 백성들 곧 성경의 원어로 보면 '라오스'라고 하는데 이것을 우리말로는 '종' 곧 '노예'라고 합니다. 종 곧 노예들과도 함께 지냈으며, 그 이유를 더 많은 사람을 구원시키기 위해서라고 사도 바울은 말씀합니다.

> "약한 자들에게 내가 약한 자와 같이 된 것은 약한 자들을 얻고자 함이요"(22절).

'약한 자들'이란 약한 그리스도인을 의미합니다. 약한 그리스도인들이란 어린아이와 같이 젖을 먹는 단계의 사람입니다. 성도들은 자신의 신앙이 성숙하였다고 하여서 신앙이 약한 자들이 상처받을 일을 해서는 안 됩니다. 나 때문에 다른 사람들이 신앙생활하는 데 상처를 받는다면 이 역시 바른 신앙이 아닙니다. 서로의 위치에서 이해해 주어야 하는 것입니다.

사도 바울은 자기 자신에 다른 사람을 맞추는 것이 아니라 다른 사람에게 자신을 맞추었습니다. 옛말에 "시집살이하려면 벙어리 삼 년, 귀머거리 삼 년, 장님 삼 년을 살아야 한다"고 했는데 사도 바울은 평생을 주님을 위하여 장님으로, 귀머거리로, 벙어리로 살았다는 말입니다. 시각장애인처럼, 청각장애인처럼 그렇게 힘든 것을 참고 견디며 살았다는 말입니다. 무엇 때문에 그랬습니까? 바로 복음을 위하여 그랬습니다. 사도 바울은 하나님이 무엇을 가장 기뻐하시는지를 깨닫고 있었습니다. 오늘도 주의 백성들은 하나님이 가장 기뻐하시는 일이 무엇인지 알고 믿어야 합니다. 하나님이 가장 기뻐하시는 일이 무엇입니까? 바로 복음 전파입니다.

하나님께서는 이 일을 위하여 독생자 외아들을 이 땅에 보내셨고, 예수님께서는 이 일을 위하여 인간의 핍박과 조롱을 다 참아내시고 십자가를 지셨습니다. 이 일을 위하여 우리에게 구원의 은총을 베푸셨고, 이 일을 위하여 세상을 이길 권세도 주셨습니다. 왜요? 인간을 구원하시기 위해서입니다. 그리고는 마지막 유언으로 땅 끝까지 내 복음을 전파하라고 하셨습니다. 그러므로 주님께서 가장 기뻐하시는 일은 영혼이 주님께 돌아오는 일입니다. 이 일을 주님은 가장 기뻐하십니다.

마라톤을 열심히 뛰었는데 엉뚱한 길로 뛰었다면 나중에 얼마나 허탈하겠습니까? 마찬가지로 예수님을 믿어도 예수님의 뜻을 제대로 알지 못하면 허탈하게 됩니다. 예수님의 뜻은 바로 영혼 구원이요, 복음 전파입니다. 사도 바울은 "내가 복음을 위하여 모든 것을 행함은 복음에 참여하고자 함이라"고 했습니다. 거꾸로 표현하면 내가 복음에 참여하려면 마땅히 내가 복음 전하는 일을 해야 한다는 것입니다. 그래서 성도의 사명도, 교회의 사명도 바로 복음 전파에 있어야 합니다.

그러므로 우리 모두 복음 전하는 사명을 감당하십시다. 하나님께서 가장 기뻐하시는 이 일을 감당하십시다. 주님의 재림을 준비하는 데는 여러 가지가 있지만 복음을 전하는 일이야말로 가장 확실한 방법입니다. 건축으로 인해 여러 조건이 힘들어도 한 사람이 한 영혼을 주님께로 인도하시길 바랍니다. 이것이 내가 구원받은 것에 대한 감사의 표현이요, 마땅히 해야 할 성도의 의무입니다. 올해는 한 사람이 한 영혼을 꼭 주님께로 인도하도록 기도하십시다. 지금부터 기도의 분량이 쌓아지도록 열심히 기도하십시다.

하나님께서 우리 교회에 성전 건축의 비전을 주시고 축복을 부어 주신 것은 또한 우리에게 그 전을 채우라는 사명을 주신 것입니다. 우리 교회에 사명을 주셔서 교회를 부흥하게 해주셨습니다. 교역자들도 수가 늘어나 한 사무실을 쓸 수가 없어 이곳저곳에 흩어져서 일하고 있습니다. 주차장도 부족합니다. 다음 세대를 위해 미래를 준비해야 하는데 비전센터 건축을 통하여 그 꿈을 이루게 될 것입니다.

"세상의 많은 교회 가운데 너희 성도들아, 너희들을 택했으니 그 전을 채우라"고 말씀하십니다. 그 음성을 각자가 듣고 복음을 위하여 살아 성전 건축 중에도 한 사람도 물러서지 않고 충성하여 주의 전을 가득히 채우고도 남는 성도들이 됩시다.

적 용

ⓐ 오늘 말씀의 주제 파악하기:

ⓑ 오늘 말씀 중 은혜 받은 부분 나누기:

ⓒ 삶에 구체적으로 적용하기:

함께 드리는 기도제목

1. 우리 인생의 최고 목표를 예수 그리스도로 삼게 하옵소서.
2. 하나님께서 가장 기뻐하시는 복음 전파를 위해 최선을 다하게 하옵소서.
3. 복음을 위해 살아가는 믿음의 사람이 되게 하옵소서.

12

자기 십자가를 지고

- **본 문**: 마태복음 27장 27~32절, 누가복음 14장 25~27절(신 50, 120쪽)
- **찬 송**: 149장(주 달려 죽은 십자가, 통 147장)
- **요 절**: 누구든지 자기 십자가를 지고 나를 따르지 않는 자도 능히 내 제자가 되지 못하리라(눅 14:27)

종려주일은 예수님께서 십자가의 사역을 위해 예루살렘에 입성하신 날입니다. 종려주일이란 예수님께서 예루살렘에 입성하실 때 사람들이 환호하며 그 앞에 종려나무 가지를 깔아 드렸기 때문입니다. 종려나무란 대추야자 나무로 영어로는 'phoenix'입니다. 이 'phoenix'란 단어는 우리가 잘 아는 또 다른 뜻을 가지고 있는데 '불사조'라는 뜻입니다. 종려나무는 나무 그루터기를 베어도 다시 살아나고 불에 태워도 불사조처럼 다시 살아납니다.

종려나무가 상징하는 의미는 많지만 그중에 대표적인 의미가 부활입니다. 잘라버려도 불사조처럼 다시 살아나는 생명력을 의미하기 때문입니다. 사람들은 예수님의 입성에 종려나무 가지를 흔들고 나귀 앞에 깔았습니다. 종려나무처럼 짓밟히고 넘어져도 다시 살아나는 소망을 표현한 것입니다. 종려주일은 십자가의 고난을 향한 행진이요, 다른 한편으로는 부활의 승리를 향한 행진입니다. 종려주일에 예배드리는 모든 성도들에게 고난을 넘어 부활의 승리에 이르는 은혜가 있기를 바랍니다.

사람들은 고난 없이 영광을 얻기를 원합니다. 갈급함이 없이 은혜를 누리기를 원합니다. 심는 수고 없이 좋은 열매를 얻기 원합니다. 그러나 고생 없이 훌륭한 인격이 만들어지지 않습니다. 유대인의 교육방법이 훌륭한 것은 아무리 부유할지라도 부만 물려주는 것이 아니라 자녀들에게 그 부를 소유할 지혜와 능력을 훈련시킵니다. 돈이 얼마나 소중한 것인지를 알게 합니다. 그래서 어렸을 때부터 아르바이트를 시키고 수고가 있어야 대가가 있다는 것을 깨닫게 합니다.

유대인들에게는 성년식이라는 것이 굉장히 중요한 행사입니다. 유대인의 성년식은 만 13살에 이루어지는데 이때 3가지의 선물을 줍니다. 첫째 성경책, 둘째 손목시계, 셋째 축하금입니다. 성경책을 주는 것은 하나님의 말씀대로 살라는 뜻이고, 시계를 주는 것은 시간의 소중함을 알고 약속을 지키라는 뜻입니다. 축하금은 우리가 상상할 수 없는 많은 돈을 주는데 그것을 관리할 책임을 가지라는 뜻입니다. 미국의 부자들도 자녀들에게 경제교육을 철저히 시키는 것으로 유명합니다. 돈이 많지만 돈을 함부로 사용하지 못하게 가르칩니다. 가사 일을 도우며 용돈을 벌어 쓰게 만듭니다. 쉽게 얻으면 쉽게 잃어버립니다. 고난을 겪어보지 않은 사람은 고난이 올 때 좌절하고 넘어집니다.

요즘 어린 자녀들을 학대하여 굶어 죽게 하고, 때려서 죽게 하고, 가져다 버리는 등의 일들이 계속해서 언론에 보도가 됩니다. 5살짜리 아이에게 뜨거운 물을 끼얹고, 어떤 엄마는 락스를 끼얹고, 9개월 된 영아를 엄마가 폭행하여 죽게 하고, 아빠가 4살짜리 애가 소변을 못 가린다고 죽였습니다. 옛날에는 이런 일이 없었는데 지금은 어른이 된 훈련받지 못한 성인 세대가 이런 참담한 일들을 만들어내고 있는 것입니다. 어느 책에 보니 대한민국은 어떤 경제위기가 와도 50대 이상이 살아있는 동안에는 절대로 무너지지 않는다고 했습니다. 대한민국의 50대 이상은 배고픈 시대를 살아온 사람들입니다. 한겨울에 양말이 없이 학교를 다닌 아이들도 있었고 어릴 적에 전기 구경을 못해 본 사람들도 많습니다.

저도 중학교 시절에 연탄불에 밥해 먹으며 학교를 다녔습니다. 연탄불이 얼마나 잘 꺼집니까? 그러면 나뭇조각을 넣고 불을 피워 연탄을 살려내야 합니다. 고등학교 때 석유곤로를 처음 만났는데 얼마나 편하고 좋았는지 모릅니다. 시골에 사는 아이들은 학교에 갔다 오면 지게를 메고 산에 나무 하러 다녔습니다. 그때는 연탄도 때지 못하고 나무를 때어 밥을 지었습니다. 얼마 전에도 심방을 갔는데 지금은 회사의 사장님이 되어 있는 집사님이 그런 이야길 합니다. "어릴 때 너무 가난해서 감자 한 개 먹고 살았지요. 어머니는 늘 굶으셨다고……." 그러니까 우리나라에 경제 위기가 와도 그 경험이 있는 어른들은 산에 나무를 해다 때면서라도 살아남을 수 있다는 것입니다. 그리고 또 나라를 세울 수 있다는 것입니다.

우리 인생은 고난을 통해 단단해집니다. 암과 싸워 이긴 사람은 감기 정도가 오면 두려워하지 않습니다. 암도 이겼는데 이 정도는 아무것도 아니라는 것입니다. 오늘 한국교회의 위기는 신앙생활하면서 고난을 겪지 않고 축복 속에 예수 믿으면서 하나님의 은혜를 잃어버린 데서 오는 것입니다. 우리 신앙의 선조들은 고난 속에서 예수님을 만났고 예수님을 믿었습니다. 기도할 때에 응답을 간절히 원했고 기적 속에 살아오면서 하나님의 은혜를 늘 체험했습니다. 그런데 오늘 우리는 너무 많은 축복을 받다 보니 은혜를 은혜인 줄 모르게 되었습니다.

본문 마태복음 27장 31절에 나오는 구레네 사람 시몬은 구경 나온 시골 사람입니다. 유대인이 아닙니다. 구레네 사람이란 말에서 알 수 있듯이 흑인일 것이라 추측합니다. 이 사람은 로마 병정에 의해 억지로 십자가를 진 사람입니다. 예수님이 십자가를 지시고 힘에 겨워 쓰러지실 때 어부 출신의 건장한 그 어느 제자 하나 대신 십자가를 지고 가겠다고 나선 사람이 없었습니다. 예수님에 의해 죽을 병을 고침 받은 많은 사람들이 있었지만 누구도 대신 십자가를 지겠다고 나선 사람이 없었습니다. 그래서 구경하던 시몬이란 사람이 억지로 십자가를 졌습니다. 그러나 억지로 진 것도 십자가입니다. 억지로 지는 것도 은혜입니다.

예수님이 지신 십자가의 무게는 100kg 이상이었을 것으로 보고 있습니다. 그러니 예수님이 이 십자가를 지고 힘에 부쳐 쓰러지시는 것은 당연합니다. 구레네 사람 시몬도 이 십자가를 쉽게 진 것이 아닙니다. 죽을 힘을 다하여 이 십자가를 지고 골고다 언덕을 올랐습니다.

그런데 성경에는 놀라운 사실이 기록되어 있습니다. 마가복음 15장 21절에 보면 "마침 알렉산더와 루포의 아버지인 구레네 사람 시몬이 시골로부터 와서 지나가는데 그들이 그를 억지로 같이 가게 하여 예수의 십자가를 지우고"라고 했는데, 로마서 16장 13절에 보면 "주 안에서 택하심을 입은 루포와 그의 어머니에게 문안하라 그의 어머니는 곧 내 어머니니라"고 했습니다.

사도 바울이 억지로 십자가를 진 구레네 시몬의 아내를 '내 어머니'라고 불렀습니다. 시몬의 집안이 이 사건을 통해 예수를 믿고 초대교회의 중요한 일원이 된 것을 알 수가 있습니다. 우리 주님은 억지로 주의 일을 감당했을 때에도 그 십자가를 잊지 않고 은혜를 주십니다. 그러므로 주님께서 나에게 맡겨주신 일을 억지로라도 지고 가야 하는 것입니다. 나의 십자가를 지고 갈 때 주님은 절대로 잊지 않으십니다. 부활의 승리는 십자가의 고난 없이는 있을 수가 없습니다. 성도들의 면류관도 그저 얻는 것이 아닙니다. "No Cross, No Crown." 십자가 없이는 성도의 면류관도 없습니다. 그러므로 매일의 십자가를 지는 신앙의 훈련이 우리에게 있어야 하는 것입니다.

신앙생활을 잘하려면 훈련을 잘 받아야 합니다. 훌륭한 운동선수가 되기 위해서는 훈련의 과정을 잘 견뎌내야 합니다. 다른 사람보다 몇 갑절의 훈련을 해야 합니다. 운동뿐만이 아니라 공부하는 일도 그렇고 모든 일이 그렇습니다. 훈련 없이 잘되지 않습니다. 그래서 잘되기를 원하는 사람들은 열심히 훈련합니다. 잠을 자지 않고 수고합니다. 그러면서 신앙은 쉽게 해도 된다고 생각하는 것은 착각입니다. 쉽게 하는 사람에게는 하나님께서 큰 은혜와 축복을 주시지 않습니다.

예배생활도 열심히 훈련해야 합니다. 그래야 은혜를 받습니다. 기도생활도 훈련해야 합니다. 훈련하지 않으면 깊은 기도를 체험하지 못합니다. 헌금생활도 훈련해야 합니다. 훈련하지 않으면 아까워지는 것입니다. 봉사하는 것도 훈련해야 합니다. 훈련하지 않으면 쉽게 지치고 불평합니다. 그러나 훈련받은 다음에는 모든 것이 넉넉해지는 것입니다. 새성전 건축으로 인해 주차장이 비좁습니다. 완공될 때까지 힘든 시기를 보내야 합니다.

그러나 이 힘든 시기가 지나면 우리는 4,500평이 넘는 주차장을 가지게 될 것입니다. 카페와 넓은 식당과 공원을 가지고 주일에도 성도의 교제를 나누게 될 것입니다. 공사의 힘든 시기 없이 좋은 여건의 교회는 얻을 수가 없습니다. 건축을 위해 기도하며 함께 수고한 성도들은 새 성전을 나만 아는 기쁨으로 만나게 될 것입니다. 내가 헌신하여 세워진 교회에서 드리는 매주일의 예배가 은혜가 될 것입니다. 모든 것이 성경말씀대로입니다. 그러므로 고난을 이기고 은혜와 축복을 차지하는 성도들이 되시기를 바랍니다.

본문 말씀은 예수님의 수난에 대해 기록하고 있습니다. 예수님은 죄 없이 수난을 당하셨습니다. 로마 병정들은 예수님의 옷을 벗기고 홍포를 입혔습니다. 홍포는 왕이 입던 옷입니다. 붉은색의 옷은 아무나 입을 수가 없었습니다. 그런데 이것은 조롱이었습니다. '네가 왕이라고 하니 왕의 옷을 입어봐라' 하고 붉은색의 옷을 강제로 입힌 것입니다. 머리에는 가시관을 씌웠습니다. 왕은 왕관을 써야 하니 왕관도 씌우자고 하고 가시로 관을 만들어 씌운 것입니다. 손에는 갈대를 들게 했습니다. 왕은 홀을 들고 나라를 다스립니다. 그러니 '너도 홀을 쥐고 있어야지' 하고 갈대를 손에 쥐어준 것입니다. 그리고 그 앞에서 절을 하고 희롱을 하고 침을 뱉고 갈대를 도로 빼앗아 머리를 치기도 했습니다. 예수님은 이 모욕을 다 참아주셨습니다.

예수님은 인간이 당하는 고통을 다 받으셨습니다. 이것은 '너희도 고난을 받을 때에 나를 기억하라'는 것입니다. '내가 인간이 되어 이렇게 고난을 당하고 죽기까지 했다. 그러나 마지막은 부활이다. 내가 세상을 이기었노라. 그러니 너희도 이길 수 있다' 하는 것을 우리에게 보여주시기 위해 인간의 모든 모습을 다 겪어주신 것입니다. 그러므로 우리는 고난주간에 주님께서 당하신 고난을 바라보면서 주님을 깊이 생각해야 합니다.

그리고 주님이 부활하셨듯이 우리도 부활할 것을 믿으며 신앙의 싸움에서 승리해야 합니다. 누가 승리합니까? "무릇 내게 오는 자가 자기 부모와 처자와 형제와 자매와 더욱이 자기 목숨까지 미워하지 아니하면 능히 내 제자가 되지 못하고 누구든지 자기 십자가를 지고 나를 따르지 않는 자도 능히 내 제자가 되지 못하리라"(눅 14:26~27) 말씀하셨습니다. 나보다 주님을 더 사랑하는 자가 승리의 면류관을 쓰게 됩니다. 자기 십자가를 지고 주님을 따른 사람이 승리의 면류관을 쓰게 됩니다.

믿음의 사람과 세상 사람의 다른 점이 무엇인지 아십니까? 세 끼 밥을 먹고 직장에 나가고 다 똑같이 사는 것 같지만 그 목표가 다릅니다. 불신자들은 죽음 이후를 준비하지 않습니다. 내일 죽을지도 모르는 인생인데 영원히 살 것처럼 오늘에 집착하며 삽니다. 준비한다고 해도 관을 준비하고, 묘지를 준비하고 그러면 다 되는 줄 압니다. 그러나 믿음의 사람들은 면류관을 바라보며 삽니다. 주님께로 오면 내 십자가를 함께 져주십니다. 내 십자가를 가볍게 해주십니다. 십자가 그늘 밑에서 평안과 안식을 얻게 하십니다.

우리 인생의 길은 늘 짐이 있고 새로운 문제가 일어나지만 우리 주님께로 오면 인생의 문제가 끝이 나는 것입니다. 여러분의 십자가는 무엇입니까? 여러분의 십자가는 어렵습니까? 어떤 일을 하든지 다 어려움이 있고 시험이 있습니다. 세상에 쉬운 일은 없습니다. 그러나 주님과 함께하면 우리의 믿음이 성장하는 은혜를 주십니다. 그래서 십자가를 지고 승리하는 은혜를 주십니다. 천국 문은 십자가 없이는 통과하지 못합니다. 내 십자가를 지고 가야 합니다.

이번 고난주간을 통해 기도에 힘쓰며 주님께서 주신 나의 십자가를 발견하게 되는 은혜가 있기를 원합니다. 그 십자가를 지고 주님을 따라 부활의 날에 기쁨으로 주님을 만나는 성도들이 됩시다.

적 용

ⓐ 오늘 말씀의 주제 파악하기:

ⓑ 오늘 말씀 중 은혜 받은 부분 나누기:

ⓒ 삶에 구체적으로 적용하기:

함께 드리는 기도제목

1. 이번 고난주간에 고난을 넘어 부활의 승리에 이르는 은혜가 있게 하옵소서.
2. 우리에게 찾아오는 고난을 이기고 은혜와 축복을 차지하게 하옵소서.
3. 십자가를 지고 주님을 따라 부활의 날에 기쁨으로 주님을 만나게 하옵소서.

13

눈이 밝아져야 합니다

- **본 문**: 누가복음 24장 25~31절(신 140쪽)
- **찬 송**: 164장(예수 부활했으니, 통 154장)
- **요 절**: 그들의 눈이 밝아져 그인 줄 알아보더니 예수는 그들에게 보이지 아니하시는지라(눅 24:31)

우리 주님은 부활하셨습니다. 예수님의 십자가와 부활은 기독교 신앙의 핵심입니다. 예수님의 십자가는 우리가 죄 가운데 있었으나 우리를 위해 예수님께서 십자가를 지신 것을 믿는 것입니다. 그리고 부활의 신앙은 예수님께서 삼 일 만에 부활하셨고 우리도 부활할 것을 믿는 것입니다. 이 믿음이 있을 때 기독교는 순결할 수 있습니다. 헛된 것을 좇아가지 않습니다. 불의 앞에 무릎을 꿇지 않습니다. 부활은 죽음이 끝이 아니라 죽음으로 생명을 얻는 것을 믿기 때문입니다.

오늘의 세상은 드러나지 않는 것이 많습니다. 감추려고 하는 것들이 많습니다. 신문과 뉴스에 나오는 사건들이 가만히 보면 감추려고 했던 것들을 드러내는 일들입니다. 뇌물을 먹고, 살인을 하고, 사기를 치고 이런 것들을 드러내는 것들이 대부분입니다. 그래서 이들이 쇠고랑을 차고 형무소에 갑니다. 로마와 바리새인들도 예수님을 십자가에 처형하고 무덤 속에 가둠으로써 자신들의 죄를 감추려 하였습니다. 그러나 예수님은 죽음을 이기고 다시 부활하셨습니다. 부활은 모든 것을 드러내는 것입니다. 부활의 날에는 모든 감추었던 것들이 다 드러날 것입니다. 그래서 믿음의 사람들은 환호성을 지를 것입니다. 할렐루야!

그러나 감추려고 했던 자들은 쇠고랑 정도가 아니라 영원한 형벌에 처해지는 날이 부활의 날입니다. 하지만 성도들은 내가 이 땅에서 심었던 열매를 거두는 날입니다. 이 땅의 상처와 고통이 다 위로를 얻는 날입니다. 상급을 받고 주님과 함께 사는 날입니다. 그러므로 부활의 날은 성도들이 가장 기다리는 날입니다. 가장 기쁜 날입니다. 승리 중의 승리의 날입니다. 부활이 없다면 예수 믿는 우리는 가장 불쌍한 자일 것이라고 사도 바울은 말씀했습니다.

초대교회 시대에도 예수 믿는 사람들은 많은 환난을 만났습니다. 가족들과 헤어지고 죽음을 당하기도 했습니다. 그렇게 끝이 나고 만다면 억울할 것입니다. 그러나 부활의 신앙이 있었기에 죽음의 두려움도 이길 수가 있었습니다. 주님을 위해 고난을 당하면 상급이 있는 것을 확실히 믿기 때문입니다. 마지막까지 참으면 부활의 승리가 있는 줄로 믿기 때문입니다. 부활은 내가 싸워 이기는 것이 아닙니다. 내가 참고, 내가 희생하고, 내가 손해를 보지만 주님으로 인해 내가 부활의 승리자가 되는 것입니다.

본문 말씀에 엠마오로 가는 두 제자가 나옵니다. 이들은 예수님께서 죽으신 이후 슬픔에 가득 차서 고향으로 돌아갑니다. 예수님께서 이들에게 다가가셔서 무슨 이야기를 하고 있느냐고 물으셨습니다. 두 제자 중 글로바라 하는 제자가 “나사렛 예수의 일이니 그는 하나님과 모든 백성 앞에서 말과 일에 능하신 선지자이거늘 우리 대제사장들과 관리들이 사형 판결에 넘겨주어 십자가에 못 박았느니라 우리는 이 사람이 이스라엘을 속량할 자라고 바랐노라"(19~20절)고 말합니다. 이들은 예수님을 선지자로 알았습니다.

그러나 이 선지자가 이스라엘을 구속할 메시아로 믿었습니다. 그런데 이 메시아가 갑자기 십자가에 못 박혀 돌아가셨으니 이제 로마에서 이스라엘을 구원해 주실 분이 사라졌다는 것입니다. 이들은 예수님을 정치적인 메시아로 믿었습니다. 그래서 안타까워한 것입니다. 우리가 예수님을 잘못 알면 이렇게 됩니다. 예수님을 축복을 주시는 분으로만 알고 있는 사람이 있습니다. 이런 사람은 환난이 오고 일이 막힐 때 의심하고 시험에 빠집니다. 또 예수님을 승리의 주로만 믿는 사람이 있습니다. 이런 사람은 실패할 때 낙심합니다.

예수님을 믿으면 우리의 목자가 되어주셔서 잘못할 때에는 야단도 치시고 우리를 훈련시켜 주십니다. 그리고 푸른 초장으로 인도하시고 맑은 시냇물가로 이끌어 주십니다. 예수님을 믿으면 마지막에 잘되는 것입니다. 이 세상을 떠날 때 두 손 들어 하나님을 찬미하며 맞이하게 되는 것입니다. 예수님은 눈이 감겨 진실을 보지 못하는 두 제자에게 찾아오셨습니다. 이들의 눈이 감긴 것을 보고 이들의 눈을 열어 주기 위하여 찾아오셨습니다. 이것이 은혜입니다.

예수님은 항상 은혜가 필요한 사람들에게 찾아와 주셨습니다. 예수님께서 가시는 곳마다 은혜가 있었습니다. 병든 자에게 찾아가셨고, 소외된 자에게 찾아가셨고, 슬픔을 당한 자들에게 찾아가셨습니다. 그래서 예수님이 가시는 곳마다 치유가 있었고, 위로가 있었고, 기쁨이 있었습니다. 예수님은 두 제자에게 모세와 선지자의 글과 성경에 예수님에 대하여 기록한 것을 자세히 설명해 주셨습니다. 본문 말씀 뒤에 보면 "우리에게 말씀하시고 우리에게 성경을 풀어 주실 때에 우리 속에서 마음이 뜨겁지 아니하더냐"라고 말합니다.

예수님의 말씀을 들으면서 이들의 마음이 뜨거워졌습니다. 말씀을 들을 때 아무리 많이 들어도 가슴이 차가우면 그것은 잘못 들은 것입니다. 가슴이 뜨거워지는 것은 머리 좋은 것과도 상관이 없습니다. 공부 많이 한 것과도 상관이 없습니다. 은혜 받으면 뜨거워지는 것입니다. 병균을 죽일 때 물로 씻어도 잘 안 죽습니다. 소독해도 잘 안 죽습니다. 햇볕에 말려도 잘 안 됩니다. 가장 좋은 방법은 펄펄 끓는 물에 집어넣어 한참을 끓이면 다 죽습니다. 우리 속에 있는 죄의 균은 도를 닦아도 다시 살아납니다. 노력해도 안 됩니다. 그런데 성령의 불로 펄펄 끓이면 다 죽는 것입니다. 뜨거우면 되는 것입니다. 그래서 옛 생각과 모습이 사라집니다. 이전에는 죄짓는 곳이 그렇게 좋았는데 은혜 받고 나면 냄새가 나는 것입니다.

어떤 분이 늘 술집에 다녔는데 예수 믿고 성령 체험을 하고 나니 그다음부턴 회사의 회식이 있어 술집에 가면 화장을 하고 나오는 아가씨들의 냄새가 그렇게 싫더라는 것입니다. 그 앉아있는 자리가 냄새가 나고 구역질이 나서 다시는 가기 싫어지더라는 것입니다. 이렇듯 예수 믿으면 가슴이 뜨거워져야 합니다. 예배는 우리의 죄 된 영혼을 끓여내는 곳입니다. 말씀을 듣고 아멘 하면 그 말씀이 우리를 새롭게 해줍니다. 죄 된 것들이 싫어지게 되고 미워하게 됩니다. 나를 괴롭히는 사탄 마귀가 뜨거워서 도망가게 되는 것입니다. 그래서 더욱 하나님의 말씀이 그리워지고 교회를 사모하게 됩니다. 이것이 하나님께서 주시는 은혜인 것입니다.

새성전·비전센터 건축 중에 있습니다. 주차장이 부족하다 보니 특별새벽기도회를 할 때 걱정이 많이 되었습니다. 지난번 특별새벽기도회 때는 '주차장도 부족한데 절반이라도 참석하면 좋겠다' 하는 마음이 들었습니다. 본당 앞 주차장은 비어 있는데 걱정이 됩니다. 새벽기도회를 드리러 앞으로 나와 강단에 앉으면서 2층은 쳐다보지도 않았습니다. 쳐다볼 자신이 없었습니다. '다 비어 있으면 어떻게 하나?' 걱정이 되었습니다. "하나님 다 비어 있어도 담대히 말씀 전하게 해주세요." 그렇게 기도했습니다. 기도를 마치고 고개를 드는 순간 제가 우리 성도들을 너무 우습게 본 것입니다. 자리가 가득 찬 것입니다. 더욱 놀라운 일은 매일매일 숫자가 점점 더 늘어나는 것입니다. 마지막 새벽에는 앉을 자리가 부족할 정도로 주의 전을 가득 채웠습니다. 할렐루야!

공사 초기에 주차장이 부족하여 우리 성도들에게 노약자나 임산부에게 양보해 주실 것을 부탁드렸습니다. 이때도 '주차장이 부족하여 예배에 참석하지 않는 성도들이 있으면 어떻게 하나?' 걱정을 했습니다. "3부 예배 때 주차장에 몇 대나 들어왔느냐?"고 물으니 단 한 대만 주차했다는 것입니다. 그런데 성도들이 줄지 않았습니다. 오히려 더 많은 성도들이 예배를 드렸습니다. 얼마나 감격했는지 모릅니다. '하나님께서 우리 교회를 사용하시는구나! 한국교회에 부흥의 불씨를 던지는 교회로 우리를 사용하시는구나!' 할렐루야!

언젠가 옥한흠 목사님이 시무하시던 사랑의교회에서 초창기에 제직 200여 명이 수련회를 간 이야기를 했습니다. 2층짜리 건물에서 온 제직들이 잠을 자게 되었습니다. 그런데 한겨울에 2층에 보일러가 잘못되어 한 층이 모두 냉방이 되었습니다. 보통 사람들 같으면 일어나서 보일러 기사를 찾고 고친다고 쿵쾅거리지 않겠습니까? 그런데 이들은 생각하기를 우리 방이 지금 문제가 생겼다고 일어나 보일러 고친다고 쿵쾅대고 두드리면 옆방의 다른 모든 교인들이 잠에서 깰 것이라고 생각하여 "우리가 참고 잡시다"라고 했다는 것입니다.

자기 방만 그런 줄 알았더니 2층 전체가 냉방이 되었는데 2층 전체에 들어있던 교인들이 놀랍게도 다 똑같은 생각을 하고 참은 것입니다. 이 희생의 정신이 옥한흠 목사님 시대에 한국에서 최고 가는 사랑의교회를 만들었습니다. 그런데 우리 교회의 이런 모습을 보면서 생각했습니다. '우리 교회도 한국교회에 예화가 되는 교회가 되겠구나!' 평소에 빈틈없이 들어차던 주차장이 오히려 성전 건축을 위해 주차 몇 대 하지 못하는 상황에 단 한 대만 들어왔다니 이것이 한국교회에 도전을 주는 것입니다.

말씀을 아멘 하고 들으면 가슴이 자꾸 뜨거워집니다. 그래서 변화의 역사가 일어나는 것입니다. 말씀을 들어도 늘 분석하고 판단하는 사람들은 말씀이 들어가지 않습니다. 역사하지 않습니다. 그러나 나를 겸손히 내려놓고 말씀을 들으면 심령이 뜨거워지고 변화되는 역사가 일어나는 것입니다.

경북 상주에서 목회할 때에 유학을 하는 집에 심방을 갔습니다. 그곳은 큰 사당을 모시는 곳이었습니다. 그 집의 남편이 죽게 되었는데 권사님이 목사님 심방 받고 기도 받으시라고 권면해서 심방을 가게 되었습니다. 가서 보니 일어나지도 못하고 밥도 못 먹고 죽을 날을 기다리는 것입니다. 그래서 말씀을 전하고 손을 얹고 안수하며 기도했습니다. 그런데 이분이 말씀을 전할 때는 가만히 있더니 손을 머리에 얹고 기도하니까 갑자기 "이-놈" 하고 소리를 지르는 것입니다. 움직이지도 못하니까 그냥 더 손을 누르고 기도했습니다. 그리고 집에 돌아왔는데 이 사람이 너무 불쌍한 것입니다.

그래서 또 심방을 갔습니다. 두 번째 기도할 때는 "이-놈" 하지 않더라구요. 세 번 네 번 심방을 가서 말씀을 전하고 기도하니 드디어 이 사람의 마음이 뜨거워졌습니다. 그래서 예수 믿고 세례 받고 천국 간 줄로 믿습니다. 마음이 뜨거워지면 되는 것입니다

29절에 보면, 이들이 예수님을 강권하여 "우리와 함께 유하사이다 때가 저물어가고 날이 이미 기울었나이다" 하고 부탁을 하여 그들과 함께 들어가 떡을 가지고 축사하시고 그들에게 주셨습니다. 그때에 그들의 눈이 밝아져 예수님인 줄 알아보았습니다. 왜 이들이 그동안 예수님을 알아보지 못했습니까? 눈이 밝아지지 못해서 그렇습니다. 우리 인간은 세 개의 눈이 있다고 말합니다.

첫째는 육안(肉眼)입니다. 육체의 눈으로 보는 것입니다. 사람들은 이 눈을 신뢰합니다. 눈으로 보는 것을 믿는 것입니다. 파스칼은, 인간은 아주 큰 것도 아주 작은 것도 볼 수 없다고 했습니다. 우리 눈으로는 지구를 볼 수 없습니다. 작은 박테리아 같은 것도 볼 수 없습니다. 눈 앞에 백지 한 장만 가려져도 앞을 볼 수 없습니다. 눈을 아무리 크게 떠도 자기 눈썹도 못 보는 게 인간의 눈이고 자기 뒤통수도 못 보는 게 인간의 눈입니다.

둘째는 지안(智眼)입니다. 지혜의 눈입니다. 지혜의 눈이 떠지면 세상의 이치를 알고 불의와 의를 구별하게 됩니다. 공부 많이 했다고 지안(智眼)이 열리는 것은 아닙니다. 이 지혜도 하나님께서 주셔야 하는 것입니다. 그래서 지혜와 명철을 사모하라고 하셨습니다.

세 번째는 영안(靈眼)입니다. 영안이 열려야 나의 죄가 보이고, 나의 무지가 보이고, 나의 가련한 것이 보입니다. 그래서 요한계시록 3장 18절에 "안약을 사서 눈에 발라 보게 하라"고 하셨습니다. 이것은 영안을 말씀하신 것입니다. 사람들은 죄 때문에 눈이 흐려집니다. 죄로 인해 욕심이 생기고, 그래서 사람도 볼 줄 모르고, 의와 선도 볼

줄 모르고 바른 길도 볼 줄 모릅니다. 더 심각한 것은 천국을 보지 못하는 것입니다.

사람들은 다른 것은 다 받아들입니다. 나이 들어가는 것도 다 인정합니다. 사업을 하다가 실패하면 실패한 것도 다 인정합니다. 병든 것도 인정하여 약을 사먹고 병원에 갑니다. 살이 쪄가는 것도 인정해서 큰 사이즈의 옷을 삽니다. 인정하지 못하면 옷을 사도 못 입는 것입니다. 그래서 다 받아들입니다.

이 세상의 모든 일은 다 받아들이면서 이제 나이 들어 조금 후면 이 세상을 떠나가야 하는데 왜 천국은 받아들이지 못하고 부활은 받아들이지 못합니까? 영안이 감겨서 그렇습니다. 육안은 병원에 가서 수술을 하면 치료를 받을 수 있습니다. 영안은 어떻게 치료해야 합니까? 약을 먹어야 합니다. 구약과 신약을 많이 먹어야 합니다. 그러면 눈이 점점 밝아져 하나님의 능력을 보게 되고, 주님을 보게 되고, 십자가를 똑똑히 바라보게 되는 것입니다.

불신앙의 사람들은 모두 영안이 감겨 있습니다. 그래서 하나님을 볼 수가 없습니다. 어떤 성도가 불신자에게 전도를 하는데 "예수 믿으세요" 했더니 천국을 보여주면 믿겠다고 하더랍니다. 그래서 "아저씨, 정신 있으세요?" 그러니까 "아니 이 양반이 내가 정신이 있으니까 일을 하지 정신이 없으면 병원에 있지 왜 여기 있겠어?" 하더랍니다. 그러자 "그러면 선생님, 정신 좀 보여주세요" 그랬답니다. 그러니까 "예수 믿는 사람들은 말은 잘해" 그러더랍니다. 불신자에게는 천국이 보이지 않습니다. 그러나 믿음의 사람에게는 천국이 너무나 확연히 보이는 것입니다.

발람 선지자가 이스라엘을 저주하는 일을 하기 위해 나귀를 타고 모압의 왕 발락에게 기도해 주러 가다가 나귀도 보는 천사를 자신은 보지 못했습니다. 나귀는 좁은 골목에서 천사가 칼을 빼들고 지켜 서 있는 것을 보고 뒷걸음질을 치는데 발람은 보지 못했습니다. 영안이 감겨서 그렇습니다. 그런데 하나님께서 영안을 열어주시니 그제서야 칼을 들고 서있는 천사를 보게 되었습니다. 도단 성을 에워싼 아람 군대를 보고 두려워하는 게하시에게 엘리사는 눈을 열어 하나님의 군대가 지켜주고 있는 것을 보게 해줍니다.

하나님께서 우리의 눈을 열어주시기를 원합니다. 하나님 앞에 엎드릴 때 하나님의 섭리를 보고 신령한 세계를 볼 수 있습니다. 천국이 보이고 부활의 예수님을 볼 수 있습니다. 하나님의 은혜를 입어 영안이 열리고 부활하신 주님을 바라보고 나아가는 성도들이 됩시다.

적 용

ⓐ 오늘 말씀의 주제 파악하기:

ⓑ 오늘 말씀 중 은혜 받은 부분 나누기:

ⓒ 삶에 구체적으로 적용하기:

함께 드리는 기도제목

1. 부활하신 주님으로 인해 우리가 부활의 승리자가 되게 하옵소서.
2. 하나님의 말씀이 그리워지고 교회를 사모하게 하옵소서.
3. 하나님의 은혜를 입어 영안이 열려 부활하신 주님을 바라보고 나아가게 하옵소서.

14

디아코니아의 삶

- **본 문**: 마태복음 5장 13~16절(신 5쪽)
- **찬 송**: 218장(네 맘과 정성을 다하여서, 통 369장)
- **요 절**: 이같이 너희 빛이 사람 앞에 비치게 하여 그들로 너희 착한 행실을 보고 하늘에 계신 너희 아버지께 영광을 돌리게 하라(마 5:16)

교회에는 다섯 가지 본질이 있습니다. 예배, 선교, 교육, 성도의 교제 그리고 디아코니아, 즉 섬김과 봉사입니다. 한국교회는 그동안 선교, 즉 복음을 전하는 일에 힘써 왔습니다. 우리 한국 사람들이 무엇이든 한 번 했다 하면 잘합니다. 일반적으로 중국 사람은 그 속을 모른다는 이야기를 합니다. 일본 사람들은 친한 사람에게도 자기 속마음을 잘 이야기하지 않는다고 합니다.

그런데 한국 사람들은 조금만 친하면 자기 마음을 다 이야기하고 간이라도 빼주고 마침내 끝장을 보아야 합니다. 술을 먹어도 쓰러질 때까지 가고, 라스베이거스의 카지노에서도 카드까지 꺼내어 끝장을 보는 사람들은 한국 사람들이라는 것입니다. 끝장을 좋아하니 TV에서 토론을 하는데도 끝장 토론, 다이어트도 끝장 다이어트, 음식점

이름도 끝장 맛집, 공부를 해도 끝장 학원 등 이런 것이 많습니다.

한국 사람은 예수를 믿어도 그저 믿는 것이 아니라 아주 열심히 믿습니다. 해외선교를 가도 유서를 써놓고 갑니다. 그러니까 하나님께서 세계의 많은 민족을 보시다가 "대한민국이 예수를 가장 잘 믿겠다. 너를 사용하겠다" 하고 선택해 주신 줄로 믿습니다.

민족성이라는 것을 무시하지는 못합니다. 일반적으로 노아의 세 아들 중 셈 족속은 종교성이 아주 강합니다. 세계의 8대 종교가 셈 족속에서 나왔습니다. 그런데 셈 족속 가운데서도 우리 대한민국은 한 번 믿었다 하면 확실하게 믿습니다. 그래서 우리나라는 선교 100년 만에 방방곡곡에 교회가 세워졌고, 세계선교도 이 작은 나라가 전 세계에서 1, 2위를 다투며 선교사를 파송하고 있습니다. 목사님들도 우리나라처럼 목숨을 걸고 목회하는 나라들이 거의 없습니다.

그런데 너무 교회 성장에만 매달리다 보니 그만 교회의 본질을 잃어버렸습니다. 교회에는 다섯 가지 본질이 골고루 다 녹아 있어야 합니다. 한쪽으로만 집중하면 안 됩니다. 새는 두 날개로 난다는 말이 있습니다. 양 날개가 균형이 맞아야지 한쪽 날개만 크면 기울어지게 되는 것입니다. 선거 때만 되면 온 나라가 떠들썩해집니다. 야당만 옳은 것도 아니고, 여당만 옳다고 생각해서도 안 됩니다. 서양에서 5백년 동안 만들어온 민주주의를 50-60년 만에 만들려고 하니 여러 가지 문제가 일어나는 것입니다.

나만 옳다고 생각하는 사람은 다 문제를 일으키게 되어 있습니다. 이 세상에서 옳은 분은 하나님 한 분뿐이십니다. 교회가 처음 우리나라에 들어올 때에는 교회의 본질이 잘 이루어졌습니다. 예배를 뜨겁게 드렸습니다. 그리고 그 예배의 은혜를 가지고 나가서 전도도 열심히 했습니다. 교육은 얼마나 잘했습니까? 우리나라 교육의 기초를 놓은 것이 기독교 교육입니다. 선교사들이 학교도 많이 세웠습니다. 사회봉사도 잘했습니다. 옛날 병원은 거의 선교사들이 지은 것입니다. 교회가 하는 일은 다 좋은 것이었습니다. 성도들은 교회에서 서로 섬겼습니다.

이것을 세상 사람들도 다 압니다. 오늘 세상 사람들이 교회에 대해 비판하는 것은 그저 그러는 것이 아니라 옛날에는 교회가 이러한 일을 했는데 지금 하고 있지 못하다는 것입니다. 교회를 향하여 기대하는 마음을 갖고 있는 것입니다. 이 장에서는 하나님께서 교회에 주신 다섯 가지 본질 중 하나인 섬김과 봉사에 대해 말씀을 하려고 합니다.

'섬김' 또는 '봉사'라는 말은 헬라어로 '디아코니아'(διακονια)입니다. '디아코니아'는 '디아'(δια)라는 말과 '코니아'(κονια)라는 말의 합성어입니다. '디아'라는 말은 '통하여'라는 뜻입니다. '코니아'라는 말은 '먼지'라는 뜻입니다. 그러니까 디아코니아는 '먼지를 통하여', '먼지를 뒤집어쓰고'라는 뜻입니다. 다른 사람을 위하여 내가 먼지를 뒤집어쓰고 일하는 것이 성경이 말씀하는 디아코니아라는 말입니다. 교회의 집사라는 말이 여기에서 나왔습니다. 집사를 '디아콘'이라고 말하는데 집사님들은 다른 것이 아니라 주님을 위해 먼지를 뒤집어쓰고 일하는 사람들입니다. 교회는 세상을 위해 먼지를 뒤집어쓰고 일하듯 세상을 섬겨야 할 책임이 있는 것입니다.

본문에서 주님은 성도들의 일하는 자세에 대해 말씀해 주십니다. 13절에 "너희는 세상의 소금이라"고 하셨습니다. 소금은 세상에서 아주 흔한 것입니다. 바다 속에도 소금이 무한정 있고, 땅 속에도 소금이 묻혀 있습니다. 세상의 지하자원이 다 고갈되어도 소금은 고갈될 염려가 없습니다. 이처럼 흔한 소금이지만, 소금은 우리가 사는 곳곳에 없어서는 안 될 중요한 요소입니다. 살아있는 생물은 소금을 먹어야 삽니다. 많은 산업제품에도 소금이 들어갑니다. 길에 눈을 녹이는 데도 소금을 뿌립니다.

이처럼 흔한 것이 소금인데 예수님께서 이왕이면 "너희는 세상의 다이아몬드다. 너희는 세상의 사파이어다"라고 말씀하시면 참 좋을 텐데 "너희는 세상의 소금이다"라고 하셨습니다. 왜 그 흔한 소금이라고 하셨을까요? 소금은 여러 가지 용도가 있습니다.

첫째로, 소금은 맛을 내는 특징이 있습니다.

음식의 맛을 내려면 소금을 적당하게 넣어야 합니다. 너무 조금 넣으면 좋은 음식도 싱거워서 맛이 없고 조금만 많이 넣어도 짜서 맛이 없습니다. 우리가 사는 세상이 재미도 없고 맛도 없을 때 기독교인들로 인하여 세상이 맛이 있어야 하는 것입니다. 주님은 이 세상에 맛을 내게 하기 위해 오셨습니다. 그래서 예수님이 가시는 곳마다 살맛을 잃은 사람들이 새 힘을 얻었습니다. 가난한 사람들도 예수님을 만나 새 인생을 살았고, 죄인들도 예수님을 만나 새 삶을 살았습니다. 외롭고 고독하여 살맛을 잃어버린 사람들이 예수님을 만나고 인생의 맛을 얻었습니다. '오늘 너희는 세상의 소금'이라고 할 때 이런 사명을 주시는 것입니다. 우리가 가는 곳마다 삶의 의미를 잃어버린 사람들에게 맛을 주는 사람들이 되라는 것입니다.

둘째로, 소금은 부패를 방지하는 기능이 있습니다.

살아있는 생물이 죽으면 즉시 부패하기 시작합니다. 이것을 방지해 주는 것이 소금입니다. 유럽에 갔더니 오래된 베이컨을 파는 집들이 있었습니다. 외국 목사님들이 아주 귀한 것이라고, 50년 된 것이라고 돼지고기 절인 베이컨 조각을 사주는데 사실은 아주 짜서 맛이 없었습니다. 돼지고기를 어떻게 50년씩이나 썩지 않도록 합니까? 소금이 하는 것입니다. 세상은 저절로 썩어가는 곳입니다. 스스로 전쟁을 그치고 스스로 평화를 찾지 않습니다. 어떻게 하면 싸워서 더 많이 가질까를 생각하는 것이 세상입니다. 사람들이 스스로 평화를 찾고 어려운 사람들을 도와줍니까? 아닙니다. 세상은 지금 많이 가지고 있어도 더 많이 가지려고 하는 곳입니다.

이런 세상에 들어가 소금의 역할을 하라는 것입니다. 세상의 소금이라는 말씀은 세상 속으로 들어가라는 말씀입니다. 어떤 사람들은 지금 다니는 직장에서 돼지머리 올려놓고 고사를 지내고 그러니 그만두어야 되겠다고 말합니다. 아닙니다. 그러면 기독교인들은 모두 수도원에 들어가 살면 될 것입니다. 예수님은 그렇게 말씀하시지 않았습니다. "너희는 세상의 소금이다. 세상을 썩지 않게 하는 소금이다"라고 말씀하셨습니다. 내가 있는 직장이 고사를 지내더라도 그 속에서 소금이 되어야 합니다. 그들을 변화시키고 썩지 않도록 지켜내야 하는 것입니다. 그래야 우리 민족이 살고 우리 자녀들이 살게 되는 것입니다.

불신자들이 어려움을 당한다고 기뻐해서도 안 됩니다. 불교 국가에 지진이 일어났다고 잘됐다고 생각하면 안 됩니다. 어려움을 당하는 그 속에 들어가 우리가 소금이 되어야 합니다. 예수님께서는 죄인들을 보고 불쌍히 여겨주셨습니다. 주님은 그들 가운데 들어가셨고, 그들과 함께 식사하셨으며, 그들을 위로해 주셨습니다. 기독교는 큰 종교입니다. 이 세상을 하나님께서 창조하셨고, 온 세상을 다스리시는 것을 믿기 때문에 모든 것을 품고 가는 것이 기독교인 것입니다.

북한 땅의 형제들이 어려움을 겪고 있다고 해서 좋아하면 안 됩니다. 불쌍히 여기는 마음이 예수님의 마음인 것입니다. 그러므로 우리가 있는 곳마다 죄인이 예수 믿고 축복받는 역사가 있기를 바랍니다.

셋째로, 소금은 죽이는 역할을 합니다.

무나 배추로 음식을 만들 때 보면 소금을 뿌립니다. 한참을 지나 숨이 죽은 다음에 양념을 넣습니다. 음식을 요리할 때 소금이 들어가지 않으면 뻣뻣하고 억셉니다. 이것은 겸손을 말하는 것입니다. 사람들은 내가 먼저 용서하고, 내가 먼저 양보하려고 하지 않습니다. 오늘의 교회가 왜 분쟁이 있습니까? 죽지 않아서 그렇습니다. 서로 '내가 최고다'라는 생각을 가지고 있기 때문에 문제가 일어나는 것입니다. 문제가 일어나는 교회를 보면, 목사는 장로가 틀렸다고 하고, 장로는 목사가 틀렸다고 합니다. 사실은 다 틀린 것입니다.

주의 종이 마음의 그릇이 깨어지게 되면 은혜의 통로가 되지 못합니다. 그래서 성도들이 손해를 봅니다. 또 장로님의 마음의 그릇이 깨어지게 되면 교회의 기둥이 무너지는 것입니다. 그래서 모두가 손해를 보게 됩니다. 우리 교회를 보면 장로님들이 참 대단합니다. 나 같은 사람보고 잘한다고 하니 장로님들이 대단한 것입니다. 구역장들도 대단합니다. 전도대원들도, 모든 봉사자들도 어쩌면 그렇게 잘할 수 있습니까? 나를 죽이고 나를 내세우지 않을 때 이런 놀라운 일이 일어나는 것입니다. 그러므로 우리 교회는 부흥하지 않을 수 없는 교회입니다. 우리 교회는 축복받지 않을 수가 없는 교회입니다. 내 마음속에 예수 그리스도의 소금이 들어와 내가 죽고 부드러워질 때 이 모습을 통해 모두가 은혜를 받는 것입니다. 우리 모두 소금처럼 세상을 살리는 성도들이 됩시다.

그다음 14절에 "너희는 세상의 빛이라"고 말씀하셨습니다. 어둠과 빛은 공존할 수 없습니다. 어둠이 아니면 빛이 있을 뿐입니다. 우리 믿음의 사람들이 그렇습니다. 우리는 성령의 사람이 아니면 사탄의 사람이 되는 것입니다.

첫째로, 빛은 어둠을 밝히고 따뜻하게 하는 능력이 있습니다.

아무리 작은 빛이라도 어둠에 지는 법은 없습니다. 빛이 있는 한 칠흑 같은 어둠 속에서도 그 주변은 어둠이 지배하지 못합니다. 촛불은 양초만큼, 전등불은 전등만큼, 달빛은 달만큼, 태양빛은 태양만큼 어둠을 이깁니다. 빛이 크면 큰 만큼 주변에 영향을 나타내는 것입니다. 손난로는 손난로만큼 주변을 따뜻하게 만들고, 큰 난로는 큰 난로만큼 주변을 따뜻하게 만드는 것입니다. 아무리 추운 곳도 큰 빛이 있으면 따뜻하게 변하는 것입니다.

이것은 영적 원리를 말씀하는 것입니다. 우리가 빛일 때 우리 주변에서 악한 영이 이기지 못하는 것입니다. 두려워하지 마십시오. 우리는 빛이기 때문에 반드시 어둠을 이기는 능력이 있습니다. 예수님께서 "너희는 세상의 소금이다. 세상의 빛이다"라고 말씀하시는 것은 세상의 빛의 역할, 소금의 역할을 감당할 능력과 권세를 함께 주셨다는 것입니다. 그러므로 담대히 세상을 밝히는 세상의 빛이 되시길 바랍니다.

둘째로, 등경 위에 두어야 합니다.

당시 팔레스타인의 집은 창문이 아주 작았습니다. 그래서 집안이 어두울 수밖에 없었습니다. 중동 지역은 기름이 흔했기 때문에 그릇에 심지를 담가놓고 불을 켜놓았습니다. 외출을 하게 되면 말로 덮어

놓습니다. 말로 덮어놓게 되면 불이 꺼지고 빛을 볼 수가 없습니다. 예수님께서는 우리에게 빛이라 하셨습니다. 빛은 타올라야 빛입니다. 어둠을 밝혀야 빛입니다. 그러므로 말 아래에 있으면 안 됩니다.

여러분 가운데 말 아래에 갇혀 있는 인생은 없습니까? 예수 그리스도의 빛을 나타낼 수 없도록 사탄이 억누르는 것이 있습니까? 죄의 말 아래에 있는 사람이 있습니다. 질병의 말, 열등감의 말, 가정의 말, 잘못된 생각의 말 이 모든 것이 우리로 하여금 빛으로 살지 못하게 하는 것입니다. 그러므로 여러분을 억누르고 있는 그 말에서 해방되시기를 바랍니다.

등불이 활활 잘 타오르려면 기름이 풍성해야 합니다. 성령의 기름이 풍성해야 불이 힘차게 타오를 수 있는 것입니다. 교회는 성령의 기름을 공급하는 곳입니다. 그러므로 교회를 사랑하면 성령의 기름이 풍성하게 되는 것입니다. 그리고 심지가 좋아야 합니다. 심지가 형편없으면 불이 꺼져버립니다. 연기가 나고 빛이 제대로 나지 않습니다. 이 심지는 나의 모습에 비유할 수 있습니다. 내가 하나님의 은혜를 입고 당당한 심지를 갖추게 되면 하나님께서 나로 큰 빛이 되게 해주시는 것입니다. 다윗같이, 요셉같이 큰 빛이 되게 하시는 것입니다.

믿음의 사람들은 세상에서 큰 빛이 되어야 합니다. 세상을 밝히고 이끌어 나가는 빛이 되어야 합니다. 그것이 등경 위에 있는 빛입니다. 본문 16절에 "이같이 너희 빛이 사람 앞에 비치게 하여 그들로 너희 착한 행실을 보고 하늘에 계신 너희 아버지께 영광을 돌리게 하라"고 하셨습니다. 이 말씀은 소금이 되고 빛이 되는 것이 착한 행실이라고 하였습니다. 착한 행실은 우리가 소금처럼, 빛처럼 살 때 얻어지는 것입니다.

소금은 녹아져야 그 역할을 할 수 있습니다. 내가 희생해야 되는 것입니다. 그렇다고 소금이 아주 없어지는 것이 아닙니다. 그 속에 녹아 들어가 있는 것입니다. 빛도 나를 희생해야 합니다. 그럴 때 하나님께서 세상에서 영광을 받으십니다.

참는다 - 통 큰 내가 참는다.

용서한다 - 더 예쁜 내가 용서한다.

손해 본다 - 복 받을 내가 손해 본다.

잊는다 - 잘생긴 내가 잊는다. 할렐루야.

내가 참고, 내가 용서하고, 내가 손해보고, 내가 잊음으로 하나님께서 영광을 받으십니다.

우리가 예수님 때문에 좀 손해보고 살아도 괜찮습니다. 용서하며 살아도 괜찮습니다. 하나님이 내 죄를 용서해 주셨는데 용서 못할 무엇이 있겠습니까? 억울한 일이 있어도 좀 잊으며 살아도 괜찮습니다. 그러면 하나님께서 영광을 받으시는 것입니다. 여러분이 있는 곳마다 세상에서 빛으로, 소금으로 살아 하나님께서 영광 받으시고 하나님께 칭찬받는 성도들이 됩시다.

적 용

ⓐ 오늘 말씀의 주제 파악하기:

ⓑ 오늘 말씀 중 은혜 받은 부분 나누기:

ⓒ 삶에 구체적으로 적용하기:

함께 드리는 기도제목

1. 삶의 의미를 잃어버린 사람들에게 그리스도의 맛을 전하는 사람들이 되게 하옵소서.
2. 믿음으로 담대히 나아가 세상을 밝히는 세상의 빛이 되게 하옵소서.
3. 세상에서 빛과 소금으로 살아 하나님께 영광 돌리고 하나님께 칭찬 받게 하옵소서.

15

찬송해야 합니다

- **본 문**: 이사야 43장 21절(구 1,020쪽)
- **찬 송**: 40장(찬송으로 보답할 수 없는, 통 43장)
- **요 절**: 이 백성은 내가 나를 위하여 지었나니 나를 찬송하게 하려 함이니라(사 43:21)

우리는 예배시간에 많은 찬송을 부릅니다. 예배는 하나님께 나아가는 자리입니다. 그래서 예배로 들어가는 찬송을 부르고, 감사의 찬송을 부르고, 영광의 찬송을 부릅니다. 하나님의 말씀을 받고 또 찬송을 부릅니다. 기도 후에도 찬송하고, 헌금을 드릴 때도 찬송하고, 마지막 예배를 마칠 때도 찬양대가 찬송을 부릅니다. 예배는 하나님의 말씀이 내려오고 우리가 하나님께로 찬송으로 나아가고 기도로 나아가는 것입니다.

예배에는 왜 그렇게 많은 찬송이 있습니까? 하나님은 찬송 받으시기를 기뻐하시기 때문입니다. 본문 말씀에도 "이 백성은 내가 나를 위하여 지었나니 나를 찬송하게 하려 함이니라"(사 43:21)고 했습니다. 우리를 지으신 목적이 찬송을 받으시기 위해서라고 말씀하십니다. 그러므로 우리는 늘 하나님을 찬송해야 합니다.

본문에서 말씀하는 찬송은 노래를 말씀하는 것만이 아닙니다. 찬송은 넓은 의미에서 시를 써서 하나님께 영광을 돌리는 것도 찬송이요, 그림을 그리는 사람이 그림을 그려 하나님께 영광을 돌리는 것도 찬송입니다.

청각 장애인이 소리는 안 나지만 수화로 찬송을 불러도 찬송입니다. 그것뿐만이 아닙니다. 이 세상 모든 것이 하나님을 찬송하고 있습니다. 대자연의 물소리가, 구름이 흘러가는 것이, 푸른 하늘이, 새들의 지저귀는 소리가 하나님을 찬송합니다. 이 세상이 하나님을 찬송하는 오케스트라입니다. 그중에서 하나님께서 가장 기뻐하시는 것은 우리 인간이 하나님을 찬송하는 것입니다. 우리는 하나님의 자녀요, 하나님이 우리를 지으신 것은 찬송을 받으시기 위해서이기 때문입니다.

이 장에서는 우리가 드리는 찬송 중에서 노래로 하나님을 찬송하는 것에 대하여 말씀하고자 합니다. 어떤 사람들은 찬송을 취미 정도로 생각합니다. '나는 음치니까 안 불러도 된다'고 생각합니다. 하나님은 잘 부르느냐, 못 부르느냐를 보시는 것이 아닙니다. 진정한 찬송이 있느냐 하는 것을 보십니다. 그러므로 찬송은 늘 불러야 하는 것입니다. 시편 119편 164절에 "하루 일곱 번씩 주를 찬양하나이다"라고 했습니다. 시편 34편 1절에서는 "항상 주를 찬양하리이다"라고 했습니다. 104편 33절에서는 "내가 평생토록 여호와께 노래하며 내가 살아있는 동안 내 하나님을 찬양하리로다"라고 했습니다.

성경에는 찬송에 대한 내용이 수도 없이 많습니다. 하나님께서 찬송을 기뻐하시기 때문에 이 찬송에 대한 말씀을 수도 없이 주신 것입니다. 그러므로 우리는 쉬지 않고 찬송해야 합니다. 성 어거스틴은

"찬송은 영혼의 맥박이요 기도는 영혼의 호흡이다"라고 말했습니다. 호흡이나 맥박은 멈추면 죽는 것입니다. 죽어가는 사람들을 보면 맥박이 힘이 없습니다. 한의사들은 맥박을 짚어보고 그 사람의 몸 상태를 진단합니다. 찬송이 힘이 없으면 맥박이 힘이 없는 것처럼 건강하지 못한 것입니다.

부흥하는 교회는 찬송이 힘이 있습니다. 저는 찬송을 좀 빨리 부르라고 이야기합니다. 물론 찬송에는 속도가 나와 있습니다. 그러나 좀 빨리 부르라고 합니다. 다른 교회를 가보면, 부흥이 안 되는 교회는 특징이 있는데 하나같이 찬송이 느립니다. 찬송을 부르는 데 힘이 없습니다. 그러면 그 교회는 부흥이 안 되고 있는 것입니다. 저는 부흥회에 가면 강조를 하는 것이 있습니다. 우리도 한번 해볼까요? "찬양은 뜨겁게", "기도는 간절하게", "말씀은 아멘으로" 할렐루야!

세상의 노래도 함께하면 힘이 있습니다. 민주화 운동 시절에 사람들이 시청 앞에 모이면 노래를 불렀습니다. '아침이슬'을 부르고 '흔들리지 않게'를 불렀습니다. 그렇게 함께 노래를 부르면 힘이 나는 것입니다. 그래서 노래를 부르며 행진을 합니다. 세상의 노래도 함께 부르면 힘이 나는데 찬송은 세상 노래와 비교가 안 되는 것입니다. 찬송은 가사가 있고 곡조가 있습니다. 그 가사가 하나님께 드리는 기도입니다. 그래서 "곡조 있는 기도"라고 했습니다. 하나님께 곡조를 붙여 기도드리니 힘이 나는 정도가 아니라 하나님께서 도우시는 역사가 일어나는 것입니다.

바울과 실라도 감옥에서 찬송을 불렀습니다. 그랬더니 옥문이 흔들리고 묶인 것이 다 풀어졌습니다. 찬송을 부르는 동안에 역사가 일어난 것입니다. 역대하 20장에 보면 모압이 연합군과 함께 유다를 공격합니다. 여호사밧 왕은 자신들의 힘으로 이길 수 없음을 알자 백성들과 함께 금식하며 기도합니다. 그때 하나님은 "전쟁은 너희에게 속한 것이 아니요 하나님께 속한 것이니라"는 응답을 주십니다. 여호사밧은 전쟁을 하러 나가는데 제일 앞에 무엇을 세웁니까? 찬양대를 세웁니다. 전쟁을 하면 기마대가 앞장을 서든지 창을 든 군대가 앞장을 서야 하는데 찬양대가 앞장을 서니 상대방이 비웃었습니다. 그런데 놀라운 일이 일어납니다. 모압과 연합군이 갈등이 일어나 서로 싸웁니다. '세일'을 전멸시키고 그다음에 모압과 암몬이 싸워 함께 전멸을 합니다. 언제 이러한 놀라운 일이 일어납니까? 성경은 '찬송이 시작될 때에' 라고 기록하고 있습니다. 찬송은 놀라운 능력이 있습니다.

그러므로 찬송을 부르는 영적인 습관을 가지시기 바랍니다. 여러분의 가정에 찬송이 울려 퍼지면 사탄이 도망가는 역사가 일어나는 것입니다. 찬송하면 약한 자가 힘을 얻습니다. 찬송하면 불평하던 사람이 긍정적으로 변합니다. 찬송하면 슬픔에 빠진 사람이 위로를 얻습니다. 찬송은 '곡조 있는 기도'라고 했습니다. 그러므로 믿음으로 찬송하면 찬송의 내용이 여러분 가운데 이루어지는 것입니다. 여러분 찬송의 능력을 믿으시기 바랍니다.

누구는 되고, 누구는 안 되는 것이 아닙니다. 성경에 나오는 인물들이 찬송을 부르다가 역사가 나타났다면 내가 찬송을 부름으로 그 능력이 나에게도 나타나는 것입니다. 하나님은 능력이 많으신 분이십니다. 하나님은 인생의 모든 문제를 해결하시기에 충분한 분이십니다. 그러므로 하나님을 믿고 매일 찬송을 부르시기 바랍니다. 신앙의 기초에 대한 말씀을 계속해서 전하고 있습니다. 여러분에게 분명히 말씀하는 것은 매일 찬송하라는 것입니다.

많은 성도들이 매일 성경을 봅니다. 매일 기도합니다. 그런데 찬송은 매일 안 불러도 되는 것으로 생각합니다. 찬송은 불러야 할 의무가 있습니다. 이를 위해 여러분을 지으셨고 여러분을 하나님의 자녀로 받아주셨기 때문입니다. 그리고 찬송에는 능력이 있기 때문에 내가 찬송을 부르면 하나님께서 역사를 일으켜 주시는 것입니다.

강원도 원주에 있는 연세대학교 앞에 교회가 있는데 이곳에 할머니 집사님 한 분이 열심히 교회에 나왔습니다. 그런데 이분이 찬송에 은사가 있어요. 찬송을 얼마나 열심히 하는지 모릅니다. 이 할머니는 찬송을 불렀다 하면 다 안 보고 불러요. 다 외우고 있습니다. 절대로 찬송을 보고 부르는 법이 없습니다. 왜냐하면 시각장애인이니까…, 그런데 찬송을 얼마나 좋아하는지 늘 교회에 일찍 나와서 찬송을 부릅니다. 그리고 기도하기를 "하나님, 먼 곳에서 오다 보니 넘어지고 겨울철 빙판에 미끄러지고 너무 힘이 듭니다. 하나님, 가까운 곳에 집을 주세요" 하고 기도했습니다.

그런데 사람들이 다 비웃었어요. 교회가 있는 곳의 땅값이 얼마나 비싼데 이 가난뱅이 할머니가 집을 달라니 기도를 해도 될 만한 것을 하라고 비웃었습니다. 그런데 놀라운 일이 일어났습니다. 이 교회 앞의 한 할아버지가 시각장애인입니다. 그런데 고생을 해서 자식들을 잘 키웠습니다. 이 자식들이 생각하기를 아버지 혼자서 사시기에 적적할 터이니 누군가 아버지와 함께 계시면 좋겠다고 생각했습니다. 그런데 눈이 보이는 사람을 모셔오면 앞을 못 보는 아버지를 무시하고 속일 수도 있으니 건너 마을에 있는 시각장애인 할머니를 모셔다가 서로 의지하고 살면 좋겠다고 생각했습니다. 이 생각을 누가 주신 것입니까? 하나님께서 주신 것입니다.

그런데 얼마를 사시다가 이 할아버지가 돌아가시게 되었습니다.

할아버지가 돌아가시면서 자식들을 모아놓고 유언을 하기를 "지금 살고 있는 할머니와 정식으로 결혼은 안 했지만 너희 어머니와 똑같은 분이니 지금 살고 있는 내 집은 이 할머니에게 주거라"라고 했습니다. 그래서 할머니 집사님은 교회 앞에 집을 가지고 교회에 잘 나왔다는 이야기입니다.

하나님께서 우리에게 찬송을 주신 것이 얼마나 큰 축복인지 모릅니다. 찬송은 기쁠 때 불러도 은혜가 되고, 슬플 때 불러도 은혜가 되고, 낙심할 때 불러도 은혜가 되고, 외로울 때 불러도 은혜가 됩니다. 찬송은 아침에 불러도 은혜가 되고, 점심 때 불러도 은혜가 되고, 저녁 때 불러도 은혜가 됩니다. 찬송은 어린아이가 불러도 은혜가 되고 노인이 불러도 은혜가 됩니다. 은혜가 임하면 다른 것은 자동적으로 따라오는 것입니다.

찬송은 수많은 사람들의 은혜 받은 이야기입니다. 그래서 찬송을 부르면 그 은혜가 내게도 임하는 것입니다. 가정에 문제가 있는 성도는 가정에 대한 찬송을 매일 부르십시오. 그러면 그 은혜가 내게 임하는 것입니다. 죄 때문에 고민하는 사람은 죄 사함에 대한 찬송을 많이 부르십시오. 그러면 죄의 문제를 해결하는 은혜가 임하는 것입니다. 낙심한 사람은 낙심을 이기는 찬송을 많이 부르십시오. 그러면 그 찬송의 가사가 기도가 되어 낙심을 이기고 소망의 사람이 되는 것입니다. 이처럼 찬송은 위대한 힘이 있는 것입니다.

세상의 노래도 자꾸 부르면 그 노래가 흥얼거려집니다. 한 20년 전쯤 부교역자 시절에 노인대학을 맡고 있었는데 며칠 후 야유회를 가게 되었습니다. 야유회에 가면 노래를 불러야 하는데 '당시에 유행하던 노래를 한 곡 불러야 되겠다' 하는 생각이 들었습니다. 그래서 테이프를 틀어놓고 "사랑은 아무나 하나" 하는 노래를 반복해서 불렀습니다. 그런데 며칠 후 깜짝 놀랐습니다. 당시 초등학교 1학년쯤 되었던 딸 아이가 집에서 노래를 하고 있는 것입니다. "사랑은 아무나 하나 사랑은 아무나 하나." 아마 그래서 아직도 연애를 못하고 있는 모양입니다.

특별새벽기도회 때에는 주제 찬양을 정해 부릅니다. 같은 찬양을 매일 새벽 반복해서 부르다 보면 어떤 일이 일어납니까? 직장에서도, 운전을 하다가도, 길을 가다가도 나도 모르게 찬송이 나오는데 매일 새벽 부르는 그 찬송이 저절로 나오지 않습니까? 그래서 매일 찬송을 불러야 하는 것입니다. 자꾸 노래를 부르면 그 노래 가사가 내 마음속에 입력이 됩니다. 그래서 무슨 노래를 부르느냐가 중요합니다. 세상의 부정적인 노래를 늘 부르면 그 영향이 내게 오는 것입니다. 세상 노래 가사가 좋은 것이 별로 없습니다. 그래서 유행가 가사도 잘 지어야 합니다. 좋은 영향을 미쳐야 합니다.

믿음의 사람은 찬송을 많이 불러야 합니다. 승리의 찬송, 감사의 찬송, 축복의 찬송, 은혜의 찬송을 많이 불러야 합니다. 그러면 그 찬송이 내 인생에 영향을 미치게 되는 것입니다. 제 아버지께서는, 찬송은 꼭 희망적인 것을 부르라고 간증을 하셨습니다.

50년 전쯤 아버지께서 시골에 교회를 개척하여 건축을 하고 너무 좋아 매일같이 교회에 나가 잠을 자면서 찬송을 불렀는데 그 찬송이 "나는 갈 길 모르니 주여 인도하소서. 어찌해야 좋을지 나를 가르치소서" 하는 찬송가 375장입니다. 이 찬송이 그렇게 좋아서 매일 불렀는데 그때 사라호 태풍이 불어오면서 새로 지은 교회 지붕을 다 날아가게 만들었습니다. 찬송가 가사대로 어찌해야 좋을지 그대로 되었습니다. 그때부터 희망의 찬송, 잘되는 찬송을 부르기 시작했다는 것입니다.

어렵고 힘이 들 때, 갈 길을 잃었을 때, 낙심이 될 때는 이 찬송이 위로가 되고 힘이 됩니다. 그런데 잘되고 형통할 때 더 좋은 찬송을 불러야 하는 것입니다. 기도도 가끔 보면 부정적으로 하는 분들이 있습니다. 이것도 문제가 있고, 저것도 안 되고 이런 기도를 하는 분이 있습니다. 기도에 대해서는 또 다음에 말씀을 전하겠지만 기도도 긍정적으로 기도해야 합니다. 믿음의 사람은 생각도 긍정적이어야 합니다. 그러면 그 긍정대로 기도하고, 그 긍정을 따라 살고, 그 긍정대로 되는 것입니다.

옷을 입어도 젊게 입으십시오. 걸음을 걸어도 씩씩하게 걸으십시오. 예수 믿는 사람은 사자 굴에서도 살아나고, 광야에서도 반석에서 물을 얻는 은혜를 입는 것입니다. 100세가 되어도 아브라함같이 아들을 얻고 종살이를 하여도 애굽의 총리에 오르는 은혜를 입는 것입니다. 왜요? 하나님께서 함께하시기 때문입니다. 그러므로 우리를 창조하시고 인도하시는 하나님의 은혜를 찬송하며 사시기 바랍니다. 오늘 이 구원의 자리에 불러주신 것도 찬송하시기 바랍니다.

하나님께서는 찬송을 기뻐하십니다. 찬송을 받으시기 위해 우리를 창조하셨습니다. 그러므로 하나님은 위대한 하나님이십니다. 하나님은 우리의 아버지이십니다. 하나님은 능력이 많으신 분이십니다. 하나님은 우리 인생에 복 주시는 하나님이십니다. 이렇게 찬송을 통해 하나님께 영광 돌리며 살아가는 성도들이 되시기 바랍니다. 찬송하는 사람은 풍성합니다. 새 힘이 솟아납니다. 시험을 이깁니다. 찬송의 가사대로 축복을 받습니다. 우리 성도들은 매일 찬송을 부르고, 찬송처럼 은혜와 축복의 삶을 살아가는 성도들이 됩시다.

적 용

ⓐ 오늘 말씀의 주제 파악하기:

ⓑ 오늘 말씀 중 은혜 받은 부분 나누기:

ⓒ 삶에 구체적으로 적용하기:

함께 드리는 기도제목

1. 찬송의 능력을 믿고 찬송의 놀라운 역사를 체험하게 하옵소서.
2. 승리의 찬송, 감사의 찬송, 축복의 찬송, 은혜의 찬송을 많이 부르게 하옵소서.
3. 매일 찬송을 부르고, 찬송처럼 은혜와 축복의 삶을 살아가게 하옵소서.

신앙의 기초 시리즈 13

16

복된 말을 합시다

- **본 문**: 민수기 14장 1~10절(구 217쪽)
- **찬 송**: 429장(세상 모든 풍파 너를 흔들어, 통 489장)
- **요 절**: 이스라엘 자손의 온 회중에게 말하여 이르되 우리가 두루 다니며 정탐한 땅은 심히 아름다운 땅이라 여호와께서 우리를 기뻐하시면 우리를 그 땅으로 인도하여 들이시고 그 땅을 우리에게 주시리라 이는 과연 젖과 꿀이 흐르는 땅이니라(민 14:7~8)

사람은 하루 종일 말을 하고 삽니다. 어떤 학자의 연구에 보니 사람은 태어나서 죽을 때까지 쉬지 않고 말을 하는데 평생 5백만 번의 말을 한다는 것입니다. 계산을 해보니 하루에 약 200번의 말을 하는데 아마 그것보다 더 많은 말을 할 것입니다. 말은 신비한 영역입니다. 하나님께서는 말씀으로 천지를 창조하셨고 예수님도 말씀으로 귀신을 내어쫓으시고 병자를 고치셨습니다. 그리고 우리에게 말의 권세를 주셨습니다. 하나님께서 주신 선물 중에 참으로 귀한 선물이 말입니다.

이 말을 통해 우리는 하나님께 영광을 돌립니다. 이 말을 통해 가정에 평화가 옵니다. 이 말을 통해 사랑하는 사람과 대화를 나눕니다. 또 하나님께서는 말에 능력을 주셨기 때문에 우리가 평소에 하는 말대로 되는 것입니다. 말대로 병이 치유되고 말대로 환경이 바뀝니다. 칼로 찌른 상처는 시간이 지나면 치유가 되지만 말로 생긴 상처는 평생을 갑니다. 그러므로 우리는 복된 말을 해야 하는 것입니다. 믿음의 사람은 생각도 믿음의 사람답게 해야 하고 말도 믿음의 사람답게 해야 하는 것입니다.

우리는 예수 믿고 입술이 변했습니다. 저주하고 불평하고 원망하는 말에서 축복하고 감사하는 입술로, 찬양하고 기도하는 입술로, 전도하고 칭찬하는 입술로 변화된 줄로 믿습니다. 하나님은 우리의 말대로 이루어주십니다. 말은 그 사람의 믿음입니다. 믿음으로 생각하고 말이 나오기 때문입니다.

본문 말씀은 이집트에서 나온 이스라엘 백성들이 가나안 땅 문턱까지 와서 일어난 일입니다. 하나님께서는 이스라엘의 열두 지파 중 지휘관 된 한 사람씩을 뽑아 정탐을 보내라고 하셨습니다. 열두 정탐꾼은 40일 동안 가나안 땅을 정탐하고 돌아왔습니다. 그 땅이 얼마나 비옥한 땅인지 포도나무 넝쿨을 장대에 메어 들고 돌아왔습니다. 크고 잘된 포도가 얼마나 많이 열렸는지 장대에 꿰어 둘이 들어야 할 정도였습니다. 그런데 이들의 보고는 달랐습니다.

열 사람의 정탐꾼은 부정적인 말을 했습니다. 그 땅 주민은 강하고 성읍은 견고하고 심히 크다고 했습니다. 우리는 그들을 치지 못하리니 그들은 우리보다 강하다고 했습니다. 우리는 스스로 보기에도 메뚜기 같았고 그들이 보기에도 그럴 것이라 했습니다. 이들은 메뚜기 콤플렉스를 가졌습니다. 메뚜기는 뛰어봤자 몇 발짝 뛰지 못합니다. 날아도 몇 미터 날아가지 못합니다. 우리는 할 수 없다는 것입니다. 이것은 교만해져서 하는 말입니다. 이들이 지금까지 자신들의 힘으로 이집트에서 나온 것이 아닙니다. 자신들의 힘으로 홍해를 건넌 것도 아닙니다. 만나와 메추라기를 먹은 것도 자신들의 힘으로 한 것이 아닙니다.

매일같이 하나님의 기적을 체험하고 살았으면서도 지금 내가 할 수 없다고 합니다. 하나님께서 광야 40년의 훈련을 시키신 것은 그저 고생시킨 것이 아닙니다. 긍정의 마음으로 변화시키기 위한 것이었습니다. 말은 입에서 나오는 것이 아니라 마음에서 나옵니다. 그 마음을 따라 인생길이 결정되는 것입니다. 인간은 아무리 높이 뛰어도 2m를 넘지 못한다고 생각했습니다. 그런데 포스베리라는 청년은 왜 앞으로만 뛰어야 하나 뒤로 넘으면 되지 하고 생각을 했습니다. 그래서 올림픽에서 금메달을 땄습니다. 지금은 모든 선수들이 뒤로 넘고 있습니다. 인간의 한계라고 여겨졌던 2m를 넘어 2m 50cm에 도전하고 있습니다.

인생의 길이 막히면 끝이 났다고 생각하는 사람들이 있습니다. 한쪽 길이 막히면 다른 길이 또 있는 것입니다. 부정적인 사람은 늘 부정적인 말을 합니다. 그 마음에 부정이 담겨있으니 저절로 나오는 것입니다. 어떤 사람들은 늘 죽겠다는 말을 합니다. 그러면 죽을 일이 생기는 것입니다. 가정에서도 서로를 향해 너를 보면 미치겠다고 말하니 가정이 미쳐가는 것입니다. 이스라엘의 지도자들이 가나안 땅을 정탐하고 와서 한 말이 "우리는 할 수 없다"는 말입니다.

부정적인 말은 전염성이 무섭게 강합니다. 이스라엘 백성들이 처음부터 부정적인 것은 아니었습니다. 13장에 보면, 정탐꾼의 그 성은 견고하고 그 땅의 주민은 강하다는 보고를 받고 나서도 "우리가 곧 올라가서 그 땅을 취하자 능히 이기리라"고 외쳤습니다. 그런데 그 땅은 주민을 삼키는 땅이다, 우리는 메뚜기 같다고 말할 때 순식간에 마음이 무너져 버렸습니다. 부정적인 말을 듣고 백성들이 소리를 높여 밤새도록 통곡을 했습니다. 처음에는 한 명이 울기 시작했을 것입니다. 그러다가 두 명이 울고, 한 무리가 울고, 그 울음이 번져나가고 나중에는 통곡이 된 것입니다.

지도자는 부정적인 말을 해서는 안 됩니다. 예수님은 "할 수 있거든이 무슨 말이냐 믿는 자에게는 능히 하지 못할 일이 없느니라"(막 9:23)고 강한 긍정의 말씀을 주셨습니다. 예수님은 실제로 갈릴리 어부들, 천대받고 무시당하는 이들 열두 명을 모아놓고 땅 끝까지 복음을 전파하라고 긍정적인 말씀을 주셨습니다. 그 말씀대로 열두 명으로부터 시작된 복음이 지금 온 세상에 전파되고 있는 것입니다.

세상에서도 긍정의 마음을 갖는 것이 중요합니다. 이순신 장군은 우리나라 수군이 거의 전멸하고 나라가 풍전등화의 위기에 빠졌을 때 선조대왕이 불러 방법이 없겠느냐고 묻자 "신에게는 아직 배가 열두 척이 있습니다"라고 대답을 했습니다. 그리고 배를 보수하고 일본의 선단과 맞서 그 유명한 명량해전을 승리로 이끌었습니다. 미국의 여자 사업가 중에 오스틴이라는 사람은 여성 속옷을 팔아 백만장자가 되었습니다. 미국에는 뚱뚱한 사람들이 많지 않습니까? 엑스라지 가지고도 안 되는 덩치 큰 여성들을 위해 뚱보형을 만들었습니다. 그런데 뚱보는 많은데 옷은 팔리지를 않는 것입니다. 오스틴은 부정적인 말을 하지 말라고 했습니다. 그리고 가장 큰 팬티나 속옷을 '퀸 사이즈'라 이름 붙였습니다. 그랬더니 엉덩이가 큰 여성들이 자기가 여왕 사이즈인 줄 알고 불티나게 사가더라는 것입니다. 긍정의 말이 오스틴에게 성공을 가져다주었습니다.

긍정의 생각이 우리에게 큰 영향을 미친다는 것을 먼저 깨닫고 이

용한 사람들이 사업하는 사람들입니다. 대기업에서는 광고비로 굉장한 비용을 지출합니다. 삼성전자는 1년에 광고비로 2조 8천억 원을 사용합니다. '아니, 광고비로 그 많은 돈을 사용할 필요가 있느냐?' 하고 부정적으로 생각하는 사람들이 있을 것입니다. 그 뛰어난 사람들이 몰라서 사용하겠습니까? 사업에 이익이 되니 사용하는 것입니다. 광고가 무엇입니까? 현대의 광고는 상품을 몰라서 알리는 것이 아닙니다. 기업에 대한 긍정적인 생각을 심어주는 것입니다.

우리 교회가 좋은 소문이 나는 이유가 어디에 있습니까? 우리 교회에 대한 긍정적인 이야기가 나오니 모두가 우리 교회를 부러워하고 칭찬하게 되는 것입니다. 믿음의 사람은 우리 하나님께서 함께하시는데 부정적인 마음을 가져서는 안 되는 것입니다. 성경을 보면 하나님께서는 부정적인 말을 하는 사람들을 미워하십니다. 그래서 부정적인 말을 하는 사람들은 항상 엄하게 처리하셨습니다. 전염되기 때문입니다. 한두 사람 때문에 모든 하나님의 자녀들이 누려야 할 축복을 누리지 못하고 멸망의 길로 나아가기 때문입니다.

본문 말씀 이후에도 28절에 불평한 무리를 향하여 "너희 말이 내 귀에 들린 대로 내가 너희에게 행하리니 너희 시체가 이 광야에 엎드러질 것이라"고 말씀하셨습니다. 오늘 열 명의 정탐꾼들이 부정적인 말을 하자 이들이 울다가 점점 더 부정적인 말들이 나옵니다. "차라리 애굽에서나 광야에서 죽었더라면 더 좋았을 것"이라고 말합니다. "여호와가 우리를 저 땅으로 인도하여 칼에 쓰러지게 하려 하는가"라고 말합니다. 이제는 하나님도 두려워하지 않는 말이 나오는 것입니다. 말이 계속되면 그다음에는 행동이 나오게 되어 있습니다. 이들은 이제 구체적인 행동을 합니다.

"이제 우리가 한 지휘관을 세우고 애굽으로 돌아가자"고 말합니다. 나중에는 이들이 모세와 아론을 돌로 치려고까지 했습니다. 이때에 여호수아와 갈렙이 옷을 찢으며 긍정적인 말을 합니다. "우리가 두루 다니며 정탐한 땅은 심히 아름다운 땅이라 여호와께서 우리를 기뻐하시면 우리를 그 땅으로 인도하여 들이시고 그 땅을 우리에게 주시리라 이는 과연 젖과 꿀이 흐르는 땅이니라 다만 여호와를 거역하지는 말라 또 그 땅 백성을 두려워하지 말라 그들은 우리의 먹이라 그들의 보호자는 그들에게서 떠났고 여호와는 우리와 함께하시느니라 그들을 두려워하지 말라."

하나님께서 기뻐하시면 우리를 그 땅으로 인도하시고 그 땅을 우리에게 주실 것이라고 말했습니다. "너희는 여호와를 거역하지 말고 그 땅 백성을 두려워하지도 말라"고 했습니다. 이 두 사람은 긍정으로 바라보았습니다. 이것이 두 사람만이 가나안 땅에 들어가게 된 이유입니다. 성경은 긍정의 말씀이 기록된 책입니다. 성경은 우리에게 두려워 말라고 하였습니다. 우리가 세상을 이긴다고 하였습니다. 예수님은 한 번도 안 된다고 하신 적이 없습니다. 그런데 왜 우리가 안 된다고 합니까? 될 줄로 믿고 믿음으로 나아갈 때 하나님께서 우리와 동행해 주십니다. 이길 수 있는 힘을 주십니다. 상황을 변화시켜 주십니다.

환경 때문에 안 되는 것이 아닙니다. 환경은 변화시키는 것입니다. 그래서 우리에게 기도를 주셨습니다. 기도는 가장 강한 긍정입니다. 우리 힘으로 할 수 없는 것도 우리는 기도합니다. 그래서 기도는 막힌 담을 허무는 것입니다. 기도도 부정적으로 하면 안 됩니다. 믿음의 기도는 역사하는 힘이 많다고 하셨는데 믿고 기도하는 것입니다. 신앙인은 믿음의 말을 하는 훈련을 해야 합니다. 오늘 여호수아와 갈

렙의 말은 갑자기 나온 것이 아닙니다. 평소에 그들의 생각이 긍정적이었고 하나님의 약속을 믿는 믿음이 있었기 때문에 저절로 긍정적인 말이 나온 것입니다. 그러므로 우리도 평소에 긍정적인 말을 하는 훈련을 해야 합니다.

1. 자기 자신에게 축복의 말을 하시기 바랍니다.

어떤 대뇌학자는 뇌세포의 98%가 말의 지배를 받는다고 발표했습니다. 아주 신 포도를 생각하면 벌써 입에서는 침이 나옵니다. 또 억지로라도 웃으면 엔도르핀이 나옵니다. 15초 이상 가짜로라도 웃으면 뇌가 속아서 엔도르핀이 분비가 됩니다. 엔도르핀은 병을 치료하는 강한 힘이 있습니다. 현대과학자들이 굉장한 것을 발견한 것처럼 발표를 하지만 사실은 뇌가 속는 것이 아니라 하나님께서 그렇게 만드신 것입니다. 그래서 항상 기뻐하라고 하셨습니다. 범사에 감사하라고 하셨습니다. 억지로라도 하면 그렇게 된다는 말씀입니다.

우리가 부르는 찬양 중에 "당신은 사랑받기 위해 태어난 사람"이라는 곡이 있습니다. 그렇습니다. 우리는 하나님의 사랑을 받기 위해 태어난 사람입니다. 성경은 우리가 하나님의 사랑받는 자녀라는 사실을 곳곳에 기록해 놓았습니다. 사탄은 이것을 잊어버리게 만드는 것입니다. "나는 하나님의 사랑받는 사람이다. 하나님께서 원하시면 무엇이든 할 수 있다." 이 믿음의 고백을 하시기 바랍니다.

2. 가정에서 축복의 말을 하시기 바랍니다.

로마 제국의 멸망의 원인은 도덕불감증과 가정의 파괴라고 말합니다. 사실 이 두 가지는 한 가지입니다. 가정이 파괴되니 밖으로 나가 죄지을 일들이 생기는 것입니다. 오늘 우리 민족의 미래를 위해 우리는 많이 기도해야 합니다. 가정이 파괴되고 청소년들이 방황하고 있습니다. 동성애의 문제가 미래사회를 강타하고 있습니다. 목사가 동성애에 대하여 설교하면 젊은이들에게 인기가 떨어지고 다른 교회를 나간다는 것입니다. 앞으로 동성애에 대하여 비판적인 설교를 하면 목사도 법적 판결을 받게 되는 날이 곧 올 것입니다. 미국 아이다호주에서는 동성 결혼 주례를 거부한 냅 목사에게 180일의 감옥형과 결혼 주례에 임할 때까지 매일 천 달러의 벌금을 부과했습니다. 그렇다고 전 세계가 그런 것은 아닙니다. 전 세계에서 18개국만이 동성애 결혼을 인정하고 있습니다.

우리는 성경대로 살아야 합니다. 하나님은, 동성애는 가증한 것(레 18:22)이라고 하셨습니다. 사도 바울도 이와 같은 말씀을 주셨습니다. 근래에 동성애 문제뿐 아니라 성적인 문제가 일어나는 것은 가정의 파괴와 함께 일어납니다. 하나님께서는 동성애자도 사랑하십니다. 그러나 이것은 죄라고 분명히 말씀하십니다. 학교의 문제도 가정에서 시작되고, 세상에서의 모든 문제들이 가정에서 시작되는 것입니다. 가정이 천국이 되면 다른 곳도 천국이 됩니다. 자녀들을 향하여 “너는 하나님의 사랑받는 자녀야. 하나님께서 너를 귀하게 사용하실 거야” 하고 자꾸 축복의 말을 해주어야 합니다.

숲속 풀밭에 길이 나기 위해서는 3만 번의 발자국이 필요하다고 합니다. 그런 노력이 자녀에게 있어야 하는 것입니다. “넌 문제아야,

내가 왜 널 낳았는지 모르겠다." 이런 이야기를 듣고 자란 아이들은 나는 문제아니까 문제를 일으키는 것이 당연하다고 생각합니다. 나는 태어나지 않았어야 할 사람이라고 생각합니다. 그러나 "난 널 믿어", "잘될 거야", "너의 미래가 기대가 돼" 하고 늘 축복의 말을 들은 자녀는 그 말대로 되는 것입니다. 부부간에도 축복의 말이 훈련되어야 합니다. "당신 요즘 점점 예뻐진다", "사랑해", "고마워" 등의 말을 하면 그 말대로 되는 것입니다. 점점 더 예뻐지고, 사랑받고 서로 고마워하는 가정이 말대로 이루어지는 것입니다.

3. 교회에서 축복의 말을 하시기 바랍니다.

교회는 주님이 가장이 되십니다. 가정에서 자녀들이 서로 사랑하고 축복하면 부모님이 가장 기뻐하십니다. 교회에서도 서로 만날 때에 축복의 말이 입술에 있기를 바랍니다. 축복의 말도 전염성이 있습니다. 우리 교회는 늘 축복의 말이 넘치기를 바랍니다.

하나님께서는 주의 종에게도 축복의 말을 명하셨습니다.

> "여호와는 네게 복을 주시고 너를 지키시기를 원하며 여호와는 그의 얼굴을 네게 비추사 은혜 베푸시기를 원하며 여호와는 그 얼굴을 네게로 향하여 드사 평강 주시기를 원하노라 할지니라 하라 그들은 이같이 내 이름으로 이스라엘 자손에게 축복할지니 내가 그들에게 복을 주리라"(민 6:24-27).

주의 종이 축복하는 대로 주시겠다고 하셨습니다.

우리 교회는 앞으로 위대한 일을 감당할 교회입니다. 그래서 저는 늘 긍정의 말을 합니다. 성전 건축도 잘될 것입니다. 어디에 가면 우리 장로님 자랑하고 우리 성도들을 자랑합니다. 이십만의 비전과 일천 선교사 파송을 말합니다. 우리의 믿음으로 고백하는 대로 하나님께서 기뻐하시는 대로 이루어주실 것입니다. 그래서 우리 교회가 앞으로 한국을 이끌어나갈 수많은 기독교 인재들을 키워내야 합니다. 우리가 더 선교해야 합니다. 학교에 복음을 전하고, 군에 복음을 전해야 합니다. 하나님께서 우리를 크게 사용해 주실 것입니다. 이 땅의 수많은 사람 가운데 여호수아와 갈렙처럼 되시기 바랍니다. 그리하여 하나님께서 약속하신 축복의 땅, 가나안 땅을 차지하는 성도들이 됩시다.

적 용

ⓐ 오늘 말씀의 주제 파악하기:

ⓑ 오늘 말씀 중 은혜 받은 부분 나누기:

ⓒ 삶에 구체적으로 적용하기:

함께 드리는 기도제목

1. 항상 긍정의 말을 하는 신앙인이 되게 하옵소서.
2. 가정과 교회에서 항상 축복의 말을 하게 하옵소서.
3. 긍정의 말, 복된 말을 하여 여호수아와 갈렙처럼 약속의 땅을 차지하게 하옵소서.

17

고난을 만날 때

- **본 문**: 욥기 23장 8~10절(구7 84쪽)
- **찬 송**: 337장(내 모든 시험 무거운 짐을, 통 363장)
- **요 절**: 그러나 내가 가는 길을 그가 아시나니 그가 나를 단련하신 후에는 내가 순금같이 되어 나오리라(욥 23:10)

사람들은 고난을 좋아하지 않습니다. 고난은 아픕니다. 고통스럽습니다. 고난당할 때는 외롭습니다. 그래서 어떻게 하면 고난을 피해갈 수 있을까를 생각합니다. 그런데 고난 없는 인생은 없습니다. 초등학생에게도 고난이 찾아오고 노인에게도 고난은 찾아옵니다. 혹시 예수를 믿으면 고난이 없을까 하여 예수 믿는 사람도 있지만 예수 잘 믿는 사람에게도 고난이 옵니다. 우리는 고난을 만날 때 하나님의 뜻을 깨달아야 합니다. 하나님의 뜻을 깨달을 때 고난은 절대로 손해가 아닙니다. 고난에는 놀라운 신비가 있습니다. 그래서 고난을 '변장된 축복'이라 말합니다. 성도들이 고난을 만날 때 어떻게 해야 합니까? 본문 말씀을 통해 고난의 의미를 깨닫고 고난을 이기는 성도들이 되시길 바랍니다.

고난 없는 인생은 평안할 것 같지만 그렇지 않습니다. 사람은 고난을 통해 성장합니다. 초등학교 시절의 수학 문제는 아주 쉽습니다. 그런데도 초등학생에게는 쉽지 않습니다. 그러나 매일 이러한 문제를 풀어가며 나중에 곱셈도 하고, 함수도 배우고, 인수분해도 배웁니다. 대학쯤 되면 더하기 같은 문제는 문제도 아닙니다. 왜요? 단련되었기 때문입니다.

인생에서 고난을 적게 겪은 사람은 작은 고난에도 힘들어합니다. 그러나 산전수전 공중전 다 겪어본 사람은 웬만한 어려움이 와도 끄떡도 하지 않습니다. 군에 입대하여 행정실에서 업무만 주로 본 사람과 공수부대 훈련을 받은 사람과는 전투에 투입되게 되면 차이가 있습니다. 지금은 고난을 싫어하지만 고난이 사람을 강하게 만들어 주는 것입니다. 하나님께서는 왜 우리에게 고난을 주셨을까요?

첫째, 고난은 죄의 삯입니다.

하나님은 이스라엘 백성들이 죄를 지을 때마다 그에 따르는 벌을 주셔서 깨닫게 하셨습니다. 기근을 주기도 하시고, 전염병을 주기도 하시고, 전쟁을 통해 깨닫게 하시기도 했습니다. 다윗은 충직한 부하의 부인인 밧세바를 범한 죄를 지었습니다, 그것뿐이 아닙니다. 사실은 밧세바를 취하기 위해 살인죄를 저질렀습니다. 그 대가로 밧세바와의 사이에서 태어난 아이가 죽었습니다.

아들 압살롬이 반역을 일으켰고 압살롬이 죽었을 때 비로소 징벌이 끝났습니다. 하나님께서는 야곱에게도, 히스기야에게도, 모세에게도 죄에 대한 징벌을 주셨습니다. 하나님은 죄를 용서하시지만 죄에 대한 벌이 있습니다. 우리가 징벌을 받을 때 빨리 깨달아야 합니다.

둘째, 크리스천이 받는 고난이 있습니다.

우리가 하나님 말씀을 따라 살려고 할 때 고난이 있습니다. 세상은 의롭지 않습니다. 불의한 세상에서 믿음으로 살려고 할 때 어려움이 있습니다. 다들 그런 정도는 하는데 왜 당신이 유별나게 그러느냐고 핀잔을 듣기도 합니다. 정직하게 살면 손해를 보는 경우가 많습니다. 그래도 믿음의 사람은 정직해야 합니다. 말세에는 환난이 있다고 했습니다. 마태복음 5장 10~12절에 "의를 위하여 박해를 받은 자는 복이 있나니 천국이 그들의 것임이라 나로 말미암아 너희를 욕하고 박해하고 거짓으로 너희를 거슬러 모든 악한 말을 할 때에는 너희에게 복이 있나니 기뻐하고 즐거워하라 하늘에서 너희의 상이 큼이라 너희 전에 있던 선지자들도 이같이 박해하였느니라"고 말씀합니다.

말씀대로 살려고 하면 고난이 있습니다. 사도 바울 같은 이는 스스로 고난의 길을 택했습니다. 바울은 고난을 자신의 육체에 채운다고 했습니다. 복음을 위하여 하늘의 상급을 바라보고 고난의 길을 간 것입니다.

셋째, 하나님의 섭리 때문입니다.

사람은 고난을 통해 영적으로 순결해지고 강해지기 때문입니다. 요셉이 그저 요셉이 된 것이 아닙니다. 요셉은 형들에게 버림을 받았습니다. 종으로 팔렸습니다. 죄 없이 감옥에 갇혔습니다. 그러나 고난의 시기를 믿음으로 이기고 애굽의 총리에까지 이를 수 있었던 것은 하나님의 훈련과정이었기 때문입니다.

다윗도 그렇습니다. 이스라엘을 위대하게 세우시기 위해 하나님은 다윗을 강한 민족의 지도자로 훈련시키셨습니다. 이스라엘은 나라를 잃고 뿔뿔이 흩어진 지 거의 2천 년 만에 나라를 세웠습니다. 이것은 있을 수 없는 일입니다. 나라도 없이 각 곳에 흩어져 살던 사람들이 2천 년 만에 다시 모였다는 것이 기적입니다. 그것은 이스라엘 백성들이 하나님으로부터 철저한 고난의 훈련을 받았기 때문입니다.

이것은 오늘날에도 변함이 없습니다. 우리 교회가 여러 가지 연단 속에서 이 자리에 있는 것을 깨달아야 합니다. 하나님께서 쓰시려고 때로는 훈련을 시키십니다. 우리가 그저 오늘 이 자리에 있는 것이 아닙니다. 하나님의 섭리가 계셔서 훈련 가운데 이 자리로 불러주신 것입니다. 그러므로 하나님의 섭리를 깨닫고 주의 일에 기둥같이 쓰임받는 성도들이 됩시다.

우리는 고난에 대해 긍정적인 생각을 가져야 합니다. 고난에 대해 부정적인 생각을 가지면 고난을 만날 때 불평하게 됩니다. 하나님을 원망하게 됩니다. '왜 나는 이렇게 가난한 가정에서 태어나야 했는가? 왜 나는 하는 일마다 잘 안 되나? 남의 자식은 그냥 두어도 대학도 잘 들어가고 부모에게도 효도하고 잘만 되는데, 왜 우리 집 자식은 매일 문제인가?' 하는 생각이 듭니다. 하나님께서 믿음의 사람들에게 고난을 주실 때에는 다 이유가 있습니다.

저는 초등학교 시절을 시골에서 지냈습니다. 도시에서 살다가 시골에 가니 모든 것이 생소하고 즐거웠습니다. 학교 공부를 마치면 집에 갈 생각을 안 합니다. 개울에 가서 가재를 잡고, 물을 막아 물고기를 잡았습니다. 그때 우리 동네에 살던 물고기와 새들과 벌들이 나 때문에 많은 고난을 받았습니다. 산에 가서 복숭아를 따기도 하고 시골에는 재미있는 일들이 너무나 많았습니다. 그때 내가 5년 동안의 시골생활을 하지 않았더라면 시골을 이해하지도 못하고 시골 이야기할 것도 없을 것입니다. 설교할 때마다 얼마나 감사한지 모릅니다.

예수님의 비유 중에는 시골과 관계된 예화들이 많습니다. 시골에서 자라지 않으면 사실은 생생하게 알 수 없는 많은 이야기들이 있습니다. '아, 하나님께서는 미리 예정하셔서 설교할 때마다 풍성한 예화거리를 주시려고 이렇게 시골 생활을 하게 하셨구나!' 하고 생각하니 감사한 것입니다. 도시에서 자란 사람들은 농사를 어떻게 짓는지, 소를 어떻게 먹이는지 잘 모릅니다. 그러니까 시골에 살았던 경험으로 성경을 훨씬 생동감 있게 이해하게 되는 것입니다.

중·고등학교 시절에는 장로님 댁에서 지내며 학교를 다녔는데 그 장로님이 참 훌륭한 분이십니다. 장로님은 솜틀집과 목공소를 하셨는데 학교에서 돌아오면 목공소에 들어가서 가구도 만들고 그럽니다. 시켜서 하는 일이 아니라 재미있어서 한 것입니다. 목공소가 누가 일하던 곳입니까? 2천 년 전 예수님께서 일하시던 곳입니다. 나를 예수님의 후배가 되게 하셨구나 생각하면 그 시절도 재미가 있는 것입니다. 군 시절에는 교회에서 매주일 설교를 했습니다. 그때에는 설교하는 것이 그렇게 힘이 들고 싫었지만 하나님께서는 강제로라도 훈련을 시키신 것입니다. 지금 생각하니 너무나 감사한 것입니다.

시골교회에 부임했는데 어떤 장로님이 목사님이 새로 부임하셨으니 지역 유지들에게 인사를 다니라는 것입니다. 경찰서장, 학교장 이런 분들을 찾아 인사를 하라는 것입니다. 그래서 어떻게 하면 되느냐 했더니 박카스를 한 상자 사가지고 가라는 것입니다. 저는 박카스 한 상자를 사가지고 가는 줄 알았습니다. 그래서 부목사님에게 물어보았더니 절대 그럴 일 없다고 10병이 든 작은 박스라는 것입니다. "아니 학교 선생님만 해도 수십 분인데 열 개짜리 박카스 들고 가면 어떻게 하느냐?"고 했더니 "그렇게 안 하면 목사님 처음부터 어려워집니다" 그러는 것입니다.

“하나님께서 처음 주시는 교회에 무조건 가겠습니다” 하고 기도하고 첫 번째 연락이 온 시골교회에 왔는데 ‘이거 잘못 왔나 보다’ 후회가 들었습니다. 그래서 어떻게 합니까? 나를 죽여야지요. 그런데 당시 ‘동충하초’라는 것이 처음 나왔는데 이것이 20원인가 더 비싼데 푸른 병에 좀 고급스러워 보였습니다. 그래서 부목사님에게 동충하초를 사라고 했습니다. 동충하초를 두 상자 사서 이곳저곳에 인사하고 돌아왔는데 다음 주일 그 장로님이 하시는 말씀이 “아니, 박카스 사라고 했는데 왜 동충하초 사셨습니까? 동충하초를 사셨으니 그 값은 목사님이 내십시오” 그러는 것입니다. 농담이 아니라 진짜로 하는 말입니다. 그래서 아무 말도 하지 않고 동충하초 값을 냈습니다.

그 당시는 어려웠던 시절입니다. 그 몇만 원이 적은 돈이 아니었습니다. 그날 밤 “하나님, 어떻게 해야 합니까? 어떻게 목회할 수 있겠습니까?” 하고 엎드렸습니다. 그런데 하나님은 아무 응답이 없으십니다. 참으라는 것입니다. 목회가 말을 논리적으로 한다고 해서 회의가 잘되고, 목회가 잘되는 것이 아니구나 하는 것을 이때 깨달았습니다. 그래서 ‘입을 닫아야겠다’ 생각하고 노회에 가면 10년은 입을 열지 않겠다고 다짐을 했습니다. 그리고 노회를 옮겨 이제 거의 이십 년이 다 되어가지만 노회에서 회의 때마다 단 한 번도 입을 연 적이 없습니다. 기도해야 된다는 것입니다.

제가 그냥 우리 교회에 온 것이 아닙니다. 하나님께서 때로는 개척교회를 통해서 훈련을 시키셨습니다. 때로는 시골교회에서 훈련을 시키시고 각양 훈련을 시키셨습니다. 사실 그때는 잘 몰랐지만 지금 생각해 보니 모든 것이 하나님의 훈련이었습니다. 그 고난들을 통해 연단이 되고 오늘 우리 교회에 주신 하나님의 양떼들을 잘 먹이라고 훈련을 시켜주신 것입니다. 그런 줄 알았더라면 그때 좀 더 기쁨으로 일했더라면 얼마나 좋았겠습니까? 지금 깨닫고 나니 모든 것이 감사한 것입니다.

본문에 나오는 욥은 많은 고난을 당한 사람입니다. 욥은 "그에게 아들 일곱과 딸 셋이 태어나니라 그의 소유물은 양이 칠천 마리요 낙타가 삼천 마리요 소가 오백 겨리요 암나귀가 오백 마리이며 종도 많이 있었으니 이 사람은 동방 사람 중에 가장 훌륭한 자라"(욥 1:2-3)고 했습니다. 그런데 이 많은 소유가 순식간에 사라졌습니다. '스바' 사람이 와서 종들을 죽이고 소와 나귀를 빼앗아 갔습니다, '갈대아' 사람들이 쳐들어와서 낙타를 빼앗아 갔습니다, 하늘에서 불이 내려와서 양과 종들을 태워 버렸습니다. 태풍이 불어와서 집이 무너져 버렸습니다. 10남매가 한꺼번에 다 죽었습니다.

그것만이 아닙니다. 육체적인 고통이 왔습니다. 사탄이 쳐서 정수리부터 발끝까지 악창이 나서 너무나 괴로워 기왓장으로 몸을 긁어야 했습니다. 아내까지 남편을 저주하며 떠나가 버렸습니다. 당대에 유명한 지혜자였던 '엘리바스', '빌닷', '소발'이라는 세 친구가 있었는데 이들까지도 욥을 몰아세웁니다. "네가 하나님의 징벌을 받아 이렇게 되었다"는 것입니다. 우리는 누가 고난을 당할 때 하나님의 징벌을 받아서 그렇다고 쉽게 이야기하지 않아야 합니다. 욥이 고난당할 때 친구들까지 함께 마음에 상처를 주었습니다. 거기에 영적인 고통까지 왔습니다.

아무리 기도해도 하나님께서는 응답하시지 않았습니다. "그런데 내가 앞으로 가도 그가 아니 계시고 뒤로 가도 보이지 아니하며 그가 왼쪽에서 일하시나 내가 만날 수 없고 그가 오른쪽으로 돌이키시나 뵈올 수 없구나"(욥 23:8~9)라고 하였습니다. 이것이 욥에게는 가장 힘든 일이었습니다. 우리가 지쳐서 기도할 때에 하나님께서 그때마다 답을 주시면 얼마나 좋겠습니까? 하나님께서도 응답이 없으십니다.

이스라엘 백성들이 괴로울 때마다 하나님께 부르짖었습니다. 그러나 하나님은 응답이 없으십니다. 하나님께서 그렇게 차가운 하나님이십니까? 아닙니다. 하나님은 다 듣고 계시는 것입니다. 하나님께서는 때가 차기를 기다리시는 것입니다. 그러므로 성경은 고난을 만날 때 즐거워하라고 합니다. 왜요? 이 고난이 하나님의 훈련과정이기 때문입니다. 잘되게 하시는 계획이기 때문입니다.

인천 국제공항에 가다 보면 오른쪽에 골프장이 있습니다. 더운 여름철에도, 비가 올 때에도, 추운 날씨에도 사람들이 골프를 치고 있습니다. 아마 비가 오는데 그렇게 한나절을 비 맞고 산길을 걸어 다니며 일을 하라고 하면 불평할 것입니다. 즐겁게 일할 사람이 없을 것입니다. 그런데 골프 치면서는 불평하는 사람이 없습니다. 비싼 돈을 내고 비를 맞으면서 한나절을 걷습니다. 즐겁게 운동하기 때문입니다.

하나님께서 고난을 즐거워하라고 말씀하신 것은 다 이유가 있습니다. 우리에게 좋은 것을 주시기 때문입니다. 우리가 미래에 있을 정답을 미리 알면 얼마나 좋겠습니까? 그러나 인생의 정답은 미리 주어져 있지 않습니다. 다만 하나님을 신뢰하면 반드시 좋은 결말을 우리에게 주시는 것입니다. 그러므로 괴로워도 하나님을 신뢰하시기 바랍니다. 문제가 있고 막히는 것 같아도 하나님을 신뢰하시기 바랍니다. 즐겁게 주의 일을 하시기 바랍니다.

하나님은 우리에게 연단을 주시고 믿음이 자라기를 기다리고 계십니다. 우리가 뜨거운 기도를 드리기를 기다리고 계십니다. 우리의 그릇이 커지기를 기다리고 계십니다. 그다음에는 응답이 있는 것입니다. 다윗은 이 비밀을 알았기 때문에 고난 중에도 항상 긍정적인 시편을 기록했습니다. 다윗의 시편을 보면, 고난 중에 하나님께 기도하면서 완료형 시제로 기도한 것이 많습니다. 하나님께서 이루어 주실 것을 확실히 믿기에 이미 이루어 주셨다, 승리케 하셨다, 나를 존귀하게 만드셨다고 고백하였습니다.

욥은 "그러나 내가 가는 길을 그가 아시나니 그가 나를 단련하신 후에는 내가 순금같이 되어 나오리라"(욥 23:10)고 고백합니다. 이것이 하나님을 전적으로 신뢰하는 믿음입니다. 지금 나는 용광로 속에서 단련되고 있다는 것입니다. 지금의 상황을 부정적으로 보지 않았습니다. 하나님께서 나로 하여금 인생의 모든 불순물을 제하고 순금같이 되게 하시려고 고난을 주신다고 믿었습니다.

우리 인생은 원래 불순물이 많습니다. 하나님을 거역하는 마음, 즉 불순종의 마음이 있습니다. 혈기가 있고 시기심이 있고 거짓이 있습니다. 이것을 제하여야 순결한 하나님의 사람이 되는 것입니다.

그러므로 하나님을 신뢰하는 자는 절망하지 않습니다. 소망중에 기도합니다. 하나님을 믿기 때문입니다. 그러므로 우리가 인생의 환난을 만날 때 어떻게 해야 합니까? 기도해야 하는 것입니다. 야고보서 5장 13절에 "너희 중에 고난당하는 자가 있느냐 그는 기도할 것이요 즐거워하는 자가 있느냐 그는 찬송할지니라"고 말씀하셨습니다. 소경 바디매오가 부르짖어 인생의 문제를 해결받았습니다. 귀신들린 딸을 둔 수로보니게 여인도 주님께 부르짖어 응답을 받았습니다.

지금 인생의 고난이 있습니까? 사방이 막혀 있습니까? 나를 공격하는 사람들이 있습니까? 사업의 문이 막혀 있습니까? 기도해도 하나님께서 침묵하십니까? 낙심하지 마시기 바랍니다. 믿고 기도하십시오. 우리 인생의 각본을 하나님께서 써가십니다. 그러므로 우리가 충성스럽게 따라가면 우리는 행복한 인생이 되는 것입니다.

♬ 괴로울 때 주님의 얼굴 보라 평화의 주님 바라보아라
세상에서 시달린 친구들아 위로의 주님 바라보아라
눈을 들어 주를 보라 네 모든 염려 주께 맡겨라
슬플 때에 주 예수 얼굴 보라 사랑의 주님 안식 주리라 ♬

적 용

ⓐ 오늘 말씀의 주제 파악하기:

ⓑ 오늘 말씀 중 은혜 받은 부분 나누기:

ⓒ 삶에 구체적으로 적용하기:

함께 드리는 기도제목

1. 하나님께서 우리를 사용하시려고 고난을 주심을 기억하게 하옵소서.
2. 하나님의 훈련과정인 고난을 기쁨으로 이겨내게 하옵소서.
3. 고난 중에서도 하나님이 함께하심을 믿고 기도하며 이기게 하옵소서.

18

어린이를 축복하신 예수님

- **본 문**: 마가복음 10장 13~16절(신 71쪽)
- **찬 송**: 570장(주는 나를 기르시는 목자, 통 453장)
- **요 절**: 내가 진실로 너희에게 이르노니 누구든지 하나님의 나라를 어린아이와 같이 받들지 않는 자는 결단코 그곳에 들어가지 못하리라 하시고 그 어린아이들을 안고 그들 위에 안수하시고 축복하시니라(막 10:15~16)

1856년 유니버셜리스트(Universalist) 제일교회의 레오날드 목사님이 처음으로 어린이주일을 지켰습니다. 그 후 1868년 미국 감리교에서 어린이주일을 제정했고 다른 교파에까지 영향을 미치게 되었습니다. 우리나라에서는 1927년에 처음으로 어린이주일이 시작되었습니다. 그런데 어린이에 대한 최고의 관심과 사랑을 가지신 분이 예수님이십니다. 예수님 당시 여성과 어린이는 대접을 받지 못했습니다. 예수님의 오병이어의 기적에 기록된 5천 명의 숫자에도 여성과 어린이는 제외되었습니다.

그런데 예수님은 "하나님의 나라를 어린아이와 같이 받들지 않는 자는 결단코 그곳에 들어가지 못하리라"고 말씀해 주시고 어린아이들을 안고 안수해 주시고 축복해 주셨습니다. 본문 말씀에 보면 부모들이 그 자녀를 예수님께 데리고 왔습니다. 자기 자녀를 만져주시고 축복해 달라는 것입니다. 옛날이나 지금이나 자식에 대한 부모의 관심은 변함이 없습니다. 자기 아이를 축복해 주셔서 다른 아이들보다 더 뛰어나게 해 달라는 것입니다.

영화를 보면 주인공이 적에게 잡혀 고문을 당합니다. 어떤 고문을 해도 꿈쩍도 안합니다. 오히려 큰 소리를 칩니다. 그러다가 어린 자녀를 데리고 와서 자녀를 죽이겠다고 합니다. 그러면 '내 자식을 죽여라' 하는 주인공은 아직 한 번도 못 보았습니다. 시키는 대로 다 할 터이니 자녀만은 안 된다고 합니다. 바로가 모세의 열 가지 재앙 앞에서 꿈쩍도 안 합니다. 파리가 들끓어도 온 사방에 개구리 떼가 뒤덮여도, 물이 변하여 피가 되어도 다 참습니다. 그런데 마지막 재앙이 무엇입니까? 장자의 죽음입니다. 아들이 죽는 데는 두 손을 든 것입니다.

아브라함은 이런 면에서 대단한 사람입니다. 100세에 얻은 자식을 바치라 할 때에 주저 없이 자식을 데리고 모리아 산을 오릅니다. 마음속에는 많은 번민과 갈등이 있었을 것입니다. 그러나 모리아 산까지 올라가 자식을 바치려고 칼을 든 사람이 아브라함입니다. 자식까지도 바치려 한 믿음이니 하나님께서 믿음의 조상이라는 칭호를 주신 것입니다.

자식 문제 앞에서는 참 어렵습니다. 부모들은 내 자녀가 다른 자녀에게 뒤지면 참지를 못합니다. 그러다가 조금만 앞서면 좋아서 어쩔 줄을 모릅니다. 다른 아기들은 열 달 만에 걸음마를 하는데 우리 아기가 일곱 달 만에 걸음마를 하면 얼마나 좋아하는지 모릅니다. 젖을 먹다가 남들보다 조금 먼저 밥을 먹어도 얼마나 신이 나는지 모릅니다. 또 학교에서 몇 등 하느냐에 관심이 많습니다. 옆집 아이가 10등을 하는데 내 아이가 30등을 하면 그것이 그렇게 속상합니다. 좋은 대학에 들어가면 자랑하고 싶어 입이 근질거립니다. 서울대학에 합격을 하면 아침부터 이 집 저 집 전화를 겁니다. 그래서 집사님 교회에서 무슨 일이 있고 무엇을 해야 하는데 어떻게 하냐고 이런저런 이야기를 하다가 자기 애가 서울대학에 들어갔다고 자랑을 합니다. 사실은 그 이야기를 하고 싶어서 전화를 한 것입니다.

이런 부모의 마음은 이천 년 전에도 같았습니다. 그래서 부모들이 어린아이를 안고 혹은 손을 잡고 예수님 앞으로 밀어넣는 것입니다. 내 자녀를 축복해 달라는 것입니다. 제자들의 마음은 어떻겠습니까? 지금 예수님께서 천국의 말씀을 하시는데 어린아이들이 밀려오니 말씀을 전하시는 데 방해가 됩니다. 예수님이 지금 너무 피곤하십니다. 그래서 아이들을 야단치며 쫓아냅니다. 그런데 예수님의 마음은 그렇지 않았습니다. 성경을 보면 예수님께서 노하셨다고 했습니다.

성경을 보면 예수님께서 노하신 적이 거의 없습니다. 성전에서 장사꾼들이 장사하며 성전을 어지럽힐 때 노하셨습니다. 안식일에 손 마른 사람을 고쳐주실 때 바리새인들의 가증한 마음을 보시고 노하신 적이 있습니다. 예수님께서 노하신 적이 거의 없는데 지금 노하셨습니다. 오히려 너희들이 어린아이들과 같아야 한다는 것입니다. 그래야 천국의 주인공이 될 수 있다는 것입니다. 우리는 어린이들을 천국의 주인공으로 생각하지 못할 때가 많습니다.

구역예배를 드리면 아이들에게 "너희들은 저쪽 방에 가서 놀아라" 하고 시킵니다. 이 제자들의 마음이 우리에게도 있습니다. 예배를 드리면 노는 아이들도 불러서 예배를 드리는 것이 맞습니다. 어린아이들이 천국의 주인이기 때문입니다. 다른 것에는 아이들을 위해 희생을 합니다. 학원에 보내고 과외 공부를 시킵니다. 그런데 교회에서 수련회를 가면 수련회 가지 말고 학원에 가라고 합니다. 그러니 이 어린이들이 신앙교육을 잘못 받게 되는 것입니다.

내가 잘못 가르쳐놓고 나중에 신앙생활 제대로 하라고 하면 되지 않습니다. 몇 년 전 텔레비전의 인기 프로그램 가운데 삼둥이가 나오는 프로그램이 있습니다. 사람들이 왜 그 프로그램을 열심히 봅니까? 아이들은 순수하기 때문입니다. 그 모습이 아름답기 때문입니다. 어린이의 마음은 백지와 같습니다. 부모님이 그려놓는 대로 됩니다.

사람과 동물이 다른 것이 무엇입니까? 동물은 태어날 때부터 본능적으로 배워서 태어납니다. 오리 새끼를 물속에 집어넣으면 알아서 동동 떠다닙니다. 잠자리는 물속에 있을 때에는 물속에서 생존하는 법을 알고 작은 생물을 잡아먹으며 삽니다. 물 밖에 나오면 누가 가르쳐주지 않았는데도 땅을 파고 들어가 함정을 만들고 개미 같은 것을 잡아먹습니다. 날개가 나오면 긴 날개를 자유자재로 움직여 날아다닙니다. 물고기는 알에서 부화하자마자 자기가 어떻게 해야 살아남는지를 압니다.

그런데 사람은 그렇지 않습니다. 아주 오랜 기간을 보살펴 주어야 합니다. 가르쳐 주어야 합니다. 어떤 것이 위험한 것인지, 어떤 것이 옳은 것인지 다 가르쳐 주어야 합니다. 하나님께서 그렇게 창조하셨기 때문입니다. 동물들은 며칠에서 몇 개월이 안 되어 다 배우는 것도 사람은 10년 20년을 가르쳐야 합니다. 그래서 부모가 어떤 그림을 그리느냐에 따라서 명화가 되기도 하고 졸작이 되기도 합니다.

어떤 부모는 내 자식이 효도하지 않는다고 말합니다. 사실은 자식의 문제가 아닙니다. 어릴 때부터 내가 심은 것을 거두고 있는 것입니다. 부모님의 따뜻한 가슴을 경험하면 정서적으로 안정된 사람으로 성장하게 되고, 불안한 환경 가운데 자랐으면 불안한 성격이 형성되는 것입니다. 부모님의 따뜻한 사랑을 경험하지 못한 사람은 나도 내 자녀에게 따뜻한 사랑을 줄 줄 모르는 것입니다. 그래서 내가 부모님의 사랑을 못 받고 자랐다면 몇 배나 더 애를 써야 하는 것입니다. 연구하고 훈련해야 합니다. 하나님께 은혜를 구하며 기도해야 합니다.

운전면허를 취득하고 운전하기까지는 오랜 훈련이 필요합니다. 건물을 짓는 데도 훈련을 해야 합니다. 우리 교회 건축하는 것을 보니 각 분야의 전문가들이 있습니다. 작은 실수 하나도 하지 않기 위해 여러 번 검토하고 준비를 합니다. 처음부터 큰 건물을 건축할 수 있는 것이 아닙니다. 작은 건물부터 하나하나 훈련을 받습니다. 그래야 큰 건축도 할 수가 있습니다. 훈련받지 않은 사람이 큰 건축을 하면 대형 사고가 일어나는 것입니다.

자녀를 교육하는 것도 그렇습니다. 운전을 하는 데도 안전운전을 하기 위해서는 수없이 연습을 하고 도로에 나가는데 자녀를 키우는 데 훈련 없이 키우는 것은 참 무식한 것입니다. 언제 자식을 길러보았습니까? 운전을 하는 데도 훈련하면서 자식을 키우는 것은 훈련하지 않고 수십 년 전 내가 자란 것처럼 키우려고 합니다. 그러니까 충돌이 일어나는 것입니다. 사람들은 나와 내 자녀는 생각이 같아야 한다고 생각합니다. 그리고 부모는 자녀와의 싸움에서 반드시 이겨야 한다고 생각합니다. 그렇지 않습니다. 자녀를 잘 양육하기 위해서는 공부를 많이 해야 합니다.

자녀가 부모에게서 가장 듣기 싫어하는 꾸중이 무엇인가 부산시 청소년 종합 상담실에서 조사를 했는데 '자녀를 슬프게 하는 말' 8가지는 다음과 같습니다.

"나가버려."

"니 형은 안 그러는데, 너는 왜 그러냐?"(비교하는 말)

"너 다시 한 번 그런 짓 하면 그냥 안 둔다."(위협하는 말)

"너 때문에 답답해 죽겠다."(재촉하는 말)

"엄마는 화내고 싶어서 화내는 줄 아니?"(변명하는 말)

"너는 정말 어쩔 수 없어."(가능성을 부정하는 말)

"너는 왜 그렇게 머리가 나쁘니?"(결점을 비난하는 말)

"너는 몰라도 돼!"(무시하는 말)

이런 말을 들으며 자란 자녀들은 마음에 상처를 가지고 자라는 것입니다. 육체의 상처는 시간이 지나면 아물어 버리지만 마음의 상처는 쉽게 아물어지지 않습니다. 수십 년이 지나서 나타납니다. 근래에 아동학대에 대한 사건들이 심각한 사회적인 문제가 되었습니다. 부모 교육을 받지 못하고 부모의 훈련이 안 되어 있는 사람들이 부모 노릇을 하려니 안 되는 것입니다. 어린아이를 때려서 죽게 했던 계모가 나도 어릴 적에 계모에게 똑같은 일을 당했다고 언론에 이야기한 것을 보았습니다. 상처를 치유하지 못하니 이런 문제가 일어날 수밖에 없는 것입니다.

가족간에 왜 상처가 있습니까? 사실은 훈련되지 못한 나의 미숙함이 가족과의 관계에서 서로에게 상처를 주고 감정의 골을 키워가는 것입니다. 나의 마음을 아프게 했던 상처들이 치유되지 못했기 때문에 가장 가까운 가족들을 상대로 찌르게 되는 것입니다. 상한 마음을 가지고 자라오고, 감정을 치유하는 훈련을 받지 못하고, 그 상처를 치유하지 못한 사람과 함께 사는 것은 참으로 힘든 일입니다. 그래서 함께 고통스럽습니다.

상한 감정을 치유하지 못하면 '3불'이 찾아온다고 말합니다. 첫째는 불안이 찾아옵니다. 둘째는 불만이 찾아옵니다. 그리고 셋째는 불행이 찾아옵니다. 우리 교회 성도들은 가정에서 자녀들에게 상처를 주지 마십시오. 천국을 심어주시기 바랍니다. 그리고 상한 마음을 가지고 있는 성도들은 주님 앞에 나와서 그 상처를 내어놓으면 우리 주님이 다 치료해 주십니다. 우리 주님은 못 고칠 질병이 없으십니다. 우리 마음의 상처와 아픔도 다 치유해 주시고 우리 마음에 천국이 임하도록 도와주십니다.

어린이주일에는 유아 세례 예식을 거행합니다. 세례는 자신의 신앙고백을 통해 세례를 받는 것인데 유아 세례는 부모님의 신앙에 의해 세례를 받는 것입니다. 아기가 무엇을 알겠습니까? '앞으로 이 아기에게 천국을 심겠습니다' 하는 부모의 서원을 통해 세례를 베푸는 것입니다. 유아 세례를 받는 가정뿐 아니라 모든 성도들은 자녀를 하나님의 말씀으로 키워야 할 책임이 있는 것입니다.

'어린아이들이 무슨 믿음이 있겠느냐?' 생각하지 마세요. 믿음은 어린아이 때에 잘 들어갑니다. 라이오넬 헌트(Lionel Hunt) 박사의 연구에 보면, 30세가 넘어서 교회에 나왔다가 예수를 믿는 결신률이 4%였고, 15-30세의 결신률은 10%, 15세 이전에 복음을 접한 사람들은 결신률이 무려 85%였습니다. 어린아이들은 마음이 순수합니다. 그래서 복음을 잘 받아들이는 것입니다.

한국교회가 성인 전도에 힘쓰는 정도로 어린이 전도에 힘썼다면 한국의 미래는 달라졌을 것입니다. 앞으로 미래시대는 점점 더 어려워질 것입니다. 죄짓는 장소들이 점점 더 많아질 것입니다. 이러한 시대에 우리는 자녀를 바르게 키워야 할 것입니다. 자녀를 잘 키우는데 가장 중요한 것은 자녀를 하나님께 맡기는 일입니다.

故이병철 회장이 마음대로 안 되는 세 가지가 있는데 첫째는 자식, 둘째는 골프, 셋째는 미원이라고 했습니다. 이병철 회장은 아무리 바빠도 일주일에 세 번씩은 골프장을 찾았다고 합니다. 그것뿐 아니라 지독한 연습광이었습니다. 아무리 날씨가 추워도, 눈이 쌓여도 중간에 그만두는 법이 없었습니다. 그런데도 골프는 마음대로 경기가 안 되더라는 것입니다. 그리고 마음대로 안 되는 세 번째인 미원은 아무리 애를 써도 미풍이 미원을 이길 수 없었다는 이야기입니다. 미원은 우리 교회와도 관계가 깊습니다. 지금 새 성전과 비전센터를 짓고 있는 땅이 옛날 미원의 대표이사였던 故임정홍 장로님이 하나님께 바치신 땅입니다. 장로님은 몇 년 전 돌아가셨지만 그 뜻을 기억하기 위해 기념도서관이나 홀을 만들려고 생각하고 있습니다.

첫 번째 마음대로 안 되는 자식은 우리가 다 공감하는 문제입니다. 자녀만은 내 마음대로 안 되는 것입니다. 그런데 자녀들의 마음속에 어렸을 적부터 하나님을 경외하는 마음을 심어주면 됩니다. 나중에 하려고 하면 실패합니다. 어릴 적에 구원의 확신을 심어주면 다른 길로 가지 않습니다. 어릴 적에는 마음이 순수하기 때문에 구원의 확신이 잘 들어갑니다.

'어린아이에게 무슨 믿음이 생기겠느냐?'고 생각하지 마십시오. 옛날에는 어린이들이 기도하다가 방언을 받고 뜨겁게 기도했습니다. 이들이 자라서 오늘 한국교회의 기둥이 되었습니다. 어릴수록 오히려 믿음이 순결한 것입니다. 그리고 그 믿음으로 성장하게 되면 절대로 죄짓는 길로 가지 않습니다. 마약이나 본드 같은 거 하지 않습니다. 하나님의 영광을 위하여 살겠다는 자녀들은 공부도 열심히 합니다. 세상에서도 위대한 사람들이 됩니다. 자녀 교육은 피아노 가르치고 영어학원 보내는 것이 중요한 것이 아닙니다. 자녀들이 자라서 인생의 환난을 만났을 때 태권도나 피아노가 내 자녀를 지켜주는 것이 아닙니다. 하나님이 지켜주시는 것입니다.

어린이는 교회의 미래이며 나라의 미래입니다. 믿음으로 바르게 자란 우리 자녀들이 대한민국의 미래를 이끌어 나가게 될 것입니다. 어린이들의 마음에 천국을 심어주면 됩니다. 그리고 우리가 하나님 앞에 나오면 어린아이가 되어야 합니다. 예수님께서 말씀하신 어린아이는 '파이디온'이라는 단어인데, 초등학교 2, 3학년 정도 되는 나이를 가리키는 말입니다.

우리가 교회에서 파이디온처럼 순수해져야 천국의 주인공이 될 수 있습니다. 나이가 아무리 많아도 어린아이처럼 되어야 합니다. 그렇지 않으면 결단코 천국에 들어가지 못하리라 하셨습니다. 어린이주일을 맞이하여 우리 자녀들을 축복하시고 여러분도 어린아이의 마음으로 하나님을 믿어 천국의 주인공이 되시기를 바랍니다.

적 용

ⓐ 오늘 말씀의 주제 파악하기:

ⓑ 오늘 말씀 중 은혜 받은 부분 나누기:

ⓒ 삶에 구체적으로 적용하기:

함께 드리는 기도제목

1. 어린이들을 천국의 주인공으로 생각하는 성숙한 믿음을 주옵소서.
2. 자녀를 하나님의 말씀으로 키우는 부모들이 되게 하옵소서.
3. 어린아이의 마음으로 하나님을 믿어 천국의 주인공이 되게 하옵소서.

19

즐겁게 하며 기쁘게 하라

- **본 문**: 잠언 23장 24~25절(구 936쪽)
- **찬 송**: 579장(어머니의 넓은 사랑, 통 304장)
- **요 절**: 네 부모를 즐겁게 하며 너를 낳은 어미를 기쁘게 하라(잠 23:25)

교회에서는 5월 둘째 주일을 어버이주일로 지키며, 국가에서는 5월 8일을 어버이날로 제정하였습니다. 교회와 국가에서 어버이날을 정하여 지키는 것은 그만큼 중요하기 때문입니다. 하나님께서는 이미 율법을 주시면서 부모 공경을 명령하셨습니다. 하나님께서는 이 세상을 행복하게 살아갈 수 있는 두 개의 기관을 주셨는데 하나는 교회요, 다른 하나는 가정입니다. 교회에 나와 하나님의 말씀을 듣고, 은혜를 받고, 축복을 받아 가정으로 돌아갑니다. 가정은 하나님의 말씀이 이루어지는 현장입니다. 어버이주일을 맞이하여 부모님의 은혜를 다시 한 번 되새겨 보고 가정에서 부모님을 즐겁게 하며 기쁘시게 하는 성도들이 되시기를 바랍니다.

나이가 들면 첫째로 아픈 곳이 많습니다. 이가 다 흔들리고 틀니를 해도 편하지 않습니다. 눈이 아프고 속이 아픕니다. 젊을 때는 자리에서 일어나는 것이 힘든 줄 몰랐는데 나이가 들어가면서 앉았다 일어나는 것도 힘이 듭니다. 관절이 다 아픕니다. 걷는 것도 힘이 듭니다. 왜 관절에 무리가 생깁니까? 무리했기 때문입니다. 쉬면 낫는 것을 알면서도 자녀 때문에 쉬지 못했기 때문입니다.

저도 좀 쉬고 싶다는 생각이 듭니다. '한 일 년쯤 쉬고 책도 읽고 운동도 하고 그러면 참 좋겠다' 하는 생각이 듭니다. 그런데 쉴 수가 없는 것입니다. 저만 그렇습니까? 우리 성도들이 다 그렇습니다. 그래서 나이가 들어가면서 병이 드는 것입니다. 옛날 어려운 시절에 부모님들이 직장에 나가 일을 했습니다. 옛날 일들이 얼마나 어려웠습니까? 그래도 그 모든 일을 감당한 것은 가정이 있기 때문이었습니다. 내가 돈을 벌어야 자녀들이 자랄 수 있기 때문이었습니다.

요즘의 아내는 남편이 아침에 일찍 출근하면 그냥 우유 한 잔 먹고 출근하라고 하고, 김밥 한 줄 사다가 냉장고에 넣어놓았다가 아침에 전자레인지에 데워주기도 하지만 제 어머니는 한 번도 그런 적이 없습니다. 아무리 힘들어도 아침 일찍 일어나 찌개를 끓여놓고 따스한 밥을 지어주셨습니다.

얼마 전 몇 분의 교인들을 만나 이야기를 나누었습니다. 한 분은 폐가 다 망가졌습니다. "담배도 안 피우는데 왜 폐가 다 망가졌냐?"고 하니 옛날에 먼지 속에서 일을 했다는 것입니다. 쇳가루가 날리는 속에서 일을 했다는 것입니다. 그래서 자식들을 다 키웠는데 이제 그 먼지가 문제를 일으킨 것입니다. 또 다른 분도 좁은 공간에서 주물을 만지고 도금을 했습니다. 창문도 없고 숨도 쉴 수 없는 공간에서 도금을 했으니 온 몸이 다 중독이 되고 병들어버린 것입니다. 그래서 나이가 드니 숨도 쉬기가 어려워졌습니다.

우리 부모님들은 자녀를 키우기 위해 몸이 아파도 일을 쉬지 않았고 그래서 나이가 들어 그렇게 아픈 것입니다. 그런데도 자식들은 부모님이 아프시다고 하면 원래 아픈 줄 압니다. 제 자식이 아프다고 하면 병원에 데리고 가면서 부모님이 아프시다고 하면 집에 가만히 계시라고 합니다. 오늘 우리가 이렇게 건강하게 자라 살아있는 것은 부모님이 대신 아픈 짐을 짊어지셨기 때문입니다.

제가 아는 어느 홀사모님은 고등학교에 다니는 두 자녀를 키우며 살았는데 얼마 전 갑자기 암에 걸려 시한부 인생이 되었습니다. 얼마 남지 않았다는 것입니다. 그런데 온통 자식 걱정입니다. '내가 죽으면 자식들은 앞으로 어떻게 하나?' 하는 것입니다. 내가 죽는 것이 문제가 아니라 자식이 걱정이 되는 것입니다. 부모님은 내가 아픈 것보다 자식이 아픈 것을 더 염려하셨습니다. 내 병은 치료받지 못하여도 자식이 아프면 무슨 수를 쓰더라도 치료를 받게 하려고 했습니다. 그래서 오늘 여러분이 이 자리에 있는 것입니다.

제가 늘 하는 말이 자기는 자수성가 했다고, 부모님 덕을 못 보았다고 하는 사람이 제일 나쁜 사람이라고 했습니다. 그 부모님은 자녀를 키우느라 늘 배고프셨고 속이 다 곯으셨습니다. 그래서 골다공증이 오고 빈혈이 온 것입니다. 우리는 길러주신 부모님의 은혜를 잊지 않아야 합니다.

나이가 들면 둘째로 서러운 것이 많습니다. 한영선 목사님의 "늙은 이는 서럽다네" 라는 글이 있습니다.

> "늙으면 섧다네. 눈 어두워 그렇지. 돋보기 안경 쓰고 확대경 손에 드나. 그래도 안보여 두 번, 세 번 살핀다네. 늙으면 섧다네. 귀먹어 그렇지. 남의 소리 반타작. 묻기 뭣해 지나고, 재빠른 전화 소리는 정말 듣기 힘들다네. 늙으면 섧다네. 무시당해 그렇지. 수에도 치지

않는 젊은이의 풍조로다. 무언가 저들끼리만 쑥덕쑥덕 하누나. 늙으면 섧다네. 짝 잃으니 그렇지. 백년해로 약속 어겨 어느 한쪽 먼저 가니 남은 쪽 외로움이야 일러 무엇하리요. 늙으면 섧다네. 병들어 그렇지. 내 몸은 내 몸이나 내 맘대로 못하니 옆에서 돌보지 않으니 꼼짝 못해 답답하지."

공감이 되는 글입니다. 은퇴하고 나면 시간이 많은데 일은 없습니다. 젊을 때는 시간이 없어 사람들을 못 만났는데 나이가 드니 사람 만나는 것도 어렵습니다. 자녀가 어릴 때에 딸랑이를 들고 흔들며 '이것 봐라' 하면서 얼마나 많은 이야기를 했습니까?

며칠 전 단골로 가는 이발소에 갔더니 손녀를 키우는데 이발소 안에서 주인 할머니가 손녀와 이야기를 합니다. 어린아이는 말도 안 되는 이야기를 하지만 할머니는 쉬지 않고 이야기를 들어주고 이야기를 합니다. 어린아이는 할머니가 자기 말을 잘 못 알아듣는다고 신경질을 냅니다. 가만히 들어보니 자기 발음이 틀린 것입니다. "어린이집에서 제일 친한 친구가 누구야?" 그러니 "탄영이"라고 합니다. "탄영이?" 그러면 할머니는 그것도 못 알아듣는다고 화를 냅니다. 나중에 알고 보니 찬영이를 자기가 발음이 안 되니 탄영이라고 해놓고 할머니는 찬영이로 들으라는 것입니다. 결국 찬영이를 알아듣고는 "그래 할머니가 바보야" 그러면서 이야기를 하는 것입니다.

이렇게 키웠는데 지금은 자녀들과 이야기하고 싶으나 자녀들이 시간을 내어주지 않습니다. 말이 통하지 않는다고 하고 잔소리라고 합니다. 그러니 말은 안 해도 서러운 것입니다. 말 한 마디만 잘못 들어도 그것이 늘 서운합니다. 며느리가 시골에 계신 시어머니께 어버이날 문자를 보내는데 "어머니 오래오래 사세요!"라고 쓴다는 것이 그만 "어머니 오래오래 사네요!"라고 문자를 잘못 보냈습니다. 시어머니는 그 문자를 보고 괘씸하기도 하고 섭섭한 마음이 들었답니다. 뭐가 잘못 되었겠지 하고 생각할 여유가 없는 것입니다. 그래서 부모님을 서럽지 않게 해드려야 하는 것입니다.

오늘 성경은 "네 부모를 즐겁게 하며 너를 낳은 어미를 기쁘게 하라"고 했습니다. 어떻게 하는 것이 부모님을 즐겁게 하며 기쁘게 하는 것입니까?

1. 순종하고 공경해야 합니다.

성경은 부모에게 순종하고 공경할 것을 명령하고 있습니다. 부모님은 가정에서 권위가 있어야 합니다. 수도원에서 수도원장이 되면 다른 수도사들은 그를 아버지라고 부릅니다. 절대적인 권위를 가지도록 존중해 주는 것입니다. 천주교에서 신부를 '파더'라고 부르는 것도 최고의 절대권위를 나타내는 표현입니다. 자녀는 부모의 권위를 존중하고 그 권위에 순종해야 합니다. 이것이 성경이 말씀하는 가르침입니다. 순종은 내 생각과 달라도 따르는 것입니다. 오늘의 시대는 부모님의 뜻과 내 뜻이 다르면 부모님을 가르치려고 합니다. 참견하지 말라고 합니다. 조금 잘되는 것이 중요한 것이 아닙니다. 부모님의 마음을 편하게 해드리는 것이 잘되는 것입니다.

이삭은 아버지 아브라함의 권위에 절대적으로 순종했습니다. 그 건장한 나이에 백 세가 넘은 아버지가 자신을 결박하여 제물로 드리려 할 때에도 말없이 순종했습니다. 이삭이라고 생각이 없었겠습니까? '아버지가 지금 노망드셨구나' 생각할 수도 있었을 것입니다. 그러나 이 순종이 이삭을 의인으로 만든 것입니다. 아브라함은 평생을 살면서 이삭을 볼 때마다 감동을 받았을 것입니다. '네가 죽는 자리에서도 나에게 순종했구나!' 하는 마음이 들었을 것입니다. 그러니 그 가정이 화목하지 않을 수가 없습니다. 엘리 제사장의 집안에 일어난 비극은 아버지의 권위에 순종하지 않았기 때문입니다. 그래서 그 집안이 불행한 종말을 맞이하게 되었습니다.

부모님이 가지는 생각과 자녀의 생각이 다를 수가 있습니다. 그렇다고 부모님이 틀린 것은 아닙니다. 부모님은 어려운 시대를 그렇게 살아오셨기 때문입니다. 그것을 인정해 드려야 하는 것입니다. 가나안농군학교에서 가르치는 효도 십계명이 있습니다.

1계명 : 신앙을 갖게 해드리는 것.

2계명 : 대답을 잘하고 말씀을 잘 들어주는 것.

3계명 : 표정을 밝게 하는 것.

4계명 : 궁금증을 풀어주는 것.

5계명 : 용돈을 넉넉히 드리는 것.

6계명 : 향토적인 음식을 해드리는 것.

7계명 : 외모를 아름답게 꾸며드리는 것.

8계명 : 일거리를 찾아드리는 것.

9계명 : 친구를 자주 만나게 해드리는 것.

10계명 : 등을 자주 긁어드리고 손발톱을 깎아드리는 것.

2. 자녀가 잘되는 것입니다.

부모님은 자녀가 잘되기를 늘 바라십니다. 부모님이 기도하시면 제일 많은 기도가 무엇이겠습니까? 우리 자식이 잘되기를 기도하는 것입니다. 부모님의 최고의 소원입니다. 신앙에서도 잘되고, 물질로도 잘되고, 가정이 잘되고, 범사에 잘되는 것을 원하십니다. 시편 127편 3~5절에 가정에 대한 축복이 나오는데 "보라 자식들은 여호와의 기업이요 태의 열매는 그의 상급이로다 젊은 자의 자식은 장사의 수중의 화살 같으니 이것이 그의 화살통에 가득한 자는 복되도다 그들이 성문에서 그들의 원수와 담판할 때에 수치를 당하지 아니하리로다"라고 했습니다. 자녀가 잘되는 것이 부모님께 자랑이 되고 영광이 되는 것입니다

3. 날마다 부모님과 대화하시기 바랍니다.

자녀와 이야기하는 것은 즐거워하면서도 부모님과 대화하는 것은 힘들어합니다. 옛날에는 아버지는 자녀들과 대화를 잘 하시지 않았습니다. 그렇게 자라왔기 때문입니다. 그러나 마음속으로는 자녀들과 이야기하고 싶어 하셨습니다.

어떤 책에 보니 "아버지는 가정에서 어른인 체를 해야 하지만, 친한 친구나 맘이 통하는 사람을 만나면 소년이 된다. 아버지는 어머니 앞에서 기도를 안 하지만, 혼자 차를 운전하면서는 큰소리로 기도하는 사람이다. 어머니의 가슴은 봄과 여름을 왔다갔다하지만, 아버지의 가슴은 가을과 겨울을 오고간다. 아버지! 뒷동산의 바위 같은 이

름이다. 시골마을의 느티나무 같은 크나큰 이름이다" 라는 글이 있었습니다. 이렇게 아버지는 외롭습니다. 그러다가 자녀가 전화 한 통 하면 속으로는 어린아이처럼 즐거워하시는 것입니다.

부모님은 자녀와 대화하는 것을 제일 기뻐하십니다. 요즘은 휴대폰이 있기 때문에 매일 전화할 수 있습니다. 출근길에 혹은 퇴근길에 늘 통화할 수 있습니다. 여러분은 시간을 정해 놓고 늘 부모님께 전화하는 성도들이 되시길 바랍니다.

4. 물질로 섬겨야 합니다.

자녀 교육 때문에 어렵다고 합니다. 그런데 독일 속담에 "한 아버지가 열 자녀를 키우는데 열 자녀는 한 아버지를 섬기지 못한다"는 말이 있습니다. 아버지는 힘이 들어도 열 자녀를 굶기지 않기 위해 애를 쓰셨습니다. 그런데 그 자녀가 자라서 부모님을 소홀히 한다면 이는 배은망덕한 것입니다. 자녀를 위해서는 카드를 긁으면서도 부모님을 위해 큰돈을 쓰려 하면 벌벌 떠는 모습이 되어서는 안 됩니다. 그러면 훗날 내가 그대로 받게 되는 것입니다. 부모님이 돌아가신 후 좋은 관을 쓰고 좋은 묘자리를 쓴다고 그것이 효가 아닙니다.

우리는 청개구리의 이야기를 잘 알고 있습니다. 평소에 어머니가 말씀하시면 늘 반대로 행하던 못된 청개구리가 있었습니다. 엄마 청개구리가 병이 나서 죽게 되었을 때 유언을 합니다. 이놈이 분명히 반대로 할 터이니 "애야, 내가 죽거든 개울가에 묻어라" 하고 유언을 남겼습니다. 막상 어머니가 돌아가시자 못된 청개구리는 정신이 번쩍 들었습니다. 그래서 어머니 말씀대로 해야 되겠다고 엄마 청개구리를 개울가에 묻었습니다. 그런데 비가 올 때마다 엄마 청개구리의 무덤이 비에 쓸려 내려갈까 봐 개골개골 하고 울게 되었다는 이야기입니다.

부모님께 불효하고 울어야 소용이 없습니다. 비싼 돈을 들여 묘비를 세우면 그것이 무슨 소용이 있습니까? 부모님이 살아계실 때 잘하시기 바랍니다. 저는 어버이날이 돌아오면 돌아가신 아버지를 생각하고 늘 마음이 아픕니다. 이 정도 장성했으니 쓰실 돈을 좀 넉넉히 드렸으면 좋았을 텐데 그러지를 못했습니다. 나중에 아버지께서 늘 돈이 부족하여 어려움을 겪으셨다는 이야기를 듣고 마음이 아픈 것입니다. 이제 개골개골 하고 울어봐야 소용이 없는 것입니다.

노인이 돈 쓸 데가 어디 있느냐고 하시지만 사실은 그렇지 않습니다. 주머니가 두둑하면 부모님의 마음이 넉넉해지는 것입니다. 부모님이 친구들을 만나도 노인정에 가도 주머니가 넉넉하면 어깨가 펴지는 것입니다. 손자들이 찾아와도 주머니가 넉넉하면 다 퍼주면서도 좋아하시는 것입니다.

부모 공경에는 하나님의 약속이 있습니다. 그래서 제5계명을 '약속이 있는 첫 계명'이라고 했습니다. 열 가지 계명 중 인간의 첫 번째 계명이 부모 공경입니다. 부모를 공경하는 자에게는 인애를 베풀겠다고 하셨고 땅에서 잘되고 장수하는 복을 약속해 주셨습니다. 기독교는 효도하는 종교입니다. 부모를 공경하는 자에게 복을 약속해 주셨고 불효하는 자에게는 저주를 명하셨습니다. 보이는 부모님을 공경하지 않고 보이지 않는 하나님을 공경할 수가 없는 것입니다. 오늘 어버이날이니 어버이 노래를 함께 불러보면서 부모님 은혜를 생각하시기 바랍니다.

"나실 제 괴로움 다 잊으시고 기르실 제 밤낮으로 애쓰는 마음 진자리 마른 자리 갈아 뉘시며 손 발이 다 닳도록 고생하시네 하늘 아래 그 무엇이 넓다 하리요 어버이의 희생은 가이 없어라."

부모에 대한 효도는 하나님의 절대 명령입니다. 그러므로 반드시 지켜야 하는 계명입니다. 이 계명을 잘 지켜 하나님의 약속을 받아 은총을 입고 땅에서 잘되고 장수하는 여러분이 되시기를 바랍니다.

적 용

ⓐ 오늘 말씀의 주제 파악하기:

ⓑ 오늘 말씀 중 은혜 받은 부분 나누기:

ⓒ 삶에 구체적으로 적용하기:

함께 드리는 기도제목

1. 부모님이 우리를 길러주신 은혜를 잊지 않게 하옵소서.
2. 부모님을 즐겁게 하며 기쁘게 해 드리는 자녀가 되게 하옵소서.
3. 부모님께 효도하여 하나님의 약속을 받아 이 땅에서 잘되고 장수하게 하옵소서.

신앙의 기초 시리즈 15

20

행복한 가정의 원리

- **본 문**: 에베소서 5장 22~30절(신 315쪽)
- **찬 송**: 556장(날마다 주님을 의지하는)
- **요 절**: 그러므로 교회가 그리스도에게 하듯 아내들도 범사에 자기 남편에게 복종할지니라 남편들아 아내 사랑하기를 그리스도께서 교회를 사랑하시고 그 교회를 위하여 자신을 주심같이 하라(엡 5:24~25)

오늘의 한국사회는 가정이 요동치고 있습니다. 가족문화가 해체되고 이혼율이 증가하고 있습니다. 우리나라가 OECD 국가 중 1위 하는 것이 참 많습니다. 근래에 자살률 1위, 이혼율 1위, 낙태율 1위, 청소년 불행지수 1위, 음란물 활성화 1위, 노인 빈곤 1위, 성범죄율 1위, 음주 소비량 1위, 거기다가 휴대폰 가장 많이 바꾸는 나라 1위 등 1위 하는 것이 많습니다. 그런데 사실 좋은 것이 없습니다. 요즘 청소년 문제가 얼마나 심각합니까? 청소년들이 무섭습니다. 폭력 문제, 알코올 중독 문제, 성폭력 문제 등 모든 문제가 가정에서부터 출발하는 것입니다. 가정교육이 잘되어 있고 가정이 평안하면 이런 문제도 없을 것입니다.

성경이 말씀하는 가정의 원리가 무엇인지를 우리는 깨달아야 하겠습니다. 동양이나 서양이나 가정에 대한 원리는 남성 중심적이었습니다. 미국 같은 경우에도 여성들이 투표권을 얻은 것이 1920년이었습니다. 그것도 백인 여성만이 허용되었습니다. 영국도 1928년에 여성에게 투표권이 주어졌습니다. 여성이 투표할 수 있는 권리가 주어진 것이 백 년도 안 되었습니다. 그만큼 남성 중심의 사회였습니다. 동양도 유교 중심의 사회로 여성들이 권리를 보장받지 못한 것은 말할 필요가 없었습니다.

여성 상위시대라는 말이 여성 밥상위시대라는 말로 빗대어 이야기될 정도로 여성들은 사람 대접을 받지 못했습니다. 아이를 못 낳으면 칠거지악이라 하여 쫓겨나도 아무 대응도 할 수가 없었습니다. 어릴 때 어느 집에서 아기를 못 낳아 쫓겨났다는 이야기를 심심찮게 들었습니다. 이렇게 여성들이 힘든 시대를 살아왔는데 그동안 우리 여성들 참 수고하셨습니다.

그러나 성경은 이미 가정에 대한 원리를 말씀하고 있습니다. 그러므로 성경말씀대로 살면 가정이 행복합니다. 나라도 평안합니다. 본문 에베소서에서는 가정의 남편과 아내에 대하여 주시는 말씀입니다. 이 말씀을 통하여 은혜를 받고 여러분의 가정이 행복한 가정이 되시기를 바랍니다. 본문에서는 먼저 아내들에게 가정의 원리를 말씀합니다.

1. “아내들이여 자기 남편에게 복종하기를 주께 하듯 하라”고 하십니다.

이런 말씀을 하면 ‘요즘이 어떤 시대인데 남편에게 복종하라고 하십니까? 성경이 옛날이야기 하고 있는 것이 아닙니까?’ 하고 질문할 수 있습니다. 하나님께서는 남자와 여자를 다르게 지으셨습니다. 얼굴도 다르고 생김새도 다르고 성격도 다릅니다. 하는 역할도 다릅니다. 남자가 아기를 낳고 싶다고 해서 낳을 수 있는 것이 아닙니다. 아내가 아내의 역할을 바르게 해야 가정이 평안해집니다. 성경이 아내가 부족하고 머리가 좋지 않아 복종하라고 하는 것이 아닙니다.

회사에서 사장님이 머리가 제일 좋습니까? 아닙니다. 일을 맡은 사람들이 머리가 좋아야 그 회사가 살아날 수 있습니다. 하나님께서는 아담을 지으시고 혼자서 할 수 없는 것이 많음을 보셨습니다. 그래서 돕는 자로 아내를 지으셨습니다. 성경이 말씀하는 하와라는 말은 ‘돕는 자’라는 뜻입니다. 돕는 자가 더 지혜롭고 뛰어나야 도울 수가 있습니다.

행복한 가정은 아내의 역할이 중요합니다. 남편이 아무리 뛰어나도 아내가 잘못하면 그 집안은 엉망이 되고 맙니다. 그래서 잠언에 보면 “집과 재물은 조상에게서 상속하거니와 슬기로운 아내는 여호와께로서 말미암느니라”(잠 19:14)고 말씀하였습니다. 슬기로운 아내는 상속되는 것도 아니요 하나님께서 선물로 주셔야 한다는 것입니다. 또 “다투며 성내는 여인과 함께 사는 것보다 광야에서 사는 것이 나으니라”(잠 21:19)고 하였습니다.

요즘 교회에서 목회자를 청빙할 때 사모에 대해서도 관심을 많이 갖습니다. 사모님이 잘못하면 교회가 어려워지기 때문입니다. 우리 교회에 처음 부임했더니 사모님이 성가대 해야 한다고 이야기들을 합니다. 그래서 안 된다고 했습니다. 성가대를 하면 이 사람 이야기 듣고 저 사람 이야기를 듣고 저에게 이야기할 것입니다. 그러면 제가 어떻게 합니까? 가정의 평화를 위해 흔들리게 되는 것입니다. 그래서 집사람에게 우리 교인들과 밥 먹으러 다니지도 말고 물건 사러도 다니지 말라고 합니다. 너무 가까운 사람이 있어도 안 되기 때문입니다. 사모의 몫은 담임목사가 목회를 잘할 수 있도록 옆에서 돕는 것입니다. 그것이 사모에게 주어진 역할입니다. 그것도 너무나 힘이 드는 일입니다.

어떤 나이 드신 목사님이 얼굴도 미남이고, 성품도 부드럽고, 기도도 많이 하시고 다 좋은데 한 가지가 흠이 있습니다. 설교를 갑갑하도록 더듬더듬 하는 것입니다. 그러던 어느 날 이 목사님이 설교를 하시는데 속사포같이 빠르게 하시면서 아주 유창하게 하셨습니다. 그래서 교인들이 감동을 받았습니다. "아니 목사님 왜 지금까지 그런 실력을 숨기고 계셨습니까?" 그러자 목사님 하시는 말씀이 "주일 아침에 틀니를 끼고 나왔는데 그만 모르고 아내의 틀니를 끼고 나왔습니다. 그랬더니 나도 모르게 따발총처럼 나오는 겁니다." 사모가 잘할 수 있어도 사모의 역할을 해야 교회가 평안합니다. 장로님은 장로님의 역할을, 권사님은 권사님의 역할을, 교사는 교사의 역할을 잘해야 교회가 평안하고 부흥하는 것입니다.

가정에서 아내가 가장 잘하는 역할로 성경은 한마디로 남편에게 복종하라는 것입니다. 어떻게 복종합니까? 주님께 복종하듯 복종하라고 하셨습니다. 주님께서 하라고 하시면 우리는 그 이유를 묻지 않습니다. 힘들어도 순종합니다. 주님께서 말씀하셨기 때문입니다. 남편을 돕는 것이 하나하나 지적하고 가르치는 것이라고 생각하는 사람이 있습니다. 그래서 잘못한 것을 하나하나 지적합니다. 남편을 고치려고만 합니다. 그러면 남편이 잘됩니까? 잘되지 않습니다. 가장 가까운 사람에게 인정받지 못하는 남편이 어디 가서 기를 펴고 일하겠습니까? 남편은 늘 서글픈 것입니다. 콤플렉스를 갖고 사니 어디 가서 무엇을 해도 자신이 없는 것입니다.

가까운 목사님 사모님들을 만나서 이야기를 하다 보면 사모님들이 '우리 목사님은 이것도 잘못하고 저것도 잘못한다'고 이야기합니다. 그러면 저는 "목사님이 세상에서 제일 잘한다고 생각하셔야 목사님의 목회가 행복해집니다. 설교를 들을 때 가장 환한 얼굴로 아멘 하십시오"라고 이야기합니다. 그러면 목사님이 힘이 납니다.

성경에서 복종하라는 것은 옛날 신하가 임금에게 복종하는 그런 복종을 말하는 것이 아닙니다. 그래서 본문 말씀 앞 21절을 보면 피차 복종하라고 하신 것입니다. 아내만 남편에게 복종하는 것이 아닙니다. 남편도 남편의 도리를 하면서 아내에게 복종해야 하는 것을 말씀합니다. 성경이 아내에게 말씀하는 복종은 남편의 권위에 대해 복종하라는 말씀입니다. 성경은 남편의 권위를 그리스도께서 교회의 머리 됨과 같은 것으로 말씀하셨습니다. 그렇게 남편과 아버지는 가정에서 존경받아야 하는 존재라는 것입니다.

현대 가정의 비극은 아버지의 권위가 무너지면서 생긴 것입니다. 옛날에 아버지가 나쁜 짓을 많이 하는 아들을 데리고 산에 올라갔습니다. 조상의 산소 앞에서 아버지는 "제가 자식을 잘못 가르쳤습니다" 하면서 사죄하고 회초리를 꺼내어 자신의 종아리를 사정없이 내리쳤습니다. 아버지가 종아리를 치시는 것을 보며 아들은 마음이 너무 아팠고 아버지 앞에 무릎을 꿇었습니다. 그리고 새사람이 되었습니다. 세월이 흘러 그 아들이 아버지가 되었습니다. 그런데 아들이 문제아가 된 것입니다. 아무리 타일러도 듣지 않았습니다. 아버지는 옛날의 기억을 떠올렸습니다. 그리고 아내와 아들을 데리고 산에 올랐습니다. 조상의 묘 앞에 가서 아버지는 회초리를 꺼내어 아들이 보는 앞에서 사정없이 자신의 종아리를 내리치기 시작했습니다. 그러자 놀란 아들이 뛰어 내려가며 소리를 쳤습니다. "엄마 빨리 올라와 봐. 아빠가 미친 것 같아. 자기 몸을 막 때려."

세상이 참 어려워졌습니다. 아버지의 권위가 땅에 떨어졌습니다. 그러나 세상이 아무리 변해도 성경의 원리는 변함이 없습니다. 아버지는 무조건 존경받아야 하는 자리입니다. 아버지가 병이 들어도, 실직을 해도 아버지를 존중해야 하는 것입니다. 아버지가 문제가 있다고 해서, 혹은 생활력이 없다고 해서 아버지를 무시하고 자란 가정에서 자녀들이 무엇을 배울 것입니까? 식구들 중에 잘못하거나 힘이 없게 되면 무시하는 것을 배우는 것입니다. 여기에는 가정의 행복이 없습니다.

가정은 약한 자를 돕는 곳입니다. 가정은 병든 자를 감싸 안는 곳입니다. 가정은 문제가 있어도 함께 그 짐을 지고 가는 곳입니다. 그래서 문제가 해결되고 행복을 만들어 나가는 곳입니다. 그래서 하나님께 엎드려 기도하면 가정의 문제를 치유해 주시고 행복한 가정으로 만들어 주십니다.

그러므로 하나님의 창조의 원리를 따라 순종하고 살아가면 가정이 행복합니다. 잠언 31장에 현숙한 여인을 찾아 얻는 것은 값진 진주보다 더 귀하다고 하였습니다. 모든 아내들은 진주보다 더 귀한 여인들이 되십시오. 남편을 존중하고 복종하십시오. 이것이 성경의 가르침입니다.

2. "남편들아 아내 사랑하기를 그리스도께서 교회를 사랑하시고 그 교회를 위하여 자신을 주심같이 하라"고 남편에게 말씀을 주십니다.

아내가 남편의 권위에 복종하면 가정이 평안해집니다. 그런데 그것 가지고는 부족합니다. 성경은 일방적인 관계를 말씀하지 않습니다. 새가 힘있게 날아가려면 두 날개가 힘차게 움직여야 합니다. 아내가 아내의 역할을 하면 남편도 남편의 역할을 해야 그 가정이 잘되는 것입니다. 성경은 남편의 역할에 대하여 아내를 사랑하되 주님이 교회를 위하여 자신을 주심같이 사랑하라고 하셨습니다. 요즘 리더십에 대한 많은 관심이 있습니다.

한국 축구를 세계 4강에 올려놓았던 히딩크의 리더십, 세계 해전사에 길이 남은 이순신 장군의 리더십, 세계적인 기업을 일군 기업가들의 리더십 등 리더십에 대한 관심과 연구가 많습니다. 성경은 리더십에 대한 교과서입니다. 예수님은 가장 탁월한 리더십을 보여주셨습니다. 예수님께서는 교회를 어떻게 세우셨습니까? 세상의 뛰어난 기업가들이 세운 회사들이 계속해서 남아있지 않습니다. 세상의 뛰어난 영웅들이 세운 국가들이 그대로 유지되지 않습니다. 옛틀을 무너뜨리고 새로운 국가들이 세워졌습니다.

그러나 교회는 2천 년 동안 변함없이 유지되고 부흥하고 있습니다. 예수님의 리더십은 희생하는 리더십입니다. 제자들을 죽기까지 사랑하시고 나를 미워하는 사람들을 위해 십자가에 몸까지 주신 리더십입니다. 성경은 남편의 권위를 말씀하시면서 남편이 해야 할 역할을 주님에 비유하여 말씀하십니다. 아내를 주님이 교회를 사랑하심처럼 사랑하라고 하셨습니다. 사실은 복종보다 이 사랑이 더 어렵습니다. 얼마나 아내를 사랑하면 아내를 위하여 십자가까지 지겠습니까? 나를 사랑하고 나만을 바라보는 아내라면 그럴 수 있겠습니다. 그러나 나를 미워하는 아내라면 어떻게 끝없이 사랑하고 내 몸까지 희생할 수 있겠습니까? 아내보고 복종하라고 하니 너무 좋아만 하지 마세요. 사실은 남편의 사랑이 더 어려운 것입니다.

자녀들에게 문제가 있습니까? 어떤 남편은 아내에게 집안에서 애들 교육도 못 시키고 뭐했느냐고 큰소리를 치는데 사실은 다 아버지 책임입니다. 문제가 있으면 리더가 책임을 지는 것입니다. 가정에서 아버지가 중요합니다. 아버지가 무너지면 가정이 무너지는 것입니다. 그러나 아버지가 희생하면 가정이 살아납니다. 요즈음 여성들이 독해지고 강한 것 같지만 사실은 약한 것이 여성입니다. 하나님께서 그렇게 만드셨습니다. 남편의 말 한 마디에 눈물이 나기도 하고 행복해지기도 하는 것이 아내입니다.

성경은 우리 인생을 '질그릇'이라고 표현했습니다. 질그릇은 깨어지는 특성이 있습니다. 남편도 땅에 떨어지면 깨어집니다. 그래서 남편의 마음이 상하지 않도록 조심해야 합니다. 그런데 아내는 더 연약한 그릇입니다. 좀 세게 만져도 부서지고 흠집이 나는 존재입니다. 그래서 아내의 마음에 상처를 주지 않도록 조심해야 하는 것입니다. 남편은 나를 위해 하나님께서 아내를 주셨음을 믿고 살아가야 합니다. 내가 왜 저런 형편없는 아내를 만났나 생각하면 그 가정은 해답이 없습니다.

여러분 가정을 누가 중매했습니까? 하나님께서 중매하신 것입니다. 하나님은 실수가 없으신 분이십니다. 문제는 내가 잘못해서 문제가 일어나는 것입니다. 아내가 부족해서 그런 것이 아닙니다. 내가 잘못해서 그렇게 만든 것입니다. 여러분의 가정을 중매하신 분을 잘 모시면 그 가정은 잘되는 것입니다. 중매하신 분이 누구십니까? 하나님이십니다. 하나님을 모시고 살면 그 가정은 축복의 가정이 되는 것입니다. 자녀문제도 자녀가 원래 못됐기 때문에 일어나는 문제가 아닙니다. 내가 잘못 키워서 그런 것입니다. 아버지가 '내 탓이요' 하면 그 가정의 문제가 해결되기 시작하는 것입니다.

남편들은 지금까지 주님이 교회를 사랑하신 것처럼 아내를 사랑하지 못했음을 회개하고 아내를 사랑하면 가정의 문제가 해결되기 시작합니다. 아내에게 좋은 말을 해보시기 바랍니다. "당신 요즘 점점 예뻐진다. 오늘 우리가 이렇게 사는 것은 다 당신이 살림을 잘해줘서 그렇지. 여보 고마워. 사랑해요." "종은 울릴 때까지 종이 아니다. 노래는 부를 때까지 노래가 아니다. 사랑은 표현할 때까지 사랑이 아니다"라고 허먼 슈타인은 말했습니다. 여러분의 가정에서 늘 사랑이 표현될 때 그것이 사랑이 되는 것입니다.

3. 남편들에게 아내를 자기 몸같이 사랑하라고 하셨습니다.

자기 아내를 사랑하는 자는 자기를 사랑하는 것이라 하셨습니다. 성경은 부부가 한 몸이라고 하셨습니다. 내 몸이 아프면 본능적으로 반응합니다. 몸을 쉬게 하고 보호합니다. 손가락을 다쳤으면 그 손가락이 다른 물건에 닿지 않도록 온 몸이 신경을 쓰고 조심합니다. 발을 다쳤으면 그 발을 보호합니다. 내 몸이기 때문입니다. 남편이 아내를 이렇게 사랑해야 하는 것입니다. 어느 정도로 합니까? 주님께서 교회를 보호하심같이 해야 하는 것입니다.

가정에서 남편과 아내는 함께 행복해야 합니다. 어느 한편이 강요

하면 다른 한편은 아픔을 겪고 있는 것입니다. 이것은 성경이 말씀하는 가정이 아닙니다. 지금까지 내가 잘못하여 내 남편이, 아내가 마음이 아팠다면 회개하셔야 합니다. 그리고 주님의 말씀에 아멘 하고 순종하여 한 몸이 되는 은혜를 입어야 합니다. 이것이 성경이 가정에 주시는 원리입니다.

여러분의 가정이 아픕니까? 상처가 있습니까? 행복하지 않습니까? 해결되어야 할 문제가 있습니까? 오늘 성경은 남편이 아내를 위해 주님처럼 사랑하면 주님이 교회를 거룩하고 흠이 없게 하신 것처럼 가정이 거룩하고 흠이 없게 된다고 하셨습니다. 사람은 다 티나 주름이 있습니다. 성격이 모나고 부족한 부분들이 있습니다. 그런데 사랑하면 티나 주름이 없는 순결한 가정으로 변화가 되는 것입니다. 여러분의 가정마다 성경의 원리대로 살아 가정이 함께 행복하고 날마다 더 잘되는 가정이 되시기를 바랍니다.

적 용

ⓐ 오늘 말씀의 주제 파악하기:

ⓑ 오늘 말씀 중 은혜 받은 부분 나누기:

ⓒ 삶에 구체적으로 적용하기:

함께 드리는 기도제목

1. 우리 가정이 하나님의 말씀을 통하여 행복한 가정이 되게 하옵소서.
2. 우리 가정에 하나님의 은혜와 축복이 넘치게 하옵소서.
3. 우리 가정이 성경의 원리대로 살아 날마다 더 잘되는 가정이 되게 하옵소서.

신앙의 기초 시리즈 16

21

천국과 지옥

- **본 문**: 누가복음 16장 19~31절(신 123쪽)
- **찬 송**: 235장(보아라 즐거운 우리 집, 통 222)
- **요 절**: 아브라함이 이르되 얘 너는 살았을 때에 좋은 것을 받았고 나사로는 고난을 받았으니 이것을 기억하라 이제 그는 여기서 위로를 받고 너는 괴로움을 받느니라(눅 16:25)

천국과 지옥에 대한 이야기는 신앙의 기초 중의 기초에 대한 말씀입니다. 기초를 잊고 살면 안 됩니다. 우리가 천국과 지옥에 대해 잊고 살면 안 된다는 것입니다. 본문은 예수님께서 말씀해 주신 천국과 지옥에 대한 말씀입니다.

한 부자와 거지 나사로가 살았습니다. 이 부자는 이름도 기록되지 않고 있습니다. 다만 이 부자는 자색옷과 고운 베옷을 입고 살았습니다. 자색옷을 입었다는 것은 그의 신분을 나타내줍니다. 왕족이나 굉장한 사람들만이 이 옷을 입을 수 있었습니다. 또 그는 사치스럽고 호화롭게 지냈습니다. 그의 식탁에는 산해진미가 늘 가득했다는 말입니다. 다른 한편에는 나사로라 이름하는 거지가 살았습니다. 나사로는 종기로 뒤덮여져 있었으며 부자의 대문 앞에 버려져 있었습니다. 버려져 있었다는 표현을 보면 아마 걷지도 못했던 것으로 보입니다. 몸이 불편하여 개들이 와서 그 헌데를 핥아도 내어쫓지를 못했습니다.

그런데 거지가 죽어 천사들에게 받들려 아브라함의 품에 들어갔습니다. 우리의 눈으로 보면 '아니, 하나님 저 못된 부자부터 데려가시지 왜 불쌍한 나사로를 데려가십니까?' 하고 생각할 수 있습니다. 하나님께서는 때로 의인을 먼저 데려가십니다. 복음을 전하기 위해 힘을 다하는 주의 종들을 먼저 순교자로 데려가기도 하십니다. 천국은 더 이상 고통이 없는 곳이기 때문입니다. 천국은 영원한 쉼이 있는 곳이기 때문입니다. 그러므로 먼저 죽는 것이 다 잘못된 것이 아닙니다.

부자도 죽어 음부에 들어가 고통을 받게 되었습니다. 왜 부자는 지옥에 가야만 했습니까? 성경에는 이 사람이 부자로 살기 위해 어떤 죄를 지었음을 말하고 있지 않습니다. 나사로를 학대하지도 않았고 나사로는 부자의 식탁에서 떨어지는 빵 부스러기를 먹고 살았습니다. 예수님은 부자와 가난한 자를 이야기하고 있는 것이 아닙니다. 부자가 어떻게 살았느냐 그 가치관이 무엇이었는가를 말씀하고 있는 것입니다. 부자는 자기의 부를 누릴 줄만 알았습니다. 부는 하나님께서 주신 것인데 그 부를 사용하는 '노블리스 오블리제'(Noblesse Oblige)가 없었습니다.

영국과 프랑스의 백년전쟁 중에 프랑스의 칼레라는 도시는 영국군에 포위되어 항복을 하게 됩니다. 이때 영국군은 항복의 조건으로 여섯 명의 생명을 요구합니다. 누가 죽음을 자원하겠습니까? 이때 칼레 최고의 부자인 '외스타슈 드 생피에르'가 첫 번째로 나섭니다. 이에 감동을 받은 칼레의 시장, 법률가, 귀족들이 죽음을 자처합니다.

목에 밧줄을 걸고 속옷 차림으로 교수형이 집행되는 찰나 임신한 영국 왕비의 요청으로 영국 왕 에드워드 3세는 이들에게 사면을 명합니다. 도시를 살리기 위해 목에 밧줄을 걸고 벗겨진 속옷 차림으로 교수대로 걸어가는 이들의 모습이 오늘날 '노블리스 오블리제'의 상징으로 내려오고 있습니다.

노블리스 오블리제는 "내가 사회적으로 가진 자라면 이에 상응하는 섬김의 의무가 있다"는 것입니다. 예수님의 이야기에 나오는 이 부자는 '노블리스 오블리제'가 없었습니다. 부자는 나사로를 알고 있었습니다. 그래서 이름도 알았습니다. 그러니 상황도 잘 알고 있었을 것입니다. 그러나 거지 나사로를 치료해 주지도 않았습니다. 빈 창고에라도 쉴 수 있도록 해주지 않았습니다. 하나님께서 잠시 맡겨주신 그 귀한 물질을 하나님을 위해 귀하게 사용하였으면 얼마나 좋았겠습니까?

그러나 부자는 자신의 만족을 위해 매일 사용했습니다. 성경의 말씀대로 하면 이는 불충성한 종이라는 것입니다. 예수님께서는 "마지막 날에 지옥에 떨어지는 사람들에게 내가 배고플 때 네가 먹을 것을 주지 않았다"라고 말씀하신다고 하셨습니다. 그때 예수님께서 "언제 내게 먹을 것을 달라고 하셨습니까?"라고 물었을 때 "가난한 자들에게 하지 않은 것이 바로 나에게 하지 않은 것이다"라고 대답하셨습니다. 그 결과가 무엇입니까? 지옥입니다.

본문 말씀 속에는 천국과 지옥이 나옵니다. 나사로는 아브라함의 품에 안겼습니다. 유대인들이 가장 바라는 것이 아브라함의 품에 안기는 것입니다. 믿음의 조상인 아브라함이 안아주시고 야곱과 요셉이 함께 있는 그곳에 거하게 되는 것입니다. 오늘 말씀의 초점은 부자와 나사로가 어떤 행동을 했는가 하는 것을 말하려는 것이 아닙니다. 거지 나사로는 천국에 갔습니다. 예수님은 우리가 장차 갈 나라 천국을 말씀하고 있습니다.

1. 천국이 있음을 잊으면 안 됩니다.

천국은 어떤 곳입니까? 성경은 천국에 대해 60회나 기록하고 있습니다. 세상을 떠나기 싫어하는 사람들은 정확히 말하면 떠나기를 무서워하는 사람들입니다. 사후 세계에 무슨 일이 있을지 확신이 없는 것입니다. 두려운 것입니다. 믿음의 사람들은 이 땅에 사는 동안 사명을 가지고 삽니다. 하나님께서 주신 사명을 이루고 이 땅에 하나님의 말씀을 이루는 것입니다. 그리고 하나님 나라로 갑니다. 믿음의 사람은 죽음 이후가 두렵지 않습니다. 이 구원의 확신을 가진 성도가 믿음으로 사는 것입니다. 사명을 감당하며 사는 것입니다.

구원의 확신이 없는 사람은 이 세상에 소망을 두고 삽니다. 그리고 떠나기를 두려워하는 것입니다. 사실 우리가 사는 세상은 오래 살기를 원하지만 슬픔이 참 많습니다. 슬픔을 피해 갈 수 있는 사람은 없습니다. 질병은 또 얼마나 많습니까? 질병 때문에 괴로움을 당합니다. 나이가 들어가면서 약을 먹지 않는 사람이 별로 없습니다. 약이 없으면 벌써 죽을 사람이 참 많습니다. 이 세상은 시기와 질투도 많습니다. 말 한마디 하는 것도 참 조심스럽습니다. 우리가 사는 세상은 전쟁과 기근과 죽음이 있습니다.

그러나 천국에는 이러한 것들이 없습니다. 성경에 기록된 천국은 밤이 없습니다. 질병도 없고 고통도 없습니다. 거기는 슬픔도 없고 죽음도 없습니다. 죄도 없고 늙는 것도 없습니다. 병원도 없습니다. 걱정도 없습니다. 실수할 일도 없습니다. 굶주림도, 전쟁도, 기근도 없습니다. 우리를 괴롭히는 모든 것들이 모두 다 없습니다. 있는 것도 많습니다. 천국은 아름다운 성이 있다고 했습니다. 거기는 기쁨만 있다고 했습니다. 천사의 노랫소리와 행복이 있습니다. 그리고 우리 주님이 계십니다. 주님과 함께 영원한 삶을 누리는 곳입니다. 이곳을 바라보며 사는 성도들이 되시길 바랍니다.

신앙의 선조들은 천국에서의 영생의 믿음이 있었기에 고난도 이길 수 있었습니다. 다니엘이 사자 굴 속에 들어가면서도 하나님을 믿은 이유가 어디에 있습니까? 단순한 신념이 아닙니다. 이 땅에서 사자 밥이 되어도 하나님 나라가 곧 임할 줄로 믿었기 때문입니다. 구약의 선지자들이 권력 앞에서 죽음을 각오하면서도 하나님의 말씀을 전한 이유가 어디에 있습니까? 천국을 바라보았기 때문입니다. 사도 바울은 "만일 땅에 있는 우리의 장막 집이 무너지면 하나님께서 지으신 집 곧 손으로 지은 것이 아니요 하늘에 있는 영원한 집이 우리에게 있는 줄 아느니라"(고후 5:1)라고 했습니다. 바울은 천국의 소망을 가지고 산 사람입니다.

바울뿐 아니라 신앙의 선조들은 모두 천국의 소망을 가지고 믿음에 승리했습니다. 예수님은 천국에 대해 단호하게 말씀하셨습니다. "손으로 범죄하거든 손을 찍어 버리라"고 하십니다. 죄의 삯은 사망이요, 영원한 형벌이기 때문입니다. 예수님은 어린아이와 같지 아니하면 결단코 천국에 들어갈 수 없다고 하셨습니다. 어린아이와 같은 순수하고 순결한 믿음이 있어야 천국을 차지할 수 있다는 말씀입니다. 천국을 사모하지 않는 자가 어떻게 천국을 차지할 수 있겠습니까? 지옥을 두려워하지 않는 자가 어찌 죄를 끊을 수가 있겠습니까? 천국은 천국을 바라보며 믿음으로 산 사람에게 주어지는 영원한 상급입니다.

다른 방법으로는 없습니다. 오직 믿음으로만 구원을 얻는 것입니다. "주 예수를 믿으라 그리하면 너와 네 집이 구원을 받으리라"(행 16:31)고 말씀하셨습니다. 성경의 가장 중심되는 요절이 요한복음 3장 16절입니다. "하나님이 세상을 이처럼 사랑하사 독생자를 주셨으니 이는 그를 믿는 자마다 멸망하지 않고 영생을 얻게 하려 하심이라." 성경이 증언하고 있는 것이 영원히 멸망하지 않는 영생입니다. 기독교에서 영생이 빠지면 껍데기만 남는 것입니다. 어떤 자에게 영생을 주십니까? '그를 믿는 자마다', 독생자 예수 그리스도를 믿는 자마다 누구든지 멸망치 않고 영생을 주신다고 하셨습니다. 이 믿음이 여러분 모두에게 충만하시기를 바랍니다.

2. 지옥이 있음을 잊지 않아야 합니다.

성경은 지옥에 대해 112회를 기록하고 있습니다. 지옥에서는 112를 불러도 소용이 없습니다. 예수님도 천국과 지옥에 대해 18번이나 말씀을 하셨습니다. 예수님은, 지옥은 구더기도 죽지 않는 곳이라고 하셨습니다. 이 말은 영원한 고통이 있는 곳이라는 말입니다. 피할 곳이 없다는 말입니다. 불로 소금 치듯 하는 곳이라고 하셨습니다.

지방에서 목회할 때 교회에서 추어탕을 만드는데 어떻게 하나 보았더니 큰 다라에 미꾸라지를 가득 넣습니다. 그리고 소금을 한 바가지 집어넣고 뚜껑을 닫습니다. 그랬더니 그 속에서 벼락 치는 소리가 들립니다. 미꾸라지들이 힘을 다하여 튀는데 그 소리가 참 무섭습니다. 순간 너무나 불쌍하여 "권사님, 그냥 살려줍시다"라고 말을 할 뻔했습니다. 한참 뒤에 뚜껑을 열어 보니 미꾸라지들이 모두 빨갛게 되어 있었습니다.

그 후로 지옥을 생각하면 그 광경이 떠오르는 것입니다. 불로 소금을 친다는 말이 그런 것입니다. 고통이 끊어지지 않는 곳이라는 말입니다. 존 웨슬리 목사님은 지옥 설교를 하면서 "여러분의 손을 불에 대어 보십시오. 그 고통이 심각할 것입니다. 하물며 온몸이 불에 타며 죽지도 않는 곳, 불과 유황으로 타는 그곳, 그곳에 영원히 있어야 한다는 것은 끔찍한 일입니다"라고 설교를 했습니다. 천국도 입으로 설명할 수 없는 곳이지만 지옥도 입으로 그 고통을 설명할 수 없는 곳입니다.

가톨릭에서는 연옥설을 말합니다. 베드로전서 3장에 "그가 또한 영으로 가서 옥에 있는 영들에게 선포하시니라"(벧전 3:19)는 말씀과 그 외에도 마태복음 12장과 고린도전서 3장 등을 근거로 연옥설을 말하는데, 오늘 부자는 나사로를 시켜 그 손가락 끝에 물을 묻혀 내 혀를 서늘하게 해달라고 합니다. 하나님은 천국과 지옥 사이에는 큰 구렁텅이가 있어 서로 오갈 수 없다고 하셨습니다. 우리는 지옥이 있음을 잊지 않아야 하고 지옥의 길에서 돌아서야 합니다. 지옥은 돌아올 수 없는 곳이기 때문입니다.

이스라엘 백성들이 광야에서 죄를 범했을 때 하나님께서는 불뱀을 내리셨습니다. 백성들이 불뱀에 물려 고통을 당할 때 하나님께 부르짖자 구리 뱀을 만들어 장대에 높이 달라고 하셨습니다. 이 구리 뱀은 예수 그리스도의 상징입니다. "이 구리 뱀을 바라보는 자는 생명을 구할 것이다"라고 하셨습니다. 생명을 구한 자들은 다른 것을 한 것이 아닙니다. 뱀에 물린 사람들은 그저 장대에 높이 달린 구리 뱀을 와서 보기만 하면 되었습니다. 그러나 이 말을 믿지 않는 자들은 다 죽음을 당했습니다. 선한 행위를 했다고 해서 병이 나은 사람은 없었습니다. 남들보다 좀 더 착하게 살았다고 해서 나은 사람도 없었습니다. 문제는 믿음입니다. 장대를 바라보는 믿음입니다. 오늘 우리도 예수 그리스도를 바라보는 자가 구원의 은총을 입게 되는 것입니다.

3. 천국을 사모하며 사는 성도들이 되시길 바랍니다.

성경이 말씀하는 천국은 두 가지가 있습니다. 하나는 이 땅에 이루어야 할 천국이요, 다른 하나는 우리가 죽어 가게 되는 천국입니다. 이단들은 이 두 가지 중에 한 가지만 주장합니다. 이 땅의 천국만 주장해서도 안 됩니다. 여러 이단들이 재림주가 임하셨다고 합니다. 그리고 성경이 말씀하는 내세를 부정합니다. 또 이단까지는 아니지만 이 땅의 정의만 이야기하고 내세를 잊어버리면 이것도 문제가 심각한 것입니다. 반대로 장차 갈 천국만 주장해서도 안 됩니다. 이런 사람들은 수도원에 가고 또는 세상은 원래 죄가 많은 곳이니 싸울 필요가 없다고 생각합니다. 그래서 현실도피주의가 되고 맙니다. 예수님께서는, '너희는 이 세상의 빛과 소금이 되라'고 하셨습니다.

성도들은 첫째로, 이 땅에 천국을 이루어야 하는 사명이 있습니다. 그래서 기독교는 불의와 싸우는 종교입니다. 고통받는 사람들을 위로하는 종교입니다. 오늘 부자와 나사로의 이야기가 바로 그런 이야기입니다. 우리에게 주신 달란트로 사명을 감당해야 하는 것입니다. 하나님께서 보내신 선지자들이 이 일을 위해 목숨을 바쳤습니다. 교회는 북한의 고통받는 백성들을 외면하지 않아야 합니다. 남미 아프리카에서 굶어 죽어가는 이웃들에 대해 눈을 감지 않아야 합니다.

어렵고 힘든 일로 가슴 아파하는 이웃들에 대해 눈을 감지 않아야 합니다. 하나님께서 책임을 물으실 것이기 때문입니다.

예수님께서는 산상수훈에서 "심령이 가난한 자와 의를 위하여 박해를 받는 자에게 복이 있다. 천국이 그들의 것이다"라고 말씀하셨습니다. 심령이 가난한 자는 이미 그 마음속에 천국이 임한 사람들입니다. 심령이 가난한 자는 주님이 그 마음에 주인 되시는 사람들입니다. 그래서 불평하지 않습니다. 원망하지 않습니다. 다른 사람을 미워하지 않습니다. 모든 것을 감사하고 기뻐합니다. 찬송이 늘 흘러넘치고 기도가 쉬지를 않습니다. 심령이 가난하기 때문입니다. 그러므로 여러분의 마음을 주님께 드리시기 바랍니다. 사탄이 틈타지 않도록 늘 심령이 가난한 성도들이 되시길 바랍니다.

둘째로, 성도들은 우리가 갈 영원한 생명의 나라 천국을 준비해야 합니다. 우리는 매일 준비하는 삶을 삽니다. 건강을 위해 매일 시간을 투자합니다. 미래의 직업을 위해 학생들은 공부에 투자를 합니다. 우리가 매일 사용하는 시간은 내일을 위해 투자하는 것입니다. 그런데 천국을 위해서는 얼마나 준비하며 사십니까? 천국은 침노하는 자의 것이라고 하셨습니다. 준비된 자가 천국의 주인이 되는 것입니다.

여러분, 매일매일 천국을 잊지 마시기 바랍니다. 천국을 준비하시기 바랍니다. 또한 하나님을 알지 못하고 천국 복음을 듣지 못한 본문 말씀에 나오는 부자와 같은 사람들에게 복음을 전하시기 바랍니다. 그 사명을 우리에게 주셨습니다. 사명을 감당하며 하루하루 살아갈 때에 어느 날 갑자기 주님이 우리를 부르실 것입니다. 그날이 우리가 세상을 떠나는 날입니다. 그때에 할렐루야 두 손 들고 주님을 만나 천국에서 영원한 삶을 누리는 성도들이 됩시다.

적 용

ⓐ 오늘 말씀의 주제 파악하기:

ⓑ 오늘 말씀 중 은혜 받은 부분 나누기:

ⓒ 삶에 구체적으로 적용하기:

함께 드리는 기도제목

1. 천국을 바라보며 믿음으로 살아가게 하옵소서.
2. 예수 그리스도를 바라보며 구원의 은총을 입게 하옵소서.
3. 천국을 준비하는 삶을 살아가며 천국의 주인공이 되게 하옵소서.

22

믿음과 행함

- **본 문**: 야고보서 2장 14~18절(신 372쪽)
- **찬 송**: 545장(이 눈에 아무 증거 아니 뵈어도, 통 344)
- **요 절**: 어떤 사람은 말하기를 너는 믿음이 있고 나는 행함이 있으니 행함이 없는 네 믿음을 내게 보이라 나는 행함으로 내 믿음을 네게 보이리라 하리라(약 2:18)

이 세상의 모든 사람들은 잘살기를 원합니다. 정직하게 살고, 풍요롭게 살고, 자녀들이 잘되고 행복하게 살기를 원합니다. 그러나 정직하기를 원하지만 잘 되지를 않습니다. 자녀들이 잘 자라주기를 원하지만 내 마음대로 되지 않습니다. 알코올 중독자들을 보면 술이 깨자마자 '내가 술을 또 마셔야지' 하는 사람은 없습니다. '앞으로는 절대 술을 안 마시겠다'고 다짐을 하지만 몇 시간이 지나지 않아 그 결심이 무너지는 것입니다.

알코올 중독이 되면 삶이 황폐해집니다. 가정이 무너지고 직장생활을 할 수가 없습니다. 죄를 짓습니다. 건강을 잃어버립니다. 나중에는 정신이 황폐화되어 사람다운 생활을 못하게 됩니다. 알코올 중독자들도 이것을 다 압니다. 생각대로 살 수 있다면 모두가 다 멋진 사람이 될 것입니다. 도박하는 사람들도 그렇습니다. 인터넷의 발달로 인해 이제는 강원랜드에 가지 않아도 사행성 도박을 할 수 있습니다. 우리나라 인터넷 도박시장이 100조 원 규모라고 합니다. 우리나라 국방예산이 20조 정도이니 얼마나 굉장합니까? 불법 도박시장을 막으면 국민연금도 해결할 수 있다고 합니다.

그런데 왜 한 달 내내 땀 흘려 번 월급을 순식간에 도박으로 탕진하면서도 또 도박에 빠져듭니까? 내 생각대로 안 되기 때문입니다. 미래시대는 점점 더 죄지을 일들이 많아집니다. 죄가 무엇입니까? 하나님을 멀리하는 것이 죄입니다. 사탄의 전략은 우리로 하여금 하나님과 멀어지게 만드는 것입니다. 우리가 사는 세상에는 만 가지 근심이 있습니다. 우리를 시험 들게 만들고, 넘어뜨리는 것들이 우리 주변을 감싸고 있습니다. 내 힘으로 모든 시험을 이기고 살 수 있다고 생각하는 것은 교만입니다. 하나님께서 은혜 주셔야 하루하루를 살아갈 수 있는 것입니다.

아침에 일어나 기도를 드리면서 "오늘도 말씀 안에서 살아야겠다. 오늘도 하나님의 영광을 위하여 살아야겠다" 다짐을 합니다. 그런데 조금 지나자마자 그 생각을 잃어 버립니다. 그것이 인간입니다. 우리 크리스천들은 믿음과 행함 사이에서 많은 고민이 있습니다. 교회에 나와 '하나님의 말씀을 듣고 내가 말씀대로 살겠다' 다짐을 하고 세상에 나가서 살다 보면 어느새 세상 사람들과 같은 모습으로 살아가는 내 모습을 보게 됩니다. 오늘 한국교회의 고민이 여기에 있습니다. 예수 믿는 사람은 많은데 정말 예수 믿는 사람인지 알 수 없는 많은 일들이 있습니다.

목사도 직분자들도 많은 사건들을 일으키며 언론에 보도가 되기도 합니다. 예수 믿으면 새 사람이 되고 명품신자가 되어야 하는데 짝퉁의 모습이 너무나 많이 나타나기도 합니다. 어떤 분은 기독교가 명품이기 때문에 짝퉁도 많다고 이야기합니다. 짝퉁은 명품에게만 나타나는 현상입니다. 저가품이면 짝퉁을 만들 이유가 없기 때문입니다. 여기저기서 예수 믿는다고 하지만 사실은 복음과 거리가 먼 신자들이 많습니다.

행함과 믿음은 참 어려운 주제입니다. 한국교회는 이 행함과 믿음을 이원론적으로 분리하여 생각하는 경향이 있습니다. 그래서 세상에서의 생활 따로, 교회에 나오면 교회생활 따로의 모습이 나타나고 있습니다. 그러나 예수 믿으면 우리의 삶이 반드시 변해야 합니다. 변하지 않으면 문제가 있는 것입니다. 이전 것은 지나가고 새사람이 되어야 합니다. 예수님께서는 우리가 세상의 빛이요 소금이라고 하셨습니다. 예수 믿는 사람들이 세상에 들어가 세상을 밝히는 빛이 되고 부패한 세상을 정화시키는 소금이 되어야 한다는 말씀입니다. 오늘 우리 성도들은 예수 믿고 예수의 사람으로 변화된 명품 신자들이 되시기를 바랍니다.

본문 말씀의 배경은 로마제국 전체에 흩어져 살던 초대교회 성도들에게 주는 메시지입니다. 오늘 말씀은 야고보 사도가 기록한 말씀인데 초대교회에 야고보가 여럿이 있습니다. 예수님의 제자로 알패오의 아들 되는 야고보도 있고, 세베대의 아들 야고보도 있습니다. 본문 말씀을 기록한 야고보는 예수님의 동생인 야고보입니다. 이 야고보는 초대교회의 수장을 지냈습니다. 오늘로 말하면 총회장과 같은 지위입니다. 야고보는 당시 초대교회에 입으로만 구원을 얻었다고 하면서 빛으로 소금으로 살지 못하는 흩어진 성도들에게 이 메시지를 전했습니다.

본문 말씀은 사도 바울이 말씀하는 믿음으로 구원을 얻는다는 '이신칭의'의 교리와 정면으로 배치되는 것으로 여겨져서 많은 논란의 중심에 서 있는 말씀입니다. 사도 바울은 행위로는 구원을 얻지 못한다고 말씀했습니다. "그러므로 사람이 의롭다 하심을 얻는 것은 율법의 행위에 있지 않고 믿음으로 되는 줄 우리가 인정하노라"(롬 3:28)고 했습니다. "사람이 의롭게 되는 것은 율법의 행위로 말미암음이 아니요 오직 예수 그리스도를 믿음으로 말미암는 줄 알므로 우리도 그리스도 예수를 믿나니"(갈 2:16)라고 했습니다.

그런데 오늘 야고보 사도는 "내 형제들아 만일 사람이 믿음이 있노라 하고 행함이 없으면 무슨 유익이 있으리요 그 믿음이 능히 자기를 구원하겠느냐"(약 2:14)라고 했습니다. 이 두 말씀이 정면으로 충돌을 일으킵니다. 사도 바울은 율법이 아니라 오직 믿음으로 구원을 얻는다고 했고, 야고보 사도는 믿음에 행함이 없으면 능히 자기를 구원할 수 없다고 했습니다. 종교개혁자 마틴 루터는 야고보서를 보면서 '지푸라기 복음'이라고까지 이야기를 했습니다. 그런데 감리교의 존 웨슬리는 야고보서를 귀중하게 생각했습니다. 그 영향으로 장로교회는 믿음을 강조하고 감리교회는 행함을 강조하는 경향을 가져왔습니다.

우리는 말씀의 배경을 알아야 합니다. 사도 바울은 평생을 율법주의자들과 이단과 싸운 사람입니다. 말씀의 배경도 율법주의자들을 향하여 경계한 말씀입니다. 율법주의자들은 자신들의 행함으로 구원을 얻으려 했습니다. 율법주의자들은 겉으로 드러난 하나님의 말씀을 열심히 지키려 했습니다. 식사 전에는 손을 씻으라는 말씀을 지키기 위해 얼마만큼의 물로 손을 씻어야 손을 씻은 것인가를 가지고 논쟁을 했습니다. 손에 물을 적셔서 팔꿈치까지 흘러 내려와야 손을 씻은 것이다 하는 것을 가지고 싸웠습니다. 그런데 이들은 왜 율법을 주셨는지에 대해서는 깨닫지를 못했습니다. 우리를 너무나 사랑하셔서 죄를 짓지 말라고 율법을 주신 그 하나님의 마음을 깨닫지 못했습니다. 또 이들은 이 땅에 우리의 죄를 사하러 오신 예수님을 부정했습니다. 그래서 사도 바울은 율법을 지켜 선행으로 구원을 얻을 수 없다, 주 예수를 믿음으로 구원을 얻는다고 했습니다.

한편 야고보 사도는 당시 크리스천들이 예수를 믿는다고 하면서 예수 믿는 모습이 나타나지 않는 것을 보면서 이것은 거짓 믿음이다, 행함이 없으면 구원을 받지 못한다고 했습니다. 사실 이 두 가지는 다른 것이 아닙니다. 믿음은 어디에서 납니까? 들음에서 납니다. 믿음은 내가 노력해서 얻는 것이 아닙니다. 찬송을 백 곡 부른다고 해서 믿음이 자라는 것이 아닙니다. 일주일 동안 금식기도를 한다고 해서 믿음이 자라는 것이 아닙니다. 믿음은 오직 하나님의 말씀을 듣고 그 말씀을 아멘으로 받아들일 때 그 말씀이 내 속에 들어와 역사하여 나를 바꾸는 것이 믿음입니다.

믿음은 하나님의 역사입니다. 어떤 사람은 교회에 나와 첫 예배를 드리고 믿음이 생기는 사람이 있습니다. 교회에 일 년 동안 나와도 믿음이 안 생기는 사람도 있습니다. 그래서 교회 다니다가도 떠나갑니다. 그러나 하나님의 말씀을 내 속에 받아들이면 그 말씀이 나를 주장하고 내 마음과 생각을 주장하십니다. 말씀은 나의 죄를 보게 합니다. 그래서 믿음이 생기면 '내가 죄인이구나!' 하는 것을 깨닫고 하나님의 은혜를 구하게 되는 것입니다.

믿음은 어떤 능력이 자라는 것이 아니라 하나님이 나를 주장하시는 것입니다. 그런데 작은 믿음이 있고 큰 믿음이 있습니다. 처음 예수님을 영접하고 내 속에 믿음이 생기지만 그것으로 다 되는 것이 아님입니다. 여기에 성화의 과정이 있습니다. 성화는 계속해서 내가 하나님의 말씀을 알아가고 그 말씀대로 순종하기 위해 힘쓸 때 일어나는 것입니다. 그래서 예수 믿으면 점점 더 거룩하게 변화되어야 하는 것입니다. 이전에는 내가 이웃을 속여도 그것이 죄인 줄 몰랐지만 이제는 말씀을 통해 깨닫게 됩니다. 내가 이웃을 사랑하지 않는 것이 죄인 줄 몰랐지만 이제는 말씀을 통해 이웃을 사랑하지 않는 것도 죄인 것을 깨닫게 됩니다. 이것이 성화입니다.

그런데 이웃 사랑이 노력으로 되는 것은 아닙니다. 하나님의 영이 내 속에 충만하게 될 때 이루어지는 것입니다. 우리 인생에는 하나님의 도우심이 필요합니다. 모든 일에 하나님께서 함께하셔야 되는 것입니다. 죄악과 싸우는 것도 하나님께서 도와주셔야 되는 것입니다. 우리가 죄와 싸워 이길 수 있습니까? 하나님께서 도와주셔야 되는 것입니다. 오늘의 한국교회는 영적으로 많이 약해졌습니다. 옛날에는 자녀를 다섯, 여섯씩 낳고도 농사를 짓고, 빨래를 하고, 자녀들을 다 젖 먹이고 잘 키웠습니다. 그리고 예배를 사모했습니다. 주일날도, 수요일에도, 새벽에도 말씀을 듣기 위해 교회로 나왔습니다. 교회에 나와 하나님의 말씀을 듣고 위로를 얻고 새 힘을 얻고 소망을 가지고 기도했습니다. 그래서 늘 기쁨이 있었습니다.

그런데 지금은 너무 힘들다고 합니다. 아이도 하나도 안 낳으려고 합니다. 자녀 한 명 가지고도 쩔쩔 맵니다. 옛날처럼 불을 때어 밥을 하는 것이 아닙니다. 기계가 밥도 다 해주고 아기들은 우유를 먹고 자랍니다. 청소도 기계가 합니다. 저도 얼마 전에 자동청소기를 하나 구입했는데 얼마나 청소를 잘하고 다니는지 모릅니다. 방을 구석구석 다니면서 청소를 합니다. 전기가 떨어지면 알아서 자기가 찾아가서 충전을 합니다. 하도 똑똑해서 똘똘이라고 이름을 지어 주었습니다.

힘들어서 하나님을 못 믿는 것이 아니라 세상이 변했고, 우리가 변한 것입니다. 우리는 하나님을 놓치면 안 됩니다. 하나님을 붙들어야 세상을 이길 수가 있습니다. 도박에 빠진 사람도 하나님께서 도와주시면 도박을 끊을 수 있습니다. 늘 죄를 짓는 사람도 하나님께서 도와주시면 죄를 이길 수 있는 것입니다. 크리스천 중에도 율법적인 크리스천이 많이 있습니다. 내가 노력해서 내 의지로, 내 힘으로 무엇인가 해보겠다는 것입니다. 이런 사람의 결말은 교만하게 되는 것입니다. 내 건강을, 내 마음을, 내 가정을, 내 직장을 내가 지키는 것이 아닙니다. 하나님의 은혜가 있어야 되는 것입니다.

사도 바울은 이것을 말씀하는 것입니다. 사도 바울의 말씀과 야고보 사도의 말씀이 다른 것이 아닙니다. 야고보 사도는 믿음이 들어가면 하나님의 영이 주장하는 삶을 살게 되는데 그러면 자동적으로 의의 열매가 맺히게 된다는 것입니다. 내가 믿음이 있다고 하면서 열매가 없으면 그것은 가짜 믿음이라는 말씀입니다. 그 가짜 믿음이 어찌 너를 구원할 수 있겠느냐는 말씀입니다. 어떤 사람들은 야고보서와 사도 바울의 말씀이 다르다고 이야기하는데 다른 것이 아닙니다.

성경은 하나님의 말씀입니다. 그러므로 성경은 오류가 없습니다. 15절 이하의 말씀을 보면, 만일 형제나 자매가 헐벗고 일용할 양식이 없는데 평안히 가라, 덥게 하라, 배부르게 하라 말로만 하고 도와주지 않으면 무슨 소용이 있겠느냐? 행함이 없는 믿음은 죽은 믿음이라고 말씀합니다. 본문 말씀 이후에 아브라함과 라합의 이야기가 나오는데 이것은, 참 믿음은 행함이 함께한다는 것을 말씀하는 것입니다.

우리 믿음은 살아있어야 합니다. 입으로만 믿으면 안 됩니다. 열매가 있어야 합니다. 예수님께서 무화과나무를 저주하신 사건은 우리 인생도 열매가 없으면 이와 같이 된다는 것을 보여주신 것입니다. 그래서 성경은 열매에 대한 많은 말씀을 주십니다. 의의 열매, 입술의 열매, 회개에 합당한 열매, 의인의 열매, 좋은 열매, 빛의 열매, 행위의 열매……. 열매에 대한 수많은 말씀이 있습니다. 예수님께서도 "그들의 열매로 그들을 알지니 가시나무에서 포도를, 또는 엉겅퀴에서 무화과를 따겠느냐"(마 7:16)고 말씀하셨습니다. 예수 믿으면 찬송의 열매가 있어야 합니다. 저절로 찬송이 나와야 하는 것입니다. 예수 믿으면 기도의 열매가 있어야 합니다. 예배의 열매가 있어야 합니다. 전도의 열매가 있어야 합니다. 세상에 나가서는 빛의 열매, 소금의 열매가 되어야 합니다.

오늘 우리 한국사회가 신음하고 있습니다. 청소년들이 탈선하고 있습니다. 자살하는 사람들이 점점 더 많아질 것입니다. 이혼하는 가정도 점점 더 많아질 것입니다. 교회마다 분쟁이 있습니다. 얼마 전에 어떤 유명한 교회에 분쟁이 있어서 전화로 상담한 적이 있습니다. 누가 옳고 그름을 따지기 전에 교회를 먼저 생각하자고 했습니다. 지도자들이 싸우면 교인들이 고통스러워지는 것입니다. 내 의를 나타내려고 싸우는 중에 교인들은 아파하는 것입니다. 주님의 몸이 신음하는 것입니다.

왜 이런 일이 일어나는지를 잘 알아야 합니다. 마귀가 시키는 것입니다. 어떤 사람이 그러는 것이 아니라 그 속에 마귀가 주장하기 때문에 일어나는 것임을 잘 알아야 합니다. 이 세상의 모든 죄의 배후에는 마귀가 있습니다. 가정 분쟁의 배후에는 마귀가 있습니다. 신앙생활의 시험의 배후에는 마귀가 있습니다. 사회가 타락하고 악해지는 배후에는 마귀가 있습니다. 그러나 내 속에 하나님이 들어와 역사하시면 마귀가 물러갑니다. 가정을 하나님께서 주장하시면 가정에 평안이 찾아옵니다. 파탄에 빠진 나라도 하나님께서 도와주시면 회복의 길이 열리는 것입니다.

하나님께서 주장하시도록 하려면 말씀을 잘 들어야 합니다. 말씀이 내 안에 들어와 나를 변화시키도록 내어 드려야 하기 때문입니다. 그래서 늘 말씀을 똑바로 들으라고 강조하는 것입니다. 위대한 사람도 자기가 하려고 하면 넘어집니다. 마음이 착한 사람도 마귀가 유혹하면 다 넘어갑니다. 오직 하나님의 말씀만이 마귀를 이기는 능력이 되는 것입니다. 하나님의 말씀이 나를 주장하면 내 속에 있는 수만 가지의 죄가 보혈의 공로로 씻겨집니다. 죄가 물러가면 그다음에는 주님이 주시는 평안이 오는 것입니다. 주님께서 기뻐하시는 열매가 맺히는 것입니다.

우리 인생은 자동차를 바꾼다고 바뀌는 것이 아닙니다. 집을 바꾸어도, 직장을 바꾸어도, 화장품을 바꾸어도 죄의 문제는 바뀌지 않습니다. 그러나 내 인생의 주인이 바뀌면 모든 것이 바뀌는 것입니다. 내 행동에 문제가 있습니까? 가정에 불화가 있습니까? 마음에 고통이 있습니까? 주님을 주인으로 모시고 사시기 바랍니다. 그러면 우리 주님께서 인생의 길을 인도하시고 주님께서 기뻐하시는 행함의 열매가 맺힐 것입니다.

믿음의 완성은 행함입니다. 믿음은 들음에서 난다고 했는데 말씀을 듣고 아멘 하여 믿음이 자랄수록 우리의 삶이 바뀔 것입니다. 행복하게 될 것입니다. 주님이 동거하시는 능력을 누리게 될 것입니다. 우리 모두 믿음의 열매를 풍성히 맺는 성도들이 됩시다.

적 용

ⓐ 오늘 말씀의 주제 파악하기:

ⓑ 오늘 말씀 중 은혜 받은 부분 나누기:

ⓒ 삶에 구체적으로 적용하기:

함께 드리는 기도제목

1. 예수 믿고 예수의 사람으로 변화된 명품 신자가 되게 하옵소서.
2. 이 세상에서 빛의 열매, 소금의 열매를 맺게 하옵소서.
3. 주님께서 우리 인생길을 인도하시고 주님께서 기뻐하시는 행함의 열매를 맺게 하옵소서.

신앙의 기초 시리즈 18

23

주일의 축복을 찾으십시오

- **본 문**: 이사야 58장 13~14절(구 1,039쪽)
- **찬 송**: 620장(여기에 모인 우리)
- **요 절**: 만일 안식일에 네 발을 금하여 내 성일에 오락을 행하지 아니하고 안식일을 일컬어 즐거운 날이라, 여호와의 성일을 존귀한 날이라 하여 이를 존귀하게 여기고 네 길로 행하지 아니하며 네 오락을 구하지 아니하며 사사로운 말을 하지 아니하면 네가 여호와 안에서 즐거움을 얻을 것이라 내가 너를 땅의 높은 곳에 올리고 네 조상 야곱의 기업으로 기르리라 여호와의 입의 말씀이니라(사 58:13~14)

구약에서는 안식일을 지켰습니다. '안식일'을 뜻하는 '사바트'는 쉼을 뜻하는 단어입니다. 하나님께서는 천지를 창조하시고 제칠 일에 안식하셨습니다. "이날은 거룩하니 너희도 안식하라"고 하셨습니다. 안식일은 하나님께서 우리 인생의 창조주가 되시고 주관자가 되심을 고백하는 날입니다. 그러므로 안식일을 지키지 않는 자들에 대하여 하나님은 엄격하게 대하셨습니다. 안식일을 지키지 않는 것은 하나님을 무시하는 행위이기 때문입니다. 유대인들은 안식일을 정확하게 지키기 위하여 율법을 만들었습니다. 그리고 하나님께서 주신 말씀에 여러 가지 조항을 덧붙였습니다. 안식일에는 몇 km 이상을 걷지 말라, 어느 정도 무게 이상을 들지 말라 이런 것들입니다.

예수님의 제자들이 안식일에 밀을 손으로 비벼 알곡을 먹은 것을, 율법에 의하여 안식일에는 이러한 일을 하면 안 되는 것으로 정죄한 것도 이와 같은 것입니다. 사람들은 안식일의 노예가 되었습니다. 그래서 예수님은 "사람이 안식일을 위하여 있는 것이 아니라 안식일이 사람을 위하여 있는 것이다. 내가 안식일의 주인이다"라고 말씀하셨습니다. 세상의 법도 그렇습니다. 사람을 위해 법이 있는 것이지, 법을 위해 사람이 있는 것이 아닙니다. 회의도 그렇습니다. 회의는 일을 잘하기 위하여 있는 것입니다. 그런데 그 회의가 일을 방해하는 경우가 많습니다. 회의를 하고 나면 힘이 나야 하는데 오히려 상처를 입고 시험에 든다면 그 회의는 잘못된 것입니다.

하나님께서는 하나님의 모양과 형상대로 사람을 창조하셨고, 우리에게 복을 주시고 정결한 삶을 주시기 위하여 안식일을 주셨습니다. 이것이 안식일의 정신입니다. 그런데 사람들의 죄로 인해 안식일의 정신을 더럽혔습니다. 예수님께서는 십자가의 보혈로 우리의 죄를 사해주셨고 우리에게 진정한 안식을 주셨습니다. 예수님으로 말미암아 새로운 창조가 이 땅에 이루어진 것입니다. 그러므로 우리는 이 부활의 날, 위대한 승리의 날에 하나님께 예배드리는 것입니다.

유대교나 제칠안식교에서는 지금도 안식일을 지킵니다. 자칭 하나님인 안상홍이 만든 하나님의 교회 같은 이단에서도 이것을 흉내 내어 안식일을 지키며 이것이 성경적이라고 말합니다. 이것은 아직도 율법을 붙잡고 있는 것입니다. 이단들은 이상한 교리를 만들어 성도들을 미혹합니다. 제가 우리 교회 성도들에게 어디 밖에 나가서 성경공부하지 말라고 하는 이유가 바로 여기에 있습니다. 미혹의 영은 우는 사자와 같이 성도들을 미혹하려고 하기 때문입니다. 성경공부를 가르치는 곳에 가보면 성경을 푼다고 합니다. 깨닫게 한다고 합니다. 여러분, 잘 아셔야 합니다. 성경을 풀겠다고 하는 것이 벌써 교만입니다. 그래서 이단에 빠지는 것입니다.

성경은 살아계신 하나님의 말씀입니다. 그 말씀이 들려질 때 내가 아멘 하고 무릎 꿇으면 말씀이 내 속에서 역사하십니다. 그래서 성경이 나를 풀고 성경이 나를 깨닫게 하십니다. 성경말씀은 살았고 운동력이 있다고 했습니다. 그래서 성경말씀이 나를 풀어내는 것입니다. 죄 많은 인생에게 말씀이 임재하는 순간 내가 죄인임을 깨닫게 됩니다. 교만하고 강퍅한 인생이 양처럼 순한 인생으로 변화되는 것입니다. 병든 몸이 치유를 얻고 억눌려 있던 인생이 자유를 얻게 되는 것입니다. 누가 이 위대한 일을 행하십니까? 살아계신 하나님께서 말씀으로 우리 가운데 임재하실 때 이루어지는 것입니다.

그러면 성경이 말씀하는 안식일에 대한 말씀은 다 지키지 않아도 되는 것입니까? 아닙니다. 하나님께서 우리 인생을 위해 안식일을 주셨고 그 속에 담겨 있는 하나님의 뜻을 지켜야 하는 것입니다. 본문에 의하면, 이스라엘 백성들이 바벨론 포로에서 돌아와 무너진 성전을 재건하고 농사를 짓고 풍성한 삶을 누리게 되었습니다. 이스라엘 백성들이 항상 반복하는 행위가 고통스럽고 힘들 때는 하나님께 부르짖다가 살 만하면 우상을 숭배하고 하나님을 멀리하는 일이었습니다. 이들이 하나님의 은혜를 잊고 세상에 즐거운 일들을 찾아 안식일을 지키지 않았습니다. 이때 이사야 선지자를 통해 오늘의 말씀을 주신 것입니다. 하나님의 날을 어떻게 지켜야 하는지를 본문에서 우리에게 말씀해 주고 있습니다.

1. 안식일에는 발을 금하여 오락을 행하지 않아야 합니다.

안식일을 지키는 것은 하나님께 가까이 가는 훈련입니다. 하나님께서는 아브라함에게 "네 고향 친척 아버지 집을 떠나 내가 네게 지시할 땅으로 가라"고 하셨습니다. 아브라함이 살던 땅은 우상이 만연한 땅이었습니다. 이곳에 살면 하나님을 멀리할 수밖에 없었습니다. 우리가 하나님을 믿으면 우리 발을 하나님께로 옮겨야 합니다. 회개라는 말은 '가던 길에서 돌아선다'는 뜻입니다. "너희는 유혹의 욕심을 따라 썩어져 가는 구습을 따르는 옛사람을 벗어버리고"(엡 4:22)라고 했습니다.

주일에는 우리의 발을 주님의 집으로 옮겨야 합니다. 힘들어도 나와야 하고, 부부싸움을 해도 나와야 하고, 시험에 들었어도 나와야 합니다. 힘들다고 안 나오고, 기분 나쁜 일이 있다고 안 나오고, 중요한 일이 있다고 안 나오고 그러면 안 나올 일이 자꾸만 더 생기게 되는 것입니다. 더 중요한 일이 생깁니다. 더 시험들 일이 생깁니다. 이것은 사탄 마귀가 주는 것입니다. 힘들어도 나오고, 문제가 있어도 나오면 우리 하나님께서 평안과 기쁨을 주십니다. 시험 들 일이 멀리 도망가는 인생이 되는 것입니다.

현대에는 즐길 일들이 참 많습니다. 집에 앉아 텔레비전만 틀어도 밤새도록 볼 수 있는 재미있는 프로그램들이 수없이 많습니다. 옛날에는 KBS, MBC, TBC 3개밖에 없었는데 지금은 수백 가지나 되는 방송들이 있습니다. 언제든지 다시 볼 수도 있습니다. 세종대왕도 보지 못한 재미있는 일들이 많습니다. 우리가 주일날 오락에 빠져들면 하나님과 점점 더 멀어지게 됩니다. 그래서 오락을 금하라 하신 것입니다. 주일은 하나님께로 가까이 오는 날입니다. 교회에서 찬송하고 기도하고 성도와 교제하고 교회에서 즐거움을 얻으셔야 합니다. 그래서 안식일은 즐거운 날이라 말씀한 것입니다.

여러분, 교회 밖에 나가 세상에서 즐거움을 찾으려고 하는 사람은 당장은 즐거울지 모르지만 그 즐거움이 사라지는 날이 반드시 옵니다. 그러면 그 문제를 해결할 방법이 없는 것입니다. 세상은 돈 쓸 일도 많습니다. 내 오락을 위하여 돈을 쓰다 보면 하나님과 멀어지게 됩니다. 죄짓는 길로 빠져들게 됩니다. 가정생활도 망가지게 됩니다. 돈을 사용해도 복된 일에 사용하면 얼마나 좋습니까? 다른 사람을 위하여 사용하고, 복음 전하는 일에 사용하고, 하나님 기뻐하실 일에 사용하면 이것이 축복의 씨앗을 자꾸만 심는 것입니다.

주일은 세상에서 지은 죄를 벗는 날입니다. 우리 인생의 문제를 해결하는 날입니다. 하나님의 영이 내게 임하여 행복해지는 날입니다. 이보다 즐거운 날이 어디에 있습니까?

♬ 즐겁게 안식할 날 반갑고 좋은 날
내 맘을 편케 하니 즐겁고 기쁜 날
이 주일 지킴으로 새 은혜 입어서
영원히 쉬는 곳에 다 올라갑시다 ♬

찬송가 43장처럼 우리 성도들은 주일이 가장 기다려지고 즐거운 날이 되시기를 바랍니다.

2. 주일은 존귀한 날입니다.

주일을 존귀히 여기라고 했습니다. '존귀하다'는 말은 '존엄하고 귀하다'는 말입니다. 존귀라는 말은 히브리어로 '무겁다'는 뜻도 있습니다. 우리는 주일을 가볍게 여기지 않아야 합니다. 하나님께서는 이스라엘 백성들에게 노예생활에서 해방된 것을 잊지 말고 안식일을 귀하게 지키라고 하셨습니다. 노예생활은 죽지 못해 사는 인생입니다. 노예보다 더 비참한 인생은 없습니다. 노예는 희망도 없습니다. 자식을 낳아도 새 주인에게 팔려가고 가족이라는 것이 없습니다. 병들면 고쳐주려 하지 않습니다. 새로운 노예를 잡아오면 됩니다.

주인의 마음에 안 들면 언제든지 짐승보다 못한 대우를 받았습니다. 사람들이 옛날에도 참 악했습니다. 짐승에게도 그렇게 못할 텐데 사람에게 참 못되게 했습니다. 예수님 당시에 보면 귀족들이 술을 먹고 잔치를 벌이다가 노예를 끌어내어 토막 내고 물고기의 밥으로 주었습니다. 그것을 보며 즐거워했습니다. 이스라엘 백성들이 하나님을 멀리하고 안식일을 지키지 않을 때 "그럼, 한 번 안식일 없는 세상에서 살아봐라" 하고 노예생활을 주신 것입니다. 노예에게는 안식일이 없습니다. 그런데 이 노예생활에서 기적적으로 해방시켜 주셨습니다. 그러므로 이스라엘 백성들은 하나님께 감사하며 매주일 예배드리지 않을 수가 없었습니다.

우리도 그렇습니다. 노예생활보다 더한 죄의 노예에서 우리를 건져 주셨습니다. 우리의 먹보다도 더 검은 죄를 용서해 주셨습니다. 주일은 우리 예수님께서 십자가에 달려 우리의 죄를 사하시고 승리로 주신 날입니다. 우리 주님은 제자들의 배신도 참으셨습니다. 로마 병정의 모욕에도 참으셨습니다. 십자가의 고통도 참으셨습니다. 그래서 우리에게 이 귀한 주일을 주셨습니다. 우리도 세상에 살면서 받은 은혜를 가지고 싸우다가 승리하고 돌아오는 날이 주일입니다. 주일은 복된 날입니다. 주일은 행복한 날입니다. 주일은 새로운 힘을 주시는 날입니다. 주일은 세상에서 상처 난 우리의 심령을 싸매어 주시고 고쳐주시는 날입니다. 주일은 복의 약속을 주시는 날입니다. 이 주일의 은혜를 매주일 놓치지 마시기 바랍니다.

3. 주일은 예배드리는 날입니다.

하나님은 주일을 통하여 우리에게 예배의 복을 주셨습니다. 예배는 하나님을 만나는 시간입니다. 주보에 보면 찬송, 송영, 참회의 기도, 신앙고백, 봉헌, 찬양……. 이 모든 것들이 우리가 하나님께 나아가는 것입니다. 그러면 하나님께서 예배의 부름으로, 교독문으로, 사죄의 선포로, 성경봉독으로, 말씀으로 우리에게 내려오십니다. 하나님께서는 영과 진리로 예배하라고 하셨습니다. 예배시간마다 이것을 잊으면 안 됩니다.

첫째, 영으로 드린다는 말은 성령께서 임재하시는 예배를 드리라는 뜻입니다. 어떻게 해야 성령께서 임재하시는 예배를 드립니까? 이것은 중요한 의미가 있습니다. 내 속에 성령이 거하지 아니하시면 예배를 드릴 수 없다는 말입니다. 그러므로 우리는 예배 때마다 "하나님, 내 안에 거하여 주시옵소서. 나를 주장하여 주시옵소서" 하고 간구해야 합니다. 이 시간도 여러분 안에 성령의 감동, 감화하심으로 정직한 영을 새롭게 하여 하나님께 나아가는 성도들이 됩시다.

둘째로, 진리로 예배드리라는 말은 말씀으로 예배드리라는 뜻입니다. 내 생각으로 예배드려서는 안 됩니다. 내 주장을 하는 시간이 아닙니다. 하나님의 말씀을 따라 말씀이 인도하는 대로 나아가는 시간이 예배시간입니다. 그러므로 본문 말씀에 안식일에 사사로운 말을 하지 말라고 했습니다. 주일에는 하나님의 영광을 위하여 말하십시오. 성도들에게 은혜가 되는 말을 하고 힘이 나는 말을 하십시오. 내 생각을 말할 때에 사탄이 틈타는 것입니다. 사탄 마귀가 어떻게 일합니까? 성경은 사람 속에 들어와 일을 한다고 했습니다. 사람 속에 들어와 그 사람의 말을 통하여 부정적인 말을 하도록 만들고, 다른 사람이 은혜 받지 못하도록 하고 사탄의 통로가 되는 사람을 이용합니다. 우리는 사탄이 역사하지 못하도록 늘 말을 조심해야 합니다.

신앙생활하는 데 가장 무서운 적은 내 생각입니다. 현대를 포스트모더니즘 시대라고 말합니다. 포스트모더니즘은 내 생각이 중요합니다. 누가 뭐라고 해도 내 생각대로 사는 세상입니다. 이것이 문화적인 현상이지만 신앙생활에 있어서는 참 위험합니다. '성경에는 그렇게 말씀하셨지만 내 생각에는……' 하고 나서면 문제가 일어납니다. 우리 인생의 제일 기준은 하나님의 말씀입니다. 예배를 헬라어로 '프로스퀴네오'라고 하는데 '하나님께 엎드린다, 굴복한다'는 뜻입니다. 예배는 나를 하나님 말씀 앞에 철저히 굴복시키는 것입니다. 그럴 때 말씀이 나를 주장하십니다.

우리 인간의 힘으로 하나님을 찾을 수 있는 사람은 없습니다. 세상은 캄캄합니다. 내가 길을 알 수 있는 인생은 없습니다. 우리는 창조주 하나님께서 정하신 인생을 살다가 갑니다. 하나님을 믿지 않는 사람도, 잘난 사람도 모두가 하나님께서 정하신 인생을 벗어날 수는 없습니다. 세상의 뛰어난 학문으로도 하나님의 길을 알 수는 없습니다. 성경은 우리 인생을 나그네 인생이라고 하셨습니다. 그런데도 나그네 인생을 살며 교만한 사람들이 많습니다. 자기 뜻대로 사는 줄 알고 살다가 결국은 하나님의 정한 섭리대로 이 세상을 떠나 멸망의 길로 갑니다.

그런데 예배하는 자는 하나님께서 그 길을 인도해 주십니다. 본문 14절에도 안식일을 지켜 예배하는 자에게 주시는 약속을 말씀하십니다.

> "네가 여호와 안에서 즐거움을 얻을 것이라 내가 너를 땅의 높은 곳에 올리고 네 조상 야곱의 기업으로 기르리라 여호와의 입의 말씀이니라."

할렐루야. "네가 여호와 안에서 즐거움을 얻을 것이라." 하나님께서 주시는 즐거움은 세상이 주는 즐거움과 비교할 수가 없습니다. 그 배에서 생수의 강이 영원하도록 솟아납니다.

그래서 성도들은 교회에 오면 행복합니다. 땀을 흘리며 봉사하면서도 기쁘고, 아끼는 물질을 하나님께 드리면서도 감사합니다. 웃음이 가득 차게 됩니다. '내가 너를 땅의 높은 곳에 올린다'고 하셨습니다. 예수 믿으면 높은 사람이 됩니다. 이 소망을 가져야 합니다. 아브라함도, 야곱도, 요셉도 이 소망을 가지고 살았습니다. 축복받으려고 예수 믿는 것이냐고 말하는 사람은 중요한 사실을 모릅니다. 하나님께서 성경에 이렇게 분명히 말씀하셨는데 왜 자기의 생각으로 다른 말을 합니까? 교만해져서 그런 것입니다.

예수 믿으면 형통합니다. 그래서 예수 믿는 가정마다 행복해지는 역사가 일어납니다. 여러분은 예배드리며 가정의 평안을 꿈꾸며 기도하시기 바랍니다. 그러면 반드시 이루어집니다. 우리 신앙의 선조들은 나라와 민족을 위해 울면서 기도했습니다. 그 기도가 지금 응답받고 있습니다. 야곱의 기업이 무엇입니까? 하나님께서 주실 복을 최고로 알고 살았더니 집에서 쫓겨나는 일이 있어도, 삼촌 라반의 집에 가서 남의 양을 쳤어도 마침내 삼촌보다 더 큰 거부가 되고 고향으로 돌아오는 것입니다. 이것이 오늘 약속하신 안식일의 축복입니다.

여러분, 주일 성수하시기 바랍니다. 지금 힘이 들어도 주일 성수를 위해 힘쓰는 성도들에게 하나님께서는 주일을 지킬 수 있는 복을 주십니다. 우리 장로님 중에 한 분이 장로 피택이 되면서 지금 직장이 주일 성수를 할 수 없는데 '장로가 되어서도 주일 성수를 못하면 안 되겠다' 생각하고 직장을 포기했습니다. 그런데 얼마 지나지 않아 더 좋은 조건으로 주일을 지킬 수 있는 직장을 하나님께서 주셨다고 제게 와서 간증을 했습니다.

하나님은 입을 크게 여는 자에게 더 많은 것을 주십니다. 주일을 지키기 위해 애쓰는 자들을 그대로 내버려두시지 않습니다. 여러분, 주일에 남보다 더 큰 은혜를 받기 위해 영과 진리로 예배하십시오. 그러면 하나님께서 그 영혼에 하늘의 풍성함을 채우실 것입니다. 그 가정과 일터를 높은 곳에 세우시고 야곱의 기업을 주실 것입니다. 우리 성도들은 주일을 말씀대로 지켜 주일을 통해 약속하신 축복을 차지하는 성도들이 되시기를 바랍니다.

적 용

ⓐ 오늘 말씀의 주제 파악하기:

ⓑ 오늘 말씀 중 은혜 받은 부분 나누기:

ⓒ 삶에 구체적으로 적용하기:

함께 드리는 기도제목

1. 주일이 가장 기다려지고 즐거운 날이 되게 하옵소서.
2. 주일의 은혜를 매주일 놓치지 않게 하옵소서.
3. 주일을 말씀대로 지켜 주일을 통해 약속하신 축복을 차지하게 하옵소서.

24

나라를 사랑하는 크리스천

- **본 문**: 출애굽기 32장 30~35절(구 132쪽)
- **찬 송**: 580장(삼천리 반도 금수강산, 통 371)
- **요 절**: 모세가 여호와께로 다시 나아가 여짜오되 슬프도소이다 이 백성이 자기들을 위하여 금 신을 만들었사오니 큰 죄를 범하였나이다 그러나 이제 그들의 죄를 사하시옵소서 그렇지 아니하시오면 원하건대 주께서 기록하신 책에서 내 이름을 지워 버려 주옵소서(출 32:31~32)

본문 말씀의 배경은 모세가 십계명을 받기 위해 산 위에 올라가 있을 때 백성들이 금송아지를 만들어 놓고 거기에 절하고 축제를 벌이고 있었습니다. 모세는 십계명이 새겨진 돌비를 부수어버리고 금송아지를 가루를 만든 후 백성들에게 마시게 했습니다. 이것은 자신이 지은 죄 값을 담당하게 된다는 의미를 가지고 있습니다. 모세는 하나님의 명령에 따라 여호와의 편에 서있는 자 레위 자손들을 앞으로 나오게 하였습니다. 정확히 말하면 우상에게 절하지 않은 레위 사람들입니다. 이들에게 허리에 칼을 차고 각 사람이 그 형제를, 친구를, 자기의 이웃을 죽이라 명하였습니다.

그래서 이날 약 삼천 명 가량이 죽음을 당하였습니다. 레위 자손들은 눈물을 흘리며 눈에 보이는 사람들을 죽였을 것입니다. 내 친구가 눈앞에 보이면 친구를, 내 자식이 내 아내가 보이면 자식과 아내를 죽여야 했습니다. 이것이 바로 앞에 있는 29절까지의 내용입니다. 하나님은 사랑의 하나님이신데 어떻게 이렇게 잔인한 일을 명하실 수 있는가 생각할 수 있습니다. 하나님은 이러한 일을 통하여 죄의 값이 사망이라는 사실을 분명히 가르쳐주신 것입니다.

이들은 살아있는 동안 이날의 사건을 평생 잊지 못했을 것입니다. 이스라엘 백성들이 수천 년을 지나면서도 그 민족성을 잃지 않고 하나님만을 섬기며 살아온 배경이 바로 여기에 있습니다. 하나님께서 철저하게 훈련시켜 주신 것입니다. 이튿날 모세는 다시 산 위로 기도하기 위하여 올라갑니다. 이스라엘 백성들의 죄를 용서받기 위하여 올라가는 것입니다. 그 기도문이 31절 이하의 내용입니다. 이 기도는 자기를 포기하는 기도입니다. 내 목숨을 바쳐서라도 내 민족을 구할 수 있다면 바치겠다는 모세의 애국심이 나타난 기도입니다.

모세는 하나님께 민족의 죄를 회개합니다. 이 백성들이 자기들을 위하여 금 신상을 만드는 큰 죄를 범하였다는 것입니다. 이스라엘 백성들은 금 신상을 만들고 하나님이라고 절했습니다. 이것은 하나님의 은혜를 배반한 것입니다. 하나님은 우상을 제일 미워하십니다. 우리는 우상의 의미를 잘 알아야 합니다. 이스라엘 백성들은 우상을 만들고 거기에 절하며 자신들을 출애굽시킨 하나님이라고 했습니다. 사람들은 눈에 보이는 것을 믿으려 합니다. 그래서 하나님도 눈앞에 만들어 놓아야 안심이 됩니다. 지구상에 있는 많은 우상들이 바로 그런 것입니다.

오늘 우리는 하나님의 은혜로 죄 사함을 얻었고 지금까지 왔습니다. 그런데 교만해지면 우상을 만듭니다. 그 우상이 무엇입니까? 내가 우상입니다. 내가 했다는 것입니다. 내가 고생했고 내가 똑똑해서 이루었다는 것입니다. 이것을 하나님은 제일 섭섭해 하십니다. 안전운전이 나 혼자만 노력한다고 되는 일은 아닙니다. 상대방이 협조해 주어야 합니다. 가정의 평안도 내가 성격이 좋다고 되는 일이 아닙니다. 남편과 아내와 자식들이 협력해 주어야 되는 일입니다. 회사가 잘되는 것도 협력사가 잘되어야 되는 것입니다. 나만 잘한다고 되는 것이 아닙니다. 우리는 모든 것이 하나님의 은혜임을 잊지 않아야 합니다.

이스라엘 백성들의 죄목은 하나님의 은혜를 망각한 것이었습니다. 은혜를 잊어버리면 교만하게 됩니다. 그래서 더 큰 죄를 범하게 됩니다. 모세가 금 신상을 만든 것이 아닙니다. 모세는 거기에 절하지도 않았습니다. 그런데 왜 모세가 이토록 괴로워하며 죄를 고백합니까? 내 민족이 지은 죄를 고통스러워하는 것은 내 민족이 하나님께 징벌받을 것을 안타까워하기 때문입니다. 모세는 이처럼 애국자입니다. 민족을 사랑하는 마음이 얼마나 대단한가 하면 32절에 "그러나 이제 그들의 죄를 사하시옵소서 그렇지 아니하시오면 원하건대 주께서 기록하신 책에서 내 이름을 지워 버려 주옵소서"라고 간구합니다. 얼마나 내 백성을 사랑하면 천국 명부에서 내 이름을 지워달라고 할 수 있겠습니까?

목숨을 바치는 것은 뛰어난 애국자도 할 수 있습니다. 우리나라의 안중근 의사나 이봉창 의사 같은 분도 나라를 위해 목숨을 던졌습니다. 그런데 모세의 기도는 그 정도가 아닙니다. 천국 명부에서 자신의 이름을 지워달라고 했습니다. 이 기도를 보면 모세는 천국이 있음을 알고 있었습니다. 천국 명부에서 지워지면 어떻게 되는 것입니까? 영원한 지옥으로 떨어지는 것입니다. 이 본문을 보고 주석가들이 해석하기를, 모세는 하나님께서 자기 이름을 지우시지 않을 것을 알고 있었다고 말합니다. "이것은 아이의 투정 같은 것이다"라고 말합니다. 하나님께서 나를 버리시지 않을 것을 믿고 있었기 때문에 이런 과감한 기도를 할 수 있었다고 말합니다.

물론 모세는 하나님께서 자신을 버리지 않으실 것이라는 확신이 있었습니다. 그러나 지금 모세는 하나님 앞에서 계산할 여유가 없습니다. 모세는 그렇게 머리를 많이 쓰는 사람이 아닙니다. 지금 자기 백성이 하나님의 버림을 받을까 두려워 자기도 모르게 안타까운 절체절명의 기도를 드리는 것입니다. 모세는 하나님께서 세워주신 지도자입니다. 그러므로 자신에게 책임이 있다는 것을 알았습니다. 그래서 차라리 자신을 징벌해 달라는 것입니다. 오늘 한국의 기독교 지도자들이 이런 모세의 기도를 깨달아야 합니다.

성경에서 하나님께서 세우신 지도자들은 하나같이 애국자들이었습니다. 구약의 예레미야는 민족을 위해 울면서 기도했고 에스더, 이사야, 에스겔 등의 지도자들은 한결같이 애국자들이었습니다. 바울도 그의 형제 곧 골육의 친척을 위해 저주를 받아 그리스도에게서 끊어지는 한이 있더라도 그들을 용서해 달라는 기도를 드렸습니다. 미국의 교회사가인 '라투' 교수는 한국교회를 보면서 특별한 지적을 했습니다. 지금까지 2천 년 교회역사 가운데 교회가 부흥하면 그 나라에는 반드시 술집이 줄고 교도소 수감자가 줄었다고 했습니다. 그런데 한국의 경우는 교회는 부흥하지만 오히려 술집이 늘어나고 교도소 수감자가 늘어났다는 것입니다. 이것은 한국교회가 세상의 빛과 소금의 역할을 감당하지 못했다는 뜻입니다.

이것은 바로 한국교회가 하나님 앞에서 회개해야 할 죄인 것입니다. 기독교 지도자들이 앞장서서 회개해야 할 죄인 것입니다. 기도할 때에 "저들이 이런 죄를 범하고 있습니다. 용서해 주시옵소서" 하는 것은 바리새인의 기도입니다. 저들의 책임이 아니라 내 책임임을 안타까워하는 것이 기독교인의 기도여야 하는 것입니다. 하나님께서는 "누구든지 내게 범죄하면 내가 내 책에서 그를 지워버리리라" 말씀하십니다. 하나님께서는 모세의 기도를 거절하십니다. 죄는 누가 대신 져줄 수 있는 것이 아닙니다. 우리 주님만이 용서하실 수 있으십니다. 내가 범하는 죄는 내가 그 값을 받아야 합니다. 마지막 날에도 내가 지은 죄를 누가 대신할 수 있는 것이 아닙니다.

어떤 분에게 전도를 했더니 "나는 걱정 없다. 우리 어머니가 권사님이고 아내가 집사님이니 나는 그 치마 붙들고 올라가도 된다"고 하는 것이었습니다. 오늘 하나님은 내 죄를 누가 대신할 수 없는 것임을 분명히 말씀하십니다. 우리가 죄를 지으면 그 죄 값이 있습니다. 우리 민족이 죄를 지으면 그 죄 값이 있습니다. 그러므로 교회가 정신을 차리고 회개하고 민족의 살 길을 알려주어야 하는 것입니다.

6.25는 한국역사에서 잊을 수 없는 비극이었습니다. 그 짧은 전쟁 기간 중에 남북한과 유엔군 군인이 60만 명이 죽었습니다. 중공군이 189,000명이 죽었습니다. 민간인이 24만 명 이상이 죽었습니다. 죽거나 다친 사람이 300만 명입니다. 그 가족들은 또 어떻습니까? 아버지를 잃고 아들을 잃었습니다. 교회가 수없이 파괴되었고 목사님들이 500명 넘게 순교했습니다. 그리고 지금까지도 우리는 전쟁을 멈추지 못하고 있습니다. 이 전쟁으로 남한도 민주화가 오랫동안 후퇴되었고 북한 땅에는 더 말할 필요가 없습니다. 지금까지도 북한은 암흑과

같은 삶을 살고 있습니다.

남북한이 군사비에 쏟아붓는 상상할 수 없이 많은 금액만 경제에 사용되어도 우리나라는 더 잘살 수 있게 될 것입니다. 그런데 오늘의 시대는 전쟁의 비참함을 잊어가고 있습니다. 학생들을 대상으로 설문조사를 했는데 전쟁이 나면 총을 들고 전장에 나가겠다는 대답이 일본은 41.1%, 중국은 14.4%, 한국은 10.2%였습니다. 외국으로 도망가겠다는 아이들도 많았습니다. 우리가 교육을 잘못 시킨 것입니다. 나라를 잃으면 얼마나 비참해지는가를 잘 가르쳐야 합니다.

6.25전쟁 시기에 학생들도 나라를 위해 총을 잡았습니다. 강원도 태백중학교는 남녀공학으로 300명의 학생이 있었는데 여학생을 제외한 남학생 거의 전부 126명이 학도병으로 지원했습니다. 그들은 교복을 입고 최전선에서 조국을 지키기 위해 싸웠습니다. 우리나라 지도를 보면 참 마음이 아픕니다. UN군과 공산군의 합의에 의해 38선이 그어졌으나 군인들은 한 치의 땅이라도 더 차지하기 위해 마지막까지 싸웠습니다. 우리나라의 38선 지도가 구불구불한 것은 나라를 위해 목숨을 바친 장병들의 피로 그려진 것입니다. 우리나라는 이렇게 지켜온 나라입니다. 우리는 그 은혜를 잊지 않아야 합니다.

오늘 우리는 너무나 잘삽니다. 잘살다 보니 옛날의 아픔을 잊어버렸습니다. 우리나라가 어려울 때는 먹을 것이 없었습니다. 요즘은 군것질할 것이 하도 많아 아이들이 먹지를 않습니다. 옛날에 사탕 같은 것이 어디 있었습니까? 학교 앞에는 설탕과 소다를 섞어서 만드는 '달고나'나 '떼기'라는 것이 최고의 간식이었습니다. 설탕물이 최고로 맛있는 것이었습니다. 요즘 젊은 어머니들은 사탕이 몸에 해롭다고 자녀들이 입에 대지도 못하게 합니다. 목양실에 어린아이들이 오면 주려고 사탕류를 사놓았었는데 며칠 전 약국에 갔다가 사탕 맛이 나는 비타민이 있어서 그것을 한 통 사가지고 왔습니다. 공연히 사탕 주었다가 눈총받을까 봐 비타민을 한 통을 사가지고 왔습니다.

국가보훈처의 설문에 의하면, 전쟁이 나면 전쟁터로 나가겠다는 사람이 60대는 81.1%, 50대는 83.5%, 30대는 59.6%, 20대는 50.7%였습니다. 전쟁이 나서도 안 되지만 50대 60대가 전쟁에 나가겠다는 것은 전쟁의 비참함을 알기 때문입니다. 우리는 전쟁의 비극을 잊어버리면 안 됩니다. 하나님께서는 이스라엘 백성들에게 늘 잊지 말라고 가르치셨습니다. 이스라엘에 3대 절기를 명하신 것도 잊지 말라는 뜻입니다. 유월절에는 백성들이 딱딱한 빵과 쓴 나물을 먹으며 노예생활의 비참함을 기억하고 하나님의 은혜를 기억합니다. 유월절에는 마지막 날에 온 가족이 옷을 입고 허리띠를 띠고, 지팡이를 잡고 서서 유월절 음식과 양고기를 먹습니다.

그리고 우리 조상들이 이집트의 노예로 살다가 이렇게 정신없이 빵을 먹고 이집트를 떠났던 사건을 회상합니다. 2천 년 동안 지금까지도 이들은 온 가족이 이 의식을 반복합니다. 그러니 잊어버릴 수가 없는 것입니다. 그러니 민족성이 강해질 수밖에 없는 것입니다. 하나님께서 이렇게 구체적으로 절기를 지키라고 명하신 것은 우리 인간이 잊어버리는 존재이기 때문입니다. 이스라엘의 3대 절기를 보면 유월절도 초막절도 맥추절도 그저 지내는 것이 아닙니다. 이벤트를 합니다. 온 민족이 특별하게 이 절기를 지킵니다. 그러니 어린아이들도 잊을 수가 없습니다.

우리나라는 광복절이나 6.25기념일을 너무 쉽게 지냅니다. TV프로를 보면서 지냅니다. 그러니까 잊어버립니다. 조금 특별하게 하려고 하면 비판하는 사람들이 많습니다. 비판하는 사람들은 무슨 일을 해도 늘 비판합니다. 경부고속도로를 건설할 때에도 비판하는 사람들이 대단했습니다. 올림픽을 할 때에도 비판이 대단했습니다. 지금 우리는 사실 올림픽의 브랜드 가치로 얼마나 잘살게 되었습니까? 어떤 목적으로 시작하였든 잘되는 일에는 마음을 함께 모아야 하는 것입니다. 어려운 일을 할 때에도 부정적인 이야기를 하는 사람이 있으면 함께 힘이 빠져 버립니다. 오히려 잘되고 있다고, 힘을 내자고 격려해야 합니다.

우리는 6.25 전쟁을 잊어서도 안 되고, 우리를 도와주신 하나님의 은혜를 잊어서도 안 됩니다. 우리 민족의 살 길이 다른 데 있는 것이 아닙니다. 대통령을 잘 선택하고 경제정책을 잘한다고 되는 것이 아닙니다. 하나님께서 이 민족을 지켜주셔야 될 수 있습니다. 시편 127편 1절에 "여호와께서 집을 세우지 아니하시면 세우는 자의 수고가 헛되며 여호와께서 성을 지키지 아니하시면 파수꾼의 깨어 있음이 헛되도다"라고 말씀하십니다. 하나님께서 지켜주시면 됩니다. 경제가 힘들어도 교회가 든든히 서있으면 그 나라는 안전합니다. 외국에서 아무리 많은 일이 일어나도 교회가 믿음으로 서있으면 나라는 안전한 것입니다.

교회가 평안하고 성도들이 모여 뜨겁게 기도하면 하나님께서 우리나라를 지켜주십니다. 저는 결혼식 주례를 할 때 젊은이들에게 늘 강조하는 것이 미리미리 기도하라는 것입니다. 결혼한 다음에 눈물 흘리지 말고 미리미리 행복한 결혼을 위하여 기도하라는 것입니다. 가정을 위하여 미리미리 눈물을 흘려 기도한 가정은 평안합니다. 여러분의 자녀들이 잘되기를 원하십니까? 미리미리 눈물로 기도하셔야 합니다. 유대인들은 기도할 때 나온 눈물을 병에 담습니다. 눈물의 분량이 차야 한다는 뜻입니다. 나라를 위하여 눈물로 기도한 민족은 절대로 망하지 않습니다.

크리스천은 애국자여야 합니다. 내 민족의 영혼을 사랑하면 이들의 죄를 위해 눈물을 흘려 기도할 수밖에 없고 애국자가 될 수밖에 없습니다. 6.25 전쟁을 기억하며 그날의 아픔을 잊지 마시기 바랍니다. 또한 하나님께서 이 민족을 구해 주신 것을 잊지 마시기 바랍니다. 그리고 평화통일을 위해 눈물로 기도하는 애국자들이 되시기를 바랍니다.

적 용

ⓐ 오늘 말씀의 주제 파악하기:

ⓑ 오늘 말씀 중 은혜 받은 부분 나누기:

ⓒ 삶에 구체적으로 적용하기:

함께 드리는 기도제목

1. 나라와 민족을 위해 기도하는 크리스천이 되게 하옵소서.
2. 나라를 위해 목숨 바친 이들의 은혜를 잊지 않게 하옵소서.
3. 6.25 전쟁의 아픔을 잊지 않고 우리나라를 사랑하게 하옵소서.

신앙의 기초 시리즈 19

25

세상을 섬기는 그리스도인

- **본 문**: 이사야 58장 6~12절(구 1,038쪽)
- **찬 송**: 516장(옳은 길 따르라 의의 길을, 통 265)
- **요 절**: 여호와가 너를 항상 인도하여 메마른 곳에서도 네 영혼을 만족하게 하며 네 뼈를 견고하게 하리니 너는 물 댄 동산 같겠고 물이 끊어지지 아니하는 샘 같을 것이라(사 58:11)

믿음의 생활을 하면서 우리가 겪는 고민은 하나님 말씀대로 살지 못한다는 데 있습니다. 교회에 나와 하나님의 말씀을 들으면서 "내가 말씀대로 살아야지. 매일 기도에 힘쓰고 매일 찬송을 부르며 살아야지" 하고 결심을 하지만 세상에 나가 살다 보면 어느새 세상 사람처럼 살아가는 모습을 발견하곤 합니다. 신앙생활은 한 번에 되는 것이 아닙니다. 구원은 일회적인 사건이지만 성화의 과정은 일평생 계속되어야 하는 것입니다.

사탄이 하는 일은 우리로 말씀대로 살지 못하도록 하는 것입니다. 예배가 끝나자마자 사탄은 우리를 유혹합니다. 그래서 신앙생활은 싸움입니다. 거룩한 싸움입니다. 우리가 잘 알아야 하는 것은 내가 내 힘으로 싸우는 것이 아닙니다. 내가 싸우려고 하는 사람은 신앙생활에 실패합니다. 내가 똑똑하고 정의롭다고 생각하는 사람은 다 실패합니다. 누가 이길 수 있습니까? 내가 죄인인 줄 알고 매일매일 하나님의 은혜가 있어야 살 수 있음을 인정하는 사람만이 신앙의 싸움에서 승리할 수 있습니다.

본문에서는 하나님께서 기뻐하시는 금식에 대해 말씀하고 있습니다. 금식은 인간의 가장 기본적인 욕구조차 금하며 하나님께로 나아가기 위해 힘쓰는 행위입니다. 유대인들은 정기적으로 금식하며 기도하기를 힘썼습니다. 바리새인들은 일주일에 두 번씩이나 금식을 했습니다. 구약성경에 보면 성경의 인물들은 중요한 일이 있을 때 금식하며 기도했습니다. 에스더와 유대인들은 민족의 위기 앞에서 금식하며 기도했습니다. 다니엘도 세 친구와 함께 금식하며 기도했습니다. 사무엘 선지자도 에스라 선지자도 금식하며 기도했습니다. 엘리야도 금식하며 기도했습니다. 히스기야도 벽을 향하여 앉아 금식하며 기도했습니다. 사도 바울도 금식하며 기도했습니다.

예수님께서도 40일 동안 금식하며 기도하셨고, 귀신들린 아이를 고쳐주시면서 제자들에게 "기도 외에 다른 것으로는 이런 종류가 나갈 수 없느니라"고 말씀하셨습니다. 금식은 질병을 치유하는 능력이 있고 문제를 해결하는 능력이 있음을 성경은 말씀하고 있습니다. 기독교 역사를 보면 사순절 시기에 금식하며 기도하기에 힘을 썼습니다. 1756년 영국이 프랑스의 침공을 받으며 전 국민이 금식기도의 날을 선포하였습니다. 이때 교회마다 초만원을 이루었다고 했습니다. 우리나라도 일제강점기에 신앙의 선조들이 금식하며 기도했습니다.

오늘날의 교회는 고난주간에 금식을 정하여 하고 있지만 이 금식의 기도가 많이 약해졌습니다. 오늘도 우리 성도들은 20일 금식도 하고, 30일 금식도 합니다. 왜 금식을 합니까? 인간의 가장 기본적인 욕구인 먹을 것을 먹지 아니하고 기도하는 것은 그만큼 절박하게 기도한다는 뜻입니다. 사람은 먹지 않으면 죽습니다. 그래서 금식은 죽음을 각오하고 하는 것입니다.

본문 말씀에 "내가 기뻐하는 금식은"이라고 말씀합니다. 이 말씀을 보면 하나님께서 기뻐하시는 금식도 있고 미워하시는 금식도 있다는 말입니다. 예수님 당시에도 바리새인들은 금식을 많이 했는데 하나님과의 관계가 아니라 사람들에게 보이기 위하여 금식을 했습니다. 그래서 금식하는 동안 일부러 머리도 감지 아니하고 초췌하게 하여 금식하는 것을 알리는 것입니다. 예수님께서는 금식할 때 머리에 기름을 바르고 얼굴을 씻으라고 하셨습니다. 금식은 하나님과의 관계입니다. 하나님과의 관계가 바로 되면 저절로 사람과의 관계도 바로 서게 됩니다. 예수 믿으면서 세상 사람들에게 손가락질을 받는다면 이것은 예수를 잘못 믿는 것입니다. 금식을 할 정도로 기도를 많이 하면서 이웃들과의 관계에서 빛과 소금으로 살지 못하면 이것은 예수를 잘못 믿는 것입니다.

그래서 예수님이 오늘도 고통을 당하십니다. 예수님께서 우리 때문에 모욕을 당하십니다. 십자가를 지시기까지 예수님께서 당하신 모욕은 예수님의 죄 때문이 아니었습니다. 우리 죄 때문이었습니다. 우리의 죄를 짊어지시고 모욕과 고난을 다 받아주셨습니다. 오늘 우리는 우리의 허물을 인하여 또다시 세상 사람들로 하여금 예수님을 모욕하게 해서는 안 되는 것입니다. 바리새인들은 자신들이 신앙생활을 가장 잘하고 있다고 착각했습니다. 자신들의 금식과 기도를 대단한 것으로 생각했습니다. 자기 자신의 문제를 모르면 해결의 방법이 없는 것입니다.

1. 하나님이 기뻐하시는 금식은 흉악의 결박을 풀어주고, 멍에의 줄을 끌러주며, 압제당하는 자를 자유하게 하며 모든 멍에를 꺾는 것입니다.

흉악의 결박, 멍에의 줄, 압제당하는 자에 대한 말씀이 나오는데 이 모든 것들은 죄로부터 나온 것입니다. 하나님께서는 이러한 것을 우리에게 주시지 않았습니다. 이스라엘 백성들이 왕을 원할 때도 하나님께서는 그것이 그들의 올무가 될 것임을 말씀하셨습니다. 왕이 그들의 자녀들을 부리고 농원의 일을 시키고 빼앗을 것을 경고하셨습니다.

노예는 사람들이 자신들의 욕심을 위하여 만든 것입니다. 당시 사회는 노예제 사회였습니다. 먹을 것이 부족하여 밀을 빌려다 먹었는데 흉년이 들면 갚지를 못합니다. 거기다가 이자는 얼마나 비쌉니까? 그래서 빚이 점점 늘어나 갚을 수가 없으면 상대방의 종이 됩니다. 한 번 종이 되면 다시 자유인이 될 가능성이 없습니다. 고통 가운데 살아가야 합니다. 너희가 금식하며 기도하면서 이웃집이었던 형제들이 너희 종이 되어 살고 있는데 그들의 아픔을 외면한 채 기도한다고 그 기도가 상달이 되겠느냐는 말씀입니다.

기도 응답을 받으려면 먼저 하나님의 뜻에 순종해야 합니다. 하나님의 뜻이 무엇입니까? 하나님은 형제가 고통받는 것을 원하시지 않습니다. 쉽게 이야기하면 가정으로 생각해 보면 됩니다. 아버지가 자녀를 여럿 두었는데 어떤 자녀가 어려워서 다른 자녀에게 빚을 졌고 그 빚을 갚지 못하자 형제의 종이 되었습니다. 그래서 형제처럼 대하는 것이 아니라 종으로 대했습니다. 그것을 바라보는 아버지의 마음이 어떠하겠습니까?

하나님께서는 우리 모두의 아버지가 되십니다. 그래서 하나님의 자녀들이 함께 행복하게 살아가는 것을 원하고 계십니다. 형제들을 결박해 놓고 멍에로 묶어놓고 압제하며 아버지께 무엇을 달라고 기도하면 아버지께서 "야, 너 네 동생부터 자유를 주고 나에게 달라고 해라" 그러시지 않겠습니까? 오늘 하나님의 말씀이 바로 그것입니다. 우리는 이 말씀을 오늘 우리에게 주시는 말씀으로 들어야 합니다. 우리가 금식하며 기도할 때 우리 이웃에 대하여 외면하며 나만 복을 달라고 기도할 때 하나님께서는 기뻐하시지 않는다는 말씀입니다.

우리 기독교인들은 북한의 고통당하는 형제들을 위하여 금식하며 기도해야 합니다. 이 나라의 청소년들을 위하여 금식하며 기도해야 합니다. 이슬람 지역에서 핍박과 순교로 고통받는 성도들을 위하여 금식하며 기도해야 합니다. 이것이 하나님께서 기뻐하시는 금식입니다. 흉악의 결박이나 멍에의 줄이나 약한 자를 압제하는 것은 당시 문화였습니다. 그렇게 한다고 해도 누가 뭐라고 할 사람이 없습니다. 그러나 믿음의 사람들은 세상의 법이 아니라 하나님의 법을 우선순위로 놓고 살아가는 사람들입니다. 우리 믿음의 사람들이 하나님의 법을 따라 살아갈 때 세상 사람들이 감동을 받게 됩니다. 우리를 통해 하나님의 사랑을 보여주게 됩니다. 그러므로 하나님의 말씀을 중심으로 살아가시기 바랍니다.

2. "또 주린 자에게 네 양식을 나누어 주며 유리하는 빈민을 집에 들이며 헐벗은 자를 보면 입히며 또 네 골육을 피하여 스스로 숨지 아니하는 것이 아니겠느냐" 말씀하십니다.

어려운 이웃을 섬겨야 할 책임이 기독교인들에게 있습니다. 예수님께서는 이웃을 네 몸과 같이 사랑하라고 하시고 이것이 새 계명이라고 하셨습니다. 본문 말씀에서는 주린 자에게 양식을 주라고 하셨습니다. 우리는 지금 너무 많이 먹어서 걱정입니다. 지난 주에도 우리 교회에서 매일 점심을 대접하는 분들과 꿈터와 직원들을 위해 식사 준비한 것을 보니 닭백숙입니다. 한 사람 앞에 닭이 한 마리씩 들어 있습니다. 옛날에는 닭 한 마리 잡으면 온 식구가 다 먹고 이웃집까지 함께 먹었는데 지금은 혼자서 한 마리를 먹습니다. 기름은 안 먹는다고 껍질은 다 버립니다.

옛날에는 영양가 있는 음식을 먹으려 애를 썼는데 지금은 칼로리가 적은 음식을 먹기 위해 애를 씁니다. 우리나라에서 버리는 음식 쓰레기만 해도 북한이 먹고도 남는다는 이야기가 있습니다. 이렇게 우리가 복을 받아 잘살면서 배고파 굶어 죽어가는 이웃들의 아픔에 눈을 감으면 하나님께서 기뻐하시지 않는 것입니다. 죽어가는 사람들을 보면서 이념 이야기하면 안 됩니다. 일단 먹을 것을 주어 굶어 죽지 않도록 하는 것이 따뜻한 마음입니다. 총에 맞아 죽어가는 사람이 있으면 아군이나 적군이나 상관없이 먼저 치료하여 생명을 살리는 것이 적십자의 정신입니다. 그래서 기독교인들은 공산주의 나라에 가서도, 이슬람 지역에 가서도 복음을 전하고 구제 활동을 하는 것입니다.

"유리하는 빈민을 집에 들이며"라고 하십니다. 빈민을 도울 수는 있어도 내 집에 들이는 것은 참으로 어려운 일입니다. 어렸을 적에 거지가 식사시간에 밥을 얻어 먹으러 오면 아버지는 한 상에서 밥을 먹도록 하셨습니다. 그것이 그때에는 얼마나 싫었는지 모릅니다. 내 집에 들이는 것은 쉬운 일이 아닙니다. 그런데 하나님께서는 어려운 빈민에게 그렇게 할 때 네가 금식하며 기도하는 것을 기쁘게 생각하시겠다고 하십니다.

“헐벗은 자를 입히며”라고 하십니다. 우리 교회는 빈민들에게, 헐벗은 이웃들에게 예수 그리스도의 사랑으로 섬기는 교회가 되기를 원합니다.

우리 학생들이 비전트립을 갈 때에도 나의 것을 내어주는 교회가 되기를 원합니다. 그럴 때 공산주의 국가에 사는 그들이 예수의 이름을 알게 되고 하나님께서 영광을 받으실 것입니다.

“네 골육을 피하여 스스로 숨지 아니하는 것이 아니겠느냐”고 말씀하십니다. 형제와 친척이 어려우면 함께 나누는 우리 성도들이 되시기 바랍니다. 아버지 밑에서 자랄 때에 형제들이 함께 나누지 않았습니까? 작은 것도 함께 나누어 먹었습니다. 그런데 결혼하여 살면서 형제와 골육 간에 마음을 아프게 하면 안 됩니다. 세상 사람들이 그렇게 살아도 우리는 하나님의 자녀이니 하나님의 말씀을 지키며 살아야 하는 것입니다.

한국교회가 오늘 이렇게 부흥한 것은 한국교회가 이웃을 섬기고 나라와 민족을 위해 희생했기 때문입니다. 교회가 교만하면 축복을 잃어버리게 됩니다. 그러나 오늘 말씀과 같이 한국교회가 낮아져서 이웃을 섬기는 교회가 되면 하나님께서 더 많은 복을 주십니다. 하나님께서 복을 주신 것은 그 복을 통해 세상을 섬기라는 뜻입니다. 구약성경에 보면, 가진 자들은 고아와 과부를 긍휼히 여기라고 하셨습니다. 추수를 할 때에도 곡식단을 다 떨지 말고 이삭도 줍지 말라고 하셨습니다. 가난한 이웃들이 주워 먹을 것을 남기라는 것입니다. 성전에 예물을 드릴 때에도 어떤 사람은 소를 드리고 양을 드리지만 가난한 사람들을 위해 비둘기를 드리라고 하셨습니다.

이렇게 하나님께서는 가난하고 핍박받는 사람들을 생각하십니다. 가난한 사람들을 압제하고 핍박하면 내가 그대로 너희 자손들에게 갚아주겠다고 하셨습니다. 네 아내가 과부가 되고 네 자녀들이 똑같이 어려움을 겪게 만들 것이라 하셨습니다. 왜 이런 말씀을 주십니까? 세상의 모든 사람들이 다 하나님의 자녀이기 때문입니다. 우리교회는 이웃을 섬기는 교회로 소문난 교회입니다. 우리 성도들이 사랑의 집수리로, 꿈터로, 한글학교로, 이미용으로, 노인학교로, 무료급식으로 곳곳에서 쉬지 않고 세상을 섬기고 있습니다. 장학금으로, 사랑의 천사로 그 외에도 우리가 이웃을 섬기는 일들이 많이 있습니다. 얼마나 자랑스럽고 감사한지 모릅니다.

교계 신문사에서 자주 우리 교회에 대한 것을 취재하겠다고 했지만 늘 거절했습니다. 우리가 마땅히 해야 할 일이요, 더 잘해야 하기 때문입니다. 초대교회의 첫 일곱 집사는 구제하는 일, 봉사하는 일을 위하여 선택되었습니다. 교회는 마땅히 세상을 섬겨야 하는 것입니다. 여러분이 금식하며 기도할 때에 응답받기를 원하십니까? 오늘의 말씀을 기억하시기 바랍니다.

3. 하나님께서 기뻐하시는 기도에는 응답의 약속이 있습니다.

하나님께서 기뻐하시는 금식의 기도를 통하여 어떤 약속을 주시는가 하면, 8절에 "네 빛이 새벽같이 비칠 것이라" 했습니다. 아침빛은 점점 밝아지는 빛입니다. 태양이 떠오르기 시작하면 점점 더 환해집니다. 너의 인생이 아침빛 같을 것이라는 말씀입니다. 그리고 "네 치유가 급속할 것이며"라고 했습니다. 병든 자는 금식하며 기도해야 합니다. 그런데 그 기도가 "하나님 나를 고쳐주세요" 하는 기도만 되어서는 안 된다는 것입니다. 우리의 삶이 바뀌어야 한다는 것입니다.

남을 억울하게 한 일이 있으면 그것부터 풀어놓고 금식하라는 것입니다. 어려운 이웃들을 보고 눈 감은 일이 있으면 먼저 이웃을 돕고 기도하라는 것입니다. 삭개오는 예수님을 만난 후 그의 삶이 바뀌었습니다. 토색한 것이 있으면 네 배나 갚겠다고 했습니다. 예수님을 만난 후 삭개오의 인생이 바뀌었습니다. 우리가 하나님의 말씀대로 순종하며 살 때 치유가 급속할 것이라는 약속을 주셨습니다. 또 "네 공의가 네 앞에 행하고 여호와의 영광이 네 뒤에 호위하리니"라고 하셨습니다. 믿음으로 살면 하나님께서 뒤에서 든든하게 우리 인생을 지켜주시겠다는 말씀입니다.

"네가 부를 때에는 나 여호와가 응답하겠고"라고 하셨습니다. 우리의 기도가 다 응답받는 것은 아닙니다. 그러나 하나님께서 기뻐하시는 기도를 드릴 때 우리의 문제를 기도로 다 해결할 수 있는 것입니다. 10절 이하에도 많은 약속을 주십니다. 네가 어둠속에 있을지라도 대낮같이 바꾸어 주겠다고 하셨습니다. 메마른 곳에서도 영혼이 만족하게 되는 복을 주십니다. 경제가 어렵다고 해서 다 어려운 것은 아닙니다. 하나님께서 물 댄 동산 같은 복을 주시면 잘되고 형통하게 되는 것입니다. 가뭄이 들어 모든 농작물이 말라 들어가도 물이 솟는 샘가에 심겨진 나무는 푸르고 열매를 맺습니다. 복의 근원은 하나님이십니다. 그래서 하나님께서 복을 주시는 자는 마름이 없습니다.

용산전자상가에 가면 한 식당이 있는데 그곳은 늘 사람들이 가득 차 있습니다. 저렴하고 맛이 있어 한번은 우리 구역장 행사를 하는데 그곳에서 우리 식사를 준비해 줄 수 없겠느냐고 했더니 매일매일 너무 바빠 다른 일은 할 수가 없다고 합니다. 5백 명 이상의 식사를 준비해 주기만 하면 우리가 가져오겠다고 하는데도 너무 바빠 할 수가 없다고 합니다. 그 주변의 식당들이 다 잘되는 것이 아닙니다. 잘되는 곳만 잘 됩니다. 여러분, 이왕에 금식하며 기도하려면 이와 같이 응답받고 잘되는 기도의 주인공들이 되시기 바랍니다.

12절에는 자녀에 대한 복과 기업에 대한 복을 약속해 주십니다. 자녀들이 황폐된 곳을 다시 일으킨다고 했습니다. 내가 하나님께서 기뻐하시는 기도를 드렸는데 나와 내 자녀들까지 이런 놀라운 축복을 받습니다. 남들이 망한 곳에 가서 일을 해도 다시 일어난다는 말씀입니다. 이 놀라운 축복의 약속을 다 차지하는 성도들이 되시기 바랍니다.

기독교는 사랑의 종교입니다. 사랑은 희생이 있어야 됩니다. 남는 것을 주는 것이 아닙니다. 내 것을 쪼개어 주는 것입니다. 기독교인은 잘되고 화려한 곳만 바라보아서는 안 됩니다. 핍박받는 사람들을 돌아보고 가난하고 외로운 사람들의 친구가 되는 기독교가 진짜입니다. 예수님께서도 세리와 창녀의 친구가 되어 주셨습니다. 병든 자들을 찾아가셨고 고쳐주셨습니다.

오늘 우리도 예수님을 따라 살아야 진짜 기독교인입니다. 그러면 저절로 수많은 사람들이 하나님을 찾게 될 것이고 교회를 가득 메우게 될 것입니다. 교회를 통하여 미래를 소망하게 될 것입니다. 세상이 아름다워질 것입니다. 우리 모두가 하나님의 명령을 따라 세상을 섬기는 교회, 세상을 섬기는 크리스천이 되어 하나님께 영광을 돌리고 금식으로 기도할 때 약속하신 상급을 받는 여러분이 되시기를 바랍니다.

적 용

ⓐ 오늘 말씀의 주제 파악하기:

ⓑ 오늘 말씀 중 은혜 받은 부분 나누기:

ⓒ 삶에 구체적으로 적용하기:

함께 드리는 기도제목

1. 우리를 통해 하나님의 사랑이 세상 사람들에게 나타나게 하옵소서.
2. 구제하는 일, 봉사하는 일을 통해서 세상을 섬기게 하옵소서.
3. 세상을 섬기는 교회, 세상을 섬기는 크리스천이 되게 하옵소서.

26

감사하는 맥추절

- **본 문**: 출애굽기 23장 14~17절(구 117쪽)
- **찬 송**: 593장(아름다운 하늘과, 통 312)
- **요 절**: 맥추절을 지키라 이는 네가 수고하여 밭에 뿌린 것의 첫 열매를 거둠이니라 수장절을 지키라 이는 네가 수고하여 이룬 것을 연말에 밭에서부터 거두어 저장함이니라(출 23:16)

하나님께서는 시내 산에서 이스라엘 백성들에게 언약과 함께 3대 절기를 지킬 것을 명하셨습니다. 3대 절기는 유월절, 맥추절, 수장절입니다. 맥추절은 보리 맥(麥) 자를 써서 보리를 추수한 다음에 드리는 절기라고 했습니다. 그래서 한국교회에 오해가 생겨났는데 과거에는 보리농사를 지었으나 지금은 보리농사를 짓지 않기 때문에 우리 현실에 맞지 않는 절기이므로 지키지 않아도 된다고 생각했습니다. 이것은 성경을 잘못 이해하는 사람들이 하는 말입니다. 맥추절을 명하신 것은 단순히 보리 농사를 마치고 감사를 드리라는 절기가 아닙니다.

성경에는 맥추절을 여러 가지 이름으로 부르는데 초실절, 칠칠절, 오순절이라고도 부릅니다. 맥추절은 히브리어로 '보리를 첫 수확한 절기'라는 뜻입니다. 초실절이라고 부를 때는 '농사를 지어 첫 결실을 거두었다'는 의미입니다. 이제부터 일 년의 추수가 시작이 됩니다. 그러므로 첫 감사를 잊지 않고 시작하는 절기가 초실절입니다. 칠칠절이나 오순절은 같은 말인데, 칠칠절은 '유월절이 지난 후부터 계산하여 7X7=49일째 되는 날'이라는 뜻이고, 오순절은 '유월절부터 오십 일이 되는 날'이라는 뜻입니다. 예수님의 부활 이후 50일째 되는 날에 성령 강림의 역사가 임했습니다. 우리에게 약속하신 성령이 찾아오신 절기가 오순절입니다.

그러므로 맥추절은 신약의 교회가 시작된 날입니다. 그러니 얼마나 의미가 깊은 날입니까? 원래 맥추절과 성령 강림절은 같은 날입니다. 구약성경에서 맥추절을 명하신 이유가 있습니다.

1. 첫 열매의 정신을 기억해야 합니다.

첫 열매를 드리는 것은 하나님께서 인생의 주관자이심을 고백하는 행위입니다. 이 열매를 하나님께서 주셨음을 잊지 않는 행위입니다. 하나님께서는 처음 것을 드리는 마음을 기뻐하십니다. 그래서 '장자는 내 것'이라 하셨고 모든 식물의 첫 열매를 드리라고 하셨습니다. 이스라엘 백성들은 하나님께 첫 것을 드리는 일을 잘했습니다. 자식을 낳으면 일주일이 지나 8일째 되는 날 하나님 앞에 나와 할례를 합니다. 할례는 '하나님과 피로 맺은 언약'이라는 뜻입니다. 인생을 시작하며 평생에 하나님의 은혜가 있어야 살 수 있음을 고백하는 것이 할례의식입니다.

성경에 보면 일 년이 시작될 때에도 하나님께 예배를 드렸습니다.

우리도 신년예배를 하나님께 드립니다. 이것은 일 년의 첫 시간을 드리며 하나님께서 인도해 주셔야 함을 고백하는 것입니다. 이스라엘 백성들은 한 달이 시작될 때 월삭으로 드리고, 하루의 첫 시간에 아침 분향으로 하나님께 제사를 드렸습니다. 우리도 월삭기도회로 매일의 새벽기도회로 하나님께 예배를 드립니다. 이 모든 것들은 첫 것을 드리는 것입니다. 하나님께서는 내 첫 것을 하나님께 드리는 마음을 귀하게 여겨주십니다.

우리는 잘된 다음에는 첫 것을 자꾸 잊어버립니다. 병 낫기 위해 열심히 교회에 나오던 사람이 병이 나으면 교회 나오는 일을 뒷전에 놓습니다. 직장에서 잘되고 높은 자리에 오르게 되면 주의 일을 하는 것을 게을리합니다. 그러므로 높은 자리에 올라갈수록 더 하나님을 중심에 놓아야 합니다. 하나님께서 크게 사용하신 사람들의 특징이 바로 이것입니다. 잘될수록 하나님을 더 중심에 놓았습니다. 사업이 잘되면 더 많이 봉사하셔야 합니다. 바쁘면 더 많이 기도하셔야 합니다. 그렇지 않으면 사탄이 내 축복을 훔쳐가는 것입니다.

맛있는 음식이 있으면 누가 제일 먼저 생각이 납니까? 남편입니까? 자식입니까? 먼저 생각나는 사람이 나의 첫 것입니다. 문제가 생기면 제일 먼저 누가 생각이 납니까? 교통사고가 나면 보험회사가 먼저 생각이 나면 안 됩니다. 하나님이 먼저 생각나야 합니다. 하나님께 먼저 기도해야 합니다. 이것이 하나님 중심의 신앙입니다. 우리나라 초대 교회 시절에는 처음 것을 하나님께 드리는 마음을 잘 지켰습니다. 농사를 지어 먼저 익은 것을 하나님께 가져왔습니다. 옥수수, 호박, 수수를 따면 제일 먼저 하나님을 생각했습니다. 첫 것을 감히 내가 먹을 수가 없어 하나님께 가져왔습니다.

오늘 한국교회는 하나님께 첫 것을 드리고 하나님 중심주의로 살아가는 정신이 약해져가고 있습니다. 우리 청년들은 학교를 졸업하고 첫 월급을 타면 첫 것을 하나님께 드리는 하나님 중심의 마음을 가져야 합니다. 저는 지금까지 어느 곳에 가든지 첫 번째 것은 하나님께 드리려 했습니다. 그랬더니 하나님께서 복을 내려주셨습니다. 가정의 첫 것도 하나님께 드리면 하나님께서 귀하게 여겨주십니다. 국가도 하나님을 제일 중심에 놓으면 하나님께서 복을 내려주십니다.

프린스턴 대학은 미국의 명문 대학교입니다. 지금 미국에서 최고의 대학인 하버드 대학이나 예일 대학이 처음에는 신학교 중심으로 세워졌는데 다른 학문들이 중심이 되면서 신학교의 정체성을 잃어버리자 다시 세운 학교가 프린스턴 신학교입니다. 이 신학대학의 중심에는 예배당과 도서관이 있습니다. 예배당과 도서관이 학교의 중심에 있다는 것은 신앙과 지성이 함께 중심이 되어야 한다는 상징성을 가지고 있습니다. 프린스턴 신학대학은 700만 권의 장서로 유명합니다. 그런데 그 많은 책을 보관할 도서관이 바로 옆에 있는 예배당보다 클 수가 없어 지하층을 넣어 옆에 있는 예배당보다 더 낮게 지었습니다. 지성보다 신앙이 위에 있어야 한다는 것이 프린스턴의 정신입니다. 이것이 미국을 세운 청교도의 정신입니다.

우리는 하나님을 가장 위에 놓는 신앙을 잊지 않아야 합니다. 오늘날 많은 사람들이 물질을 하나님보다 위에 놓습니다. 학벌을 하나님보다 위에 놓고, 권력을 하나님 보다 위에 놓습니다. 이것을 하나님께서는 기뻐하시지 않습니다. 얼마 전 우리 교단 신문에 "청빙"이라는 글을 썼습니다. 각 교회마다 문제가 일어나는 것을 보며 담임목사 청빙에 대하여 다시 한 번 생각해 보게 되었습니다. 어떤 목사님이 부임하느냐에 따라 교인들이 행복해지기도 하고 불행해지기도 합니다. 목사님에 따라 교인들이 성령충만하기도 하고 영적 갈급함 가운데 살아가기도 합니다. 거기에 이런 내용을 썼습니다.

> "근래에 이루어지는 담임목사 청빙에 성공하려면 첫째 스펙에서 밀리면 안 된다. 남들보다 좋은 학벌을 가지고 있어야 한다. 예수님은 학벌을 보고 제자들을 뽑지 않으셨는데 오늘의 교회는 학벌을 중요하게 생각한다. 둘째, 인물이 잘나야 한다. 키가 너무 작아도 안 된다. 그래서 키가 작은 목사님은 키높이 구두를 반드시 착용해야 한다. 셋째, 설교를 잘해야 한다. 설교 CD로 보내는 단 한 편의 설교를 듣고 판단하기 때문에 한 편의 설교를 명 설교가를 흉내 내어서라도 잘 녹음해야 한다. 넷째, 이력서를 잘 써야 한다. 자기 소개 및 목회계획을 잘 써야 한다. 그래서 잘 쓰여진 목회계획 샘플을 입수하는 것이 중요하다. 다섯째, 가장 중요하게 작용하는 것으로 누구의 줄을 잡았느냐이다. 좀 다른 것이 부족해도 줄이 튼튼하면 될 수 있다. 이와 같은 내용들은 일반회사의 사원 모집과 다를 바가 없다. 예수님이라도 이력서를 내기가 어려울 것이다."

교회가 목사님을 청빙하는데 세상이 중요하게 생각하는 다른 것을 위에 놓으면 나중에 눈물 흘릴 일이 생기게 되어 있습니다. 학벌이 뭐 그리 중요합니까? 목사님이 키 크고 잘생겨서 무엇 하려고 합니까? 병원에 가서 내 생명을 건지기 위하여 중요한 수술을 하는데 의사선생님이 수술을 잘할 의사인지가 중요하지, 잘생기고 키 큰 의사선생님인가 하는 것이 중요한 것이 아닙니다. 우리는 내 영혼의 병을 고치고, 하나님의 풍성한 은혜와 축복 가운데 살아가는 데 가장 중요한 것이 무엇인지를 잊어서는 안 되는 것입니다.

그런 면에서 우리 교회는 참 훌륭한 교회입니다. 우리 교회에서는 저를 청빙할 때 제 얼굴을 보지도 않았습니다. 설교 한 번 들어보지도 않았습니다. 그저 소문 듣고 저를 위임목사로 청빙해 주셨습니다. 다른 분들과 비교했더라면 아마 잘생기고 목소리 좋은 목사님들에게 저는 밀렸을 것입니다. 할렐루야! 그러므로 앞으로도 저의 모자란 부분을 보지 마시고 하나님의 음성만을 들으시기 바랍니다. 주의 종은 하나님을 가장 위에 놓고, 성도들도 하나님을 가장 위에 놓고 함께 신앙생활하면 매일이 행복해지는 것입니다. 하나님께서 이런 교회를 축복해 주시는 것입니다.

우리 교회가 매주일 수십 명씩 새가족이 등록하는 것은 우리가 잘해서가 아니라 하나님께서 복을 주시기 때문입니다. 제가 제 설교를 들어보면 '아이구, 설교를 왜 저렇게 못하나, 목소리가 좀 멋있으면 얼마나 좋겠나?' 하는 생각이 듭니다. 그런데도 은혜 받는다고 하니 얼마나 감사합니까? 예수 처음 믿는 분들이 믿음이 들어가고 하나님의 자녀가 되니 얼마나 감사합니까? 왜요? 하나님께서 그 마음을 감동시켜 주시기 때문입니다. 우리 교회는 하나님께 늘 첫 것을 드리는 교회가 되기를 원합니다. 교회의 존재 이유가 첫째도 하나님의 영광을 위해서, 둘째도 하나님의 영광을 위해서 살아가기를 원합니다.

첫 것을 드릴 때 하나님의 약속이 있습니다. "네 재물과 네 소산물의 처음 익은 열매로 여호와를 공경하라 그리하면 네 창고가 가득히 차고 네 포도즙 틀에 새 포도즙이 넘치리라"(잠 3:9-10)고 말씀하셨습니다. 우리의 재물과 우리가 하는 모든 일에 첫 것을 하나님께 드리는 신앙으로 잠언 3장 9-10절에 약속하신 축복을 차지하는 성도들이 됩시다.

2. 맥추절을 지키라는 하나님의 명령은 감사를 잊지 말라는 것입니다.

이스라엘 백성들이 자신들의 힘으로 출애굽한 것이 아니었습니다. 자신들의 힘으로라면 노예생활하다가 다 죽었을 것입니다. 유대 민족은 역사에서 사라지고 말았을 것입니다. 그런데 이집트 역사에 하나님께서 개입하셨습니다. 바로를 굴복시키시고 노예들을 해방시키게 하셨습니다. 광야에서도 그렇습니다. 광야는 삼무(三無)의 곳입니다. 물이 없고, 먹을 것이 없고, 즐거움이 없는 곳입니다. 40년을 구름 기둥과 불 기둥이 인도하는 대로 이리저리 옮겨 다니면서 어떻게 가는 곳마다 물이 있었겠습니까? 그것도 200만의 무리가 어디에서 물을 구할 수 있었겠습니까? 하나님께서 도우신 것입니다. 만나와 메추라기로 먹을 것도 주셨습니다.

가나안 땅에 들어가는 것도 그렇습니다. 자기들의 힘으로 어떻게 억센 산악 민족들과 싸워 이길 수가 있었겠습니까? 400년 동안 노예생활을 하고 40년 광야생활을 했는데 무슨 농사를 지을 수가 있었겠습니까? 농사도 내 힘으로 하는 것이 아닙니다. '잉그만'이라는 학자는 "농사는 2%가 인간의 노력이고 98%는 하나님의 은혜다"라고 하였습니다. 농부가 땅을 파고 거름을 주고 추수를 하는 것은 인간들의 수고입니다. 그 수고가 2%라는 것입니다. 그런데 햇빛과 비와 모든 자연환경이 98%라는 것입니다.

그런데 이스라엘 백성들이 이제는 농사를 지어도 내 땅에 심어 내가 거두는 것입니다. 지금까지는 내 것이 아니었습니다. 그러므로 첫 추수를 거두며 하나님께 감사를 잊지 말라는 것입니다. 우리는 감사를 잊어버리는 인생이 되어서는 안 됩니다. 감사를 잊어버리니 하나님이 없다고 합니다. 진화가 되어서 인간이 이렇게 산다고 합니다. 진화가 되면 왜 인간만 진화가 됩니까? 사람이 진화하여 비행기를 만들고 우주에 가고 그러면 다른 생물체도 진화하여 자전거 정도는 만들어 타고 다녀야 하지 않습니까?

자꾸 사용하는 대로 진화가 되면 날개 달린 호랑이도 나와야 하고 손이 다섯 개쯤 달린 사나운 짐승도 나와야 하지 않습니까? 왜 눈은 다 두 개고 머리에 달려있습니까? 진화하려면 각기 다른 방향으로 진화하면 무적이 될 것입니다. 벌이 꿀만 먹지 않고 다른 것도 먹으며 크기가 머리통만하다면 참 무서울 것입니다. 우리 인간이 교만해지면 하나님이 없다고 합니다. 그것은 내가 신의 자리에 가겠다는 것입니다. 세계적인 석학들도 하나님을 믿는 사람들은 겸손합니다. 세계 최고의 수학자도, 과학자도, 예술가도, 역사학자도 하나님을 믿는 사람은 다 겸손합니다.

국제원자력기구 의장과 과학기술처 장관을 두 번씩이나 지낸 정근모 박사는 《나는 위대한 과학자보다 신실한 크리스천이고 싶다》라는 책을 썼습니다. 그는 "인간에게 있어 최고의 지식은 예수 그리스도를 깨닫는 것이다"라고 했습니다. 역사상 최고의 예술가들과 정치가들이 왜 하나님을 믿었습니까? 하나님의 은혜를 깨달았기 때문입니다. 우리는 맥추절을 맞이하며 하나님의 은혜를 잊지 않아야 합니다. 우리가 지금까지 살아온 것이 하나님의 은혜입니다.

나의 삶도 하나님의 은혜입니다. 여러분의 가정도 하나님의 은혜입니다. 우리 교회도 하나님의 은혜입니다. 이스라엘 백성들은 애굽에서 건짐을 받았는데 우리도 죄악세상에서 건짐을 받았습니다. 내 힘으로 할 수 있는 것이 아니었습니다. 이것이 하나님의 은혜입니다. 하나님의 은혜를 깨달으면 감사가 저절로 나오게 되어 있습니다. 은혜를 잊으면 감사를 잊어버립니다. 은혜와 감사는 쌍둥이입니다. 감사는 없어서 못하는 것이 아니라 찾지 못해서 못하는 것입니다. 사탄은 감사를 발견하지 못하게 합니다. 우리의 영적인 눈을 어둡게 만듭니다.

그런데 사탄의 은사를 받으면 불평을 기가 막히게 잘 찾아냅니다. 여러분, 불평거리는 잘못 찾아도 괜찮습니다. 아무 문제가 없습니다. 그러나 감사거리는 자꾸 찾아야 인생이 행복해지는 것입니다. 오늘 감사할 것을 백 개씩 써보십시오. 백 개를 다 못 쓴다면 평소에 감사를 잊고 사는 사람입니다. 백 개만 있습니까? 천 개도 적을 수 있습니다. 여러분, 감사를 잊지 않는 성도들이 됩시다.

3. 어려웠을 때를 잊지 않아야 합니다.

우리는 세상에서도 모두가 은혜를 입으며 살아왔습니다. 부모님의 은혜를 입었습니다. 부모님은 힘들어도 자녀를 위해 희생하셨습니다. 자녀들이 자랄 때는 잘 모릅니다. 부모님이 쉬고 싶은 것 쉬지 못하고 병들어서도 일하는 것은 자녀들 때문인 것을 자녀들은 모릅니다. 그래서 몸이 다 망가져 버렸습니다. 자녀들은 부모님의 은혜를 잊지 않아야 합니다. 내가 지금까지 혼자 살아온 것이 아닙니다. 나를 도와주신 분들이 많이 있었습니다. 그 은혜를 잊어버리면 나쁜 사람입니다. 사람들이 저를 보고 의리가 있다고 말을 합니다. 사실은 의리가 아니라 은혜를 잊지 않으려 애쓰는 것입니다.

나 혼자 된 것입니까? 아닙니다. 도와준 많은 사람들이 있었습니다. 등록금이 없어 어려울 때 도움을 주신 분들이 있었습니다. 먹을 것이 없을 때 음식을 사준 분들이 있었고, 옷이 없을 때 옷을 사주신 분도 있었습니다. 그래서 나도 그렇게 남을 도우려고 하는 것입니다. 목사들도 큰 교회 목사가 되면 내가 큰 줄 압니다. 그것이 아닙니다. 교회가 큰 것이지 내가 큰 것이 아닙니다. 하나님께서 과분한 은혜를 주셨는데 주신 사명을 감당하지 못하므로 더 엎드려야 하는 것입니다.

사업하는 사람도 자기 혼자 한 것이 아닙니다. 지금까지 가르쳐준 분들이 있었고 도와준 분들이 있었습니다. 누가 내 물건을 사주었기에 여기까지 온 것입니다. 그 은혜를 잊지 않아야 합니다. 신앙적으로도 자기 혼자 된 것이 아닙니다. 그러므로 교만할 것이 없습니다. 나를 위해 기도해 주신 분들이 있습니다. 지금도 우리 교회 중보기도대들이 매일같이 모여 눈물로 기도합니다. 평일에 기도대들이 모일 때 교회 지하에 들러보세요. 여러분을 위해 목이 터져라 기도하는 주의 일꾼들이 있습니다. 그분들의 은혜를 잊지 않아야 하는 것입니다.

우리 교회가 왜 복을 받습니까? 이 교회가 은혜롭기 위해 참고 견디며 헌신하는 수많은 일꾼들이 있습니다. 하나님께서 그것을 보시고 우리 교회에 복을 주시고 은혜를 주시는 것입니다. 그것을 잊지 않아야 합니다. 맥추감사절은 하나님의 은혜를 다시 한 번 깨닫고 감사하는 절기입니다. 하나님께 진심으로 감사하십시오. 감사하지 못했던 것이 있으면 주의 말씀을 통해 고치십시오. 감사하는 마음으로 주의 일에 몸으로 봉사하십시오. 교회에서는 입술로도 서로 축복하고 나가서 복음을 전하십시오. 그것이 감사의 열매입니다. 그것이 오늘 맥추절을 명하신 하나님의 명령에 순종하는 것입니다. 맥추감사절에 하나님의 은혜를 깨닫고 감사함으로 열매를 거두어 하나님께 영광 돌리는 성도들이 됩시다.

적 용

ⓐ 오늘 말씀의 주제 파악하기:

ⓑ 오늘 말씀 중 은혜 받은 부분 나누기:

ⓒ 삶에 구체적으로 적용하기:

함께 드리는 기도제목

1. 모든 일에 첫 것을 하나님께 드려 하나님께서 약속하신 축복을 차지하게 하옵소서.
2. 은혜와 감사를 잊지 않게 하옵소서.
3. 맥추감사절에 하나님의 은혜를 깨닫고 감사함으로 열매를 거두게 하옵소서.

신앙의 기초 시리즈 20 27

제일은 사랑이라 ①

- **본 문**: 고린도전서 13장 1~7, 13절(신 279쪽)
- **찬 송**: 220장(사랑하는 주님 앞에, 통 278)
- **요 절**: 그런즉 믿음, 소망, 사랑, 이 세 가지는 항상 있을 것인데 그 중의 제일은 사랑이라(고전 13:13)

고린도 교회는 은사를 많이 받은 교회였습니다. 방언과 예언과 병 고치는 은사와 각종 은사를 받았습니다. 이렇게 많은 은사가 있으면 행복한 교회가 되어야 하는데 이들은 '누구의 은사가 더 높은 것인가?' 하는 문제로 서로 간에 갈등이 있게 되었습니다. 은사 때문에 분열이 일어났습니다. 갈등이 일어나면 사람들은 내 편을 만듭니다. 힘 있는 사람들과 많은 사람들이 내 편에 있어야 이길 수 있기 때문입니다. 분열은 서로를 이기려고 합니다. 그래서 모함을 하고 상대방을 음해합니다. 그 본질은 내가 상대방보다 위에 있겠다는 것입니다. 여기에 사탄이 틈타게 되어 있습니다.

오늘날 어떤 교회들에 일어나는 분쟁의 본질은 대개 내가 옳다는 것입니다. 내가 대접을 더 받아야 되겠고, 내가 위에 있겠다고 합니다. 고린도 교회가 그랬습니다. 그래서 사도 바울은 편지를 써서 "너희는 더욱 큰 은사를 사모하라. 내가 더 큰 은사를 보이겠다"고 말씀하면서 13장에 사랑의 은사를 말씀합니다. 사랑도 은사입니다. 이 말은 방언이나 신유의 은사를 위해 기도하는 것처럼 사랑의 은사를 위해 기도 많이 해야 한다는 말입니다. "내가 사람의 방언과 천사의 말을 할지라도 사랑이 없으면 소리 나는 구리와 울리는 꽹과리가 되고" (고전 13:1)라고 말씀합니다.

사람의 방언은 웅변을 말합니다. 사람을 감동시키는 굉장한 말입니다. 천사의 말은 듣기에 은혜가 되는 말입니다. 부드러운 말입니다. 그런 굉장한 말을 해도 사랑으로 하지 않으면 소리 나는 구리와 울리는 꽹과리와 같다는 말입니다. 모든 비밀과 지식을 알고 있는 예언의 능력이 있어도, 산을 옮길 만한 믿음이 있어도 사랑이 없으면 아무것도 아니라고 했습니다. 예언은 하나님의 말씀을 말합니다. 하나님을 아는 지식입니다. 그래서 하나님의 뜻을 알 수가 있습니다. 지식은 세상의 지식을 말합니다. 지식이 있으면 바른 판단을 합니다.

하나님의 뜻을 알고 세상의 이치를 아는 것은 굉장한 일입니다. 그런 것이 있어도 사랑이 없으면 아무것도 아니라고 말씀합니다. 내게 있는 모든 것으로 구제하는 사람도 굉장한 사람입니다. 보통 사람들은 자기의 것을 그렇게 내놓지 못합니다. 물질뿐 아니라 내 몸까지도 다른 사람을 위해 내어놓는 사람은 굉장한 사람입니다. 정의를 위하여 분신자살을 하는 사람도 있습니다. 세상에서는 다른 사람의 생명을 구하고 죽는 사람을 칭송합니다. 그런데도 사랑으로 하지 못하면 다른 사람에게 유익이 있을지는 모르나 내게는 유익이 없다고 말씀합니다. 사랑이 이렇게 위대한 것입니까? 불교를 자비의 종교라고 하고, 유교를 덕의 종교라고 하고, 기독교를 사랑의 종교라고 합니다.

사랑이라고 하면 여러 가지가 있습니다. 히브리인들은 사랑을 여러 가지로 구분하여 사용했습니다. 친구와의 사랑은 '필로스'라는 단어를 사용하고 남녀 간의 사랑은 '에로스'라는 단어를 사용합니다. 하나님의 사랑은 '아가페'라는 단어를 사용합니다. 여기서 말씀하는 사랑은 하나님의 사랑입니다. 하나님은 세상을 사랑하셔서 독생자 예수님을 이 땅에 십자가에 내어 주셨습니다. 예수님도 우리를 사랑하셔서 십자가에서 우리의 죄를 사해 주셨고 마지막까지 예수님을 조롱하는 무리들을 용서하셨습니다.

그래서 사랑이 있으면 모든 것을 다 품을 수 있습니다. 사랑이 있으면 자비합니다. 사랑이 있으면 덕이 있습니다. 그래서 본문 말씀에 사랑은 오래 참고 사랑은 온유하며 시기하지 아니하며 사랑은 자랑하지 아니하며 교만하지 아니한다고 계속해서 사랑에 대하여 말씀합니다. 그래서 사랑이 위대한 것입니다. 예수님께 한 율법사가 "어느 계명이 가장 큽니까?" 하고 물었을 때 예수님은 "네 마음을 다하고 목숨을 다하고 뜻을 다하여 주 너의 하나님을 사랑하라 하셨으니 이 것이 크고 첫째 되는 계명이요 둘째도 그와 같으니 네 이웃을 네 자신같이 사랑하라 하셨으니 이 두 계명이 온 율법과 선지자의 강령이니라"(마 22:37-40)고 말씀하셨습니다.

첫째 계명이 "나 외에 다른 신을 섬기지 말라"입니다. 하나님을 사랑하면 다른 우상을 섬기지 않습니다. 하나님을 사랑하면 안식일을 사모하며 기다려 거룩하게 지킵니다. 사람에 대한 것도 마찬가지입니다. 살인하지 말라, 간음하지 말라 등 여러 가지 계명을 주셨지만 이웃을 내 몸과 같이 사랑하면 저절로 다 지키게 됩니다. 그래서 사랑이 위대한 것입니다. 예수님께서는 배신한 베드로를 찾아가셔서 다른 것을 묻지 않으셨습니다. "네가 나를 사랑하느냐?"고 한 가지만 물으셨습니다. “네가 나를 사랑하기만 하면 네가 잘못했어도 괜찮다. 실수했어도 괜찮다. 그럴 수 있다. 내 양을 먹이라. 내 양을 치라”고 말씀하신 것입니다. 주님의 일을 하는 데는 다른 것이 아닌 사랑이 필요하다는 것입니다.

우리가 주님의 일을 할 때 능력이 부족해도 주님을 사랑하면 능력을 채워주십니다. 문제는 사랑입니다. 그러므로 다른 은사를 구하기 전에 먼저 사랑을 구하시기 바랍니다. 목회도 사랑입니다. 주님을 사랑하면 주님을 위해 모든 것을 다 바칠 수가 있습니다. 형제의 영혼을 사랑하면 내가 다 희생할 수 있습니다. 문제가 일어나는 것은 사랑이 부족하기 때문입니다.

어떤 목사님이 설교를 되게 못했답니다. 설교의 은사를 받지 못해서 조리 있게 말씀을 전하지 못하고 발음도 시원찮아서 교인들이 늘 불평이 있었답니다. 그런데 전교인 수련회를 갔는데 중학생 하나가 깊은 물에 빠졌습니다. 물에 빠져 허우적거리는 아이를 보고 함께 물놀이하던 여자 성도들이 발을 동동 구르고 있는데 그 광경을 본 목사님이 물속에 풍덩 뛰어들었습니다. 그러더니 같이 허우적거리는 것입니다. 문제는 목사님이 수영을 전혀 할 줄 모른다는 것입니다. 결국 수영을 잘하는 교인들이 물속에 들어가 두 사람을 끌어냈습니다. 그 이후로 그 목사님은 그 교회에서 사랑을 받으며 목회를 잘했답니다. 성도들이 ‘우리 목사님은 수영을 할 줄 모르면서도 아이를 살리기 위해 물속에 뛰어드는, 우리를 진짜 사랑하는 목사님이다’라고 생각을 했기 때문입니다.

사랑은 은사라고 했습니다. 은사는 내가 노력해서 얻는 것이 아니라 하나님께서 주시는 선물입니다. 그러므로 우리는 사랑의 은사를 구해야 합니다.

4절부터는 사랑의 은사를 받으면 어떤 일이 일어나는지를 말씀하고 있습니다.

"사랑은 오래 참습니다."

사랑은 한두 번 참는 것이 아닙니다. 계속해서 참는 것입니다. 베드로가 예수님께 "죄지은 사람을 몇 번이나 용서하면 되겠습니까? 일곱 번쯤 하면 되겠습니까?" 하고 질문했습니다. 일곱은 완전수입니다. 그 정도 하면 율법으로는 다 됩니다. 그런데 예수님은 "일흔 번씩 일곱 번이라도 용서하라"고 하십니다. 이 용서는 사랑을 말씀합니다. 사랑은 율법을 넘어서는 것입니다. 노회 같은데 가서 회의를 하면 법을 따지는 사람들이 있습니다. 법을 아는 사람들이 일어나서 발언을 합니다. 기독교의 회의는 법을 이야기하는 것이 아니라 사랑을 이야기해야 합니다. 법은 사람을 위해 있는 것입니다.

그러므로 사람을 살리는 이야기를 해야 그것이 기독교 정신에 맞는 것입니다. 사랑하면 법을 어기면서라도 할 수가 있습니다. 예수님께서 그렇게 하셨습니다. 예수님은 안식일의 법을 어기면서 병자들을 고쳐주셨습니다. 소외받는 세리나 창녀를 찾아가셨습니다. 예수님은 사랑이시기 때문입니다. 가정에서 자녀가 잘못하면 벌을 내립니다. 그러다가 남의 물건에 손을 댄다든지 큰 죄를 지으면 어떻게 합니까? 더 큰 벌을 내려야 합니까? 자녀를 사랑하는 어머니는 아이를 안고 웁니다. 사랑하기 때문입니다.

제가 어릴 적에 남의 집 감을 따먹었습니다. 아버지가 그것을 보고 남의 물건에 손을 대는 것은 당신이 자식교육을 잘못시켰기 때문이라고 하시며 스스로 당신의 무릎을 회초리로 때리셨습니다. 얼마나 심하게 때리셨는지 며칠 동안 일어나지를 못하셨습니다. 그 이후로 저는 남의 물건에 절대로 손을 대지 못했습니다. 길에 떨어진 것도 주워 갖지를 못했습니다. 고등학교 시절에 길에서 500원을 주운 것도 경찰서에 가져다주었습니다. 지금도 길에 돈이 떨어져 있어도 줍지를 않습니다. 만약 아버지가 저를 때리셨다면 그런 마음을 갖지 못했을 것입니다. 사랑이 변화시키는 것입니다. 참는 사랑이 가정을 지키고, 참는 사랑이 교회를 변화시킵니다.

"사랑은 온유하며" 라고 했습니다.

사랑하면 다른 사람을 공격하지 않습니다. 미움이 솟아오르지만 억지로 참는 것이 아니라 평안함으로 참을 수가 있습니다. 그 사람을 위하여 기도할 수 있는 것입니다. 헬라어의 의미에서 사나운 들짐승을 잡아다가 길들인 상태를 온유하게 되었다고 말합니다. 거친 성격이었지만 주님을 만나고 나니 온유하게 된 것입니다. 그래서 날카로운 부분이 부드러워진 것입니다. 예수 믿고도 아직 온유하게 되지 못했다면 그것은 주님을 향한 사랑이 덜 되어서 그런 것입니다. 원래 성격이 거친 사람이 있는 것이 아닙니다. 살다 보니 그렇게 만들어진 것입니다. 그런데 주님을 만나고 나면 다시 온유하게 됩니다.

여러분, 사나운 사람이 이기는 것이 아니라 온유한 자가 이깁니다. 그래서 예수님은 "온유한 자는 복이 있나니 땅을 기업으로 받을 것임이요"라고 약속해 주셨습니다. 여러분은 예수 믿고 변한 사람들입니다. 불평하고 원망하고 분노하는 입술에서 감사하고 찬송하고 기도하는 입술로 변했습니다. 불행하고 어둡던 마음에서 행복하고 따스한 마음으로 변했습니다. 이 땅에서 천국으로 고향이 변했습니다. 여러분 모두가 온유한 은사를 받으시기를 바랍니다.

“사랑은 시기하지 아니하며”라고 했습니다.

시기는 다른 사람이 나보다 잘될 때 배 아파하는 것이 시기입니다. 사촌이 땅을 사면 배가 아프다는 말이 있는데, 사촌이 땅을 사면 내게 손 벌릴 일이 없으니 잘된 일인데, 배가 아픈 것입니다. 예수님의 제자들도 서로 시기했습니다. 그래서 예수님은 엎드려 제자들의 발을 닦아주시면서 “너희도 이와 같이 행하라”고 하신 것입니다. 시기하면 사탄이 틈을 탑니다. 어떤 수도사가 누가 무슨 말을 해도 흔들리지 아니하고 평정심을 유지하며 살았습니다. 억울한 일이 있어도 그저 감사하다고 했습니다.

그런데 단 한 번 평정심이 깨어졌습니다. 함께 있던 수도사가 도시에 나가 추기경이 되었다는 소식을 듣고 그만 마음이 흔들려버린 것입니다. 시기심이 이렇게 무섭습니다. 사랑하면 내 이웃이 잘되어도 진심으로 축복해 줄 수가 있습니다. 내 자녀가 대학에 합격했다고 할 때 얼마나 기쁩니까? 내 자녀가 잘된 소식이 들려왔을 때 얼마나 기뻐합니까? 사랑하기 때문입니다. 우리가 이웃을 내 몸과 같이 사랑하면 이렇게 기뻐할 수가 있습니다.

“사랑은 자랑하지 아니하며 교만하지 아니하며”라고 했습니다.

사람은 자기 자랑을 하고 싶어 하는 존재입니다. 나도 모르게 내 자랑이 나옵니다. 그러나 사랑하면 다른 사람의 마음을 먼저 생각합니다. 어떤 분은 늘 자랑을 하고 싶어 입이 근질거립니다. 그래서 틈만 나면 자랑을 합니다. 그런데 그 자랑을 들으며 사람들이 별로 좋아하지 않습니다. 왜요? 다른 사람을 아프게 하는 자랑이기 때문입니다. 왜 자랑을 합니까? 겸손하지 못해서 그렇습니다.

그래서 “사랑은 교만하지 아니하며”라고 말씀하는 것입니다. 내가 머리가 좋아서, 내가 능력이 있어서, 내가 노력을 많이 해서 잘되었다고 생각하면 자랑이 나옵니다. 머리가 좋다고 잘되는 것입니까? 아무리 머리가 좋아도 북한이나 아프리카의 가난한 나라에서 태어나면 길이 없습니다. 아무리 능력이 있어도 하나님께서 그 길을 열어주시지 않으면 가장 불쌍한 인생이 됩니다. 그러므로 우리는 쉬지 않고 감사해야 하는 것입니다. 신앙생활에서 가장 많이 실족하는 것이 교만 때문입니다. 처음 신앙생활할 때에는 나 같은 죄인이 구원받은 것이 감사하여 신앙생활을 했는데 그만 신앙생활을 잘못하다 보니 이 감사를 잃어버립니다. 그래서 나를 알아달라고 합니다.

평소 교회 식당에서 제가 먹은 밥그릇을 절대 남에게 주지 않고 설거지통으로 가져가는 이유는 혹시나 습관이 되면 교만해질까 두렵기 때문입니다. 대접을 받기 시작하면 나중에는 그것이 당연하게 여겨집니다. 그다음에는 나를 대접하지 않는다고 서운해지는 것이 인간입니다. 내가 어떤 위치에 있는데 나를 대접하지 않는다고 생각합니다. 교만해져서 그렇습니다. 예수님께서 제자들의 발을 씻기셨는데 나 같은 사람은 다른 사람의 발을 씻기기에도 부족한 사람인 것을 깨달아야 합니다. 우리가 하나님의 자녀가 된 것이 은혜입니다.

은혜는 자격이 없는데 거저 받은 것입니다. 내가 능력이 되어 받았다고 생각하는 사람은 감사가 없습니다. 여러분이 직장에 들어가 '나는 한 달에 천만 원 받을 자격이 있고 그 회사에 많은 수익을 가져다주고 있으므로 직장에서 월급을 많이 줄 것이다'라고 생각했는데 막상 받고 보니 한 달에 백만 원입니다. 다른 회사에 가도 열 배는 더 받을 수 있는데 사장님이 짠돌이라서 백만 원밖에 안줍니다. 그러면 마음이 어떻겠습니까? '두고 봐라. 내가 더 좋은 회사 찾아서 간다.' 그러지 않겠습니까? 내가 능력이 있다고 생각하니 그런 것입니다.

반면에 '나는 백만 원짜리 월급 받을 능력도 없다'고 생각하는데 한 달 일하고 월급을 받아 보니 천만 원입니다. 그러면 어떤 생각이 들겠습니까? '이거 사장님이 백만 원을 잘못 적었나보다. 그래서 천만 원을 주셨나보다' 하는 생각이 들지 않겠습니까? 그래서 사장님께 가서 "사장님, 제가 백만 원 받아야 하는데 천만 원이 왔습니다. 잘못 왔습니다" 하니 사장님이 "아니요, 당신은 천만 원이요" 하면 마음이 어떻겠습니까? 감사한 마음이 드는 것입니다. 여러분 은혜가 그런 것입니다. 주님의 은총을 받을 자격이 없다고 생각하는 사람은 그저 주님의 전에 나와 말씀만 들어도 감사한 것입니다.

여러분, 사랑의 은사를 받아야 합니다. 사랑의 은사가 최고의 은사입니다. 사랑의 은사를 받으면 내가 속한 공동체가 변합니다. 가정이 변합니다. 가정이 깨어지는 것은 사실 사랑이 없다는 말입니다. 교회가 깨어지는 것도 사랑 때문입니다. 천국에 가면 방언도 필요없습니다. 주님을 직접 대하기 때문입니다. 소망도 필요없습니다. 믿음도 필요없습니다. 능력도 필요없습니다. 다 이루어졌기 때문입니다.

천국에는 사랑만 있습니다. 그래서 사랑은 영원합니다. 하나님을 사랑하고 환난과 핍박을 이긴 성도들을 사랑하고 늘 찬양하며 살 것입니다. 그러므로 사랑이 제일입니다. 사랑의 은사를 더욱 사모하시기 바랍니다. 사랑의 눈으로 보면 모두가 아름다워 보이고 천국이 됩니다. 사랑이 있으면 함께 행복합니다. 사랑이 기적을 만들어 내고, 사랑이 문제를 해결합니다. 이 주님의 사랑이 우리 교회에 가득하기를 바랍니다.

적 용

ⓐ 오늘 말씀의 주제 파악하기:

ⓑ 오늘 말씀 중 은혜 받은 부분 나누기:

ⓒ 삶에 구체적으로 적용하기:

함께 드리는 기도제목

1. 하나님께서 주시는 선물인 사랑의 은사를 받게 하옵소서.
2. 우리 모두가 사랑의 은사를 받아 주의 사랑을 실천하게 하옵소서.
3. 주님의 사랑이 우리 교회에 가득 넘치게 하옵소서.

신앙의 기초 시리즈 21

28

제일은 사랑이라 ②

- **본 문**: 고린도전서 13장 1~7, 13절(신 279쪽)
- **찬 송**: 221장(주 믿는 형제들, 통 525)
- **요 절**: 그런즉 믿음, 소망, 사랑, 이 세 가지는 항상 있을 것인데 그 중의 제일은 사랑이라(고전 13:13)

하나님께서 솔로몬에게 "무엇이든지 내게 구하라" 하셨을 때 솔로몬은 지혜를 구했습니다. 그때 솔로몬에게 제일 필요한 것은 지혜였습니다. 아버지 다윗의 왕위를 이어받았지만 왕권이 확립된 것이 아닙니다. 아직 경쟁자들이 있었습니다. 자리가 주어진다고 해서 왕권이 확립된 것은 아닙니다. 왕권을 지켜나가야 했습니다. 그런데 부족한 것이 많이 있었습니다. 나이도 어리고 경험도 부족했습니다. 조금만 잘못하면 비난이 쏟아질 것입니다. 그러면 왕위가 위험하게 됩니다. 이때 솔로몬은 백성을 잘 다스릴 지혜를 구했습니다. 지혜는 하나님께서 주시는 은혜이기 때문입니다.

오늘 하나님께서 우리에게 "무엇이든지 원하는 대로 구하라" 하신다면 여러분은 무엇을 구하시겠습니까? 사람들은 지금 나에게 절박하게 필요한 것을 원합니다. 사람들은 대개 눈에 보이는 것을 원합니다. 내게 닥친 위기를 극복할 것을 원합니다. 그런데 그 문제가 해결되었다고 해서 끝나는 것이 아닙니다. 우리 인생에는 계속해서 새로운 문제가 나타납니다. '돈 좀 많이 있었으면 좋겠다'고 생각하지만 돈이 많다고 해서 문제가 해결되는 것은 아닙니다. 돈 때문에 또 다른 문제들이 나타납니다. 이 세상에서 가장 귀한 것은 내 눈에 보이는 것이 아니라 하나님의 은혜입니다. 하나님께서 은혜를 주시고 도와주셔야 인생의 문제가 해결되고 행복한 인생을 살 수 있는 것입니다.

본문 13절에서 믿음, 소망, 사랑 이 세 가지를 말씀합니다. 믿음은 굉장한 것입니다. 믿음이 있어야 구원을 받습니다. 믿음으로 구하면 응답을 받습니다. 성경에 나오는 위대한 사람들이 믿음으로 응답을 받았습니다. 믿음이 없이는 아무것도 안 됩니다. 또 소망은 어떻습니까? 소망은 천국의 소망을 말합니다. 이 세상 사람들이 헛된 소망을 가지고 있어도 우리는 천국 소망을 가지고 살아갑니다. 천국의 소망이 있으면 어떤 고난과 역경이 있어도 다 참아냅니다.

현대 크리스천들은 소망이 많이 약해졌습니다. 옛날 교인들은 "낮에나 밤에나 눈물 머금고 예수님 오시기만 기다립니다" 하고 찬송을 불렀는데 요즘 교인들은 우리가 사는 세상에 관심이 너무 많습니다. 텔레비전 보느라 하나님 만나는 시간도 잃어버립니다. 직장생활하느라 하나님 나라에 대한 관심이 적어집니다. 소망이 약해지니 다른 것에 관심이 많아지는 것입니다. 여러분, 소망을 잃으면 결국은 모든 것을 다 잃습니다. 그래서 소망이 굉장한 것입니다. 그래서 성경은 사랑을 말씀하면서 믿음과 소망이 가치 없다고 하지 않았습니다. '항상 있을 것'이라고 했습니다. 그런데 성경은 "믿음 소망 사랑 이 세 가지 가운데 사랑이 제일이라"고 했습니다. 사랑은 모든 것을 포함하는 것이기 때문입니다.

하나님을 사랑하면 하나님의 말씀도 사랑합니다. 그러니까 믿음이 자라나게 됩니다. 하나님을 사랑하면 어떤 고난 가운데서도 포기하지 않습니다. 그래서 소망이 있습니다. 다니엘과 그 세 친구는 사자굴 앞에서도 포기하지 않았습니다. 바울은 감옥에 갇혀서도 소망을 잃지 않았습니다. 하나님을 사랑하기 때문입니다. 믿음, 소망, 사랑을 재미있는 비유로 이야기했습니다.

옛날에 가마꾼이 새색시를 태우고 신랑 집으로 갑니다. 앞에서 가마를 들고 가는 가마꾼을 소망이라고 하고 뒤에서 따라가는 가마꾼을 믿음이라고 했습니다. 그리고 가마 속의 새색시를 사랑이라고 했습니다. 신랑 집에 도착하면 믿음과 소망은 물러가고 사랑만 남는다는 것입니다. 그래서 사랑이 제일이라고 했습니다.

또 어떤 분은 세발자전거에 비유하여 이야기를 했습니다. 세발자전거에는 바퀴가 세 개가 있는데 뒤에 있는 두 개는 믿음과 소망이라고 했습니다. 어느 하나가 고장 나도 자전거는 앞으로 나아가지 못합니다. 그런데 가장 중요한 것이 앞에 있는 바퀴입니다. 앞에 있는 바퀴가 가는 대로 뒤에 있는 두 바퀴는 따라갑니다. 믿음과 소망은 사랑이 가는 대로 따라간다는 것입니다.

하나님께서 독생자 예수님을 세상에 보내주신 것도 사랑 때문입니다. 예수님께서 십자가에 죽으시고 우리 죄를 사해 주신 것도 사랑 때문입니다. 또 이 사랑을 우리 모두에게 명하셨습니다. 하나님께서 주신 사랑, 예수님께서 주신 사랑을 따라가면 우리의 믿음과 소망이 탈선하지 않습니다. 천국 길로 가는 것입니다. 이단들이 문제를 일으키는 것은 하나님의 사랑, 예수님의 사랑을 잃어버렸기 때문에 다른 말을 하게 되고 그래서 믿음과 소망의 바퀴가 탈선을 하게 된 것입니다. 하나님의 사랑을 잊지 아니하면 다른 길로 가지 않습니다.

예수님께서 나를 위해 십자가를 져주신 그 사랑을 잊지 아니하면 눈물이 납니다. 그래서 다른 것 가지고 싸울 틈이 없습니다. 그 사랑을 갚기에도 우리 시간은 너무나 모자라기 때문입니다. 우리 교회 성도들은 하나님의 사랑을 잊지 않는 성도들이 되시기를 바랍니다. 주님께서 나를 위해 십자가를 져주신 그 사랑을 잊지 않기를 바랍니다. 그러면 하나님께 충성하는 성도들이 저절로 됩니다.

"사랑은 무례히 행하지 아니하며"라고 했습니다.

무례는 교만에서 나오는 행위입니다. 무례라는 말은 예의가 없다는 말입니다. 상대방을 우습게 생각하기 때문이요, 그 생각이 행동으로 나타날 때 이것을 무례라고 합니다. 고린도 교회에 왜 무례가 나타났습니까? 내가 너보다 더 나은 은사를 받았다고 생각했기 때문입니다. 은사는 내가 잘나서 받은 것이 아닙니다. 하나님께서 일하라고 맡겨주신 것입니다. 맡겨주신 것을 내 것으로 착각하니 무례하게 됩니다. 무례한 사람이 있는 곳에는 평화가 깨어집니다. 다른 사람들이 상처를 입게 됩니다. 내가 하나님을 정말 사랑하면 하나님 앞에 무례하게 행하지 않습니다.

제가 예배드릴 때 옷차림을 강조하는 이유도 그것입니다. 내가 제일 좋아하는 옷, 제일 귀히 여기는 옷을 입고 예배드리라는 것입니다. 그것이 하나님을 향한 예의입니다. 저는 주일예배를 준비하며 아침에는 늘 목욕을 합니다. 그것이 예배를 집례하는 자의 자세라고 생각하기 때문입니다. 옛날에 제가 아는 어떤 집사님은 주일에 예배를 위해 늘 목욕을 했습니다. 시골이라서 목욕할 곳도 없었습니다. 겨울에도 냇가에 가서 얼음을 깨고 찬물에 목욕을 했습니다. 하나님께서는 이것을 다 보시는 것입니다.

하나님 앞에 헌금을 드려도 정성껏 드립니다. 찬양을 해도 전심으로 찬양을 합니다. 또한 이웃을 사랑하면 이웃의 마음을 아프게 하지 않습니다. 무례하지 않는다는 말입니다. 사랑한다고 하면서 무례하게 행동하는 사람을 본 적이 있습니다. 그 사랑은 거짓입니다. 사랑하면 상대방의 속마음을 아프게 하지 않습니다. 내가 대신 아파하는 것이 사랑입니다. 여러분은 가정에서 아내나 남편에게 무례하게 행동하지 마십시오. 하나님의 명령이기 때문입니다. 내가 다른 사람보다 더 나은 조건에 있다고 해서 다른 사람들의 마음을 아프게 하지 마십시오. 사랑하면 무례히 행동하지 않는 것입니다.

바리새인들은 예수님을 사랑하지 않았기 때문에 예수님께 무례하게 했습니다. 그래서 늘 예수님의 마음을 아프시게 했습니다. 기독교인은 예의가 있어야 합니다. 그래야 하나님께 영광을 돌리게 됩니다. 교회의 중직자가 되면 젊은 사람들에게도 존대를 하는 것이 좋습니다. 혹시나 내가 나이가 많다고 해서 상대방에게 강요하거나 실수할 수 있기 때문입니다. 나보다 나이 어린 사람을 존대한다고 해서 모자르다고 생각하지 않습니다. 오히려 더 존경하게 됩니다. 우리 교회 성도들은 서로에게 무례하지 않기를 주님의 이름으로 부탁드립니다.

"사랑은 자기의 유익을 구하지 아니하며"라고 했습니다.

현대인들은 자기의 유익을 위해 힘을 합쳐 싸웁니다. 자본가는 자본가끼리 뭉치고 노동자는 노동자끼리 뭉칩니다. 사업주가 더 많이 주려고 하고, 노동자는 그렇게 하면 사장님이 힘이 든다고 조금만 받겠다고 하는 세상이 오면 얼마나 좋겠습니까? 우리 장로님 중에도 회사의 주식을 직원들에게 나누어주신 분이 있습니다. 먼 길을 다니면서도 낡은 차를 타고 다니시길래 제가 안전을 위해 좋은 차를 타고 다니시라고 권한 적이 있습니다. 연세가 드셨으니 운전기사도 함께 다니시라고 그랬습니다. 그래야 기사도 먹고 살 것이 아닙니까? 얼마 전에 직원들이 제일 좋은 차를 사서 사장님께 드렸다는 것입니다. 사장님을 사랑하니 좋은 차 타고 편안하라고, 안전하라고 산 것입니다. 그 이야기를 듣고 참 좋은 회사라는 생각을 했습니다.

사랑의 본질은 주는 것입니다. 선교사들이 외국에 나가 그의 삶을 바치는 것은 예수님을 사랑하기 때문입니다. 사랑은 입술에 있는 것이 아니라 실천에 있습니다. 말로만 먹으라, 입으라 하면 그것은 사랑이 아니라고 했습니다. 기독교는 이타적인 종교입니다. 다른 사람을 위한 종교입니다. 예수님께서는 우리를 위해 자신의 몸을 내어주셨습니다. 사랑하면 자기의 유익을 위해 다른 사람을 희생시키지 않습니다. 나만 잘되고 나만 잘살겠다는 것은 기독교의 윤리가 아닙니다. 우리가 복을 구할 때에도 나만 복을 받게 해달라는 것은 바른 기도가 아닙니다. 기독교는 공동체적인 종교입니다. 함께 복을 받고 함께 천국에 가는 것입니다. 우리 교회는 늘 서로를 축복하며 서로의 유익을 위해 섬기는 성도들이 됩시다.

"사랑은 성내지 아니하며"라고 했습니다.

성을 내는 것은 다른 사람들에게 상처를 줍니다. 성령충만하면 김익두 같은 깡패도 성자가 됩니다. 성냄은 마귀의 역사라는 것을 잊지 않아야 합니다. 성냄에는 정의로운 것도 있고 믿음으로 하는 것도 있습니다. 다윗도 골리앗 앞에서 분이 나서 나아갔고 예수님도 바리새인들을 향해 분노하셨습니다. 이 분노는 거룩한 분노입니다. 오늘 사도 바울은 성내는 이유를 말하는 것입니다. 우리가 시험에 빠지는 것은 나를 위해 성이 나기 때문입니다. 그러므로 성내지 않으려면 육체의 소욕을 버려야 합니다.

옛날에는 구정물통에 과일껍질도 넣고, 쌀뜨물도 넣었습니다. 시간이 지나서 보면 위에는 맑은 물이 있습니다. 그런데 돼지에게 먹이를 주기 위해 막대기를 넣어 '휘휘' 저으면 온갖 것들이 다 떠오르고 지저분해집니다. 우리가 평소에는 예수 잘 믿는 성자같이 보였는데 어느 날 갑자기 못된 성품이 올라온다면 그것은 내 옛 성품이 완전히 죽지 않아서 그렇습니다. 그래서 다른 사람들의 마음에 상처를 주고 공동체를 힘들게 합니다. 그 사람만 나타나면 모두가 조심하고 불편해집니다.

하나님을 사랑하고 형제를 사랑하면 성내지 않습니다. 정확히 말하면 성내는 재료들이 다 말라버려 힘을 잃었기 때문입니다. 우리 성도들은 성내지 마십시다. 내 마음에 안 든다고 성을 내면 내 심령에 상처를 입고 다른 사람들에게 상처를 주게 됩니다. 그것은 하나님께서 창조하신 귀한 생명들에게 상처를 주는 것입니다. 성낸다고 해서 상대방이 변화되거나 가르쳐지는 것이 아닙니다. 사랑으로 변화되고 사랑으로 가르쳐지는 것입니다. 그러면 함께 행복해지는 것입니다.

"사랑은 악한 것을 생각하지 아니하며"라고 했습니다.

악한 것은 죄에서 나오는 생각입니다. 내 마음속에 악한 생각이 틈탈 수가 있습니다. 이것은 개인의 성결에 대한 문제입니다. 그런데 여기서 말씀하는 의미는 사랑은 다른 사람에게 해를 끼치려고 하는 악한 마음을 품지 아니한다는 뜻입니다. 누가 나에게 잘못한 것이 있으면 그 사람을 용서해 주라는 말입니다. 예수님께서 가르쳐 주신 기도에도 "우리가 우리에게 잘못한 사람을 용서하여 준 것같이"라고 가르쳐 주셨습니다. 우리를 "악에서 구하소서"라고 기도하라고 가르쳐

주셨습니다.

요셉은 형들이 자신을 노예로 팔았음에도 불구하고 형들에 대하여 악한 것을 생각하지 아니하고 은혜로 갚습니다. 이것이 사랑입니다. 악한 것을 품고 있으면 악한 것이 나오게 되어 있습니다. 뱀 알을 품고 있으면 뱀이 나오고 새 알을 품고 있으면 새가 나옵니다. 나에게 상처를 준 사람들, 내 마음을 괴롭게 만든 사람들, 내게 물질적인 손해를 준 사람들에게 이런 악한 마음을 품고 있으면 내 속에 악이 자라게 됩니다. 그러므로 악한 것을 품고 있지 않아야 합니다. 악한 것은 자꾸 자라는 특성이 있습니다. 북한과의 관계도, 일본과의 관계도 옛날에 당한 것을 '내가 갚아야 되겠다' 하는 마음이 있으면 악이 자라게 됩니다. 사랑은 용서하는 것입니다.

예수님은 유대와 사마리아가 화평하기를 원하셨습니다. 그래서 유대인들에게 미움을 받았습니다. 사랑은 모든 것을 품고 새롭게 창조하는 힘이 있습니다. 사랑은 리모델링하는 것이 아니라 옛것들을 철거하고 새롭게 짓는 것입니다.

여러분 마음속에 잊지 못할 상처들이 있습니까? 그것이 분노가 되어 자라는 것들이 있습니까? 주님의 사랑을 본받아 용서하시기 바랍니다. 그러면 여러분의 마음이 평안을 얻을 것입니다. 하나님께서 여러분에게 새 마음을 주실 것입니다.

"불의를 기뻐하지 아니하며 진리와 함께 기뻐하고"라고 했습니다.

불의는 크게 두 가지를 이야기할 수 있습니다. 세상적인 불의는 법이나 윤리를 어겨 남에게 피해를 주는 행위입니다. 레위기 법전에 보면 불의에 대한 경계의 말씀이 많이 나옵니다. 세상의 힘을 이용해 다른 사람들에게 피해를 주는 행위입니다. 예수님께서도 불의한 재판장에 대한 비유를 말씀해 주기도 하셨습니다. 세상에서도 불의하면 하나님께서 기뻐하시는 것이 아닙니다.

또 하나의 불의는 하나님의 말씀을 떠나는 것입니다. 그래서 본문 말씀에 불의를 기뻐하지 아니하고 진리와 함께 기뻐한다고 했습니다. 진리는 하나님의 말씀입니다. 이 세상에 참 진리는 하나님밖에 없습니다. 그러므로 하나님의 말씀에 순종하고 그 말씀대로 사는 것을 진리라고 합니다. 사랑은 진리와 함께 기뻐한다고 했습니다. 위로 하나님의 말씀에 순종하는 것을 기뻐하며 세상에서 하나님의 말씀을 떠나 악한 행위를 하는 것을 기뻐하지 아니한다는 말입니다. 우리 기독교인들은 의로워야 합니다. 정직해야 합니다. 그럴 때 세상의 빛과 소금이 될 수 있는 줄로 믿습니다.

"사랑은 모든 것을 참으며 모든 것을 믿으며 모든 것을 바라며 모든 것을 견디느니라"고 했습니다.

이 말씀은 지금까지 나온 1-6절의 모든 사랑에 대한 결론입니다. 앞에서도 "사랑은 오래 참고"라고 했는데 여기서도 "모든 것을 참으며"라고 했습니다. 주님 때문에 참고, 주님 때문에 견딥니다. 주님을 사랑하기 때문에 합력하여 선을 이루실 줄로 믿고 참고 견디는 것입니다. 주님을 사랑하면 모든 주님의 약속을 끝까지 믿습니다. 주님을 사랑하면 모든 것을 참을 수 있습니다. 견딜 수 있습니다. 그래서 사랑이 제일입니다.

하나님께서 우리 교회를 주셨고 우리에게 사명을 주셨습니다. 이 사명을 감당하기 위해 제일 중요한 것이 사랑입니다. 위로 하나님을 사랑하고 옆으로 성도들을 내 몸같이 사랑할 때 사명을 이루는 것입니다. 사랑으로 요단 강도 함께 건너고 사랑으로 우리를 가로막는 여리고 성도 무너뜨리는 것입니다. 사랑으로 은혜를 누리고 평안도 축복도 누리는 것입니다. 사탄 마귀는 우리를 시험하고 하나님을 멀리하게 만듭니다. 물질을 사랑하고, 명예를 사랑하고, 하나님보다 다른 것을 사랑하게 만들어 우리의 영적인 힘이 약해지게 만듭니다. 그래서 우리의 영혼이 병들게 만드는 것입니다.

하나님을 사랑하면 어떠한 환경에서도 우리는 이길 수 있습니다. 주님이 말씀하신 사랑의 은사가 우리 가운데 충만하기를 원합니다. 주님의 사랑으로 지어져 가는 아름다운 교회가 되기를 바랍니다.

적 용

ⓐ 오늘 말씀의 주제 파악하기:

ⓑ 오늘 말씀 중 은혜 받은 부분 나누기:

ⓒ 삶에 구체적으로 적용하기:

함께 드리는 기도제목

1. 주님께서 나를 위해 십자가를 져주신 그 사랑을 잊지 않게 하옵소서.
2. 주님이 말씀하신 사랑의 은사가 우리 가운데 충만하게 하옵소서.
3. 우리 교회가 주님의 사랑으로 지어져 가는 아름다운 교회가 되게 하옵소서.

신앙의 기초 시리즈 22

29

하나님이 천지를 창조하시니라

- **본 문**: 창세기 1장 1절(구 1쪽)
- **찬 송**: 67장(영광의 왕께 다 경배하며, 통 31)
- **요 절**: 태초에 하나님이 천지를 창조하시니라(창 1:1)

창세기는 성경의 제일 첫 번째 권입니다. 그 첫 말씀이 "하나님이 천지를 창조하시니라"라고 되어 있습니다. 원래 창세기의 이름은 창세기가 아닙니다. 이름이 없습니다. 히브리 원전에는 '**בראשית**'(베레쉬트)라고 되어 있습니다. 그 뜻은 '태초에' 라는 뜻입니다. 창세기로부터 출애굽기 레위기 민수기 신명기 이렇게 다 연결이 되어 있는데 원래는 시작되는 첫 단어가 그 책의 이름입니다. 그런데 주전 3세기경 70인의 학자가 성경을 헬라어로 번역하면서 책의 주제를 따라 창세기라고 이름을 붙인 것입니다.

태초에 하나님이 천지를 창조하셨다는 말씀이 참으로 중요합니다. 이 말씀이 믿어지면 그다음에는 모든 것이 다 믿어집니다. 하나님께서 천지를 창조하셨는데 오병이어의 기적 정도는 문제가 안 됩니다. 노아의 홍수도 쉽게 다 믿어집니다. 그래서 창세기 1장 1절이 중요한 것입니다. 창세기 1장 1절은 믿음의 시작입니다. 그래서 성경의 맨 처음에 이 말씀을 주신 것입니다. "태초에 하나님이 천지를 창조하시니라." 이 말씀이 믿어지는 은혜가 여러분 모두에게 있기를 바랍니다.

학생들이 신앙생활을 하다가 학교에서 과학을 배우면서 신앙의 갈등이 일어나기 시작합니다. 교회에서 창조론에 대하여 배웠는데 학교에서는 진화론이 맞다고 하니 갈등이 일어나는 것입니다. 선생님이 가르치시는데 그거 틀렸다고 하나님께서 창조하셨다고 말할 수 있는 크리스천 학생이 얼마나 되겠습니까? 그러면 왕따를 당할 수도 있고 여러 가지 불이익을 받을 수도 있습니다. 그래서 크리스천 학생들이 마음속으로만 고민하는 것입니다. 진화론은 찰스 다윈 이후 엄청난 과학적 진보를 가져왔습니다. 그래서 많은 것을 밝혀냈습니다. 그런데 창조론은 그렇지 않습니다. 창조론을 위해 일하지 않았습니다.

또한 기독교에서도 하나님의 창조에 대하여 잘못된 생각을 가진 것도 많이 있었습니다. 인류의 역사를 계산하는데 성경에 나타난 사람들의 나이를 계산해보니 약 5천 년이 되었다는 것입니다. 그래서 인류의 역사는 5천 년이다 주장하니 과학에서 볼 때에 창조론에 대하여 우습게 생각하는 것입니다. 지구의 나이가 현재의 과학으로 볼 때 45억 년이라고 합니다. 사실은 이것도 지금의 과학이 밝혀낸 것이고 더 과학이 발전하면 450억 년이 될지 그 이상이 될지 아무도 모릅니다. 19세기 초에는 지구의 나이를 16만 8천 년이라고 했고 20세기 초에는 22억 년이라 했습니다. 과학도 늘 변하는 것입니다.

성경은 모든 것을 다 기록한 역사책이 아닙니다. 창세기는 지금으로부터 약 3,500년 전에 기록된 책입니다. 우리가 성경을 읽을 때 역사책으로 생각해서는 안 됩니다. 성경은 역사를 위하여 기록한 책이 아니라 하나님의 말씀을 기록한 책입니다. 그러므로 '첫째 날'이라고 하는 것도 우리의 하루 개념으로 생각해서는 안 됩니다. 누가 누구를 낳고 할 때에 족보를 다 기록한 것도 아닙니다. 그 중간에는 수많은 역사가 있습니다. 예를 들면, 제가 정약용의 후손이라고 할 때 '정약용의 후손으로 정명철이 있었다' 이렇게 성경은 기록을 했습니다. 그렇다고 해서 정약용으로부터 지금까지 100년도 안 되었다고 볼 수는 없는 것입니다.

과학과 신앙은 서로 반대되는 개념이 아닙니다. 하나님을 믿는 신앙은 오늘의 과학이 하나님의 창조에 대하여 조금씩 더 깨달아가고 있다고 보아야 합니다. 하나님의 전지전능하심을 믿는다면 지금도 하나님은 천지를 주재하시고 만들어 나가시고 있다는 사실을 잊지 않아야 합니다. 과학이 발달하면 발달할수록 아는 것이 많아질 것 같지만 사실은 모르는 것이 점점 더 많아지는 것입니다. 사람들은 과학교과서에 나오면 절대적으로 믿습니다. 그러나 가장 많이 바뀌는 것이 과학교과서입니다.

우리 교회에서도 참여하고 있는 교과서개정추진위원회에서 문제를 제기하여 시조새 화석이 파충류와 조류의 중간층이 아니라는 사실을 인정하고 여러 곳의 중고등학교 교과서의 내용을 고치기로 했습니다. 시조새는 날개에 발톱이 있습니다. 과거의 진화론자들은 이것이 동물에서 새로 진화되었다는 결정적인 증거라고 했습니다. 그런데 중간이 없습니다. 다리에 날개가 반쯤 생긴 짐승도 있어야 하고 2/3쯤 생긴 짐승도 있어야 하는데 그런 것이 없습니다.

그래서 과학계에서도 인정을 했습니다. 말의 점진적 진화에 대해서도 삭제를 하기로 했습니다. 우리가 교과서에서 배운 것이 사실이 아니라는 것입니다. 우리는 과학에 대하여 절대적인 신뢰를 가지고 있는데 사실은 틀린 것도 많습니다. 우리 대한민국에도 진화론을 믿지 않는 예수 믿는 지질학자, 생물학자, 교수들이 많습니다. 이분들을 위해 기도해야 합니다.

본문 말씀으로 들어갑니다. 태초라는 말은 시작을 말합니다. 하나님께서는 시작부터 계셨다고 했습니다. 모세에게 나타나신 하나님께 모세가 "누구십니까" 하고 물을 때에 하나님은 "I AM WHO I AM" 즉 "나는 나다"라고 하셨습니다. 개역성경에는 "나는 스스로 있는 자니라"고 하였습니다. 태초부터 누가 스스로 있을 수가 있습니까? 모세는 '당신은 어떤 신입니까?' 하고 물었는데 하나님께서 답하신 스스로 있다는 말은 '나는 인간이 만드는 신이 아니다' 하는 말씀입니다. 오늘 기독교의 불행은 인간이 신을 만들기 때문입니다. 성경이 말씀하는 하나님이 아니라 내가 만나기 편한 신을 만드는 것입니다. 내 입에 맞는 교회를 찾아가고 내 지식과 마음에 편한 하나님을 만든 것입니다. 내가 좋아하는 것에 복을 주시는 하나님을 만든 것입니다.

20세기 최고의 영성신학자인 리처드 포스터는 21세기에 사탄은 세 가지로 인간을 붙들 것이라 예언을 했습니다. 돈과 섹스 그리고 권력이라고 했습니다. 이것이 신이 되었습니다. 이 예언 그대로 21세기는 돈과 섹스와 권력이 주도하는 시대가 되었습니다. 태초에 하나님이 계셨다는 믿음을 가진 사람은 이 사탄의 시험에 흔들리지 않습니다. 창세기 1장 1절이 믿어지면 저절로 신앙생활이 시작됩니다. 그런데 많은 사람들이 이 시작부터 믿어지지 않습니다. 그러므로 믿음이 은혜입니다. 믿음은 하나님의 선물입니다.

"너희는 그 은혜에 의하여 믿음으로 말미암아 구원을 받았으니 이것은 너희에게서 난 것이 아니요 하나님의 선물이라 행위에서 난 것이 아니니 이는 누구든지 자랑하지 못하게 함이라"(엡 2:8-9).

우리가 믿어지는 것이 우리가 다른 사람보다 더 선하고 정직해서 된 것이 아니라는 말씀입니다. 그러므로 자랑할 것이 없습니다. 예수 믿으면서 자신의 선함을 자랑하는 사람은 예수 잘못 믿는 것입니다. 이런 사람은 다른 사람의 허물을 지적할 수밖에 없습니다. 우리의 구원은 온전히 하나님의 선물이요 은혜임을 깨달을 때에 감사가 나오고 신앙생활에 감격이 나옵니다. 그럴 때에 헌신이 나오고 눈물이 나옵니다. 하나님께서 천지를 창조하신 것이 믿어지면 그 다음에 심판주로 오시는 것도 믿어집니다. 그런데 창세기 1장 1절이 믿어지지 아니하면 다른 것도 믿어지지 않습니다. 믿는 체하는 것입니다. 하나님께서 천지를 창조하셨습니다. 믿습니까? 이것이 은혜입니다.

진화론자들은 수소, 산소, 질소 같은 것들이 오랜 세월을 지나다 보니 거기서 단세포 생물이 생겼다고 주장합니다. 그리고 단세포 생물이 진화하여 오늘의 생물들이 나왔다고 합니다. 그러면 산소나 질소 같은 것들은 어디에서 나왔는가 하는 질문이 생깁니다. 이론적으로는 답을 얻을 수가 없습니다. 아메바로부터 점점 진화하여 사람이 나왔다고 하는데 진화론이 주장하는 가장 강력한 도구가 화석입니다. 그러면 아메바로부터 사람으로 진화하는 그 중간단계의 화석이 있어야 될 것 아닙니까? 사람이 진화했다는 것을 증명하기 위해 여러 화석을 이야기합니다마는 그것은 원숭이이거나 아니면 멸종한 인류의 화석일 뿐입니다.

짐승에서 사람으로 넘어가는 그 중간 단계에 수많은 화석이 있어야 하지만 그런 화석은 없습니다. 그렇게 진화한다면 사람뿐 아니라 독수리들도 진화하여 먼 곳을 볼 수 있는 안경 정도는 만들어 써야 하지 않습니까? 사슴 종류도 춥지 않게 속옷 정도는 만들어 입고 목욕탕 정도는 만들어 사용하면 얼마나 좋겠습니까? 날개 안 달고 싶은 짐승이 어디 있겠습니까? 자꾸 마음을 먹어 된다면 나도 날개 달았으면 좋겠습니다. 하나님을 믿지 않으려고 보면 자꾸 이상한 것이 믿어지는 것입니다. 그런데 하나님을 믿고 나서 보면 이 세상의 모든 만물이 하나님의 손길이 미치지 않은 곳이 없습니다. 얼마나 신비한지 모릅니다.

저는 〈동물의 세계〉를 자주 봅니다. 다른 프로그램은 안 봐도 그것은 늘 봅니다. 왜요? 하나님의 놀랍고 신비한 손길을 보는 것입니다. 내셔널 지오그래픽 같은 프로그램들 대부분이 무신론을 주장하기 위해 만든 것입니다. 이런 프로그램을 기독교인들이 만들어야 합니다. 기독교가 인재를 키워야 합니다. 그곳에는 우주에 대한 이야기나 동물에 대한 이야기가 많이 나옵니다. 그런데 그것을 보면서 오히려 하나님의 놀라운 솜씨를 바라보게 되는 것입니다.

동물학자들이 실험을 했답니다. 새들은 알을 낳을 때가 되면 풀이나 나뭇가지를 가져다가 둥지를 만듭니다. 까치집도 보면 지진이 나도 끄떡없도록 견고하게 짓습니다. 새들이 어떻게 이런 기술을 가지게 되었을까? 어미에게 배운 것인가? 진화를 통해 저절로 얻은 것인가 연구를 했습니다. 새들을 잡아다가 우리에 넣고 키우며 새집을 지을 재료를 주지 않았습니다. 그리고 알에서 부화가 되면 또 그렇게 했습니다. 몇 대가 지난 다음에 이 새를 키우는 넓은 우리 안에 풀과 낙엽을 넣어주었더니 그것을 가져다가 그 종류의 새들이 집을 짓는 것처럼 똑같이 짓더라는 것입니다.

이것은 본능으로 설명할 수가 없는 것입니다. 하나님께서 그렇게 만드셨기 때문입니다. 벌들은 어떻게 그렇게 하나같이 육각형의 멋진 집을 짓습니까? 벌집 안에 있는 모든 수분을 다 말라버리게 해야 한다는 사실을 누구에게 배웠습니까? 거미는 어떻게 알에서 태어나자마자 바람이 불면 날아갈 준비를 합니까? 그리고 알에서 태어난 그 거미가 어떻게 멋진 솜씨로 똑같은 거미줄을 만들고 먹잇감을 유혹합니까? 이 세상 산과 들에 피는 꽃 한 송이 한 송이마다 수많은 비밀이 있습니다. 풀 한 포기에도 깊은 의미가 있습니다. 믿음의 눈으로 보면 풀 한 포기가 땅을 뚫고 자라나는 것을 바라만 보아도 하나님의 신비를 바라볼 수 있는 것입니다.

사람은 또 어떻습니까? 그 수많은 장기들이 어떻게 질서정연하게 자기의 역할을 감당합니까? 심장의 박동을 누가 조절하고 헤모글로빈의 양을 누가 조절합니까? 수영장에 들어가도 인간의 몸은 부풀어 오르지 아니하고 어떻게 방수가 됩니까? 하나님께서 신비하게 만드셨기 때문입니다. 사람이 모르는 신비한 것들이 많습니다. 얼마 전만 해도 사랑니나 맹장은 필요없는 기관이라고 여겨 일부러 수술하기도 했습니다. 그런데 최근의 과학이 발견한 바로는 사랑니나 맹장은 인간의 면역체계에 필요한 기관이라고 합니다. 하나님께서 필요하셨으니 만드신 것입니다.

또 우주가 돌아가는 것을 보세요. 얼마나 질서정연하게 돌아갑니까? 조금만 기울어도 힘의 균형을 잃어도 큰 일이 날 텐데 한 치의 오차도 없이 돌아갑니다. 우리가 살 수 있는 모든 환경을 다 미리 준비해 놓으셨습니다. 지구는 신비한 곳입니다. 창세기 1장 1절은 하나님의 자녀들이 드리는 신앙고백입니다. 우리는 태초에 하나님으로부터 창조되었고 하나님의 자녀이니 하나님의 자녀답게 살다가 하나님 품으로 나아갈 것입니다.

하나님을 믿는 사람들은 행복합니다. 이 우주가 하나님의 품입니다. 주께서 만물을 지으셨으므로 우리는 우주를 바라보며 하나님을 찬양하고 천국을 바라보며 살아가는 사람들입니다. 세상을 창조하신 하나님께서 나의 인생도, 가정도, 기도의 소원도 인도해 주실 줄로 믿기에 우리는 행복합니다. 하나님을 믿지 않는 사람들은 하나님을 보지 못합니다. 성경은 믿지 않는 자들에게는 그 눈이 가리어졌다고 말씀합니다. 그래서 하나님을 보지 못합니다. 그것이 이미 벌을 받은 것입니다. 그러나 믿음의 사람은 늘 나와 동행하시는 하나님을 바라봅니다. 이것이 은혜입니다.

성경은 창세기 1장부터 요한계시록 22장까지 하나님을 볼 수 있는 축복을 감추어 놓으셨습니다. 누구나 하나님의 말씀을 듣고 가까이 나아가면 하나님은 은혜 베푸시기를 기뻐하십니다. 그래서 성경의 마지막 말씀은 "주 예수의 은혜가 모든 자들에게 있을지어다 아멘"(계 22:21)입니다. 하나님은 모든 사람들이 다 은혜를 누리고 축복을 받고 행복하게 살기를 원하십니다. 여러분은 성경을 열심히 읽으시기 바랍니다. 텔레비전 보는 시간만큼, 인터넷 보는 시간만큼만 읽어도 벌써 다 읽었습니다.

텔레비전 안 보아도 잘살 수 있습니다. 인터넷 안 보아도 괜찮습니다. 오히려 우리는 나쁜 것을 많이 봐서 문제가 되는 것입니다. 텔레비전에 보면 늘 남녀 간에 싸우고 한 남자가 두 여자 만나고 그러는 것을 보니 나도 한번 해볼까 하는 생각이 드는 것입니다. 인터넷에 누가 어디에서 죽고, 교통사고 나고 이런 거 안 보는 것이 더 좋습니다. 인터넷은 서로가 사람들을 끌어들이기 위해 선정적인 문구와 사진을 올려놓습니다. 그거 봐서 좋을 것이 없습니다. 마음만 더러워지는 것입니다. 텔레비전과 인터넷이 이 세상의 모든 범죄를 가르칩니다.

올림픽이나 월드컵 같은 스포츠 중계는 처음부터 끝까지 다 안 봐도 괜찮습니다. 그러나 성경은 처음부터 마지막까지 보셔야 합니다. 그래야 삽니다. 그래야 축복받고 살고 행복하게 살고 영원히 삽니다. 성도 여러분, 하나님께서 천지를 창조하셨습니다. 그리고 여러분의 인생도 만들어 나가십니다. 마지막 날에는 다시 여러분을 부르실 것입니다. 하나님을 만날 때에 기쁨으로 만나는 우리 성도들이 되시기를 바랍니다.

적 용

ⓐ 오늘 말씀의 주제 파악하기:

ⓑ 오늘 말씀 중 은혜 받은 부분 나누기:

ⓒ 삶에 구체적으로 적용하기:

함께 드리는 기도제목

1. 하나님께서 천지를 창조하심을 믿는 믿음을 주옵소서.
2. 우리는 태초에 하나님으로부터 창조되었고 하나님의 자녀이니 하나님의 자녀답게 살아가게 하옵소서.
3. 마지막 날에 하나님을 만날 때에 기쁨으로 하나님을 만나게 하옵소서.

신앙의 기초 시리즈 23

30

귀신이 하는 일 ①

본 문: 누가복음 8장 26~39절(신 104쪽)

찬 송: 348장(마귀들과 싸울지라, 통 388)

요 절: 예수께서 육지에 내리시매 그 도시 사람으로서 귀신 들린 자 하나가 예수를 만나니 그 사람은 오래 옷을 입지 아니하며 집에 거하지도 아니하고 무덤 사이에 거하는 자라(눅 8:27)

이 세상의 모든 일은 기초가 잘되어 있어야 합니다. 집을 지어도 기초가 튼튼해야 합니다. 운동을 해도 기초가 튼튼해야 합니다. 신앙생활도 기초가 튼튼해야 합니다. 기초가 약하면 아무 일도 아닌 것에 시험이 들고, 다른 사람도 시험에 들게 하고, 영적인 손해를 많이 보게 됩니다. 우리 교회 성도들은 모두 신앙의 기초가 튼튼한 성도들이 되시기를 바랍니다.

본문 말씀은 귀신에 대한 것입니다. 현대교회는 종말이나 귀신에 대한 주제를 가지고 설교하는 것을 꺼립니다. 종말론이나 귀신론에 대해 이단들이 강조하였기 때문에 그렇게 된 것입니다. 중요하니까 이단들이 귀신론이나 종말론에 대하여 관심을 가졌고 잘못된 해석을 한 것입니다. 종말에 대한 믿음이 참 중요합니다. 종말신앙이 있기 때문에 믿음의 사람들이 힘든 일이 있어도 순결하게 살아갈 수 있습니다. 그리고 그 믿음대로 우리는 마지막 날에 주님을 기쁨 중에 만날 것입니다.

귀신론도 그렇습니다. 참 중요한 주제입니다. 우리는 성령에 대한 많은 말씀을 듣습니다. 보혜사 성령이 우리와 함께하셔야 하기 때문입니다. 그런데 성령이 누구로부터 우리를 보호해 주십니까? 사탄 마귀입니다. 마귀는 늘 우리를 넘어뜨리려고 우는 사자같이 두루 다니며 삼킬 자를 찾는다고 했습니다. 우리는 마귀가 하는 일을 잘 알아야 마귀를 이길 수 있습니다. 마귀가 하는 일을 모르면 나도 모르게 마귀가 좋아하는 일을 하고 마귀의 도구가 될 수도 있습니다. 지피지기면 백전백승(知彼知己 百戰百勝)이라 했습니다. 마귀를 잘 알아야 마귀를 이길 방법도 알게 되는 것입니다. 마귀가 하는 일에 대하여 잘 모르면 나도 모르게 마귀가 좋아하는 일을 하게 되는 것입니다.

예수님께서도 주기도문에 "다만 악에서 구하옵소서"라고 기도하라고 가르쳐주셨습니다. '악에서'라는 단어는 '악한 자에게서'라는 원래의 의미를 가지고 있는데 악한 자는 사탄 마귀를 뜻하는 것입니다. 하나님께서 도와주셔야 악한 마귀 사탄에게 시험을 당하지 않습니다. 성경에는 사탄, 마귀, 귀신 등 여러 가지 단어가 나옵니다. 사탄은 히브리어입니다. '대적하는 자'란 뜻입니다. 더 정확히 표현하면 '생명을 에워싸고 죽이는 자'입니다.

마귀나 귀신은 한자의 뜻을 가진 우리나라 말입니다. 성경에는 사탄을 여러 가지 이름으로 부르고 있습니다. 벨리알, 디아볼로스, 루시퍼, 귀신의 왕인 바알세불 등 여러 이름이 나옵니다. 학자에 따라서 마귀는 대장이고 귀신은 그의 수하들이라고 말하기도 합니다. 사실 사탄이나 마귀나 귀신이나 다 같은 존재들입니다. 사탄은 왜 생겼습니까? 성경은 말하기를, 하나님께서 창조하신 창조물 중에 천사의 우두머리가 하나님을 대적했습니다. 그래서 사탄이 되었습니다. 이들과 함께하는 타락한 천사들이 마귀입니다. 그러면 전지전능하신 하나님께서 천사가 타락할 것을 모르셨는가? 그리고 왜 그냥 두시는가? 궁금할 수가 있습니다.

하나님께서는 천사도 인격체로 만드셨습니다. 사람도 인격체로 만드셨습니다. 그래서 생각하고 판단하고 결정할 수가 있는 것입니다. 그런데 중요한 다른 점이 있습니다. 천사는 하나님의 필요에 의해 세상을 관리하고 부리는 자로 말씀으로 만드셨지만, 사람은 하나님의 모양과 형상대로 만드시고 하나님의 영을 불어넣어 주셨습니다. 그러므로 그 위치가 다릅니다. 우리는 하나님의 모양과 형상을 그대로 받은 하나님의 자녀들인 것입니다. 우리가 자녀들을 키워보면 자녀라고 해서 다 똑같지는 않습니다. 신실한 자녀도 있고 타락한 자녀도 있습니다.

하나님이 창조하신 사람들도 바로 그렇습니다. 하나님께서는 심판의 날까지 이들을 보시며 기다리시는 것입니다. 심판의 날에 사탄 마귀와 함께 이들의 미혹에 빠져 하나님을 대적하고 산 이들은 영원한 형벌에 처하게 되는 것입니다. 교회 역사를 보면 잘못된 귀신론들이 있어 왔습니다. 한국에도 그 영향이 많습니다. 유교의 영향을 받아 사람이 죽어 구천에 머문다는 생각이 기독교 안에도 들어왔습니다. 유교는 죽은 조상이 다시 찾아온다고 생각하여 제사를 지냅니다. 아니, 귀신이 되어 찾아오면 매일 찾아오지 왜 일 년에 한 번만 찾아오겠습니까? 그래서 죽은 조상들이 명절에 찾아온다고 밥을 차려놓고 제사를 지내는 것입니다.

명절에만 찾아오면 그동안은 무얼 먹고 삽니까? 명절 때 쫄쫄 굶은 귀신들이 모여 신세한탄을 했답니다. 한 귀신이 명절에 제사음식 먹으러 가보니 교통체증 때문에 처갓집에 갈 때 길이 막힌다고 새벽에 편한 시간에 제사를 지내는 바람에 다 자기들끼리 먹고 설거지까지 해버려 못 먹고 왔다고 한탄을 했답니다. 그러자 다른 귀신이 그래도 자네는 낫다고 나는 명절에 가보니 이놈들이 해외여행을 가서 거기서 제사를 지냈다고 하는데 내가 영어도 모르는데 해외를 어떻게 알고 찾아가느냐고 나도 굶고 왔다고 이야기합니다. 그러자 다른 귀신이 얼굴을 찡그리며 나는 상을 받기는 받았는데 택배로 온 음식이 죄다 상해서 못 먹고 물만 한 그릇 먹고 왔다는 것입니다.

그러자 한쪽에서 화가 잔뜩 난 귀신이 나는 호텔에서 제사를 차린다기에 따라가 보았더니 음식이 전부 플라스틱으로 되어 있어서 이빨만 다치고 왔다고 불평을 했답니다. 그러자 또 다른 귀신이 아니 요즘은 인터넷 시대라고 인터넷으로 제사를 지낸다고 해서 나도 PC방에 갔더니 글쎄 먼저 인터넷 카페에 회원가입을 해야 한다고 하는데 귀신이 어떻게 회원가입을 하노? 그래서 못 먹고 왔다는 것입니다.

웃자고 하는 이야기입니다. 조상이 와서 먹는 것도 아니고 귀신이 와서 먹는 것도 아닙니다. 우리 근처에도 귀신론이 잘못되어 이단으로 결정된 교회가 있습니다. 이들이 잘못 생각한 것은 믿는 사람들은 죽어 천국에 가지만 불신자는 귀신이 되어 산다는 것입니다. 그것이 아닙니다. 왜 이런 생각을 하게 되었습니까? 요즘은 귀신들린 사람들이 잘 나타나지 않습니다마는 옛날에 우리나라가 문화가 발달하지 못했을 때에는 귀신들인 사람들이 많이 나타났습니다. 지금도 후진국에는 귀신들린 사람들이 많이 나타납니다.

사탄 마귀도 교묘하게 일을 하는 것입니다. 왜 이런 잘못된 귀신론을 가지게 되었습니까? 귀신들린 사람들을 내어쫓을 때 보면 "너는 누구냐?" 그러면 나는 몇 대조 할머니라고도 하고 오래전에 죽은 동네 누구라고도 합니다. 그런데 그런 사람이 실제로 있었습니다. 목소리까지 비슷하게 흉내를 냅니다. 그런데 속지 않아야 합니다. 조상이 귀신이 되어 찾아온 것이 아니라 사탄 마귀가 흉내를 내는 것입니다. 성경이 말씀하는 분명한 사실은 죽은 자는 절대 돌아올 수가 없습니다. 예수님의 부자와 나사로의 비유에도 나옵니다. 사탄 마귀가 거짓말을 하는 것입니다.

또 이단에서 모든 병은 사탄 마귀가 주는 것이라고 주장했습니다. 그것도 아닙니다. 병은 여러 가지 통로를 통해서 옵니다.

첫째는, 사람이 하나님께서 창조하신 대로 몸을 잘 관리하지 못해서 병이 옵니다.

병이 드는 것은 다 이유가 있습니다. 아무리 건강한 사람도, 믿음 좋은 사람도 몸을 혹사하면 다 병에 걸리게 되어 있습니다. 하나님께서 그렇게 만드셨기 때문입니다. 그래서 성도들은 건강 관리도 잘해야 합니다. 어떤 분들은 목사님은 믿음으로 사니 병에도 안 걸리는 줄 압니다. 목사님도 몸을 잘못 관리하면 병에 걸립니다. 그래서 건강 관리를 잘해야 합니다.

둘째로, 병은 하나님의 징벌로 오는 경우가 있습니다.

성경에 보면 히스기야처럼 죄를 지었을 때 징벌로 병을 주시는 경우가 있습니다. 이 병은 회개할 때 치유해 주십니다.

셋째로, 하나님의 영광을 위하여 병이 오는 경우도 있습니다.

예수님께서 눈먼 맹인을 고쳐주시면서 "하나님의 영광을 위하여"라고 말씀하셨습니다. 불신자들 가운데 예수 믿고 병에서 고침 받은 분들이 많이 있습니다. 내가 병에서 고침 받았으면 하나님께 영광을 돌려야 하는 것입니다. 감사하는 삶을 살아야 하는 것입니다.

네 번째는 사탄이 주는 시험에서 오는 병이 있습니다.

욥이 바로 이런 경우입니다. 그러나 우리가 알아야 할 것은 사탄이 병을 주어도 하나님께서 허락하시지 않으면 줄 수가 없다는 것입니다. 하나님께서는 성도들이 이길 시험만 주신다고 하셨습니다. 그러므로 질병에 걸려도 염려하지 마시기 바랍니다.

사탄은 어떻게 일을 합니까? 사람을 통하여 일을 합니다. 하나님께서도 사람을 통하여 일을 하십니다. 사람을 준비시키시고 준비가 되어 있을 때 일을 시키십니다. 사탄은 귀신들을 부려 사람들이 자기가 좋아하는 일을 하게 만듭니다. 사탄이 하는 일이 무엇입니까? 성경에는 사탄이 하는 많은 일들이 기록되어 있습니다.

첫째, 사탄은 미혹하게 합니다.

"그러나 성령이 밝히 말씀하시기를 후일에 어떤 사람들이 믿음에서 떠나 미혹하는 영과 귀신의 가르침을 따르리라 하셨으니"(딤전 4:1)라고 말씀합니다. 성경 곳곳에서 사탄은 속이는 자라고 말씀합니다. 어떻게 속입니까? 여러분의 마음과 생각 속에 들어가 속이는 것입니다. 그래서 미혹하는 것입니다. 그래서 귀신의 가르침을 따라가게 되는 것입니다. 사탄이 가룟 유다를 미혹할 때에도 그 마음에 다른 생각을 집어넣었습니다. 요한복음 13장에 보면, 사탄이 가룟 유다에게 예수 팔려는 생각을 집어넣었다고 기록하고 있습니다. 사도 요한은 영안이 열려 있었기에 사탄이 가룟 유다에게 들어가는 것을 보았던 것입니다.

저는 믿음으로 산다고 하는 사람들이 미혹의 영에 잘 빠지는 것을 보았습니다. 이런 사람들이 신앙생활에서도 고집을 부립니다. 내가 생각하는 방법이 맞다는 것입니다. 이것이 바로 교만입니다. 귀신은 미혹을 시켜 '네가 신앙생활 잘하고 있다. 네가 맞다' 하고 속게 만듭니다. 우리는 다 양인 것을 잊어서는 안 됩니다. 단 한시도 성령님께서 우리를 보호해 주시지 않으면 우리는 미혹되는 존재인 것을 잊어서는 안됩니다.

내가 주일을 지키는 것이 아닙니다. 주일이 여러분을 지켜주는 것입니다. 내가 교회를 지키는 것이 아닙니다. 교회가 여러분을 지켜주는 것입니다. 그래서 말씀 앞에 늘 겸손해야 합니다. 예수님께서 교회를 세우시고 주의 종들을 세우신 이유가 여기에 있습니다. 문제는 주의 종들이 종의 사명을 잘 감당하지 못하니 양들이 믿지 못하고 그만 내가 판단하고 내가 신앙생활하려고 하게 됩니다. 이것이 미혹입니다. 우리는 늘 말씀 앞에 겸손해야 합니다. 헛된 욕심을 버려야 합니다. 그래야 미혹의 영에 빠지지 않습니다.

둘째, 사탄은 대적하는 자입니다.

사탄이라는 단어가 대적한다는 뜻입니다. 사탄은 하나님의 뜻에 대적합니다. 그래서 하나님의 영광을 가리는 일을 하게 만듭니다. 사탄의 영이 들어가면 하나님의 일을 방해하는 일을 합니다. 불신자들에게는 악한 행위를 통하여 일을 시키고 신자에게는 나는 하나님의 일을 한다고 생각하게 만드는 것입니다. 성도들은 사탄의 일하는 통로가 되어서는 안 됩니다. 하나님의 은혜의 통로가 되어야 합니다. 축복받는 통로가 되어야 하는 것입니다.

셋째, 사탄은 빼앗아가는 자입니다.

예수님께서는 씨 뿌리는 비유를 말씀해 주셨는데, 돌짝 밭에 떨어진 씨와 길가에 뿌려진 씨, 가시덤불에 떨어진 씨의 이야기를 해주셨습니다. 씨는 하나님의 말씀을 뜻합니다. 길가에 뿌려진 씨앗을 새들이 와서 먹어버렸는데 이것은 마귀가 말씀을 듣고 믿음이 자라지 못하도록 시험했다는 말입니다. 돌짝 밭에 떨어진 씨도 믿음이 약하여 마귀의 미혹에 넘어가는 것이요, 가시덤불에 떨어진 씨앗도 세상의 향락과 근심과 염려 때문에 마귀의 유혹에 넘어갑니다. 다 마귀가 하는 일입니다.

하나님께서는 매주일 여러분에게 말씀을 주십니다. 그 말씀의 축복을 빼앗기지 마시기 바랍니다. 그래서 말씀을 듣고 불평하는 사람 옆에도 가지 말라고 했습니다. 그것이 마귀의 유혹입니다. 나의 축복을 빼앗기게 되는 것입니다. 그래서 주일날은 찬송할 준비를 하고 오셔야 합니다. 모이면 서로 복된 간증을 할 준비를 하고 오셔야 합니다. 말씀을 듣고 아멘 할 준비를 하고 오셔야 합니다. 그래야 마귀에게 빼앗기지 않습니다. 세상에 나가서도 마찬가지입니다. 여러분을 시험하여 하나님의 자녀가 누려야 할 은혜와 축복을 빼앗아갑니다. 그러므로 빼앗기지 않는 성도들이 되시기를 바랍니다.

넷째, 사탄은 번뇌하게 합니다.

사탄이 사울에게 들어가니 번뇌하게 되었습니다. 다윗이 찬양할 때에는 고통이 덜했으나 또다시 번뇌가 찾아왔습니다. 근본적인 문제가 해결되지 않아서 그런 것입니다. 주님께서는 아무것도 염려하지 말라고 하셨습니다. 근심하지 말라고 하셨습니다. 근심은 우리의 마음을 상하게 만들기 때문입니다. 현대인에게 나타나는 질병의 대부분이 마음에서 오는 병입니다. 마음이 편안하지 않으면 소화도 안 됩니다, 그러면 소화불량이 생깁니다. 걱정을 하고 있으면 스트레스가 쌓이고 오만가지 병이 다 찾아오는 것입니다. 우리는 예수님의 말씀대로 살면 건강합니다. 번뇌하면 마음이 황폐해집니다. 우울증이 찾아오기도 합니다.

여러분, 성령의 아홉 가지 열매를 보세요. 번뇌하는 것이 하나도 없습니다. 사랑과 희락과 화평과 인내, 자비, 양선과 충성, 온유와 절제 이 모든 것이 우리를 행복하게 만드는 것입니다. 성령님의 역사를 따라가면 우리는 행복해질 수밖에 없고 축복받을 수밖에 없습니다. 그러므로 성령의 열매를 많이 맺어 여러분의 마음에 성령님의 은혜가 충만하기를 바랍니다.

다섯째, 사탄은 약한 곳을 공격합니다.

사람마다 다 약한 부분이 있습니다. 우리나라 역대 대통령들이 자녀들 때문에 대부분 말년에 좋지를 못했습니다. 대통령의 위치에까지 오르려면 다른 사람보다 더 열심히 일해야 했을 것입니다. 그래서 자녀도 돌보지 않고 일했습니다. 가만히 보면 자녀들이 마음에 상처를 다 가지고 있습니다. 나이 들어 성공한 후에 보니 자녀가 불쌍해지는 것입니다. 그래서 자녀를 위해 무리한 일을 합니다. 그러니 문제가 생기는 것입니다. 가정을 보살피지 아니하고 열심히 일하여 높은 자리에 오른 사람들이 자녀에 대해 유독 약합니다. 미안하기 때문입니다.

다른 것도 그렇습니다. 우리는 다 약한 것이 있습니다. 어떤 사람은 물질에 약합니다. 돈이 많은데도 유독 물질에 약한 사람이 있습니다. 아나니아와 삽비라는 믿음이 있는 사람이었습니다. 그래서 전 재산을 팔아 하나님께 드리려 했습니다. 이런 믿음 좋은 사람에게 약한 곳이 있었기에 사탄이 틈을 타고 시험하여 그만 넘어지게 되고 불행한 인생이 되고 말았습니다. 어떤 사람은 자존심에 약합니다. 자존심에 조금만 상처를 받으면 못 견디는 사람이 있습니다. 어떤 사람은 정욕에 약합니다. 어떤 사람은 명품에 혹 하고, 어떤 사람은 시기심이 많습니다. 사탄은 우리의 약한 곳을 너무나 잘 압니다. 그래서 그 약한 곳을 정확하게 공격을 합니다. 누가 지켜주어야 합니까? 하나님께서 지켜주시지 아니하면 우리는 백 번 넘어질 수밖에 없습니다.

여섯째, 사탄은 광명한 천사를 가장합니다.

사탄이 영화의 한 장면처럼 무섭게 나타나는 것이 아닙니다. 사탄은 때를 따라 적절하게 나타납니다. 어떤 때는 지혜자로, 어떤 때는 용감한 자로, 어떤 때는 광명한 천사처럼 나타납니다. 하나님의 일을 대적할 때 마귀는 "하나님 일을 하지 맙시다" 하는 것이 아닙니다. 예수님께도 마귀는 기가 막힌 방법으로 접근을 했습니다. "네가 하나님의 아들이니 성전에서 뛰어내리면 천사들이 받들고 그러면 사람들이 너를 존경할 것이라" 했습니다.

오늘도 사탄은 이와 같은 방법으로 미혹합니다. 사탄은 아이큐가 높습니다. 우리 인간과는 비교가 되지도 않습니다. 사람들이 왜 점집에 다닙니까? 사탄은 다 알고 있기 때문입니다. "네가 작년에 남편이 죽었구나!" 하고 알아맞힙니다. 그러니 미혹되는 것입니다. 예수 믿는 사람들 가운데도 점집에 가는 사람들이 있다고 하는데 이것은 하나님께서 기뻐하시지 않습니다. 그러면 안 되게 하십니다. 믿음의 사람은 믿음으로 살아야 축복을 받습니다. 사탄이 단수가 아주 높습니다.

여러분은 주의 종을 잘 따라오셔야 합니다. 내 생각으로 믿음생활하면 안 됩니다. 사탄은 마음과 생각을 미혹하는 영입니다. 성경은 사탄이 틈타지 못하도록 깨어있으라고 말씀합니다. 하나님의 말씀으로 깨어 있어야 합니다. 기도로 깨어 있어야 합니다. 찬송을 힘차게 불러 사탄이 집안에서 도망가도록 해야 하는 것입니다. 우리의 이 세상에서의 싸움은 혈과 육의 싸움이 아니요 하늘에 있는 악한 영들에 대한 것이라고 에베소서 6장에 말씀하셨습니다. 성도 여러분, 귀신이 하는 일에 대하여 늘 정신을 차리고 바라보고 귀신들이 물러가는 믿음의 사람으로 살아 축복의 성도들이 됩시다.

적 용

ⓐ 오늘 말씀의 주제 파악하기:

ⓑ 오늘 말씀 중 은혜 받은 부분 나누기:

ⓒ 삶에 구체적으로 적용하기:

함께 드리는 기도제목

1. 마귀를 잘 알아 마귀를 이길 수 있는 믿음의 사람이 되게 하옵소서.
2. 성령의 열매를 많이 맺어 우리 마음에 성령의 은혜가 충만하게 하옵소서.
3. 귀신이 하는 일에 대하여 늘 정신을 차리고 바라보고 귀신들이 물러가는 믿음의 사람으로 살아가게 하옵소서.

신앙의 기초 시리즈 24

31

귀신이 하는 일 ②

- **본 문**: 누가복음 8장 26~39절(신 104쪽)
- **찬 송**: 350장(우리들이 싸울 것은, 통 393)
- **요 절**: 귀신 나간 사람이 함께 있기를 구하였으나 예수께서 그를 보내시며 이르시되 집으로 돌아가 하나님이 네게 어떻게 큰일을 행하셨는지를 말하라 하시니 그가 가서 예수께서 자기에게 어떻게 큰일을 행하셨는지를 온 성내에 전파하니라(눅 8:38~39)

더운 여름철이 오면 텔레비전에서 납량특집 공포영화를 상영합니다. 귀신들이 자주 등장을 합니다. 영화에서는 마지막에 귀신들이 다 사라지고 주인공이 승리합니다. 그런데 우리 인생은 다 영화처럼 되는 것이 아닙니다. 귀신에 사로잡히면 일생 동안 고통의 삶을 살다가 마지막에도 영원한 형벌에 처하게 되는 것입니다. 하나님께서 창조하신 에덴동산의 하와에게 다가와 유혹을 한 것은 사탄이었습니다. 사탄이 뱀에게로 들어가 하와에게 거짓말로 유혹을 한 것입니다.

사실 뱀과 사탄은 비슷한 것이 참 많습니다. 그래서 성경은 사탄을 뱀에 비유하기도 했고, 사탄은 뱀의 형상으로 하와에게 접근하였습니다. 뱀은 항상 눈을 뜨고 있습니다. 사탄도 잠자지 않습니다. 우는 사자와 같이 두루 다니며 삼킬 자를 찾습니다. 뱀은 혀가 둘입니다. 두 가닥의 혀를 낼름거리며 다닙니다. 사탄도 말이 항상 다릅니다. 하나의 입으로 두 가지 말을 합니다. 뱀은 화려합니다. 화려하고 반짝이는 비늘을 보면 참 신비합니다. 사탄이 하는 일도 화려합니다. 겉으로 보기에 그럴듯합니다. 그러나 속은 더럽고 냄새나는 것입니다.

뱀은 끼리끼리 뭉칩니다. 겨울잠을 잘 때 보면 뭉쳐서 잡니다. 사탄도 이렇게 뭉쳐 다닙니다. 혼자서 일을 하지 않고 꼭 다른 사람들을 함께 미혹하여 죄를 짓게 만들고 믿음이 흔들리게 만들고 축복받지 못하게 만듭니다. 뱀은 소리 없이 움직입니다. 가까이 다가가도 다른 동물이 모릅니다. 사탄도 소리 없이 움직입니다. 자기의 정체를 드러내지 않고 숨어 들어와 사탄의 독을 주입하여 시험에 빠지게 합니다. 뱀은 먹이를 즉시 먹지 않습니다. 독이 퍼져 꼼짝 못할 때까지 둡니다. 사탄도 죄의 독을 집어넣어 꼼짝 못할 때까지 둔 다음에 삼켜버립니다. 뱀은 고개를 빳빳하게 듭니다. 사람도 사탄에 미혹되면 고개를 들고 교만하게 변합니다. 뱀은 작은 틈에도 잘 들어옵니다. 사탄도 조그만 틈이 있으면 다 들어옵니다. 그래서 성경은 틈을 타지 못하게 하라고 하신 것입니다. 이렇게 사탄은 무섭습니다.

사탄의 흉계를 대적하기 위해 하나님의 전신갑주를 입으라 하셨습니다. 하나 가지고 되는 것이 아닙니다. 구원의 투구인 구원의 확신이 있어야 하고, 의의 흉배를 입고 의롭게 살아야 합니다. 진리의 허리띠를 띠고 진리 안에서 살아야 합니다. 평안의 신을 신어야 합니다. 믿음의 방패를 가져야 합니다. 성령의 검 곧 하나님의 말씀을 가지고 싸워야 사탄 마귀를 이길 수 있는 것입니다.

성경에는 동물이 말을 한 사건이 두 번 나옵니다. 창세기에서 뱀이 하와에게 유혹한 것과 발람 선지자에게 나귀가 책망한 사건입니다. 발람 선지자에게 나귀가 말한 것은 하나님께서 행하신 일입니다. 그런데 뱀이 하와에게 말한 것은 사탄이 한 일입니다. 사탄은 속이는 자입니다. 그래서 말을 못하는 뱀이 말하는 것처럼 속이는 것입니다. 무당이 귀신을 불러내는 것을 보고 사람들이 속습니다. 그러나 귀신이 속이는 것입니다. 사탄은 영물입니다. 그래서 본문 말씀에도 나오듯이 동물 속에도 들어가고 사람 속에도 들어갑니다.

성령도 영이십니다. 하나님의 영이 사람 가운데 들어오십니다. 성령이 들어오시면 그 사람을 성령이 주장하십니다. 성령이 계시면 사탄 마귀가 들어오지 못하고 흔들지 못하는 것입니다. 그러므로 우리는 늘 성령이 내 안에 거하시도록 해야 합니다. 에베소서 4장 30절에 "너희는 성령을 근심하게 하지 말라"고 하셨습니다. 성령을 근심하게 하면 성령이 떠나십니다. 다윗은 "주의 영을 내게서 거두지 마옵소서"라고 기도했습니다. 우리가 하나님의 말씀을 멀리하고 우상을 숭배하며 음욕과 불의와 더러운 마음에 사로잡혀 있을 때 성령께서 근심하시고 떠나십니다. 성령이 떠나시면 우리는 나의 힘으로 사탄 마귀와 싸울 수가 없습니다. 그래서 불행한 사람이 됩니다. 우리는 성령께서 나를 늘 주장하시기를 그리고 성령충만함을 입기를 기도해야 되는 것입니다.

본문에 예수님과 제자들이 거라사인의 땅에 이르렀습니다. 거라사는 주전 3세기에 알렉산더 대왕에 의하여 세워진 도시로 이후 로마의 중요한 도시 역할을 했습니다. 이곳에 많은 돼지를 치고 있었습니다. 유대인들은 돼지를 가증한 식품으로 여깁니다. 그래서 이곳의 돼지는 유대인을 위해 사육하는 것이 아니라 로마의 군대를 위해 사육하는 곳이었습니다. 이곳에는 아주 소수의 유대인들만이 살고 있었고 말 그대로 이방인인 거라사인들이 살고 있었습니다. 그런데 이곳에 예수님께서 가셨습니다.

예수님은 유대인들만 위하여 오신 것이 아니라 소외되고 귀신에 잡혀 고통당하는 한 영혼을 위하여 그곳까지 찾아가셨습니다. 귀신 들린 사람은 오랫동안 옷도 입지 않고 집에 거하지도 않고 무덤 사이에 거하는 자라고 했습니다. 옷을 벗고 다녀도 부끄러운 줄을 몰랐습니다. 오늘도 거라사의 광인처럼 살아가는 현대인들이 많습니다. 자기의 부끄러운 곳을 드러내면서도 부끄러운 줄 모릅니다. 악한 행위를 하면서도 양심의 가책도 느끼지 않습니다. 요한계시록 16장 15절에 말세에 대하여 말씀하면서 "깨어 자기 옷을 지켜 벌거벗고 다니지 아니하며 자기의 부끄러움을 보이지 아니하는 자는 복이 있도다"라고 하셨습니다.

거라사의 광인은 가정을 떠났습니다. 가정이 없는 사람이 어디 있겠습니까? 귀신의 영에 사로잡히니 가정을 떠난 것입니다. 오늘도 가정을 팽개치고 자신만을 위해 사는 사람들이 있습니다. 부모는 자녀를 위해 희생하고 자녀는 부모의 마음을 알고 효도하는 가족공동체가 급격히 해체되어 가고 있습니다. 모두가 뿔뿔이 살아갑니다. 거라사의 광인은 무덤에 거했다고 했습니다. 사람들은 무덤을 싫어합니다. 무덤가에는 사람이 살지 않습니다. 썩은 냄새가 나는 곳입니다. 이곳은 웃음이 없고 기쁨이 없는 곳입니다.

오늘도 기쁨과 행복을 멀리하고 죄악의 냄새가 나는 곳에 사는 사람들이 많습니다. 이 광인의 모습이 사실은 우리가 가지고 있는 모습입니다. 우리는 인생의 많은 문제들을 가지고 살아갑니다. 인생의 문제를 해결해 주실 분이 누구십니까? 예수 그리스도이십니다. 38년 된 앉은뱅이 거지도 예수님을 만나 인생의 문제를 해결받았습니다. 나사로의 가정도 예수님을 만나 문제가 해결되었습니다. 눈먼 사람도, 창녀도, 세리장 삭개오도 예수님을 만나니 문제가 해결되었습니다.

오늘 거라사의 귀신들린 사람도 예수님을 만나고 문제가 해결되었습니다. 예수님은 모든 문제를 해결해 주시는 분이십니다. 다른 곳에 가서 인생의 문제를 해결받으려 하지 마세요. 예수님이 인생의 주관자가 되시기 때문에 예수님만이 해결해 주실 수 있는 것입니다. 여러분은 예수님을 만나 인생의 모든 문제를 해결받는 성도들이 되시기를 바랍니다.

오늘 말씀에 귀신들린 자 하나가 예수님께 "지극히 높으신 하나님의 아들 예수여 당신과 나와 무슨 상관이 있나이까? 당신께 구하오니 나를 괴롭게 마옵소서"라고 큰 소리로 외쳤습니다. 공관복음에 이 사건이 기록되어 있는데 다른 곳에는 귀신들린 자 둘이 있었습니다. 그중에 하나가 외친 것입니다. 귀신들린 자가 "하나님의 아들 예수여"라고 했습니다. 제자들도 잘 깨닫지 못한 예수님을 귀신들린 자는 알아보았습니다. 사실은 그 속에 거하는 귀신이 안 것입니다. 귀신이 먼저 압니다. 믿음이 있는지 없는지 먼저 다 압니다. 신앙생활하면서 의심하는지 다른 생각을 하는지 먼저 압니다. 마음에 불평이 있는 것 먼저 압니다. 감사하지 않고 행복하지 않은 것 먼저 압니다. 그래서 사탄 마귀가 이런 사람에게 가서 시험하는 것입니다.

옛날에는 귀신들린 사람들이 참 많았습니다. 한 교회에서 귀신들린 사람이 있다고 해서 교인들이 가서 찬송을 부르고 기도하는데 갑자기 귀신들린 사람이 벌떡 일어나면서 기도하는 권사님을 발길로 걷어차며 "네깟 년이 무슨 권사야?" 하는 바람에 그만 눈이 퉁퉁 부어올랐다는 것입니다. 귀신이 먼저 아는 것입니다. 여러분의 마음속에 있는 생각까지 먼저 아는 것입니다. 아무리 강한 사람도 귀신을 이길 수가 없습니다. 공부 많이 한 사람도 안 됩니다. 부자도 안 됩니다. 운동 많이 한 사람도 안 됩니다. 그러나 우리 예수님을 마음속에 모시기만 하면 귀신의 역사가 저절로 물러가게 되는 줄 믿습니다.

말씀이 이기는 것입니다. 예수님도 시험하는 사탄을 말씀으로 이기셨습니다. 하나님의 말씀을 주실 때에 아멘 하고 말씀을 받으면 그 말씀의 능력이 우리를 지켜주십니다.

> "하나님께로부터 난 자는 다 범죄하지 아니하는 줄을 우리가 아노라 하나님께로부터 나신 자가 그를 지키시매 악한 자가 그를 만지지도 못하느니라"(요일 5:18).

우리는 하나님의 자녀입니다. 그러므로 사탄이 우리를 만지지도 못하는 것을 믿으시기 바랍니다.

우리의 마음속에는 이미 성령께서 거하고 계십니다. "그가 또한 우리에게 인치시고 보증으로 우리 마음에 성령을 주셨느니라"(고후 1:22)고 말씀하셨습니다. 성령을 대적할 사탄은 없습니다. 그러므로 사탄이 유혹할 때 담대히 이기시기 바랍니다. 오늘 말씀에 "당신이 나와 무슨 상관이 있습니까? 왜 나를 괴롭게 하십니까?" 하고 항변합니다. 성경은 기록하기를 이미 예수님께서 그 사람에게서 귀신이 나올 것을 명하셨기 때문이라고 했습니다.

귀신에게 애원한다고 되는 것이 아닙니다. 신 내림을 받고 무당이 된 사람들은 자기 힘으로 귀신을 물리칠 수 없습니다. 귀신이 절대로 떠나지 않습니다. 그 사람을 황폐화시키고 가정을 망하게 하며 놓지를 않습니다. 이기는 방법은 예수 믿는 것 한 가지뿐입니다. 예수 믿으면 귀신이 견디지를 못하기 때문입니다. 이 귀신들린 사람을 쇠사슬과 고랑으로 묶어놓았으나 그 맨 것을 끊고 귀신에게 불려 광야로 나갔다고 했습니다. 쇠사슬로 묶고 그 주변에 쇠사슬을 끊을 수 있는 아무것도 놓아주지를 않습니다. 그런데도 쇠사슬을 끊었습니다. 사람의 힘이 아닙니다. 귀신들린 사람들을 보면 사람이 힘으로 제어할 수가 없습니다. 얼마나 강한지 모릅니다.

그러나 말씀을 듣고 가는 사람에게는 꼼짝 못하는 것입니다. 제 부모님이 시골교회를 개척하실 때 그런 일이 많이 있었습니다. 하나님께서 그 마을을 구원해 주시려고 역사를 많이 행하셨습니다. 귀신들린 사람이 나오면 그 가정이 엉망이 됩니다. 그런데 목사님이 오셔서 고쳐주신다고 하니 사람들이 모여서 기다리고 있습니다. 그렇게 날뛰던 귀신들린 사람이 목사님이 그 집을 향해 가고 있는 순간 몇백 미터 앞에서도 벌써 알아차리고 방구석에 들어가 부들부들 떨면서 나 죽게 되었다고 살려달라고 합니다. 그런 일들이 많이 있었습니다.

예수님께서 귀신들린 사람을 힘으로 내어쫓으신 것이 아닙니다. 하나님의 능력으로 행하신 것입니다. 오늘의 시대는 악한 일들이 참 많습니다. 정의가 숨고 불의가 정의로 둔갑한 것도 참 많습니다. 사탄 마귀가 교회 안에도 들어와 성도들을 불행하게 만들고 말씀을 듣지 못하게 만듭니다. 어떻게 해야 합니까? 하나님의 말씀으로 물리쳐야 하는 것입니다. 우리가 다른 방법으로 세상을 변화시키는 것이 아닙니다. 하나님의 말씀대로 살아가면 어둔 세상이 밝아집니다. 사탄의 역사가 물러갑니다.

기독교는 변화되는 것입니다. 불행하던 사람이 행복해지고, 폭력적이던 사람이 온유한 사람이 되고 거짓되게 살던 사람이 진실해집니다. 희망이 없던 가정이 행복한 가정으로 변화가 됩니다. 교회가 살아있으면 지역이 변하고 나라가 변합니다. 이렇듯 우리 교회로 인해 서울이 밝아지는 역사가 있기를 원합니다. 우리 교회가 이사 가려고 한다면 영등포 주민들이 반대하는 교회가 되기를 원합니다.

예수님께서 "네 이름이 무엇이냐?" 하고 물으셨습니다. 이 사람의 이름을 물으신 것이 아닙니다. 예수님은 이 사람을 괴롭히고 있는 "네 정체가 무엇이냐?" 하고 물으신 것입니다. 예수님께서 몰라서 물으신 것이 아닙니다. 귀신의 정체를 명확히 하신 것입니다. 이 사람은 '군대'라 대답을 합니다. 성경 원어에 보면 '레기온입니다'라고 대답을 했습니다. 레기온은 6천 명 가량의 황제의 지시를 받는 군단입니다. 로마의 군단은 최고의 힘을 자랑하는 조직입니다. 사실은 처녀귀신, 몽달귀신, 군대귀신이 있는 것은 아닙니다. 레기온이라는 말은 군단과 같이 막강한 힘을 가진 존재로 이 광인에게 역사한다는 말입니다.

귀신은 이미 예수님의 명령에 굴복해야 함을 알고 있었습니다. 그래서 무저갱에 들어가지 않기를 원했습니다. 성경은 무저갱에 대해 9번을 기록하고 있는데, 사탄 마귀의 최후의 심판의 장소입니다. 귀신은 근처의 돼지 떼에 들어가게 허락하기를 구합니다. 예수님께서는 무저갱으로 보내시든 어디로 보내시든 하실 수 있지만 사탄 마귀는 이 순간에도 예수님을 시험하려고 합니다. 이 사건 이후 귀신들이 돼지 떼에 들어가 호수로 달려들어 모두 몰사를 합니다. 돼지 떼는 주인이 있습니다. 주인에게 막대한 손해를 입혀 예수님께 해를 가하려고 한 것입니다.

예수님께서는 이것을 모르시지 않습니다. 그런데도 허락을 하십니다. 왜요? 한 생명이 천하보다 귀하다는 것을 깨닫게 하시기 위해서입니다. 예수님은 한 생명을 구하시기 위해 이방인의 땅까지 찾아가셨고 수많은 돼지를 죽게 두셨습니다. 오늘 우리도 한 영혼을 구하기 위해 수고를 아끼지 않아야 하는 것입니다. 복음 전하는 일이 최우선이 되어야 합니다. 제가 다른 교회 가서 설교를 하게 되면, 늘 복음 전하는 일에 인색하지 말라고 강조합니다. 예수님께서 복음을 전하기 위해 우리에게 오셨고 복음을 전하기 위해 교회를 세워주셨기 때문입니다.

귀신들렸던 사람은 예수님을 따르기를 원했습니다. 그러나 예수님은 "집으로 돌아가 하나님이 네게 어떻게 큰일을 행하셨는지를 말하라"고 말씀하셨습니다. 그래서 그가 가서 예수께서 자기에게 어떻게 큰일을 행하셨는지를 온 성내에 전파하였습니다. 한 영혼을 살려주심으로 성내에 복음이 전파된 것입니다. 이후에 거라사에는 15개의 큰 교회가 세워졌습니다. 거라사는 7세기 아랍에게 정복을 당하고 이슬람이 된 후 8세기에 지진으로 폐허가 되어버려 흙속에 잠겨버렸다가 근래에 유적이 발굴되고 있습니다.

예수님은 귀신에 들린 사람을 고쳐주시고 집으로 돌아가라고 하셨습니다. 그곳에서 하나님께서 행하신 일을 전하라 하셨습니다. 새사람이 되라는 것입니다. 여러분, 예수 믿었으니 새사람이 되어야 합니다. 말씀으로 날마다 여러분의 영혼을 씻어야 합니다. 귀신은 찬송 부르는 것을 두려워합니다. 귀신은 기도하는 것을 싫어합니다. 귀신은 성도가 회개하고 새 삶을 사는 것을 싫어합니다. 사탄 마귀는 옛날이나 지금이나 하는 일이 똑같습니다. 하나님을 대적하려 합니다. 악한 자들을 수하로 부려 사람들로 하여금 고통스럽게 만듭니다. 사람들에게 악한 생각을 불어넣습니다. 그래서 국가 간에 전쟁을 일으킵니다. 가정에서는 남편과 아내로 죄를 짓게 만들어 불화를 일으킵니다.

또한 하나님의 자녀들을 시험 들게 만듭니다. 근심하게 만들고 미워하게 만들고 더럽고 추한 것을 좋아하게 만듭니다. 다른 사람을 정죄하고 불평하게 하고 말씀을 떠나게 합니다. 교회에 분쟁을 만듭니다. 예배를 방해합니다. 예배드리는 중에도 눈을 감게 만들고, 다른 생각이 들게 만들고, 은혜의 통로가 막히게 하는 것이 사탄 마귀가 하는 것입니다.

성도 여러분, 예수님께서는 말씀으로 귀신을 나오라 명하셨습니다. 여러분도 사탄 마귀가 시험할 때에 담대히 예수의 이름으로 더러운 귀신들이 물러갈 것을 명하십시오. 그러면 물러가는 줄로 믿으시기 바랍니다. 믿음의 사람이 말씀으로 살면 귀신이 틈타지 못합니다. 우리가 어떠한 상황에 있어도 말씀을 붙들고 살면 소망이 있습니다. 우리 성도들은 하나님 말씀 중심으로 살아 사탄 마귀의 시험에 흔들리지 않고 하나님의 영광을 위하여 살아가는 성도들이 됩시다.

적 용

ⓐ 오늘 말씀의 주제 파악하기:

ⓑ 오늘 말씀 중 은혜 받은 부분 나누기:

ⓒ 삶에 구체적으로 적용하기:

함께 드리는 기도제목

1. 성령께서 나를 늘 주장하시고 사탄 마귀의 시험에서 승리하게 하옵소서.
2. 말씀의 능력으로 사탄 마귀의 시험을 이기게 하옵소서.
3. 하나님 말씀 중심으로 살아 사탄 마귀의 시험에서 흔들리지 않고 승리하여 하나님께 영광 돌리게 하옵소서.

신앙의 기초 시리즈 25

32

복의 근원이신 하나님

- **본 문**: 신명기 28장 1~14절(구 303쪽)
- **찬 송**: 28장(복의 근원 강림하사, 통 28)
- **요 절**: 네가 네 하나님 여호와의 말씀을 삼가 듣고 내가 오늘 네게 명령하는 그의 모든 명령을 지켜 행하면 네 하나님 여호와께서 너를 세계 모든 민족 위에 뛰어나게 하실 것이라 네가 네 하나님 여호와의 말씀을 청종하면 이 모든 복이 네게 임하며 네게 이르리니(신 28:1~2)

성경에는 복에 대한 말씀이 많이 기록되어 있습니다. 아담과 하와를 만드시고 제일 먼저 하신 일이 복을 주신 일입니다. "생육하고 번성하라. 땅에 충만하라. 정복하라"고 복을 주셨습니다. 하나님은 성경의 수많은 인물들에게 나타나셔서 복을 주셨습니다. 사람들은 복이라고 할 때 물질적인 복, 건강의 복, 자녀의 복을 먼저 생각합니다. 맞습니다. 이것도 우리 인간이 살아가면서 누려야 할 아주 중요한 복입니다. 우리는 성경이 말씀하는 복에 대한 바른 깨달음을 가져야 합니다. 성경이 말씀하는 복이 무엇인지를 알아야 복의 길로 갈 수가 있습니다. 성경에는 복을 의미하는 단어가 여러 개 나옵니다.

첫째로, '복'이란 히브리어로 '에세르'인데 주로 영적인 복을 의미합니다. 시편 1편에서 "복 있는 사람은"이라고 할 때 '에세르'입니다. '하나님께서 우리와 함께 계신다'라는 의미입니다. 하나님께서 우리 곁을 떠나가시면 즉시 사탄 마귀가 찾아옵니다. 그래서 우리 인생을 불행하게 만드는 것입니다. 그러므로 우리는 하나님과 함께 있는 것이 복입니다.

둘째로, '바라크'라는 단어가 있습니다. 바라크는 '꿇어 엎드린다, 순종한다'는 뜻입니다. 하나님께 엎드려 경배하며 순종하는 것이 복입니다. 이 시간도 하나님 앞에 나와 경배할 수 있는 은총을 입은 여러분은 성경이 말씀하는 복을 받은 사람들입니다.

셋째로, '베라카'라는 단어가 나옵니다. 베라카는 바라크에서 나온 단어로 '복을 준다'는 뜻입니다. 하나님께서 아브라함에게 복을 주시며 "너는 복이 될지라"고 하실 때 '너는 베라카다' 하고 말씀하셨습니다.

이렇게 성경은 복에 대하여 굉장히 넓은 의미로 말씀하십니다. 그런데 우리는 복을 물질적인 의미로만 해석하여 하나님께서 말씀하신 복을 축소시키는 경향이 있습니다. 우리 인생은 복을 받아야 삽니다. 복을 구하는 것이 잘못된 것은 아닙니다. 기복주의 신앙에 대하여 비판을 하는데 그것은 하나님의 뜻을 찾지 아니하고 내가 원하는 복만 달라고 하는 것이 기복신앙입니다. 복이 사라지면 얼마나 불행해지는지 모릅니다.

첫째, 영적인 복이 있습니다.

영적인 복을 받지 못하면 하나님과 함께하지 못합니다. 사탄이 찾아와 미혹을 하고 주장을 하니 그 심령이 복되지 못합니다. 마음과 생각에 악한 것이 가득 차게 됩니다. 예수님께서는 8복에 대하여 말씀해 주셨습니다. 예수님께서 마태복음 5장에서 말씀하시는 여덟 가지 복은 '심령이 가난한 자가 복이 있다, 애통하는 자가 복이 있다, 온유한 자가 복이 있다, 의에 주리고 목마른 자가 복이 있다, 긍휼히 여기는 자가 복이 있다, 마음이 청결한 자가 복이 있다, 화평케 하는 자가 복이 있다, 의를 위하여 박해를 받는 자가 복이 있다"고 말씀하셨는데 이 복 가운데는 물질과 건강에 관한 복이 하나도 없습니다.

다 심령에 복을 받은 것을 말씀하고 이런 사람이 하나님의 아들이고 천국을 차지하게 될 것임을 말씀하셨습니다. 우리의 영원한 본향은 천국입니다. 이 땅에 사는 동안 아무리 많은 복을 받았어도 천국을 차지하지 못하면 그 인생은 불쌍한 인생이 되고 맙니다. 그러므로 가장 먼저 받아야 하고 가장 분명히 받아야 하는 복이 심령의 복입니다.

둘째, 물질적인 복을 받지 못하면 참 불편합니다.

넉넉하여 나누어주고 베풀어주는 삶을 사는 것이 복입니다. 돈을 빌리러 다니는 것이 얼마나 힘이 듭니까? 자녀들에게 해주어야 할 것을 물질이 없어 못해 주는 부모의 마음은 고통스러운 것입니다. 성경은 곳곳에서 믿음의 사람들이 받는 물질의 복을 말씀해 주셨습니다. 아브라함에게 복을 주셨고, 야곱에게 복을 주셨고, 욥에게 복을 주셨습니다. 이 복을 통해 우리는 하나님의 영광을 나타내고 이 땅에서도 풍성하게 살아가는 것입니다. 물질적인 복을 구하는 것이 잘못된 것이 아닙니다. 성경에 말씀하신 것입니다. 그러므로 우리는 물질적인 복을 받아야 행복합니다.

셋째, 건강의 복도 있습니다.

다른 것을 다 얻었어도 건강을 잃으면 모든 것을 잃어버리는 것입니다. 어떤 부부가 악착같이 일을 하여 돈을 벌었습니다. 남편은 직장에 나가 일을 하고 저녁이면 돌아와 야간 택시운전을 했습니다. 부인도 아이들을 돌보지 못하고 직장에 나가 돈을 벌었습니다. 그래서 아파트를 장만하고 이제 겨우 살 만하니 덜컥 불치의 병에 걸려버렸습니다. 새카맣게 타들어간 얼굴을 보며 말을 할 수가 없었습니다. 하나님께서 건강의 복도 주셔야 합니다.

넷째, 가정의 복을 받아야 합니다.

시편 128편은 가정의 복을 말씀합니다. 남편은 일한 만큼 결실이 있는 축복을 받습니다. 아내는 결실한 포도나무와 같고 자녀들은 어린 감람나무 같은 복을 받습니다. 부모님은 장수하여 자식의 자식을 보는 복을 시편 128편에서 말씀하고 있습니다. 남편이 아무리 열심히 일하여도 아내가 좋지 못하면 그 가정은 불행한 가정이 되고 맙니다. 아내가 열심히 살아보려고 하는데 남편이 협력하지 않으면 이 가정도 불행한 가정이 되고 맙니다. 부모는 잘되었는데 자식이 잘못되면 이것도 복을 받지 못한 것입니다. 우리는 성경이 말씀하는 이 모든 복을 받아야 합니다. 우리 성도들은 성경이 말씀하는 모든 복을 풍성히 받으시기를 바랍니다.

신명기 28장에서는 복에 대한 많은 말씀을 주고 있습니다. 성읍에서도 복을 받고, 들에서도 복을 받고, 농산물과 축산물이 복을 받고, 모든 사람 앞에서 뛰어나게 되는 복을 받고, 물질의 복을 받고, 들어와도 복을 받고, 나가도 복을 받는 것을 말씀하고 있습니다. 그런데 이 복이 어디에서 오는 것인지를 말씀하고 있습니다.

1-2절은 어떻게 하면 복을 받을 것인지를 말씀하고, 3절 이하에서는 복의 내용에 대하여 나옵니다. 1절과 2절이 빠진 복은 복이 아닙니다. 그것은 잘못하면 저주가 됩니다. 아무리 많은 것을 얻었어도 하나님 없는 복을 얻으면 그것을 죄짓는 데 사용하게 되는 것입니다. 신명기 28장은 68절까지 있습니다. 그 중에 1-14절까지는 복에 대한 말씀이고, 나머지 15-68절까지의 많은 말씀은 저주에 대한 말씀입니다. 우리가 많은 것을 가졌어도 하나님의 은혜인 줄 모르면 그것이 저주가 되는 것입니다. 오늘 말씀에는 복을 받기 위한 세 가지 명령이 나옵니다.

1. "네가 네 하나님 여호와의 말씀을 삼가 듣고"라고 했습니다.

하나님의 말씀을 삼가 듣는 것이 복입니다. "삼가 들으라"는 말은 원어성경에 '쉐마 키 쉐마'입니다. 듣고 또 들으라는 말입니다. 우리는 하나님의 말씀을 갈급해해야 합니다. 목마른 사슴이 시냇물을 찾듯이 갈급해야 합니다. 현대인들은 갈급함이 있습니다. 잘살고 싶어 갈급하고, 높은 자리에 오르고 싶어 갈급합니다. 정욕을 찾아 갈급해하는 사람들이 많습니다. 밤거리에 나가 보면 오색찬란한 불빛들이 있는 곳은 다 갈급한 사람들을 부르는 곳입니다.

세상적인 갈급함을 따라가다 보면 그 끝은 허망합니다. 우리 믿음의 사람들은 영적인 갈급함을 가져야 합니다. 요즘 이상기후로 인하여 가축을 기르는 농가에서 걱정이 많습니다. 물을 뿌려주어도 금세 더워지고 견디다 못한 가축들이 죽어나갑니다. 가축들이 숨을 몰아쉬며 죽어가면서 시원한 물을, 공기를 얼마나 갈급해하겠습니까? 그런 때에 하늘에서 시원한 소나기가 내려주고 찬바람이 불어오면 죽어가던 가축들이 살아나는 것입니다.

우리는 하나님의 말씀을 듣지 아니하면 우리 심령이 죽어가고 메말라간다는 것을 깨달아야 합니다. 허덕이고 있는 내 영적인 상태를 바라볼 수 있어야 합니다. 그래서 믿음의 사람들은 주일이 기다려지는 것입니다. 하나님의 말씀을 듣고 그 말씀을 받아들이면 믿음이 자라게 됩니다. 믿음은 하나님의 뜻을 알고 순종하는 것입니다. 그러므로 말씀을 들으면 축복의 길로 가게 됩니다. 우리 성도들은 늘 말씀 듣기를 사모하는 심령이 되시기 바랍니다.

2. "내가 오늘 네게 명령하는 그의 모든 명령을 지켜 행하면"이라고 하셨습니다.

하나님의 말씀을 듣고 나면 그다음에 행하여야 하는데 이때 마귀의 시험이 있습니다. 예수님께서 씨 뿌리는 비유를 주셨는데 씨 뿌리는 자가 씨를 뿌립니다. 이 씨는 말씀을 뜻합니다. 어떤 씨는 길가에 떨어지고, 어떤 씨는 돌밭에 떨어지고, 어떤 씨는 가시덤불 위에 떨어집니다. 예수님의 말씀은 씨가 땅에 떨어지면 싹이 자라야 하는데 여러 가지 시험이 온다는 것입니다. 그래서 말씀대로 살지 못하게 하는 것입니다. 예수님의 말씀 그대로입니다. 우리가 하나님의 말씀을 들으면 그다음에는 "말씀대로 살게 해주시옵소서" 하고 기도하고 나아가 순종해야 합니다. 그래서 성령의 도우심이 필요합니다.

내 힘으로 할 수 있는 것이 아닙니다. 내 의지로 하려고 하는 사람이 마귀의 가장 좋은 먹잇감입니다. 성령의 인도를 따라갈 때 말씀대로 살아가는 힘이 나는 것입니다. 성령을 따라가면 실패가 없습니다. 잘못된 길로 가지 않습니다. 성령은 내 안에 소망을 주십니다. 복된 꿈을 주십니다. 오늘 한국교회가 성령의 인도를 따라가야 다시 설 수가 있습니다.

저는 얼마 전 우리 교단 총회장을 역임하신 채영남 목사님의 책을 읽다가 많이 울었습니다. 채영남 목사님을 아는 장로님, 권사님, 집사님, 교역자들이 쓴 글입니다. '성도들이 정말로 목사님을 사랑하고 존경하는구나! 이분이 정말 교인들을 사랑하시는구나!' 하고 느꼈습니다. 글을 읽으면서 '내가 많이 부족하구나! 내가 더 겸손하고, 더 교인들을 사랑해야 하나님께서 기뻐하시겠구나!' 하고 생각을 했습니다. 채 목사님이 병원에 가서 수술을 준비하면서 얼굴이 하얗게 되어서도 설교를 했습니다.

이분은 다른 것은 실패하여도 예배에는 절대로 실패해서는 안 된다는 믿음을 가지고 있었습니다. 이분은 주의 종에게 주신 명령을 지켜 행하기 위해 목숨을 걸었구나 하고 감동을 받았습니다. 성령님께 맡긴 것입니다. 자기가 서려고 하면 실패합니다. 하나님을 의지해야 도와주십니다. 우리 교회는 하나님의 말씀을 듣고 그 말씀대로 행하기 위해 성령의 음성을 따라가는 성도들이 되기를 원합니다. 구별된 주의 백성들이 되기를 원합니다.

3. “네가 네 하나님 여호와의 말씀을 청종하면 이 모든 복이 네게 임하며 네게 이르리니”라고 하셨습니다.

청종은 그저 귀로 듣는 것을 말하지 않습니다. 경청하고 나아가 순종하는 것을 포함하는 뜻입니다. 하나님께서는 듣고 순종하는 자를 원하셨습니다. 예수님께서 포도원의 두 아들의 비유를 주신 것도 말씀을 듣고 순종하는 자를 말씀하신 것입니다. 사무엘 선지는 하나님의 말씀에 순종하지 아니한 사울 왕을 책망하며 “여호와께서 번제와 다른 제사를 그의 목소리를 청종하는 것을 좋아하심같이 좋아하시겠나이까? 순종이 제사보다 낫고 듣는 것이 숫양의 기름보다 낫습니다”라고 했습니다.

우리가 듣는 데서 끝나면 안 됩니다. 들은 다음에는 나가서 순종해야 합니다. 그래야 청종이 됩니다. 씨앗을 뿌렸으면 옥토에 떨어져 잘 가꾸어 30배, 60배, 100배의 결실을 거두어야 합니다. 우리가 왜 순종하지 못합니까? 내가 보는 눈으로 볼 때 손해 볼까 봐 두려워서 그렇습니다. 우리 육신의 눈은 잠시 후의 일도 보지 못합니다. 내 눈앞에 있는 사람의 속도 보지 못합니다. 그러나 하나님께 인생의 길을 맡기면 반드시 복되고 형통한 길로 인도해 주시는 것입니다.

동숭교회 김건철 장로님은 한국교회에 많은 일을 하신 분인데 그의 부친이 예산교회를 개척하여 목회하신 김능백 목사님입니다. 김능백 목사님은 부인을 북에 두고 월남하여 돌아가실 때까지 혼자 사시며 목회하신 분입니다. 한겨울에 불을 때지 않고 냉방에 주무시는 목사님이 안타까워 교인들이 밤에 몰래 와서 불을 때놓고 가면 목사님이 일어나 찬물을 가져다가 아궁이에 끼얹었다고 하는 이야기를 저의 부친에게 들었습니다. “교인들이 불을 못 때고 춥게 지내는데 목사인 내가 따뜻하게 잘 수 없다"는 것입니다.

얼마 전 김건철 장로님을 만나 그 이야기를 했더니 자기도 모르는 이야기를 해주었다고 아주 좋아했습니다. 김건철 장로님이 어릴 때 돈을 벌기 위해 서울로 올라갈 때 부친 김능백 목사님은 차비만 겨우 구해 주면서 안수하며 축복을 해주었습니다. 그런데 지금은 한국의 재력가가 되었고 한국교회의 거물이 되었습니다. 출발이 시원찮아도 괜찮습니다. 가난해도, 병들었어도 하나님께서 인도하시면 복이 되는 것입니다. 그의 4남매의 자손들이 교수에, 의사에, 선교사에, 회사 대표에 모두가 잘되었습니다. 빈손으로 서울에 올라왔지만 하나님께서 복을 주시니 모두가 잘되는 복을 받은 것입니다.

여러분, 사업을 내가 하는 것입니까? 하나님께서 도와주셔야 되는 것입니다. 직장의 일을 내가 하는 것이 아닙니다. 하나님께서 재능을 주시고 사람을 보내주셔야 되는 것입니다. 직장의 일도 사람 한 번 잘못 만나면 하루하루가 고통스러운 것입니다. 지난 주간에도 〈동물의 세계〉를 보는데 강아지 한 마리를 닭들이 못살게 굽니다. 그 사나운 수탉들이 어린 강아지를 보기만 하면 쫓아가서 얼마나 쪼아대는지 강아지는 비명을 지르며 도망 다니고 참 보기에도 안타까웠습니다. 그것을 보면서 '너는 하필이면 그 많은 집 중에 그 집에 살아서 그런 고통을 당하느냐?' 하고 생각을 했습니다.

내가 잘났다고 행복해질 수 있는 것이 아닙니다. 하나님께서 내 옆자리도 복을 주셔야 되는 것입니다. 내가 신앙심이 깊다고 신앙생활 잘하는 줄로 착각하지 마세요. 목사님이 협조해 주어야 하고, 장로님이 내 구역에서 협조해 주고, 가족이 협조해 주어야 신앙생활도 할 수 있는 것입니다. 그러므로 우리는 하나님의 말씀에 청종하고 하나님께서 주시는 복을 구해야 하는 것입니다. 오늘 하나님께서 주시는 세 가지 명령, 첫째 말씀을 삼가 듣고, 둘째 하나님의 명령을 듣고 행하고, 셋째 말씀을 청종하면 오늘 성경에 약속하신 12가지 복이 우리에게 임하는 줄로 믿습니다.

하나님은 자녀들이 복된 삶을 살기를 원하십니다. 하나님은 모든 복을 우리를 위해 하늘 창고에 쌓아놓으셨습니다. 그리고 그 창고를 여는 열쇠를 성경말씀 속에 감추어 우리에게 주셨습니다. 여러분이 그 축복을 다 차지하시기를 바랍니다. 하나님의 약속은 여러분이 가는 곳마다 복을 주십니다. 행하는 일마다 복을 주십니다. 물질의 복을 주십니다. 여러분의 자손에 복을 주십니다. 여러분을 높이 세우시고 강하게 하십니다. 이 약속을 믿고 복된 가정들이 되시기를 바랍니다.

적 용

ⓐ 오늘 말씀의 주제 파악하기:

ⓑ 오늘 말씀 중 은혜 받은 부분 나누기:

ⓒ 삶에 구체적으로 적용하기:

함께 드리는 기도제목

1. 늘 말씀 듣기를 사모하는 심령이 되게 하옵소서.
2. 하나님의 말씀을 듣고 그 말씀대로 행하기 위해 성령의 음성을 듣게 하옵소서.
3. 성경에 약속하신 12가지 복이 우리에게 임하게 하옵소서.

신앙의 기초 시리즈 26

33

기독교인의 재물관

- **본 문**: 마태복음 6장 19~24절(신 8쪽)
- **찬 송**: 283장(나 속죄함을 받은 후, 통 183)
- **요 절**: 한 사람이 두 주인을 섬기지 못할 것이니 혹 이를 미워하고 저를 사랑하거나 혹 이를 중히 여기고 저를 경히 여김이라 너희가 하나님과 재물을 겸하여 섬기지 못하느니라(마 6:24)

성경에는 재물에 대한 많은 말씀이 나옵니다. 성경에는 믿음이나 은혜나 이런 단어는 몇백 회 나오지만 재물에 대한 단어는 무려 2,350회나 나옵니다. 예수님의 비유가 38가지인데 그중에 16번이 재물에 관한 것입니다. 그것은 인간생활에 재물이 차지하는 비중이 얼마나 큰 것인지를 말씀해 주는 것입니다. 재물은 가정과 사회와 국가에 굉장한 영향력이 있습니다. 이 재물을 어떻게 사용하느냐에 따라 많은 사람에게 행복을 주기도 하고 때로는 고통을 주기도 합니다. 선하게 사용하면 하나님의 도구가 되고 악하게 사용하면 마귀의 도구가 되는 것입니다.

사람됨을 알아보려면 돈과 권력을 맡겨보라고 합니다. 돈이 주어졌을 때 정직하게 사용하는지, 권력이 주어졌을 때 사적인 용도로 사용하지 않는지를 보라는 것입니다. 작은 힘이 있을 때 그 힘을 내 뜻대로 사용하려고 하는 사람은 참 위험합니다. 이런 사람에게 더 큰 힘이 주어지면 반드시 더 어려운 일들이 나오게 되어 있습니다.

현대인들은 물질만능주의 시대를 살아가고 있습니다. 그래서 물질을 얻기 위해 몸부림을 칩니다. 현대사회에 발생하는 비참한 문제들이 대부분 돈 때문에 일어나는 일입니다. 돈 때문에 인신매매하고, 돈 때문에 가족을 죽이고, 돈 때문에 여학생들이 동급생들을 성 매수를 시키고, 돈 때문에 다른 사람의 눈에 눈물 나게 하는 일들이 도처에 있습니다. 돈이 참 무섭습니다. 그런데 돈이 없으면 인생은 비참하게 됩니다. 아프리카의 많은 나라들과 북한의 어린이들이 굶어 죽어가는 비참함은 물질의 궁핍에서 오는 것입니다. 물질의 부족함은 인간을 파괴합니다. 그래서 도적질도 하고 강도짓도 합니다. 그래서 성경은 우리에게 물질의 축복도 말씀해 주시는 것입니다.

성경을 읽으며 물질에 대한 기준에 대하여 착각을 가질 만한 내용들이 많이 나옵니다. 물질을 가지라는 것인지, 가지지 말라는 것인지 성경 한 구절만 보면 착각할 수가 있습니다. 예수님은 부자가 되는 것을 축복해 주기도 하시고 때로는 황금 보기를 돌같이 하라고 말씀해 주셨습니다. 부자가 천국에 들어가는 것이 낙타가 바늘귀로 들어가는 것보다 어렵다고 말씀하기도 하셨습니다. 제자들을 보내시며 전대도 가지지 말고, 두 벌 옷도 가지지 말라고 하시고, 또 한편으로는 방문하는 집마다 축복할 것을 말씀하셨습니다.

성경에는 "여호와 하나님을 기억하라 그가 네게 재물 얻을 능력을 주셨음이라"고 말씀하셨습니다. 먹을 것을 저축하는 개미에게 지혜를 배우라고 하시고, 또 다른 곳에서는 먹을 것을 위하여 염려하지 말라, 공주의 새를 보라, 들의 백합화를 보라, 이들을 먹이시고 입히시는 하나님께서 하나님의 자녀인 너희들을 먹이시고 입히시리라고 하셨습니다.

성경에는 이와 같이 재물에 대한 다양한 말씀이 있습니다. 그래서 성도들이 당황합니다. 기독교는 금욕적인 종교가 아닙니다. 그렇다고 물질적인 종교도 아닙니다. 예수님은 오병이어로 오천 명이 넘는 많은 사람을 먹이고도 남는 능력을 가지신 분이셨지만 '인자는 머리 둘 곳이 없다'고 하셨습니다. 그저 사람들을 배불리 먹이기 위해서 이 땅에 오신 것이 아님을 말씀하신 것입니다. 우리는 성경 전체를 통하여 하나님께서 우리에게 주시는 물질관에 대하여 바른 깨달음을 가져야 행복한 삶을 누릴 수가 있습니다.

기독교인은 올바른 재물관이 있어야 하나님 앞에서도 올바로 설 수가 있습니다. 재물이란 무엇입니까? 재물은 하나님께서 우리에게 주신 것입니다. 하나님은 아담과 하와를 창조하시고 "생육하고 번성하라. 땅에 충만하라. 땅을 정복하라"고 말씀하셨습니다. 이 세상의 모든 물질을 다스리고 정복할 책임을 우리에게 주셨습니다. 그런데 그 재물이 누구의 것입니까? 하나님의 것입니다. 이 재물관이 분명히 서 있어야 합니다. 하나님께서 내가 인생을 사는 동안 맡겨주신 것입니다. 내가 소유하는 것도 아니고 가지고 가는 것도 아닙니다.

이것이 청지기 개념입니다. 우리는 모두가 청지기입니다. 어떤 사람에게는 한 달란트를, 어떤 사람에게는 두 달란트나 다섯 달란트를 맡겨 주셨습니다. 그리고 그 달란트를 회계할 때가 반드시 오게 되어 있습니다. 우리는 하나님께로 가는 날까지 맡겨주신 모든 것을 잘 사용하고 가야 하는 것입니다. 이 청지기관이 분명할 때 내가 많은 재물을 가졌다고 다른 사람 앞에서 교만할 것도 없습니다. 본래 내 것이 아니라 잠시 빌린 것이기 때문입니다. 쌓아놓고 즐거워할 것도 없습니다. 하나님께서 땅에 묻지 말고 잘 사용하고 오라고 맡겨주신 것이기 때문입니다.

오늘 성경에 "너희를 위하여 보물을 땅에 쌓아두지 말라"고 하셨습니다. 보물은 우리가 아끼는 모든 것입니다. 돈이 될 수도 있고, 집이 될 수도 있고, 자녀가 될 수도 있습니다. 이것은 나쁜 것이 아닙니다. 돈이 많아야 일도 많이 할 수 있습니다. 허물어져 가는 집에 사는 것보다 아름답고 깨끗한 집에 사는 것이 더 좋습니다. 자녀가 잘되는 것이 참 좋은 일입니다. 여기서 땅에 쌓아두지 말라는 말씀이 중요합니다. 땅을 위한 목표를 가지고 땅에 탐심을 갖지 말라는 것입니다.

어떤 분이 목사는 가난해야 한다고, 배고픈 고양이가 쥐를 잡는다고 말하는 것을 듣고 깜짝 놀랐습니다. 우리가 잘 알아야 하는 것은 크리스천은 스스로 청빈해야 하는 것이지, 가난해야 하는 것이 아닙니다. 내가 부요하지만 스스로 가난하게 되고 이웃을 위해 나누어주는 삶이 아름다운 것입니다. 그래서 테레사 수녀를 아름답다고 하고, 슈바이처를 아름답다고 하고, 한경직 목사님을 훌륭하다고 하는 것입니다. 가난하게 사는 것은 하나님께서 원하시는 것이 아닙니다. 그래서 가난한 사람들은 재물을 달라고 기도해야 합니다. 저도 돈이 참 많았으면 좋겠습니다. 그러면 건축헌금도 많이 드리고 가난한 우리 교인들에게 사업자금도 대드리고 하면 얼마나 좋겠습니까? '우리 부친이 숨겨놓은 땅이라도 어디 있으면 좋겠다' 생각을 했습니다. 그러면 얼마나 잘 사용할 수 있겠습니까? 물질은 악한 것이 아닙니다. 그것을 땅에 쌓아놓을 때 그 행위가 악한 것입니다. 물질을 거룩하게 사용하면 그 물질이 복되고 거룩한 것입니다.

미국 경제 전문지 〈포브스〉(Forbes)가 발표한 미국에서 자수성가한 10대 여성 부자 가운데 패션업체를 경영하는 '포에버21'의 장진숙 씨가 있습니다. 미국에 이민을 가 시장에서 옷을 팔다가 마침내 10대 부자에까지 이른 그녀를 이야기하는 것은 그 재산을 자기만을 위해서 사용하는 것이 아니라 이웃에 어려운 일이 있을 때마다 기꺼이 수백만 불씩 내어놓을 줄 안다는 데 있습니다.

우리나라의 해방 전에 3대 부자가 있는데 충청도에 김부자, 호남에 김부자, 영남에 경주 최부자입니다. 그 후손들이 있기에 다른 이야기는 하지 않겠습니다. 그중에 영남에 최부자는 재물을 잘 사용한 집입니다. 400년 12대 동안이나 대를 이어 만석 집안이었습니다. 이 집에 가훈이 있었는데 '만석 이상의 재산은 사회에 환원하라. 주변 100리 안에 굶는 사람이 없도록 하라. 시집온 며느리들은 3년간 무명옷을 입어라'라는 것이었습니다. 이 집안은 독립운동 자금을 몰래 제공한 것이 문제가 되어 모진 고초를 당하기도 했습니다. 해방 후에는 재산을 영남대학교에 기부하였습니다.

근대 한국 3대 파락호로 김용환이라는 사람이 있습니다. 파락호라는 말은 좋은 말이 아닙니다. 자신의 재물을 믿고 방탕한 생활을 하며 약한 자들을 괴롭히는 사람을 파락호라고 합니다. 김용환은 18만 평에 이르는 종가 땅 전답을 노름으로 다 날리고 말았습니다. 땅이 팔릴 때마다 노름을 해서 날려버렸습니다. 무남독녀 외동딸을 시집보낼 때 사돈댁에서 어려운 사정을 알고 혼수에 쓰라고 농 값을 보냈는데 그 돈조차 노름에 써버렸다는 것입니다. 그래서 딸은 할 수 없이 할머니가 쓰던 헌 농을 가지고 시집을 갔는데 시댁에서는 파락호의 귀신이 씌워진 농이라고 강변에 내어놓고 불에 태워버렸습니다.

김용환은 파락호라고 손가락질 받으며 그렇게 죽었습니다. 그의 임종을 지켰던 독립군이 이제는 사실을 밝혀도 되지 않느냐고 했을 때 마땅히 선비가 해야 할 일을 한 것뿐이라고 했습니다. 그런데 학자들에 의하여 밝혀진 내용은 김용환이 서북간도 항일 의용군의 군자금을 재산을 팔아 몰래 대왔다는 것입니다. 그는 죽을 때까지 이 사실을 이야기하지 않았습니다. 그래서 사람들의 손가락질을 받았습니다. 그가 죽은 이후 이 사실이 밝혀져 건국훈장 애국장을 받았습니다. 그의 딸이 훈장을 받으며 "그러면 그렇지 우리 아버지 김참봉 나으리" 하는 내용의 시를 썼습니다.

우리나라에도 이렇게 큰 재물을 멋지게 사용한 사람들이 있습니다. 우리 교회에도 이런 멋진 인물들이 많이 나올 수 있기를 바랍니다. 보물을 하늘에 쌓아두라는 것은 하나님의 영광을 위하여 사용하라는 것입니다. 하늘에 쌓아두라는 것을 헌금하라는 것으로만 생각해서는 안 됩니다. 우리가 헌금을 통해서 구제와 선교와 교육과 여러 가지 하나님 나라를 향한 일을 하지만 우리가 이 세상에서 하는 모든 행위 일체가 하늘에 쌓아두는 것입니다.

꿈터의 장애인들을 섬기는 일도 나의 재물을 하늘에 쌓아놓는 일입니다. 노인들을 섬기는 일도, 식사를 준비하는 일도 다 하늘에 보물을 쌓는 일입니다. 우리 교회에서 하는 어린이집도 수익을 위하여 경영하지 않습니다. 오히려 교회에서 지원합니다. 그것은 하나님의 영광을 위하여 하는 일이기 때문입니다.

하늘에 쌓을 줄 모르는 사람은 이기적인 삶을 삽니다. 이웃을 위해 내 것을 내어놓는 것이 아깝습니다. 그런다고 그것이 내 것이 되는 것은 아닙니다. 예수님의 비유에 보면 어떤 부자가 농사를 짓고 나서 곡식을 쌓을 곳이 없어 새로 곳간을 짓겠다고 합니다. 그리고 "내 영혼아 평안히 쉬고 먹고 마시고 즐거워하라"고 말합니다. 그때 하나님께서 "어리석은 자여 오늘 밤 네 영혼을 도로 찾으리니 그것이 뉘 것이 되겠느냐?"고 말씀하십니다. 자기를 위하여 재물을 쌓기를 기뻐하는 자는 하나님께 대하여 부요하지 못합니다.

본문에 "땅에는 좀과 동록이 해하며 도둑이 구멍을 뚫고 도둑질하느니라"고 하셨습니다. 세상에 쌓아놓는 재물은 사라지는 날이 옵니다. 내가 영원히 지킬 수 있는 것이 아닙니다. 우리는 나그네 인생임을 잊어서는 안 됩니다. 하늘에 쌓아놓으면 그 보물을 하나님께서 지켜주신다고 했습니다. 하나님께서 지켜주셔야 든든한 것입니다. 내 재산을 지켜주시고, 내 가정을 지켜주시고, 내 믿음생활을 지켜주십니다. 이것이 하늘에 보물을 쌓는 자의 축복인 것입니다.

"네 보물이 있는 곳에 네 마음도 있느니라"고 말씀하셨습니다. 우리가 귀중하게 여기는 것이 보물입니다. 주식을 투자한 사람은 아침에 일어나면 주식이 먼저 궁금해집니다. 우리 교회에도 골프 선교회가 있지만 골프를 치는 사람은 골프하는 날이 되면 온통 마음이 풀밭에 가 있습니다. 낚시하는 사람은 낚시 가는 날이 되면 이미 마음은 바다에 가 있습니다. 끌려가서는 안 되는 것입니다. 자식이 보물인 사람은 온통 자식뿐입니다. 우리는 보물을 하나님 나라에 두어야 합니다.

자녀를 교육할 때 교회학교와 학교와 어느 곳에 더 관심을 두고 있습니까? 세상 교육은 아이들이 잘사는 법을 가르쳐줍니다. 그런데 교회학교에서는 영혼이 잘되는 법을 가르쳐줍니다. 무엇이 더 중요합니까? 자녀의 미래를 위하여 어느 곳에 더 마음이 가 있습니까? 보물이 있는 곳에 마음이 가는 것입니다. 그래서 우리의 마음을 잘 지켜야 합니다. 하나님께 마음이 가 있는 사람은 그 마음과 생각을 지켜

주십니다.

본문 말씀에서 눈에 대하여 말씀하시는데 이것은 시력을 말하는 것이 아닙니다. 우리 영혼의 눈입니다. 영혼의 눈이 어두우면 온몸이 어두울 것이라고 했습니다. 내 눈이 캄캄하니 모든 것이 다 어둡게 보이는 것입니다. 그래서 영혼의 눈을 잘 관리해야 합니다. 오늘 말씀에 처음에는 재물에 대하여 말씀을 하시다가 나중에는 눈에 대하여 말씀을 하셨습니다. 그리고 한 사람이 두 주인을 섬기지 못한다고 하셨습니다. 둘 중에 하나는 미워하거나 사랑하고, 둘 중에 하나는 중히 여기거나 경히 여기기 때문이라고 하셨습니다.

두 주인이 무엇입니까? 하나는 영혼의 눈을 말씀하고 하나는 재물을 말씀합니다. 하나는 하나님 나라요, 하나는 세상의 나라입니다. 우리 인간은 이렇게 돈에 대해 집착이 강합니다. 하나님과 대적할 만큼 돈을 하나님께 종속시켜야 합니다. 하나님께서 주인이 되셔야 합니다. 그래야 하나님을 위하여 나에게 맡겨진 재물을 이웃을 위해 사용할 수 있습니다. 기독교인은 성경의 원리대로 살 때 그 눈이 밝아지고 하나님의 은총을 입습니다. 마가복음 10장 29절에 "예수께서 이르시되 내가 진실로 너희에게 이르노니 나와 복음을 위하여 집이나 형제나 자매나 어머니나 아버지나 자식이나 전토를 버린 자는 현세에 있어 집과 형제와 자매와 어머니와 자식과 전토를 백 배나 받되 박해를 겸하여 받고 내세에 영생을 받지 못할 자가 없느니라"고 말씀하셨습니다.

어떤 글에 보니 "돈으로 침대는 살 수 있으나 잠은 살 수 없고, 돈으로 책은 살 수 있으나 두뇌는 살 수 없고, 돈으로 음식은 살 수 있으나 입맛은 살 수 없고, 돈으로 화려한 옷은 살 수 있으나 미는 살 수 없고, 돈으로 집은 살 수 있으나 가정은 살 수 없고, 돈으로 사치품은 살 수 있으나 교양은 살 수 없고, 돈으로 오락은 살 수 있으나 기쁨은 살 수 없고, 돈으로 십자가는 살 수 있으나 구세주는 살 수 없고, 돈으로 교회는 살 수 있으나 천국은 살 수 없다"라고 했습니다. 하나님께서 복을 주셔야 하는 것입니다.

하나님께서는 자녀들이 복되게 사는 것을 명하셨습니다. 우리는 재물의 주인이 되어야 합니다. 재물이 신이 되면 안 됩니다. 재물 때문에 죄를 지어서도 안 됩니다. 불의한 재물을 탐해서도 안 됩니다. 뇌물을 받아도 안 됩니다. 재물 때문에 다른 사람의 눈에 눈물이 나게 하면 안 됩니다. 돈을 빌렸으면 힘을 다해 갚아야 합니다. 하나님 때문입니다.

'왕의 재정'으로 알려진 어떤 사람의 강의가 유튜브(youtube)에 조회 수가 3천만 명을 넘어섰습니다. 강의를 들어보았더니 우리 성도들에게 권장할 내용이 아니었습니다. 여러분의 담임목사가 권장할 것이 아니라고 했으니 듣지 마세요. 그러면 꼭 찾아 듣는 사람들이 있습니다. 그런데 한 가지 인상에 남는 것은 이분이 오십 억의 빚을 진 가운데 어떤 분에게는 6억의 빚을 졌는데 그 빚을 돈이 생길 때마다 만 원씩이라도 가져다가 갚아 나갔다는 것입니다. 그렇게 3억을 갚았더니 나머지 3억을 탕감해 주었다는 것입니다. 그 자세는 참 훌륭하다는 생각을 했습니다.

여러분은 교회 안에서 서로 돈 거래하지 마세요. 시험에 들 일이 생기기 때문입니다. 빌려줄 수 있으면 그냥 주세요. "갚아도 좋고 안 갚아도 좋습니다" 하고 주세요. 그것이 유익합니다. 믿음의 사람들은 직업을 선택할 때에도 어떤 직업이 하나님과의 관계에서 유익할 것인가를 먼저 생각해야지 보수가 많은 곳을 택하는 사람이 되어서는 안 됩니다.

가까운 친척 중에 불교 집안에서 혼자 예수 믿는 청년이 있었습니다. 그래서 늘 괴로워했고 상담도 여러 번 했습니다. 대학을 졸업하고 취직을 하게 되었는데 현대그룹과 한진그룹에 동시 합격이 되었습니다. 한진은 부산에서 생활해야 합니다. 그런데 이 청년이 부산을 선택했습니다. 이유는 그곳에서 선교 활동을 하기 위해서였습니다. 당연히 집안에서는 난리가 났습니다. 그런데 제가 이 청년을 보면서 '너무 순진하고 착해서 사회생활을 제대로 하겠나?' 하는 염려가 있었습니다. 그런데 부산에서 예수 믿는 자매를 만났습니다. 이 자매의 부모가 부자입니다. 그래서 함께 미국으로 유학을 갔습니다. 그리고 지금 미국에서 얼마나 잘사는지 모릅니다. 제가 볼 때 "너는 한국에서 살면 힘들텐데 미국이 딱 맞겠다" 했는데 미국에서 살게 된 것입니다.

우리 교회에서 피아노 반주를 하던 자매도 늘 무릎 때문에 고통스러워했습니다. 이 자매가 믿음이 좋습니다. 울면서 교회에 나와 반주를 했습니다. 축복해 달라고 몇 번 찾아왔는데 그때 제가 축복하면서 그랬습니다. "너는 무릎이 많이 아프니 미국 캘리포니아에 가서 살면 좋겠다. 거기는 날씨가 건조하고 습기가 없어 무릎이 아픈 사람들에게 참 좋다고 하는데 그렇게 기도해라" 그랬습니다. 그런데 이 자매가 캘리포니아로 시집가게 된 줄로 믿습니다. 얼마 전에도 왔는데 "목사님, 목사님께서 캘리포니아로 시집가게 해달라고 기도해 주셨는데 감사해요. 지금 다리가 하나도 안 아파요" 하면서 좋아하는 것입니다.

하나님은 우리 인생의 길을 다 아시는 분이십니다. 그래서 하나님 주권주의로 살아갈 때에 하나님의 자녀들을 행복한 길로 이끌어 주십니다. 우리의 주인이 누구입니까? 재물입니까? 하나님입니까? 하나님을 선택하는 우리 성도들이 되시기를 바랍니다.

적 용

ⓐ 오늘 말씀의 주제 파악하기:

ⓑ 오늘 말씀 중 은혜 받은 부분 나누기:

ⓒ 삶에 구체적으로 적용하기:

함께 드리는 기도제목

1. 하나님께서 우리에게 주시는 물질관에 대하여 바른 깨달음이 있게 하옵소서.
2. 하늘에 보물을 쌓는 지혜와 믿음을 주시옵소서.
3. 우리의 주인이 오직 하나님 한 분임을 고백하게 하옵소서.

34

육체의 상처를 치유하라

- **본 문**: 마태복음 8장 13절(신 11쪽)
- **찬 송**: 471장(주여 나의 병든 몸을, 통 528)
- **요 절**: 예수께서 백부장에게 이르시되 가라 네 믿은 대로 될지어다 하시니 그 즉시 하인이 나으니라(마 8:13)

우리가 사는 세상은 치유되어야 할 것들이 많습니다. 육체의 질병으로 고통당하는 사람들도 많습니다. 도심의 건물마다 병원이 있는 것을 보면 얼마나 많은 병자들이 있는지를 알 수가 있습니다. 아프지 않은 사람들이 없습니다. 큰 병으로부터 시작하여 작은 질병들을 다 안고 살아갑니다. 또 사람관계의 병이 있습니다. 마음의 상처, 외로움, 고부관계, 남편과 아내의 관계 등 많은 관계의 질병이 있습니다. 이 관계의 질병으로 심한 스트레스를 받습니다. 현대인들이 많이 겪는 우울증도 관계에서 오는 것이 많습니다.

또 영혼의 질병도 있습니다. 영혼의 질병은 어떤 약으로도 치유할 수가 없습니다. 어떤 병보다도 무서운 것이 영혼의 질병입니다. 영혼의 질병은 죄로부터 오는 것입니다. 이 질병을 치유하지 못하면 우리는 마지막에 세상에서 가장 불행한 자가 되고 맙니다. 의학이 발달하고 과학과 문명이 발달하는데 오히려 병자들은 더 많아지고 있습니다. 수많은 병원들이 병자들을 다 치료하지 못하고 있습니다. 여러 곳에서 설문 조사한 것을 보면 현대인의 관심사 가운데 3위 안에 꼭 들어가는 것이 건강입니다. 노후에 건강하게 살다가 생을 마치는 것이 많은 사람들의 희망입니다.

질병은 인간을 고통스럽게 하고 행복을 빼앗아갑니다. 그러므로 반드시 치유받아야 합니다. 하나님께서는 우리로 하여금 질병으로부터 치유받을 것을 성경에 말씀하셨습니다. 예수님의 3대사역이 첫째 복음을 전하고, 둘째 가르치고, 셋째 치유하시는 사역입니다. 그만큼 치유는 우리 인간에게 반드시 필요한 것입니다.

성경에는 육체적인 질병에 대한 치유의 기록들이 많이 있습니다. 다윗, 나아만, 히스기야, 욥 등이 병으로부터 치유를 받았습니다. 예수님께서도 많은 병자들을 고쳐주셨습니다. 그러므로 하나님께서는 우리의 질병을 치유해 주시는 분이심을 굳게 믿어야 합니다. 치유에 대한 잘못된 생각들이 있습니다.

첫째, 믿음으로 치료하는 것은 의료기술이 발달하지 않은 고대세계에서 이루어졌다는 주장입니다. '지금은 의술이 발달하였으니 현대의학으로 고쳐야 한다. 지금도 기도로 병을 고친다고 하는 것은 미신이다'라고 생각하는 사람들이 있습니다. 치료의 방법도, 약도 하나님께서 지혜를 주셔서 허락하신 것이지만 그 약이 병을 치료하는 것이 아닙니다. 하나님께서 은혜를 주셔야 합니다. 똑같은 환자를 수술하여도 사는 사람이 있고 죽는 사람이 있습니다.

얼마 전에도 불면증으로 고통당하는 성도가 기도받기 위하여 왔는데 약으로 다 해결될 수 있다면 왜 기도 받으러 옵니까? 약으로 다 해결할 수 없는 문제가 우리에게는 있습니다. 수술이나 약도 하나님께서 주신 것이므로 우리가 잘 사용해야 하지만 하나님의 은혜를 먼저 구하여야 합니다.

둘째, 잘못된 생각은 믿음으로 모든 질병을 치유해야 한다고 주장하는 사람들입니다. 하나님은 못 고칠 질병이 없으시기 때문에 병원에 갈 필요가 없다고 말합니다. 여러분, 우리가 살아가는 모든 지혜는 하나님께서 주신 것입니다. 우리가 벗은 몸으로 이 세상에 왔으니 벗은 몸으로 살아야 합니까? 옷도 만들어 입어야 합니다. 약도 하나님께서 우리에게 주신 것입니다. 이 세상 모든 만물에는 하나님께서 창조하신 신비가 있습니다. 은행나무에 말초혈관장애를 치료하고 치매를 치료하는 성분이 들어 있습니다. 작은 풀잎 하나에도 우리의 질병을 치료하는 치료제가 들어 있습니다. 독약도 들어 있고, 마취제도 들어 있습니다. 하나님께서 그렇게 만들어 놓으셨습니다.

성경은 우리가 병을 인하여 약을 먹는 것을 금하지 않습니다. 사도 바울도 네 비위를 위하여 포도주를 조금씩 마시라고 하셨습니다. 우리가 절박한 때에, 세상의 방법이 다 떨어졌을 때에 모든 것을 다 내려놓고 하나님께 결사적으로 매달려야 할 때도 있습니다. 세상에서 방법이 없다고 해서 낙망해서는 안 됩니다. 하나님께 길이 잇기 때문입니다. 그러나 감기에 걸렸으면 빨리 약을 먹어 다른 사람에게 피해가 가지 않도록 해야 합니다. 그리고 함께 기도하는 것입니다.

셋째, 치유에 대한 잘못된 생각은 모든 질병이 귀신에게서 오는 것이라고 생각하는 것입니다. 심지어 눈이 나쁜 것도 마귀가 주는 것이니 기도로 나아야 된다고 말합니다. 이것이 이단입니다. 수혈을 금지

하는 이단도 있습니다. 주님께서는 "이웃을 네 몸과 같이 사랑하라"고 하셨는데 우리가 헌혈을 통해 우리의 피를 나누어주는 것처럼 아름다운 사랑이 어디에 있습니까? 피를 흘려 죽어가는 환자에게 피를 나누어줌으로 그 생명을 살릴 수 있다면 그 사랑이 참으로 귀한 것입니다.

우리 교회는 성전 건축이 이루어질 때에 여러 가지 행사를 준비하고 있는데 그중의 하나가 장기 기증과 헌혈입니다. 내 몸으로 이웃을 살릴 수 있다면 이것이 이웃을 내 몸과 같이 사랑하는 것입니다. 그러면 하나님께서는 왜 질병을 주셨을까요? 질병은 여러 가지 원인이 있습니다. 어느 한 가지만 주장하면 이단이 되는 것입니다.

첫째는, 죄로부터 오는 것입니다.

우리가 죄를 지었을 때 하나님께서 질병으로 깨닫게 하시는 것이 있습니다. 다윗도 죄로 인해 질병이 왔고 히스기야도 죄로 인해 질병이 왔습니다. 이스라엘 백성들이 하나님을 원망하고 불평했을 때 불뱀을 내려 병을 주시기도 했습니다. 예수님께서 베데스다 못가의 38년 된 병자를 고쳐주시고 나서 "보라 네가 나았으니 더 심한 것이 생기지 않게 다시는 죄를 범하지 말라"고 말씀하셨습니다. 이 사람은 죄로 인해 병이 온 것입니다. 그러므로 질병에 걸렸을 때 내가 깨달아야 할 죄가 있는지를 먼저 생각해야 합니다.

둘째는, 사탄 마귀가 시험하는 질병이 있습니다.

욥은 사탄이 주는 질병으로 고통을 당했습니다. 거라사의 광인도 사탄 마귀가 주는 질병으로 고통을 당했습니다. 그러나 우리가 질병에 걸렸을 때 이 병이 마귀가 주는 것인가 염려하지 마십시오. 하나님께서 허락하시지 아니하면 사탄 마귀는 우리에게 병을 주지 못합니다.

셋째는, 하나님의 뜻을 나타내기 위하여 오는 질병이 있습니다.

질병을 통하여 우리는 하나님께 더 가까이 나아가게 됩니다. 건강하여 내 뜻대로 살던 사람이 질병으로 꼼짝 못하게 되었을 때 비로소 하나님께 엎드리게 됩니다. 그래서 믿음이 자라게 됩니다. 또한 우리를 구원하시기 위하여 질병을 주기도 하십니다. 병에 걸려 예수님을 만났다면 이것은 질병이 축복이 됩니다. 하나님의 뜻 가운데 가시로 주는 질병도 있습니다.

사도 바울은 굉장한 믿음의 사람이었지만 그의 육체의 가시인 질병을 치료하지 못했습니다. 다른 사람의 병은 기도만 하면 다 나았습니다. 그런데 자신의 병은 고치지 못하는 것입니다. 그래서 바울은 결사적으로 기도했지만 하나님께서는 다른 응답을 주셨습니다. 하나님은 "내 은혜가 네게 족하도다"라고 하셨습니다. 바울은 이후 "나의 약함을 오히려 자랑한다. 이는 그리스도의 능력이 내게 머물려 함이라"고 고백했습니다.

넷째는, 건강 관리를 잘못하면 병에 걸리게 되어 있습니다.

과로를 하거나 몸을 피로하게 하면 병에 걸립니다. 하나님께서 그렇게 만드셨기 때문입니다. 사람은 하루를 일하면 수면을 취하여야 합니다. 6일을 일하면 하루를 쉬어야 합니다. 그것이 하나님의 창조섭리입니다. 식사를 제대로 하지 않는다든지, 수면을 제대로 취하지 않는다든지, 무리하게 몸을 혹사한다든지 하면 병이 오게 되어 있습니다. 이것은 하나님의 섭리를 역행하였기 때문입니다.

그 외에 성경에 보면 민족의 죄를 인하여 병을 내리시는 경우도 있습니다. 이스라엘 백성들이 우상을 숭배하고 하나님을 멀리했을 때 염병을 내리신 적이 여러 번 있습니다. 우리는 질병이 어떤 이유로 찾아왔는지를 잘 모릅니다. 그러므로 누가 병에 걸렸다고 해서 하나님께 벌을 받아 그렇게 되었다고 함부로 이야기하지 않아야 합니다. 또한 반대로 하나님께서 깨닫게 하시려고 질병을 주셨는데 내가 의인이 고난을 받는다고 착각해서도 안 됩니다. 하나님께서 주시는 질병은 회개해야만 고침을 받을 수 있습니다. 질병은 이렇게 여러 가지 이유로 찾아오는 것입니다.

질병은 원인을 알아야 치유할 수 있습니다. 회개해야 할 병은 회개가 우선되어야 하고, 내가 관리를 잘못했으면 환경을 바꾸고 병을 치료하며 하나님의 은총을 구하여야 합니다. 그저 병만 고쳐달라고 해서는 안 됩니다. 목사는 병이 없습니까? 주의 종도 병이 있습니다. 저는 늘 잠이 부족합니다. 그래서 병이 찾아옵니다. 그러면 잠을 좀 더 자고 운동을 해야 하는데 이것이 잘 안 됩니다. 건강하려면 지킬 것을 지키고 하나님의 은총을 구하여야 합니다.

본문 말씀 앞에 보면 한 나병환자가 예수님께 나아와 "주여 원하시면 저를 깨끗하게 하실 수 있나이다" 하니 예수께서 손을 내밀어 병자에게 대시며 "내가 원하노니 깨끗함을 받으라"고 말씀하셨습니다. 그랬더니 즉시 그의 나병이 깨끗하게 되었습니다. 그리고 나서 5절에 보면 한 백부장이 나아와 "내 하인이 중풍으로 누워 몹시 괴로워합니다" 하자 예수님께서 "내가 가서 고쳐주리라"고 말씀하셨습니다. 백부장은 "주님께서 내 집에 오시는 것을 감당하지 못하겠습니다. 그저 말씀만 하셔도 내 하인이 낫겠습니다"라고 말했습니다. 예수님께서는 깜짝 놀라 이스라엘 중에 아무에게서도 이만한 믿음을 보지 못하였다고 하시며 본문 말씀대로 "네 믿은 대로 될지어다" 하시니 그 시로 그의 하인이 나았습니다.

본문 말씀을 통해서 우리는 질병이 치유되는 원리를 깨달을 수 있습니다. 나병환자는 예수님께서 나의 나병을 치료해 주실 수 있다는 믿음을 가졌습니다. 백부장은 예수님께서 말씀만 하셔도 내 하인이 나을 것이라는 믿음을 가졌습니다. 당시 나병이나 중풍은 치료가 불가능한 병입니다. 그런데도 이들은 믿음을 가졌습니다. 나병환자는 "주님께서 원하시면" 이라고 했습니다.

오늘도 질병 가운데서 고통을 당하는 성도들이 있습니다. "주님께서 원하시면" 이라는 이 믿음이 여러분에게도 있기를 원합니다. 백부장은 "말씀만 하셔도"라고 했습니다. 여러분에게도 '주님께서 말씀만 하셔도'라는 믿음이 있기를 원합니다. 이 사람들은 주님의 능력을 믿었습니다. 믿음이 좋다고 하는 것은 그 사람이 어떤 능력이 있는 것을 말하는 것이 아닙니다. 주님께 모든 능력이 있으심을 강하게 믿는 사람이 믿음이 좋은 것입니다.

예수님께서는 이 믿음을 귀하게 보셨습니다. 예수님은 단순히 병만 고쳐주신 것이 아닙니다. 그 사람의 삶을 고쳐주셨습니다. 나병으로 사회와 가족으로부터 격리되어 살아야 했던 한 사람의 인생을 회복시켜 주셨습니다. 하인이 중병에 걸리면 쓸모가 없습니다. 버려지게 됩니다. 그런데 예수님께서 치유시켜 주심으로 그의 인생을 회복시켜 주신 것입니다. 예수님의 치유는 단순히 병을 고치는 것이 아닙니다. 사탄의 권세로부터 하나님의 나라가 도래함을 선포하는 것이었습니다. 그러므로 오늘도 우리는 치유를 통해서 단순히 병 낫기만을 구하는 것이 아니라 삶이 회복되기를 구하여야 합니다. 새로운 사람으로 거듭난 삶을 살아야 합니다. 이것이 병자들을 고쳐주신 주님의 뜻이요, 오늘도 우리에게 원하시는 하나님의 뜻입니다.

미국의 어떤 정비사가 중고차를 한 대 샀습니다. 이리저리 손을 보아서 차를 잘 사용하고 다녔는데 한번은 도로 한가운데서 차가 멈추어 섰습니다. 정비사가 이리저리 방법을 찾아보았지만 차는 여전히 시동이 걸리지 않았습니다. 그때 한 노신사가 차를 세우고 다가와서는 "제가 좀 만져봐도 될까요?" 하는 것입니다. 이 정비사는 자존심이 상하여 됐다고 이야기했지만 이 노신사는 조금 더 기다려보더니 엔진의 몇 군데를 툭툭 치고 만져보았습니다. 그리고 시동을 걸어보라는 것입니다. 그랬더니 신기하게 시동이 걸렸습니다. 정비사는 깜짝 놀라 "아니, 정비사인 내가 못 고치는 것을 어떻게 당신은 그렇게 쉽게 고칠 수 있습니까?" 하고 물었습니다. 그때 그 노신사가 웃으면서 하는 말이 "내가 이 자동차를 만든 헨리 포드요"라고 했다는 것입니다. 차를 만든 사람이 차를 가장 잘 알고 고칠 수 있습니다.

우리 하나님은 우리를 만드신 아버지시기 때문에 우리를 가장 잘 아시고 고쳐주실 수 있습니다. 말씀으로 우리를 고쳐주실 수 있다는 믿음이 필요한 것입니다. 현대인들에게는 많은 질병이 있습니다. 당뇨로, 혈압으로, 위장병으로, 관절염으로, 치아의 병으로 고통받고 있습니다. 이 세상에는 훌륭한 의사들이 많이 있지만 병원에서 고치고 싶어도 고쳐지지 않는 병들이 있습니다. 그럴 때 어떻게 해야 합니까? 하나님의 뜻을 구하며 전능하신 하나님께 부르짖어야 하는 것입니다. 부르짖으면 응답하시겠다고 하셨기 때문입니다.

세상에서 안 되는 것을 하나님께 내어놓고 나아갈 때 하나님은 우리를 긍휼히 여겨주십니다. 하나님은 못 고칠 질병이 없으십니다.

"그가 네 모든 죄악을 사하시며 네 모든 병을 고치시며"(시 103:3)라고 말씀하셨습니다. "상심한 자들을 고치시며 그들의 상처를 싸매시는도다"(시 147:3)라고 하셨습니다. "내 이름을 경외하는 너희에게는 공의로운 해가 떠올라서 치료하는 광선을 비추리니"(말 4:2)라고 하셨습니다. "믿음의 기도는 병든 자를 구원하리니 주께서 그를 일으키시리라 혹시 죄를 범하였을지라도 사하심을 받으리라 그러므로 너희 죄를 서로 고백하며 병이 낫기를 위하여 서로 기도하라 의인의 간구는 역사하는 힘이 큼이니라"(약 5:15~16)고 말씀하셨습니다. 하나님의 말씀입니다.

"말씀만 하셔도"의 믿음이 있을 때 이 말씀이 여러분 안에 역사하실 줄로 믿습니다. 우리 교회에도 예배시간에 병을 고침 받은 사람들이 많이 있습니다. 예배는 하나님을 대면하는 자리입니다. 그러므로 하나님을 만날 때 간절히 구하면 하나님께서 "네 믿은 대로 될지어다" 하고 응답해 주십니다. 우리는 여러 가지 병이 있습니다. 가시로 주신 병은 교만하지 않도록 감사하며 그 질병을 안고 가야 합니다. 죄로 인해 온 병은 하나님께 회개하며 나아가야 합니다.

내가 관리를 잘못해서 온 병은 하나님께 은총을 구하고 내 환경을 바꾸어야 합니다. 사탄이 주는 병은 주의 종들을 청하여 기도를 받고 믿음으로 일어서야 합니다. 하나님께서 불러 가시려고 주신 병은 내 영혼을 위하여 기도하셔야 합니다. 여러분의 육체에 찾아온 질병을 잘 판단하고 치유의 은총이 임하시기를 바랍니다.

적 용

ⓐ 오늘 말씀의 주제 파악하기:

ⓑ 오늘 말씀 중 은혜 받은 부분 나누기:

ⓒ 삶에 구체적으로 적용하기:

함께 드리는 기도제목

1. 고통 속에서도 하나님의 뜻을 구하며 전능하신 하나님께 부르짖게 하옵소서.
2. 육체의 질병만 낫기를 구하는 것이 아니라 삶이 회복되기를 구하게 하옵소서.
3. "주님께서 말씀만 하셔도"의 믿음이 우리에게 있게 하옵소서.

신앙의 기초 시리즈 28

35

관계의 상처를 치유하라

- **본 문**: 창세기 45장 4~5절(구 71쪽)
- **찬 송**: 473장(괴로움과 고통을)
- **요 절**: 당신들이 나를 이곳에 팔았다고 해서 근심하지 마소서 한탄하지 마소서 하나님이 생명을 구원하시려고 나를 당신들보다 먼저 보내셨나이다(창 45:5)

병원마다 치료받는 사람들로 가득 차 있습니다. 그만큼 상처 입은 사람들이 많습니다. 육체의 상처도 우리를 참 고통스럽게 하지만 마음의 상처는 우리의 삶을 황폐하게 만듭니다. 새 차를 샀는데 어느 날 아침에 나가 보니 누가 차문을 푹 긁어놓고 갔습니다. 그러면 얼마나 속상합니까? 그 차를 그대로 끌고 다니지 않습니다. 수리를 합니다. 눈을 다치거나 다리를 다치면 병원으로 달려갑니다. 아프기 때문입니다. 상처가 생기면 소독을 하고, 약을 바르고, 그것이 안 되면 병원에 갑니다. 내 상처를 인정하기 때문입니다.

그런데 많은 사람들이 마음의 상처는 그대로 둔 채 살아갑니다. 육체의 상처도 그냥 두면 나중에 큰 문제를 일으키게 되는데 마음의 상처도 그렇습니다. 상처를 입었을 때는 인정하는 것이 필요합니다.

그리고 빨리 치료해야지 그냥 두면 점점 더 커져 큰 문제를 일으키게 됩니다. 한국인들은 상처가 참 많습니다. 자기 표현을 하지 않는 문화적인 배경도 있고, 힘든 시대를 살아왔기 때문이기도 합니다. 마음의 상처를 이야기할 여유가 없이 살아오다가 이제 살 만하니 문제가 터져 나오기 시작합니다.

가정마다 상처가 참 많습니다. 부부간에 상처가 있는데 치료를 게을리하는 사람들이 있습니다. 그래서 가정을 불행하게 만듭니다. 처음에 작은 상처가 났을 때 얼른 치료해야 하는데 그냥 덮어둔 채 살다 보니 나중에는 극단적인 선택을 하게 됩니다. 자녀의 문제를 덮어두다 보니 나중에는 부모와 자식 간에 대화가 끊어지고 갈등이 깊어지게 됩니다. 자녀의 잘못이 아닙니다. 어릴 적에 조그마한 상처가 났을 때 그것을 치료해 주어야 하는데 미루다 보니 상처가 깊어져 해결하기 어려운 지경에까지 이르게 된 것입니다.

어떤 목사님이 토요일에 설교 준비를 하는데 막내아들이 서재에 들어와서는 "아빠 놀아주세요. 놀아주세요" 하는 것입니다. 계속 놀아달라고 하니까 목사님이 화를 벌컥 내면서 "야, 아빠 설교 준비하잖아, 빨리 문 닫고 나가" 하고 소리를 질렀습니다. 그러자 막내아들이 문을 쾅 닫으면서 하는 말이 "에이 씨, 설교도 되게 못하면서……" 하는 것입니다. 그 주일날 정말로 설교를 되게 못했답니다. 남의 이야기가 아닙니다. 늘 교회 때문에, 설교 때문에 자녀들과 놀아주지 못한 저도 많은 고민이 있습니다.

다윗도 자식 때문에 많은 상처가 있었습니다. 압살롬이 아버지를 죽이려고까지 했습니다. 아버지 다윗은 믿음의 사람이었는데 아들 압살롬은 불신앙의 사람이었습니다. 그래서 다윗은 괴로워하며 하나님께 부르짖었고 그로 인해 우리는 다윗이 남긴 주옥과 같은 시편을 통해 위로를 받고 있습니다. 고부간의 갈등도 그렇습니다. 해결의 방법을 찾아야 하는데 서로 마음이 병들고 그 병이 깊어져 갑니다. 살기는 살아도 상처가 있습니다. 관계의 문제는 누구 한 사람만의 잘못이 아닙니다. 같이 잘못한 것입니다.

그런데 계속해서 상대방의 문제만 바라보면 문제를 치료할 수가 없습니다. 부모로부터 억압과 강요를 받은 사람은 깊은 내면의 상처를 가지고 살아갑니다. 그리고 나도 모르는 사이에 나도 약자에게 고통을 주는 사람으로 변해 가는 것입니다. 군대에서 일어나는 폭력의 문제가 대부분 그런 것입니다. 내가 다른 사람에게 억압받아 온 상처들이 치유되지 못한 채 내 지위를 이용하여 다른 사람들을 고통스럽게 만드는 사람으로 변화가 되는 것입니다.

얼마 전 군대 내에서 하급병을 매일같이 구타하고 고문하여 마침내 죽음에까지 이르게 했던 사건이 있었습니다. 뉴스를 보면서 '사람이 이렇게까지 악할 수 있을까?' 하는 생각을 했습니다. 그 상급자의 내면의 병이 치유되지 못한 채 다른 사람에게 고통을 준 것입니다. 이웃과의 관계도 상처가 많습니다. 사람들은 내가 준 상처는 잘 기억하지 않지만 남에게 받은 상처는 잊지 않습니다. 그래서 병이 깊어갑니다.

교회에서 성도 간의 상처도 많습니다. 교회는 구원의 방주입니다. 그런데 그 구원의 방주에서 상처를 입고 괴로워합니다. 현대인들이 앓는 병의 많은 부분이 관계의 상처에서 오는 것입니다. 학생 시절에 왕따의 경험이 있는 사람은 그 상처를 빨리 치료해야 합니다. 자라면서 열등감이 있었던 사람들은 그 열등감을 빨리 치료해야 합니다. 상처는 누구에게 받습니까? 가장 가까운 사람들로부터 받습니다. 미국의 대통령이나 유엔 사무총장 때문에 상처 입는 것이 아닙니다. 내가 늘 만나던 사람, 나에게 영향력을 가장 많이 미치는 사람에게서 받는 것입니다. 뛰어난 사람들은 열등감이 없는 것이 아닙니다.

성경에 나오는 엘리야 선지자는 이스라엘 최고의 선지자였습니다. 그의 기도로 3년 6개월 동안 비가 오지 않던 땅에 비가 내리게도 하였고 제단을 불로 태워버리는 기적을 행하기도 하였습니다. 그런 엘리야도 왕후 이세벨 앞에서 열등감을 가지고 패배자의 모습으로 하나님 앞에 엎드려 이제 죽여달라고 간청하게 됩니다.

바울도 열등감이 있었습니다. 병 때문에 고통스러워했고, 다른 사람들이 이로 인해 손가락질하는 것을 못견뎌했습니다. "당신이 하나님의 일꾼이라고 하면서 자신의 병도 어쩌지 못하느냐?"라고 할 때에 그는 심한 열등감을 느꼈습니다.

모세도 열등감이 있었고, 야곱도 열등감이 있었습니다. 예레미야 선지자도 가룟 유다도 지역에 대한 열등감이 있었는데 예레미야는 하나님께 쓰임 받는 사람이 되었고 가룟 유다는 불행한 인생의 주인공이 되었습니다. 인류 최초의 살인자인 가인도 열등감 때문에 죄를 짓고 말았습니다.

열등감이 다 해가 되는 것은 아닙니다. 그 열등감을 어떻게 극복하느냐에 따라 믿음의 사람이 되기도 하고 능력자가 되기도 합니다. 이 세상에 상처 없는 영혼은 없습니다. 다 상처를 지니고 살아갑니다. 상처는 계속해서 나기 때문입니다. 그 상처를 어떻게 관리하느냐에 따라 행복한 인생이 되기도 하고 불행한 인생이 되기도 합니다.

우리 예수님께서는 우리의 상처를 치유해 주시고 관계를 회복시켜 주셨습니다. 예수님은 단순히 질병만 치유해 주신 것이 아닙니다. 예수님은 수가 성의 여인에게 찾아오셔서 대화하는 중에 그의 마음속에 있던 병을 고쳐주셨습니다. 수가 성의 여인은 결혼을 다섯 번이나 하고 지금 또 다른 남자와 살고 있는 불행한 여인이었습니다. 지금으로 말하면 바람둥이 여인이었습니다. 그래서 사람들을 만나고 싶어 하지 않았습니다. 사람들이 뒤에서 수군거리는 것이 싫었기 때문입니다. 그래서 남들이 움직이지 않는 중동의 더운 낮에 뜨거운 열기를 맞으며 우물가로 물을 뜨러 나왔다가 예수님을 만난 것입니다.

그런데 예수님을 만나고 나서 이 여인은 사람들이 있는 마을로 달려가 자신이 메시아를 보았다고 이야기합니다. 예수님은 이 여인의 마음의 병뿐만이 아니라 관계도 함께 고쳐주셨던 것입니다. 사람들과 함께 살지 못했던 나환자도 질병뿐 아니라 관계까지도 고쳐주셨습니다. 이들이 다시 가정으로 돌아가 살 수 있도록 하셨습니다. 귀신들린 자도, 앉은뱅이 걸인도 다 육체의 질병뿐 아니라 관계까지도 고쳐주셨습니다. 예수님은 우리를 고쳐주시기 위하여 찾아오셨습니다. 그러므로 우리가 예수님을 만나면 고통스러워하던 마음의 병도 치료받고 관계도 회복되는 역사가 일어나는 것입니다.

오늘 성경에 나오는 요셉은 그 누구보다 많은 인생의 상처를 가지고 있는 사람입니다. 아버지의 가장 많은 사랑을 받았던 요셉이 믿었던 형들에게 배신을 당했습니다. 형들을 위하여 양치는 들판에 찾아간 요셉을 형들이 죽이려 했습니다. 왜요? 형들이 상처 입은 감정을 치유하지 못했기 때문입니다. 형들은 아버지 야곱이 요셉을 편애하는 것을 보고 분노를 품었습니다. 더구나 요셉이 꾼 꿈으로 인하여 요셉을 더욱 미워하게 되었습니다. 그래서 요셉을 죽이기 위하여 말라버린 우물 속에 던졌고 노예상인들이 지나갈 때에 요셉을 팔아버렸습니다.

상처 입은 마음을 치유하지 못하니 동생을 죽이려고 했고 노예로 팔아먹는 죄까지 저지르게 된 것입니다. 상한 마음은 이렇게 죄를 낳게 되는 것을 우리는 기억해야 합니다. 당시의 노예는 상상할 수 없는 삶을 살았습니다. 언제 죽을지 모르는 목숨이었습니다. 고향 땅을 떠나 이집트에서 노예생활을 하며 요셉은 많이 울었을 것입니다. 더구나 누명을 뒤집어쓰고 옥살이도 했습니다. 보통 사람 같으면 '두고 보자 내가 나가기만 하면 가만히 안 두겠다' 하는 생각을 품었을 것입니다.

'뒤마'의 소설인 《몬테 크리스토 백작》이란 소설에 보면 주인공인 1등 항해사 '에드몽 단데스'가 사랑하는 사람을 빼앗기고 다시 돌아올 수 없는 섬에 있는 감옥에 갇혀 지내게 됩니다. 그곳에서 파리아라는 늙은 신부를 만나게 되고 몬테 크리스토 섬에 숨겨진 보물의 비밀을 알게 됩니다. 그리고 탈옥에 성공하여 자신을 감옥에 집어넣고 인생을 파멸에 이르게 한 사람들을 하나하나 찾아 복수를 합니다. 자신을 불의한 계획으로 파멸에 이르게 한 사람들을 찾아 복수한다는 것은 신나는 일입니다. 그래서 많은 사람들이 이 책을 읽었고 영화로도, 뮤지컬로도 상영이 되었습니다. 요셉의 이야기를 보면서 몬테 크리스토 백작이 연상이 되는데 요셉은 이집트의 총리가 되어 형들을 얼마든지 벌할 수 있었음에도 전혀 다른 행동을 합니다. 자신이 지금까지 살아온 날들이 하나님의 섭리였음을 고백합니다.

> "요셉이 형들에게 이르되 내게로 가까이 오소서 그들이 가까이 가니 이르되 나는 당신들의 아우 요셉이니 당신들이 애굽에 판 자라 당신들이 나를 이곳에 팔았다고 해서 근심하지 마소서 한탄하지 마소서 하나님이 생명을 구원하시려고 나를 당신들보다 먼저 보내셨나이다"(4~5절).

가나안 땅에서 곡식을 구하기 위하여 찾아온 형들에게 "내가 당신들의 아우인 요셉입니다. 당신들이 판 그 요셉입니다"라고 말합니다. 이 말을 듣고 요셉의 형들은 기절할 듯이 놀랐을 것입니다.

요셉이 형들과 헤어진 지 10여 년이 지났습니다. 청소년의 시기에 팔려간 요셉이 서른이 되었습니다. 이집트의 총리는 황제 다음의 제2인자입니다. 화려한 옷을 입고 이집트 말을 자유롭게 구사하는 요셉을 동생이라 상상이나 할 수 있었겠습니까? 요셉은 자신의 내면에 일어난 상처로 인한 분노를 부인했습니다. 나를 팔았다고 해서 근심하거나 한탄하지 말라는 것입니다. 죽이지 않겠다는 것입니다. 오히려 하나님께서 나를 이곳에 보내신 것은 다 뜻이 있으며, 형들과 아버지와 내 동족들을 기아에서 구원하시려고 하나님께서 먼저 이곳에 보내신 것이라고 말합니다.

우리가 문제를 만날 때 세 가지의 판단이 있습니다. 첫째는 감정으로 판단하는 것입니다. 감정은 내가 당했으니 너희도 당해야 한다는 마음입니다. 여기에서 복수가 나옵니다. 나를 아프게 했으니 너를 죽여야 내 속이 편하겠다는 것입니다. 둘째는 이성으로 판단할 수 있습니다. 당시 세상의 법은 이성에 근거한 법입니다. 이를 한 대 부러뜨렸으면 상대방의 이도 한 대 부러뜨려야 하는 것입니다. 셋째는 믿음의 판단입니다. 요셉은 믿음으로 모든 일을 바라보았습니다. 그래서 용서할 수가 있었습니다. 용서를 넘어서 하나님의 뜻으로 보았기에 감사할 수가 있었습니다. 여기에 화해가 있고 치유가 있습니다.

우리의 상처 입은 심령을 치유하는 비밀이 여기에 있습니다. 왜 내 속에 분노가 있고, 열등감이 있고, 장애가 생깁니까? 믿음으로 바라보지 못했기 때문입니다. 교회 안에 일어나는 많은 문제들을 믿음으로 바라보지 못할 때 서로 간에 미움이 있고 상처가 생깁니다. 이 상처를 믿음의 눈으로 바라보고 치료하지 않으면 마음의 병이 깊어지는 것입니다. 하나님의 섭리를 믿는다면 억울한 일을 만나도, 상처를 입어도 감사할 수 있습니다.

그래서 성경은 "항상 기뻐하라 쉬지 말고 기도하라 범사에 감사하라"고 하신 것입니다. 억울한 일이 있습니까? 항상 기뻐하십시오. 분노가 일어납니까? 쉬지 말고 기도하십시오. 하는 일마다 막히고 안 됩니까? 범사에 감사하십시오. 하나님의 섭리가 어디에 있는지 우리는 알 수 없습니다. 내가 그릇이 될 때에 하나님은 더 크고 아름답게 나를 사용해 주십니다. 진주 조개는 내 속에 들어온 모래알을 진액으로 감싸고 갈고 닦습니다. 그것을 미워하고 그것 때문에 상처를 받으면 내 속이 함께 썩어가는 것입니다. 그러나 그것도 내 일부려니 하고 감싸안고 갈 때에 아름다운 진주가 만들어지는 것입니다.

상한 감정을 가지고 살아가면 내 속에 괴물을 키우는 것입니다. 그 괴물이 점점 더 자라나면 내가 어찌할 수 없는 큰 상대가 됩니다. 그래서 화병이 나기도 하고 내 상처 입은 마음 때문에 다른 사람을 고통스럽게 만들기도 합니다. 하나님은 우리를 사랑하십니다. 그래서 상처를 통해서 더 멋진 사람으로 만드시기를 원하십니다. 문제는 우리의 상처를 치유하는 것입니다. 누가 상처를 치유할 수 있습니까? 주님만이 하실 수 있습니다. 우리 주님께서 우리를 치료하시기 위해 이 땅에 찾아오셨습니다.

"그가 찔림은 우리의 허물 때문이요 그가 상함은 우리의 죄악 때문이라 그가 징계를 받으므로 우리는 평화를 누리고 그가 채찍에 맞으므로 우리는 나음을 받았도다"(사 53:5)라고 말씀하셨습니다. 주님이 나를 위해 채찍에 맞아주셨습니다. 그러므로 그 사실을 믿고 주님께

도우심을 구하기만 하면 우리의 상처를 고쳐주시는 줄로 믿으시기 바랍니다. 여러분의 가정의 상처가 치유되기를 바랍니다. 남편과 아내의 상처가 치유될 때 가정이 천국이 됩니다. 당신 때문이라고 생각할 때 상처는 더 곪아갑니다.

하나님께 가정의 상처를 회복할 수 있는 지혜를 달라고 기도하십시오. 상처가 치유되면 생각이 바뀌고, 생각이 바뀌면 말이 바뀝니다. 복된 말이 오가게 됩니다. 교회에서 입은 상처가 있으면 치유되기를 바랍니다. 교회에서 상처가 치유되지 않은 분들을 가끔 보게 됩니다. 이런 분들은 모든 것을 비판적으로 봅니다. 그러면 받을 은혜를 받지 못하고 받을 축복을 누리지 못하게 되는 것입니다.

우리 교회는 서로를 바라볼 때 사랑의 눈빛이 있는 교회가 되기를 원합니다. 그러면 사랑의 말이 나오게 되어있습니다. 자꾸 선한 말을 해야 합니다. 자꾸 희망의 말을 해야 합니다. 하나님께서는 원망하는 말, 절망하는 말, 부정적인 말을 하는 것을 가장 미워하십니다. 하나님은 '내가 원망하는 말을 들었노라 내가 그대로 갚아주겠다'고 말씀하셨습니다. 상처를 치유하지 못하면 하나님의 능력을 부정적으로 바라보게 됩니다. 우리 인생은 다 상처가 있습니다. 자라나는 나무에도 상처가 있고, 바다를 항해하는 배에도 상처가 있고 다 상처가 있습니다. 상처 없는 인생은 죽은 인생입니다.

목사님은 상처가 없습니까? 왜 없습니까? 상처로 말하면 목사만큼 많은 상처를 받는 사람이 어디 있습니까? 서양 속담에 "상처를 별로 만들라"는 말이 있습니다. 상처는 영어로 'Scar'입니다. 별은 영어로 'Star'입니다. 철자 하나 차이입니다. 하나만 다르게 고쳐도 전혀 다른 미래가 되는 것입니다. 여러분은 상처 입은 자로 살지 말고 스타로 사시기 바랍니다.

사울은 상처를 부정적으로 보았습니다. 이스라엘 백성들은 다윗이 전쟁에서 승리하고 돌아올 때 "사울은 천천이요 다윗은 만만이라"고 외치는 소리를 듣고 이것이 그에게 상처가 되고 열등감이 되었습니다. 하나님께서는 사울을 왕으로 세워주셨지만 그는 내면의 상처를 치유하지 못하고 평생 다윗만 죽이려고 쫓아다니다가 불행한 인생을 마치고 말았습니다. 상처를 치유하지 못하면 사탄 마귀가 틈을 타고 죄를 짓게 되고 결국은 불행한 인생이 되고 마는 것입니다. 그러므로 마음의 상처를 반드시 치료해야 합니다. 다윗은 그의 상처를 하나님께 나아가는 계기로 삼았습니다.

본문의 요셉도 그 고통스런 상처를 하나님을 만나는 기회로 삼았습니다. 그래서 형들을 미워하지 않았습니다. 그것이 그 내면의 복이 된 것입니다. 성도 여러분, 인생에 상처가 있습니까? 아픕니까? 힘이 듭니까? 상처를 주님께 내어놓고 치료를 받아 먼 훗날 요셉과 같이 하나님께서 나를 미리 보내셨다는 승리의 고백이 있기를 바랍니다.

적 용

ⓐ 오늘 말씀의 주제 파악하기:

ⓑ 오늘 말씀 중 은혜 받은 부분 나누기:

ⓒ 삶에 구체적으로 적용하기:

함께 드리는 기도제목

1. 마음의 상처를 잘 관리하여 행복한 인생을 살아가게 하옵소서.
2. 예수님을 만나 마음의 병도 치료받고 관계도 회복되는 역사가 일어나게 하옵소서.
3. 상처를 주님께 내어놓고 주님의 치료하심을 경험하게 하옵소서.

신앙의 기초 시리즈 29

36

영혼의 상처를 치유하라

- **본 문**: 시편 30편 2~3절(구 822쪽)
- **찬 송**: 412장(내 영혼의 그윽히 깊은 데서, 통469)
- **요 절**: 여호와 내 하나님이여 내가 주께 부르짖으매 나를 고치셨나이다 여호와여 주께서 내 영혼을 스올에서 끌어내어 나를 살리사 무덤으로 내려가지 아니하게 하셨나이다(시30:2~3)

시편 30편은 다윗의 시편으로 제목이 '성전낙성가'라고 되어 있습니다. 낙성이라는 말은 건축을 마쳤다는 말인데 이전에 다윗이 성전을 낙성한 기록이 없습니다. 그러므로 이후에 성전을 정화하고 수전절을 지킬 때 이 찬송시를 불렀던 것으로 보고 있습니다. 수전절에 이 찬송을 부른 이유가 있습니다. 본문 말씀 뒤 6절에 다윗은 "내가 형통할 때에 말하기를 영원히 흔들리지 아니하리라"고 자신만만하게 외쳤던 것을 회개하고 있습니다.

사람은 잘되고 형통할 때에 하나님을 잊어버립니다. 잘될 때에는 찾는 사람도 많습니다. 그러나 어렵고 힘들 때에는 사람들이 피합니다. 너무 힘들면 친구도 떠나가고 형제들도 떠나갑니다. 심지어 자녀도 떠나가고 아내와 남편도 떠나갑니다. 다윗이 잘되고 형통할 때 내가 영원히 흔들리지 아니하리라 외쳤는데 어려움이 찾아왔습니다. 그러니까 사람들이 다 피합니다. 성서신학자들은 이 시편이 압살롬의 반역으로 어려움을 겪을 때 기록된 것으로 보고 있습니다.

다윗이 왕위에 있을 때에는 모든 사람들이 그 앞에 엎드렸는데 압살롬이 반역을 일으켜 다윗이 쫓겨 다니게 되자 믿었던 신하들도 다윗을 피하고 오히려 반역하여 다윗을 죽이는 일에 동조를 했습니다. 그때에 다윗은 깨닫고 '내가 진정으로 찾을 분이 하나님밖에는 없구나!' 하는 사실을 깨닫고 하나님께 부르짖은 내용이 시편 30편입니다. 다윗은 그의 영혼이 상처를 입었습니다. 교만하여 하나님의 품을 떠날 때에 그의 영혼이 상처를 입었습니다. 그래서 깨닫고 나서 통회하는 마음으로 이 시편을 고백한 것입니다.

우리가 사는 세상은 온갖 병이 들어 있습니다. 학교도 병이 들고, 회사도 병이 들어 있습니다. 병이 없는 곳은 없습니다. 병원에도 온갖 병이 있습니다. 그런데 가장 깊은 병, 우리 인간을 가장 비참하게 만드는 병이 무엇입니까? 영혼의 병입니다. 영혼의 병은 죄로부터 오는 것입니다. 그러므로 죄의 문제를 해결하지 않으면 영혼의 병의 문제를 해결할 수가 없습니다. 우리 인간은 모두 원죄를 가지고 태어났습니다. 원죄는 타락하고자 하는 마음입니다. 하나님께 불순종하는 마음입니다. 이 죄는 인간을 멸망으로 이끌고 갑니다.

그런데 하나님께서는 이 죄를 해결할 수 있는 치료약을 주셨습니다. 바로 예수 그리스도입니다. '예수'란 저희 죄에서 우리를 구원하실 자라는 뜻입니다. 예수님께서 나의 죄를 위해 십자가에 죽으셨다는 사실을 믿고 그 예수님을 내 마음속에 받아들이기만 하면 우리는 죄를 이길 수 있는 것입니다. 이 세상에 죄를 이길 수 있는 다른 것은 없습니다. 최고의 무사도 죄를 이기지 못합니다. 공부 많이 한 박사도 죄를 이기지 못합니다. 돈을 많이 가진 재벌도 죄를 이기지 못합니다. 또한 마음이 선한 사람도, 어린아이도 다 죄를 이기지 못합니다. 오직 예수님을 믿는 믿음만이 죄를 이길 수 있는 것입니다.

옛날 시골에서 먹을 것이 없을 때 산에 철사 줄로 만든 올무를 놓아 토끼를 잡아먹었습니다. 토끼는 겁이 많아 자기가 다니는 길로만 다니는데 토끼가 다니는 길목에 올무를 놓습니다. 이 올무는 한번 목에 감기면 절대로 토끼가 풀 수 없습니다. 발버둥칠수록 점점 더 목을 조이게 됩니다. 토끼가 올무에서 풀려날 수 있는 유일한 방법은 사람이 풀어주는 것입니다. 죄가 그렇습니다. 죄는 우리 인간의 힘으로 풀 수가 없습니다. 그런데 우리 주님께 맡기면 우리 주님이 풀어주시는 것입니다. 죄에서 해방을 주시는 것입니다.

사람들은 자기 육체의 질병은 잘 발견하면서 영혼의 상처를 입고도 모르고 살아갑니다. 사탄이 눈치 채지 못하도록 유혹하기 때문입니다. 오늘날 영혼에 깊은 상처를 입고도 자기 영혼이 건강한 줄 착각하고 살아가는 신자들이 있습니다. 영혼의 상처를 입은 교인들은 참 무섭습니다. 영혼의 병이 심해지는 것을 보면 주의 종이 당신 병이 깊어졌다고, 빨리 치료받아야 한다고 이야기해 주어야 하는데 이런 분들은 너무 날카로워 이야기해 주기도 어렵습니다. 주님의 말씀을 듣고도 치료받지 못하니 예수님이 오셔도 말씀할 수 없을 것입니다. 그래도 매주일 하나님의 말씀을 들으면 길이 있습니다. 기쁨이 없어도, 상처가 있어도 계속해서 말씀을 듣다 보면 은총의 길이 열리는 것입니다.

6. 25전쟁 시기에 공산당에 끌려갔다가 미군에 사로잡힌 사람이 있었습니다. 전쟁의 시기에 영화에서 보는 것처럼 미군이 다 포로로

끌고 간 것이 아닙니다. 전쟁터에서 어떻게 그렇게 합니까? 총살시키는 것입니다. 그런데 이 사람이 미군 앞에서 이제는 죽었구나 생각하다가 부인 생각이 났습니다. 부인이 교회를 다녔는데 그것이 못마땅하여 늘 핍박을 했습니다. 교회 가기만 하면 사정없이 두드려 패고 머리카락을 다 잘라놓기도 하였습니다.

그때마다 아내는 부엌에 가서 흐느끼면서 찬송을 불렀습니다. "내 주를 가까이 하려 함은 십자가 짐 같은 고생이나……"(338장). 이렇게 찬송을 부르면 미워서 더 때렸습니다. 그런데 그 찬송이 생각나는 것입니다. 이 찬송은 미국의 로웰 메이슨이 작곡한 곡으로 미국 크리스천들의 많은 사랑을 받았습니다. 타이타닉 호가 대서양에서 침몰할 때 구명정에 타지 못한 1,635명을 위해 남아있던 악단들이 연주한 찬송입니다. 아내가 맞을 때마다 이 찬송을 하도 많이 불러 자동으로 입력이 되었는데 이 찬송이 생각이 나서 미군 앞에서 "내 주를 가까이 하려 함은" 하고 찬송을 불렀습니다. 이 곡은 원래 애덤스(S. F. Adams)가 작곡한 외국 찬송가입니다. 그래서 미군이 찬송을 알아듣고 총살 현장에서 살려주었답니다.

이분이 미군과 함께 내려와 장로가 되었고, 아내 생각을 하면서 내가 아내 때문에 살았다고 울면서 간증을 했다는 글을 읽었습니다. 믿음이 없어도, 찬송 부르는 것만 들어도 은혜를 받는 날이 오는 것입니다. 자녀들이 믿음이 없어도 예배시간에 자꾸 데려다 놓으면 은혜받는 날이 생기는 것입니다. 그러므로 은혜 못 받는 교인이 있어도 하나님께서 기회를 통하여 은혜 주시고 구원의 자녀로 삼아주실 줄로 믿습니다.

에스키모들이 늑대를 잡는 전통적인 방법이 있습니다. 날카로운 칼에 피를 발라 얼려 늑대들이 다니는 길목에 놓습니다. 그러면 피 냄새를 맡고 늑대가 다가와 얼어붙은 칼에 있는 피를 핥아먹습니다. 한참을 핥아먹다 보면 혓바닥이 얼어 감각이 없어지고 그만 날카로운 칼날에 자신의 혀를 베이게 됩니다. 그런데 이미 꽁꽁 얼어 감각이 무디어진 혀는 통증을 느끼지 못하고 계속 피를 핥아먹는데 그 피가 자신의 피인 줄 모릅니다. 그러다가 피를 많이 흘리고 쓰러져 에스키모들에게 잡혀 먹히게 됩니다.

죄가 그렇습니다. 죄는 사람의 영혼을 마비시킵니다. 처음에는 작은 죄에도 움찔하다가 죄를 반복하면 나중에는 사람을 죽여도 아무렇지 않습니다. 하나님을 대적하면서도 모릅니다. 죄의 중독성이 그렇게 무섭습니다. 우리는 영혼이 상처를 입는 것에 대해 민감해야 합니다. 내 영혼을 순결하게 지켜야 합니다. 죄를 짓고 영혼이 상처를 입게 되면 빨리 치료해야 합니다. 그대로 내버려두면 영혼의 상처가 점점 더 깊어지기 때문입니다.

육체의 병도, 관계의 병도 상처를 치유하지 못한 데서부터 옵니다. 영혼의 병도 그렇습니다. 내 영혼이 상처를 입었을 때 즉시 치료해야지 그것을 내버려두면 병이 깊어집니다. 처음에는 소독약만 발라도 치료될 수 있는 것을 나중에는 수술해도 잘 치료가 되지 않습니다. 그래서 우리는 영혼의 상처를 치료해야 합니다. 영혼의 상처를 치료하기 위한 방법입니다.

1. 말씀을 들어야 합니다.

성경은 우리 영혼의 상처를 치료하는 책입니다. 하나님의 말씀을 자꾸 듣고 읽으면 말씀이 우리를 치료합니다. 말씀을 들으면 그 말씀이 우리 영혼을 바라보게 합니다. 그러면 내 영혼이 얼마나 더럽고 추한지를 알게 됩니다. 그래서 죄를 깨닫고 회개하게 됩니다. 주의 말씀은 우리의 영혼을 소성케 한다고 했습니다. 소성이라는 말은 제자리로 돌려놓는다는 원어의 뜻을 가지고 있습니다. 말씀을 들으면 하나님과의 바른 관계로 돌아가게 됩니다. 말씀을 들으면 우리가 은혜를 깨닫게 됩니다.

믿음의 사람들은 늘 은혜 받았다는 말을 합니다. 예수 처음 믿는 사람들은 은혜 받았다는 말이 무엇인지 잘 모릅니다. 잘되고 형통한 일을 만났을 때에만 은혜 받았다고 하는 것이 아닙니다. 병이 들어도 은혜를 받고, 사고가 나도 은혜를 받습니다. 왜요? 하나님께서 인도하시는 것을 알고 있기 때문입니다. 반대로 불신앙의 사람은 병이 들고 사고가 나면 절대로 은혜가 없습니다. 불평하고 원망합니다. 그래서 마음의 상처를 입고 육체의 상처를 입습니다. 저는 여러 가지 문제를 가지고 상담하러 찾아온 성도들을 만나 대화하면서 이들이 영혼의 상처를 입었다는 것을 느끼게 됩니다. 여러 가지 일을 만나면서 열등감, 분노, 우울증, 공격성이 찾아온 것입니다.

이민교회가 어렵다고 하는데 목회자들이 하는 농담 중에 경상도에서 목회를 잘하면 전국 어디를 가든지 목회에 성공할 수 있고, 미국 이민교회에서 목회를 잘하면 전 세계 어디를 가든지 목회에 성공한다는 말이 있습니다. 이민교회를 가만히 보면 영혼의 상처를 입은 사람들이 많습니다. 국제결혼으로 부부간의 갈등이 있습니다. 이민가정에는 생활고가 있습니다. 한국에서는 남부럽지 않은 위치에 있었는데 미국에 가서 무시당하며 여러 가지 힘든 일을 하다 보니 자존감에 상처를 입습니다.

부모는 자녀 교육을 위해 말도 통하지 않는 먼 나라에 와서 고생하며 자녀 교육을 시켰는데 자라난 자녀들은 부모를 이해하지 않습니다. 한국에서처럼 교육한다고 한 대 때렸다가는 경찰에 신고를 합니다. 그러니 그 받은 상처를 교회에 와서 보상을 받으려고 합니다. 그러니 이민교회가 늘 분열이 되는 것입니다. 오래전 미국의 대형 한인교회를 주일날 방문한 적이 있는데 그때 성도들의 얼굴을 보면서 상처 입은 영혼들의 얼굴을 보았습니다. 그 얼굴들을 보는 순간 나도 모르게 눈물이 주르르 나왔습니다. 그 모습들이 오랫동안 잊혀지지 않아서 괴로웠던 적이 있습니다.

영혼이 상처를 입으면 먼저 자기 자신이 병들어갑니다. 하나님의 말씀을 들어도 말씀이 임하지 않습니다. 상처가 많은 교회를 가보면 말씀을 전해도 말씀을 받지 않는 사람들이 많습니다. 그래서 말씀을 전하는 데도 힘이 듭니다. 말씀을 받지 않으니 은혜가 말라갑니다. 영혼이 곤고합니다. 하나님께서 주시는 평강이 없습니다. 신앙생활의 기쁨이 사라지고 감사가 없습니다. 그러니 점점 더 깊은 영혼의 병이 되는 것입니다. 그리고 영혼이 상처를 입으면 더 나아가 다른 사람을 찌르는 가시가 됩니다. 내가 은혜가 없으니 가는 곳마다 다른 사람을 찌르는 가시가 되는 것입니다. 신앙생활의 모든 것은 말씀에서 시작됩니다. 그러므로 말씀에 은혜 받는 성도들이 되시기 바랍니다.

주의 종은 상처 입은 심령을 치유하는 직임을 받은 사람입니다. 제가 하나님의 말씀을 전할 때 그 말씀을 아멘으로 받고 여러분의 상처 입은 영혼이 치유되기를 바랍니다. 교회는 영혼의 상처를 치료하는 곳입니다. 영혼의 상처는 병원에 가도 안 됩니다. 상담사에게 가도 안 됩니다. 오늘 다윗이 고백했듯이 우리 영혼은 그냥 두면 스올로 빠져 들어갈 수밖에 없는 존재인 것을 인정해야 길이 열립니다.

다윗은 "하나님께서 나를 스올에서 건져내사 무덤에 가지 않게 하셨다"라고 고백하고 있습니다.

우리를 창조하시고 주관하시는 하나님께 나와야만이 상처 입은 영혼을 치료해 주실 수 있습니다. 건강한 사람은 첫째로 잘 먹어야 하고, 그다음에는 운동을 해야 합니다. 영적으로도 그렇습니다. 영혼이 건강하려면 하나님의 말씀을 잘 먹어야 하고, 그다음에는 영적인 운동을 해야 합니다. 기도해야 합니다. 찬송해야 합니다. 봉사해야 합니다. 자꾸 움직여야 말씀이 맛이 있습니다. 그러므로 간절히 기도하고, 찬송하고 주의 일에 힘쓰는 성도의 영혼이 더 건강한 것입니다. 우리 교회 성도들은 말씀을 들을 때마다 치유의 은총이 임하시기를 바랍니다. 그리고 말씀을 먹고 열심히 기도하고 찬송하고 봉사하여 더 건강한 영혼의 소유자들이 되시기를 바랍니다.

2. 치유받은 자의 축복이 있습니다.

상처 입은 영혼을 치유받은 자는 하나님과 동행합니다. 하나님께서는 이런 사람에게 늘 찾아오시고 그 인생의 길을 밝혀주십니다. 성령의 아홉 가지 열매가 맺힙니다. 이것이 놀라운 것입니다. 예수 믿는다는 것은 하나님의 영이 내 안에 들어오셔서 나를 주장하신다는 뜻입니다. 하나님이 나를 주장하시니 하나님께서 기뻐하시는 일이 내가 기뻐하는 일이 되고, 하나님께서 하시는 일이 내가 하는 일이 됩니다. 예수님께서 병자들을 치유해 주실 때 "네 병이 나았다"라고 하지 않으시고 "네가 구원받았다"고 말씀하신 적이 많습니다.

이 말씀은 육체의 질병뿐 아니라 영혼의 질병도 치유해 주셨다는 말씀입니다. '네가 믿은 대로 내가 그리스도요 내가 네 안에 있어 너를 풍성하게 하겠다'는 약속입니다. 성도 여러분, 하나님의 말씀을 듣고 아멘으로 그 말씀을 영접할 때 이 놀라운 치유의 축복이 여러분에게 임합니다. 내가 단순히 구원받았다는 차원이 아니라 주님께서 나와 동행하신다는 약속이 임합니다. 그래서 치유받은 자는 옛사람을 떠납니다. 비염으로 고생하던 사람이 코 수술을 받으면 냄새를 맡을 수가 있습니다. 이전에 맡지 못했던 냄새가 들어옵니다.

새사람이 그렇습니다. 내 영혼의 병이 치유되니 옛날에 좋아했던 것이 싫어집니다. 불평하고 부정적인 삶을 살았던 그 모습이 이제는 냄새가 나고 싫어지는 것입니다. 어떤 장로님이 그런 말을 합니다. "은혜 받고 나니 불평하고 부정적인 이야기를 하는 사람 곁에 있는 것도 싫어집니다." 그렇습니다. 상처 입은 영혼이 치유를 받으면 죄를 미워하게 됩니다. 사탄이 좋아하는 일을 떠나게 됩니다. 이전에는 내가 가시가 되어 성도를 찌르고 아프게 했다면 영혼이 치유받은 성도는 상처를 감싸안고 함께 울어주는 성도가 되는 것입니다.

하나님의 말씀이 여러분에게 임할 때 그 말씀에 순종하시기 바랍니다. 내 영혼이 치유되지 못한 것이 있었는지, 내가 회개하지 못한 것이 있었는지 하나님 말씀 앞에 온전히 엎드리시기 바랍니다. 주권을 하나님께 드리시기 바랍니다. 그리고 성도 간에 치유되지 못한 영혼의 상처를 가지고 있다면, 과거의 아픔이 있다면 용서하시고 화해하시기 바랍니다. 그럴 때 하나님의 영이 여러분 안에서 기뻐하십니다.

우리가 기억해야 될 것은 완전한 사람은 없다는 것입니다. 성경은 정금 같은 신앙을 말씀합니다. 정금은 순도 100%입니다. 불순물이 없습니다. 우리 신앙이 정금같이 되어야 하는데 사탄 마귀가 매일같이 찾아와 불순물을 집어넣습니다. 사탄 마귀는 우리로 죄를 짓게 유혹합니다. 그러나 영혼이 강건한 성도는 시험을 이깁니다. 주의 전에 나와 상처 입은 여러분의 영혼이 치유되기를 원합니다. 그리고 그 영혼을 순결하게 날마다 유지하기를 바랍니다. 예수님께서 열 처녀의 비유를 말씀해 주신 이유가 여기에 있습니다. 우리는 신랑 되신 예수님께서 오시는 날까지 슬기로운 다섯 처녀와 같이 내 영혼에 기름을 가득 채우고 신랑 되신 예수님이 오실 날을 기다려야 합니다. 그래서 우리는 날마다 주님 앞에 나아와 말씀으로 씻어야 합니다. 그래서 교회는 일주일 동안 찢기고 상처 입은 영혼들이 나아와 예배드리며 새로워지고 정결하게 되는 곳입니다. 찬송을 부르고, 기도를 드리며, 예배를 드리는 가운데 상처 입은 영혼들이 치유되는 생생한 체험이 있기를 원합니다.

상처 입은 영혼이 치유되면 하나님께서 주시는 약속이 있습니다.

> "사랑하는 자여 네 영혼이 잘됨같이 네가 범사에 잘되고 강건하기를 내가 간구하노라"(요삼 1:2).

영혼이 잘되면 범사가 잘되고 강건한 축복을 하나님께서 주십니다. 하나님께서 주신 축복은 빼앗아갈 자가 없습니다. "여호와가 너를 항상 인도하여 메마른 곳에서도 네 영혼을 만족하게 하며 네 뼈를 견고하게 하리니 너는 물 댄 동산 같겠고 물이 끊어지지 아니하는 샘 같을 것이라"(사 58:11)고 약속해 주셨습니다.

우리가 사는 세상이 메마를지라도 우리 영혼을 만족하게 해주십니다. 우리의 뼈를 견고하게 해주십니다. 물 댄 동산같이 물이 끊어지지 않는 샘과 같이 풍성하게 하여 주십니다. 우리 교회는 상처 입은 영혼들이 와서 치유를 받고 쉼을 얻는 교회가 되기를 원합니다.

능력을 받고 건강한 성도로 세상에 나가 세상을 변화시키는 성도들이 되기를 원합니다. 하나님의 말씀을 통하여 육체의 상처가 치유되고, 관계의 상처가 치유되고, 영혼의 상처가 치유되는 체험이 여러분 모두에게 임하기를 바랍니다.

적 용

ⓐ 오늘 말씀의 주제 파악하기:

ⓑ 오늘 말씀 중 은혜 받은 부분 나누기:

ⓒ 삶에 구체적으로 적용하기:

함께 드리는 기도제목

1. 말씀을 들을 때마다 치유의 은총이 임하게 하옵소서.
2. 찬송 부르고, 기도드리며, 예배드리는 중에 상처 입은 영혼들이 치유되게 하옵소서.
3. 하나님의 말씀을 통하여 육체의 상처가 치유되고, 관계의 상처가 치유되고, 영혼의 상처가 치유되는 체험이 있게 하옵소서.

37

예물을 준비하는 자세

- **본 문**: 레위기 1장 1~3절, 2장 1~2절(구 146,147쪽)
- **찬 송**: 52장(거룩하신 나의 하나님)
- **요 절**: 이스라엘 자손에게 말하여 이르라 너희 중에 누구든지 여호와께 예물을 드리려거든 가축 중에서 소나 양으로 예물을 드릴지니라 그 예물이 소의 번제이면 흠 없는 수컷으로 회막 문에서 여호와 앞에 기쁘게 받으시도록 드릴지니라(레 1:2~3)

우리 교회에 대한 소문이 있는데 목사님이 헌금 설교를 하지 않아서 좋다고 합니다. 그 이야기를 듣고 '내가 잘못했구나! 헌금은 하나님의 자녀들이 마땅히 드려야 할 예물인데 그 예물에 대한 바른 정신을 가르쳐야 하는데 그러지 못했구나!' 회개를 했습니다. 한경직 목사님은 노년에, 가난한 사람들이 축복을 받으라고 헌금에 대한 설교를 했어야 하는데 그러지 못한 것을 회개했다고 합니다. 헌금에 대한 설교를 하지 않는 것이 좋은 교회가 아닙니다. 헌금에 대하여 하나님의 말씀을 바르게 전하는 것이 좋은 교회입니다. 바른 예배에 바른 헌금이 있어야 하기 때문입니다. 또 헌금을 성경적으로 바르게 사용해야 합니다. 헌금은 하나님께 드리는 것이요 하나님의 뜻대로 쓰여져야 하기 때문입니다.

하나님께 드리는 예물에 대하여 우리는 먼저 구약의 제사에 대하여 잘 알아야 합니다. 제사는 하나님께서 명하신 것이요, 하나님께 드리는 자세에 대하여 말씀하신 것이기 때문입니다. 구약에는 다섯 가지 제사가 나옵니다. 번제, 소제, 화목제, 속죄제, 속건제입니다. 번제는 하나님께 드리는 감사와 헌신의 제사요, 소제는 곡식으로 드리는 하나님의 은혜에 보답하는 감사의 제사입니다. 화목제는 하나님과 이웃들과 바른 관계를 갖기 위한 제사였고, 속죄제와 속건제는 죄 사함을 위한 제사였습니다.

본문 말씀은 하나님께 드리는 번제와 소제에 대한 말씀입니다. 하나님께서는 "누구든지 여호와께 예물을 드리려거든"이라고 말씀하셨습니다. 이 말씀은 자원하여 드리라는 말씀입니다. 번제는 본문 말씀에 보면 소나 양으로 드리라고 했는데 가난한 사람들을 위하여 비둘기를 드리는 것도 허락하셨습니다. 번제물을 드리는 방법에 대해서는 1장 3절 이하에 나오는데 산 짐승을 죽여 가죽을 벗기고 각을 뜨고 불에 태워 드립니다. 제사장 앞에서 주인은 함께 온 짐승의 머리에 안수합니다. 이 안수는 "이 사람의 죄를 이 짐승이 대신 지고 죽습니다. 하나님, 이 사람의 죄를 용서하여 주시옵소서" 하는 의미입니다.

짐승을 잡아 가죽을 벗기고 내장을 다 떼어냅니다. 그리고 불에 태워 드립니다. 이것은 예배드리는 정신을 말하는 것입니다. "나의 더러운 것을 다 제하여 주시옵소서" 하는 의미입니다. 번제물이 되려면 먼저 죽어야 합니다. 이 번제물에 담겨있는 정신은 짐승이 죽는 것이 아니라 내가 죽는 것입니다. 나의 죄가 죽는 것입니다. 예물의 정신이 이것입니다. 하나님께서는 소나 양을 원해서 바치라는 것이 아닙니다. 그 제물을 통해서 너의 죄를 바라보고 하나님께 감사하라는 것입니다.

대부분의 유대인들은 소나 양이 많지 않았습니다. 집에서 기르는 가축입니다. 평소에 함께 지내던 가축입니다. 그런데 그 가축이 나의 죄를 대신 지고 눈앞에서 비명을 지르고 피를 흘리며 죽는 것을 바라보는 마음이 어떠하겠습니까? 마음이 짠해지는 것입니다. 우리가 하나님께 예물을 드릴 때 이 정신이 있어야 합니다. "하나님, 예수님께서 나의 죄를 대신 지시고 어린양이 되어주심을 감사드립니다" 하고 내 가축을 드리는 심정으로 예물을 드릴 때 하나님은 우리 예물을 향기롭다고 하십니다. 기쁘게 받으시도록 드리라고 했습니다. 하나님은 우리의 정성이 있을 때 기쁘게 받으십니다. 그러므로 예물을 드릴 때 감사함으로 드리시기 바랍니다. 그래야 하나님이 기뻐하십니다.

2장에는 소제에 대하여 나옵니다. 소제는 곡식가루를 곱게 빻아 굽든지 부치든지 삶든지 볶든지 하여 기름에 섞어 드리는 제사입니다. 이것은 하나님께 드리는 정성을 의미합니다. 하나님께 드리는 예물은 대충 드리는 것이 아닙니다. 우리 신앙의 선조들이 어려운 시절에 새 지폐가 귀했습니다. 그래서 헌금을 드릴 때 헌 지폐를 그냥 드리지 아니하고 다리미로 다려서 드렸습니다. 작은 물질이지만 정성이 들어간 예물을 드렸습니다. 이것을 하나님께서는 향기롭다고 하시는 것입니다. 하나님께서는 누가 많이 드렸구나 하고 말씀하시지 않습니다. 또 물질이 많다고 쉽게 드릴 수 있는 것도 아닙니다. 감사한 마음으로 정성이 들어간 예물을 흠향하십니다.

예수님께서 성전에 들어가셨을 때 사람들이 헌금을 드리고 있었습니다. 바리새인들은 자신이 드리는 많은 예물을 사람들 앞에서 드러내려고 했습니다. 그래서 사람들에게 칭찬을 받고자 했습니다. 그런데 한 과부가 두 렙돈을 드렸습니다. 두 렙돈은 1/8앗사리온입니다. 참새 두 마리가 한 앗사리온이라고 했으니 두 렙돈은 참새 한 마리도 살 수 없는 작은 금액입니다. 요즘으로 말하면 약 2천 원 정도 되는 금액입니다. 예수님께서는 이 헌금을 보시고 이 가난한 과부가 모든 사람보다 많이 드렸다고 했습니다. 다른 사람들은 풍족한 중에서 넣었거니와 이 가난한 과부는 자기의 생활비 전부를 넣었다고 했습니다. 하나님은 세상의 기준으로 보시는 것이 아닙니다.

우리 교회에도 보면 눈물겨운 헌금을 드리는 분들이 많습니다. 가난한 살림에 평생을 모아온 전부를 건축헌금으로 드리는 분들이 있습니다. 어떤 분들은 모은 돈을 저에게 직접 가지고 와서 자녀들 모르게 해달라고, 자녀들도 어려운데 나는 하나님께 꼭 바치고 싶다고 그럽니다. 이야기를 들어보면 그분의 전 재산입니다. 이것이 예수님께서 감동하신 과부의 두 렙돈인 것입니다. 교통사고가 나서 합의금을 받았는데 크게 다치지 않은 것이 감사하다고 헌금으로 다 가져온 분도 있습니다. 이분이 너무 가난하여 제 마음 같아서는 돌려드리고 싶은데 하나님께 감사함으로 드리는 것을 제가 어떻게 돌려드립니까? 제 마음도 짠한데, 하나님께서 보실 때 얼마나 뭉클하시겠습니까? 제가 기도하기를 "하나님 이런 분들과 후손이 축복을 받지 못하면 제가 마음이 힘들어 목회 못합니다. 복을 내려주시옵소서" 하고 기도합니다.

예수님께서 과부의 두 렙돈을 보시며 그러셨던 것입니다. 요즘 교인들은 목사님이 축복받으라고 설교하면 아멘 하다가 헌금 설교를 하면 오늘 정신 바짝 차리자, 정신 놓으면 큰일 난다 하는 분들이 있다고 합니다. 예배를 드릴 때에도 정신을 바짝 차리고 드리셔야 하지만 사실은 예물을 드릴 때에도 진짜 정신을 차리고 드려야 하나님께서 받으시는 향기로운 제사가 되는 것입니다. 구약시대에는 예배 때마다 예물이 있었습니다. 신약시대에는 예배 헌금과 연보가 있었습니다. 헌금은 예배 때에 드리는 것이고 연보는 특별한 구제를 위하여 드리는 것이었습니다.

성경에 나오는 헌금은 크게 감사의 예물, 십일조, 첫 열매, 절기 헌금, 그리고 연보 등이 있습니다. 이것은 성경이 명하는 예물입니다. 우리 교회는 이 성경의 헌금의 정신을 위해 창립기념주일 헌금은 자원하여 드리도록 하고 성탄절 헌금은 구제의 헌금으로 즉 연보로 드리고 있습니다. 다른 헌금은 목적 헌금으로 드리고 있습니다. 본문 말씀에서는 감사의 예물과 십일조의 예물에 대하여 전하려고 합니다.

1. 감사헌금이 있습니다.

구약의 번제나 소제나 다 감사하는 예물입니다. 헌금은 감사하는 마음으로 드려야 합니다. "너희가 여호와께 감사제물을 드리려거든 너희가 기쁘게 받으심이 되도록 드릴지며"(레 22:29)라고 했습니다. 여기서도 '드리려거든'이라고 했습니다. 자원하여 드리라는 말입니다. "이것이 곧 적게 심는 자는 적게 거두고 많이 심는 자는 많이 거둔다 하는 말이로다 각각 그 마음에 정한 대로 할 것이요 인색함으로나 억지로 하지 말지니 하나님은 즐겨 내는 자를 사랑하시느니라"(고후 9:6~7)고 말씀하셨습니다. 내가 은혜 받았으니 그 은혜에 감사하여 드리는 예물이 감사의 예물입니다.

우리 인간은 감사를 잊어버리는 존재입니다. 원한은 돌에 새기고 은혜는 흐르는 물에 새긴다고 하는 말이 있듯이 조금만 잘되고 평안하면 하나님의 은혜를 잊어버리고 내가 잘해서 된 줄 압니다. 그래서 하나님은 잊지 말라고 우리 물질이 있는 곳에 마음이 있다고 하시며, 감사의 예물을 명하신 것입니다. 하나님께서 매주일을 명하시지 않았으면 아마 한 달쯤 가면 교회를 잊어버리고 세상에 빠져들어 갈 것입니다. 그것이 인간입니다.

하나님은 우리의 창조주가 되시고 우리를 너무나 잘 아시기 때문에 "일주일에 하루는 주의 전에 나와 예배드려라. 예배를 드릴 때는 너의 가장 아끼는 물질로 예물을 드려라" 하고 명령하신 것입니다. 그래야 잊지 않기 때문입니다. 우리가 감사할 일들이 얼마나 많은지 모릅니다. 아침에 일어나면서부터 잠들 때까지 우리는 감사할 것이 많습니다. 이 모든 것이 하나님의 은혜입니다. 하나님께 나올 때마다 감사를 잊지 마시기 바랍니다.

2. 십일조가 있습니다.

구약시대에는 십일조에 대한 내용들이 나옵니다. 아브라함도 대제사장 멜기세덱에게 십일조를 드렸고 야곱도 하나님께 십일조의 서원을 했습니다. 그런데 십일조는 하나님께서 이스라엘 백성들에게 명하신 것입니다. 하나님께서는 레위 지파들에게 기업을 주시지 않았습니다. 그대신 모든 지파들이 십일조를 내어 레위 지파를 섬길 것을 명하셨습니다. 레위 지파는 제사장들로부터 시작하여 성전에서 물 긷는 자와 장작 패는 자들까지 모두 땅을 분배받지 아니하고 십일조를 통해 생활하게 하셨습니다. 이것은 하나님의 일을 할 때에 다른 일에 정신을 팔지 말라는 뜻입니다.

레위 지파는 오로지 성소를 섬기는 일에만 집중하라는 뜻입니다. 예수님께서도 십일조를 말씀하셨고 5세기경 십일조가 교리화되었습니다. 예수님께서 십일조에 대하여 말씀하시지 않았다고 주장하는 이단들이 있는데 교회를 공격하기 위해서이거나 성경을 잘 읽지 않아서 그렇습니다. “화 있을진저 외식하는 서기관들과 바리새인들이여 너희가 박하와 회향과 근채의 십일조는 드리되 율법의 더 중한 바 정의와 긍휼과 믿음은 버렸도다 그러나 이것도 행하고 저것도 버리지 말아야 할지니라”(마 23:23)고 말씀하셨습니다.

당시 바리새인들이 십일조 생활을 얼마나 철저히 했는지 마당에 심은 야채의 십일조까지 드렸다는 것입니다. 그런데 이들은 헌금은 정확히 드리면서 하나님 앞에서 더 중요한 정의와 긍휼과 믿음은 없었습니다. 예수님은 이것을 지적하시며 십일조도 드리고 정의와 긍휼과 믿음도 지켜야 할 것을 말씀하셨습니다. 하나님께서는 주일을 기억하여 거룩히 지키라고 하셨습니다. 주일은 우리에게 주신 시간의 1/7을 하나님께 온전히 드리라는 것입니다. 그런데 십일조는 내게 주신 물질의 1/10을 하나님께 온전히 드리라는 것입니다. 내게 주신 모든 물질이 하나님께로부터 왔음을 신앙고백하는 것입니다.

십일조는 나의 것을 떼어 드리는 것이 아니라 원래 하나님의 것을 드리는 것입니다. “사람이 어찌 하나님의 것을 도둑질하겠느냐 그러나 너희는 나의 것을 도둑질하고도 말하기를 우리가 어떻게 주의 것을 도둑질하였나이까 하는도다 이는 곧 십일조와 봉헌물이라 너희 곧 온 나라가 나의 것을 도둑질하였으므로 너희가 저주를 받았느니라”(말 3:8~9)고 말씀하셨습니다. 도둑질하였다는 것은 하나님의 것을 드리지 않았든지 제대로 드리지 않았다는 말입니다.

100만 원 월급을 받을 때에는 십일조 헌금을 잘 드리다가 1억쯤 벌게 되면 더 복을 받았는데도 십일조를 도둑질하는 경우가 있습니다. 90만원에서 9,000만원으로 더 벌게 되어 더 감사하며 드려야 하는데 적당히 하는 것입니다. 그것은 십일조가 아닙니다. 성경은 온전한 십일조를 말씀하고 있습니다. 처음 믿는 분들은 십일조에 대한 이야기를 들으면 겁을 냅니다. '지금도 힘이 드는데 어떻게 십의 일을 드릴 수 있는가?' 생각합니다. 그래서 하나님께서는 "만군의 여호와가 이르노라 너희의 온전한 십일조를 창고에 들여 나의 집에 양식이 있게 하고 그것으로 나를 시험하여 내가 하늘 문을 열고 너희에게 복을 쌓을 곳이 없도록 붓지 아니하나 보라"(말 3:10)고 말씀하셨습니다.

십일조는 믿음의 사람들이 하나님의 약속과 명령을 따라 드리는 예물입니다. 그러므로 이 예물에는 축복의 약속이 있습니다. 너희를 위하여 황충을 금하고 너의 지경을 지켜주시겠다고 하셨습니다. 하나님께서 지켜주시면 안전합니다. 세계기업의 통계를 보면 100년 이상 살아남는 기업은 0.5%에 불과하다는 보도가 있었습니다. 한국은행의 통계에 따르면, 지난 5년간 도산한 기업이 연평균 1,029개라는 발표가 나왔습니다. 웅진, 동양, 쌍용, 한보, 펜텍 등 한국을 대표했던 그 유명한 대기업들도 다 사라져버렸습니다. 이 세상의 권세와 물질이 영원할 것 같지만 그렇지 않습니다.

하나님께서 보호해 주셔야 합니다. 기업도 하나님께서 보호해 주셔야 하고, 가정도 하나님께서 보호해 주셔야 합니다. 건강도 하나님께서 보호해 주셔야 합니다. "너희를 위하여 보물을 땅에 쌓아 두지 말라 거기는 좀과 동록이 해하며 도둑이 구멍을 뚫고 도둑질하느니라 오직 너희를 위하여 보물을 하늘에 쌓아 두라 거기는 좀이나 동록이 해하지 못하며 도둑이 구멍을 뚫지도 못하고 도둑질도 못하느니라 네 보물 있는 그곳에는 네 마음도 있느니라"(마 6:19~21)고 말씀하셨습니다.

십일조는 눈물과 땀이 들어있는 예물입니다. 이 물질을 얻기 위해 세상에서 노동을 하고 욕도 먹어야 했고 건강도 자존심도 상했습니다. 그래서 이 십일조의 예물을 하나님께서 받으실 때 향기롭다고 하십니다.

3. 헌금은 축복의 약속이 있습니다.

하나님께 드리는 예물은 구원과는 상관이 없습니다. 그러나 기쁨으로 드리는 자에게 축복의 약속을 주셨습니다. 하나님께서는 헌금을 드리는 자에게 왜 복을 약속해 주셨습니까? 나의 물질을 통하여 하나님의 선한 사역에 동참하는 것이기 때문입니다. 이 예물을 통하여 주의 전이 은혜로워지고, 하나님의 영광을 나타내며, 구원받는 백성들을 많게 해주십니다. 그러므로 하나님께서 기뻐하시고 복을 내려주십니다. "심는 자에게 씨와 먹을 양식을 주시는 이가 너희 심을 것을 주사 풍성하게 하시고 너희 의의 열매를 더하게 하시리니 너희가 모든 일에 넉넉하여 너그럽게 연보를 함은 그들이 우리로 말미암아 하나님께 감사하게 하는 것이라"(고후 9:10~11)고 말씀하셨습니다.

심는 자에게는 더욱 심을 것을 풍성하게 주신다고 하셨습니다. 헌금의 축복도 체험이 있어야 합니다. 이 체험이 있는 사람이 예물을 즐겁게 드릴 수 있습니다. 저는 예물의 체험이 있습니다. 그래서 우리 교회가 크지만 절기헌금을 드릴 때에도 '하나님, 1/100을 드리게 하여 주시옵소서' 하고 기도합니다. 하나님께 드리는 것에는 손해가 없다는 것을 분명히 압니다. 그래서 더 많이 드리고 싶어 하는 것입니다.

텔레비전에 나오는 어느 목사님은 평생 3번의 전 재산을 드렸다고 하는데 저는 수없이 전 재산을 드립니다. 왜요? 원래 재산이 하나도 없으니까? 그저 드리면 그것이 전 재산입니다. "네 재물과 네 소산물의 처음 익은 열매로 여호와를 공경하라 그리하면 네 창고가 가득히 차고 네 포도즙 틀에 새 포도즙이 넘치리라"(잠 3:9~10) 약속해 주셨습니다. 하나님께 첫 것을 드리는 마음의 헌신이 있을 때 창고가 차고 포도즙이 넘치는 축복을 약속해 주셨습니다.

콜게이트는 가난한 가정에서 자라난 불행한 소년이었습니다. 아버지는 중풍으로 움직일 수 없었고 어머니는 폐결핵을 앓고 있었습니다. 동네 어른에게 찾아가 "제가 어떻게 하면 복을 받을 수 있습니까?" 하고 질문했을 때 그 어른은 "네가 내 말을 따르면 복의 사람이 될 것이다. 첫째, 너는 하나님을 섬기고 둘째, 주일을 지켜라. 셋째, 십일조를 드려라. 넷째, 네가 돈을 많이 벌거나 높은 자리에 오른다 하여도 겸손하게 하나님을 섬겨라. 그러면 복의 사람이 될 것이다"라고 말해 주었습니다.

도시에 나간 콜게이트는 양초 공장에서 일했고 주일에는 십일조를 가지고 교회에 갔습니다. 그는 늘 수입의 십일조를 오른쪽 주머니에 따로 넣어두고 구별된 생활을 했습니다. 그러다가 공장 주인이 세상을 떠나고 사장님의 신임을 받아 공장장이 되었고 수입이 늘어나자 5/10를 드리기도 했습니다. 콜게이트는 이후 치약회사를 세워 세제, 비누, 치약의 최고 회사가 되었고 유럽 판매 1위 자리를 지키고 있습니다. "오른쪽 주머니에는 십일조, 왼쪽 주머니에는 수익금을 담는다"는 말이 콜게이트를 상징하는 말이 되었습니다.

바른 예배에는 바른 예물이 있어야 합니다. 앞으로 언제 또 헌금에 대한 말씀을 전할지 모릅니다. 오늘의 말씀을 잊지 말고 기억하여 하나님께서 흠향하시는 예물을 드리고 축복을 받는 여러분과 가정이 되시기를 바랍니다.

적 용

ⓐ 오늘 말씀의 주제 파악하기:

ⓑ 오늘 말씀 중 은혜 받은 부분 나누기:

ⓒ 삶에 구체적으로 적용하기:

함께 드리는 기도제목

1. 하나님께 나올 때마다 감사를 잊지 말게 하옵소서.
2. 하나님께 온전한 십일조를 드릴 수 있는 믿음을 주옵소서.
3. 하나님께서 흠향하시는 예물을 드려 축복을 받게 하옵소서.

38

감사를 준비하십시오

- **본 문**: 시편 50편 14~15절(구 838쪽)
- **찬 송**: 587장(감사하는 성도여, 통 306)
- **요 절**: 감사로 하나님께 제사를 드리며 지존하신 이에게 네 서원을 갚으며 환난 날에 나를 부르라 내가 너를 건지리니 네가 나를 영화롭게 하리로다(시 50:14~15)

하나님께서는 세 번의 절기를 명하셨습니다. 그 세 번의 절기가 모두 감사하라는 절기입니다. 우리나라에도 여러 가지 국가적인 절기가 있습니다. 개천절이 있고 한글날이 있고 광복절이 있습니다. 신년 명절도 있고 구정 명절도 있습니다. 어린이날도 있습니다. 그런데 하나님께서는 이러한 절기를 세우신 것이 아니라 모두 감사하라는 절기만을 세우셨습니다. 이것은 하나님께서 얼마나 감사를 원하시는지를 말씀해 주는 것입니다.

유월절은 이스라엘 백성들이 애굽의 노예생활을 하다가 해방된 것을 감사하라는 절기입니다. 맥추절은 첫 열매를 주신 것을 감사하라는 절기입니다. 수장절 곧 추수감사절은 1년의 농사를 마치고 하나님께 감사하라는 절기입니다. 감사는 하나님의 은혜를 깨달은 데서 나옵니다. 아는 것과 깨달음은 다릅니다. 아는 것은 머리로 오는 것이지만 깨닫는 것은 가슴으로 오는 것입니다.

사람들은 대개 큰 문제를 만난 다음에 깨닫습니다. 사업에 실패한 다음에 깨닫고, 인관관계에 문제가 생긴 다음에 깨닫고, 실연을 당한 다음에 깨닫습니다. 깨닫고 나면 삶의 방향이 바뀝니다. 자녀들이 철이 들지 못한 것은 깨닫지 못해서입니다. 자녀들이 언제 효자 효녀가 됩니까? 부모님이 나를 키우기 위해 고생하신 것을 깨달을 때 효자 효녀가 됩니다.

어떤 분이 이야기하는 것을 들으니 옛날 장갑도 없던 시절에 언 손으로 바다에서 배를 타고 그물을 내리면 늘 동상에 걸렸던 아버지의 그 손을 어릴 적에는 보지 못했다는 것입니다. 먹을 것이 없어 고구마 몇 개로 끼니를 때우는데 그나마 자녀들에게 다 나누어주고 어머니는 늘 굶으며 허기진 배를 움켜쥐었던 것을 어릴 적에는 보지 못했습니다. 직장에서 온갖 모욕을 당하면서도 자녀들 때문에 참아야 했던 아버지의 눈물을 어릴 적에는 보면서도 보지 못했습니다. 그런데 나이가 들어 깨닫게 되면서 효자 효녀가 되는 것입니다.

미국의 전 미식축구 스타인 하인즈 워드는 미식축구의 왕이라 불립니다. 그의 연봉이 약 400억 가량이었습니다. 그는 혼혈아로 미국에 건너가 살면서 초등학교 시절에 아이들이 코리안이라고 부르는 것이 부끄러워 어머니가 올 때에 차에 엎드려 있었습니다. 그런데 학교 앞에서 헤어지던 어머니의 눈에 고인 눈물을 보았습니다. 이것은 그의 인생을 바꾸어놓은 사건이었습니다. 어머니는 이혼을 당하고 홀로 하인즈를 키우며 하루에 세 가지 일을 해야 했습니다. 그래야 먹고 살 수 있었습니다.

하인즈 워드는 어머니의 눈물을 깨달았습니다. 영국 여왕은 장례식에서 눈물을 보이는 것이 금기입니다. 풋볼선수도 눈물을 보이는 것이 금기입니다. 그런데 하인즈 워드는 어머니 이야기만 나오면 눈물을 글썽거립니다. 그래서 미국 기자들에게 하인즈 워드를 울리려면 어머니 이야기를 하라고 하는 것이 유행이었습니다. 그를 성공하게 만든 것은 어머니의 눈물임을 깨달았기 때문입니다.

깨닫지 못하면 소용이 없습니다. 하나님 앞에서도 그렇습니다. 하나님이 얼마나 전능한 분이신지 압니다. 기도하면 응답받는 것도 압니다. 그러나 깨닫지 못하면 유익이 없습니다. 예수님의 십자가와 사랑을 깨달아야 비로소 신자가 되는 것입니다. 깨달아야 십자가를 바라보면 감사하게 되고 주의 성전의 언덕을 올라오기만 해도 가슴이 뛰게 되는 것입니다. 이 깨달음이 여러분에게 늘 넘치기를 바랍니다.

하나님께서는 깨달으라고 절기를 지킬 것을 명하셨습니다. 그저 지키라고 하면 잘 안 지키니까 특별한 이벤트를 말씀해 주셨습니다. 유월절을 지키기 위해서는 어린양을 잡고 누룩이 들어간 일체의 음식을 다 없앱니다. 쓴 나물을 먹습니다. 이스라엘 백성들은 수천 년의 역사가 흐른 지금까지도 성경에 말씀한 방법으로 유월절을 지킵니다. 추수감사절도 그렇습니다. 수장절 혹은 초막절이라고 불렸는데, 곡식을 추수하고 창고에 들인다는 의미에서 수장절이라 하고, 이스라엘 백성들이 광야에 나와 초막을 짓고 생활했기 때문에 초막절이라고 부릅니다.

이 절기에는 일주일을 초막을 치고 생활을 합니다. 이 절기를 명하신 것도 감사를 잊지 말라는 뜻입니다. 사람들은 불평은 쉽게 하고 비판은 잘하지만 감사를 잘 모릅니다. 119구급대가 1년에 22만 번 이

상을 병원으로 옮겨주었다고 합니다. 그런데 후에 찾아와 감사하는 사람은 거의 없다고 합니다. 하나님께서는 추수가 내 힘으로 된 것이 아님을 감사하라 하십니다. 하나님께서 태양을 주셨고 밤에는 쉬도록 달을 주셨습니다. 계속해서 낮만 있으면 식물이 자라지 못합니다. 공기를 주시고 비를 주셨습니다. 비가 오지 않을 때에는 땅속에 저장된 물을 통해 열매 맺게 하셨습니다. 전적으로 하나님의 은혜입니다. 오늘 우리는 하나님의 은혜를 깨달아야 진짜 감사가 나옵니다.

본문 말씀에 감사로 하나님께 제사를 드리라고 했습니다. 하나님은 감사로 드리는 제사를 기뻐하신다고 하셨습니다. 감사하는 마음은 겸손하다는 증거입니다. 예배는 감사로 드려야 합니다. 수장절에 즉 추수감사절에 빈손을 하나님께 보이지 말라고 하셨습니다. 받은 은혜대로 감사의 예물을 가지고 나오라는 것입니다. 하나님께서 물질이 없어서 그러는 것이 아닙니다. 거기에 마음을 담아 나오라는 말씀입니다. 그러면 그 그릇대로 축복을 채워주시겠다는 뜻입니다.

감사예물을 드리는 것을 보면 하나님을 얼마나 사랑하는지를 알 수 있기 때문입니다. 저는 목회하면서 헌금을 위해 바구니를 돌리는 것은 성경적이 아니라고 보았습니다. 그래서 그것을 다 없앴습니다. 헌금은 자원하는 마음으로 드리는 것이기 때문입니다. 그런데 추수감사절과 부활절과 성탄절에는 감사헌금 봉투를 주보에 넣습니다. 하나님께서 절기를 명하시고 특별한 훈련을 시키셔서 기억하게 하신 것처럼 이것이 성경적이라고 보기 때문입니다. 예물을 준비하며 하나님의 은혜를 기억하라는 것입니다.

성탄절은 예수님께서 이 땅에 찾아오신 최고의 절기입니다. 부활절은 죄와 사망을 이기시고 부활하신 절기입니다. 구약의 유월절과 같은 것입니다. 추수감사절은 구약의 수장절과 같은 절기입니다. 그러므로 기억하고 하나님께 감사드리는 훈련을 해야 하는 것입니다. 이번 추수감사절엔 감사할 것을 찾아보시기 바랍니다. 가정에서 감사, 일터에서 감사, 건강에 감사, 신앙에 감사 등 모든 감사의 조건을 찾아 이번 주간 내내 감사의 기도를 하고, 그 감사하는 마음으로 하나님 앞에 나오시기를 바랍니다.

"지존하신 이에게 네 서원을 갚으며"라고 하셨습니다. 내가 하나님의 구원의 은총을 입고 하나님과 약속한 것을 갚으라는 말씀입니다. "하나님, 앞으로 은혜로 살겠습니다. 감사하며 살겠습니다. 믿음생활 잘하며 살겠습니다. 전도하겠습니다"라고 약속한 것을 지키라고 하셨습니다. 그러면 환난을 당할 때 우리를 건져주시고 우뚝 선 존재로 만들어 주신다고 했습니다. 그래서 우리가 하나님을 영화롭게 하는 성도가 되는 것입니다. 감사는 축복을 받는 통로인 것입니다.

하나님은 감사하는 성도들을 귀하게 여겨주십니다. 성경에 나오는 인물들은 어떠한 상황에서도 감사했습니다. 하박국은 밭에 소출이 없고 무화과나무에 열매가 없어도 하나님께 감사했습니다. 사도 바울은 감옥에 갇혀서도 감사했습니다. 오늘 우리가 감사할 것이 얼마나 많습니까? 너무 바쁘게 살아오지는 않았습니까? 불평한 것이 많지는 않았습니까? 하나님을 잊고 내 힘으로 산 적이 많지 않았습니까? 그럼에도 불구하고 오늘까지 인도하신 하나님께 감사하십시오. 그리고 감사할 것들을 하나하나 세어보고 감사의 예배를 준비하시기 바랍니다. 감사는 준비하는 것입니다. 진정한 감사와 함께 하나님 앞에 나와 추수감사절의 예배를 드리는 성도들이 되십니다.

적 용

ⓐ 오늘 말씀의 주제 파악하기:

ⓑ 오늘 말씀 중 은혜 받은 부분 나누기:

ⓒ 삶에 구체적으로 적용하기:

함께 드리는 기도제목

1. 하나님의 뜻에 따라 감사하며 살아가게 하옵소서.
2. 예수님의 십자가의 사랑을 깨달아 항상 감사하게 하옵소서.
3. 추수감사절에 감사할 것들을 하나하나 세어보고 감사의 예배를 드리게 하옵소서.

39

감사할 이유

- **본 문**: 고린도전서 15장 57~58절(신 284쪽)
- **찬 송**: 591장(저 밭에 농부 나가, 통 310)
- **요 절**: 우리 주 예수 그리스도로 말미암아 우리에게 승리를 주시는 하나님께 감사하노니 그러므로 내 사랑하는 형제들아 견실하며 흔들리지 말고 항상 주의 일에 더욱 힘쓰는 자들이 되라 이는 너희 수고가 주 안에서 헛되지 않은 줄 앎이라(고전 15:57~58)

오늘은 추수감사절입니다. 오늘 얼마나 많은 감사를 준비하여 나오셨습니까? 감사하십니까? 우리는 왜 감사절을 지내야 하는지 그 이유를 깨닫고 감사해야 합니다. 감사하면 행복하고, 감사하면 복이 오고, 감사하면 마음의 상처가 치유됩니다. 이런 것들은 감사의 결과입니다. 감사의 결과가 목표가 되어서는 안 됩니다. 그리스도인의 감사는 감사의 본질에 의한 감사가 있어야 합니다. 하나님께서는 세 가지 절기를 명하시며 감사하라고 하셨습니다. 감사는 하나님의 자녀가 마땅히 해야 할 의무입니다.

성경은 하나님께 감사하라는 말씀으로 가득 차 있습니다. 예배를 드릴 때에도 감사하라고 하셨습니다. "감사로 제사드리는 자가 나를 영화롭게 한다"고 하셨습니다. 기도할 때에도 감사로 아뢰라고 하셨습니다. 성경에 나오는 위대한 인물들은 어떠한 상황에서도 하나님께 감사했습니다. 예수님께서도 하늘을 우러러 감사하셨습니다. 하나님은 감사를 기뻐하시기 때문입니다. 하나님을 아버지로 깨달은 사람은 감사가 얼마나 위대한 힘이 있는지를 압니다.

우리가 가정에서 자녀를 키울 때 어떤 자녀가 가장 사랑스럽습니까? 감사하는 자녀입니다. 생활이 넉넉하지 못하여 먹을 것을 잘 해주지 못하여도 엄마가 해주시는 김치찌개가 세상에서 제일 맛있다고 한 그릇 뚝딱 먹어치우는 자녀가 고마운 것입니다. 좋은 옷을 못 사주어도, 돈이 없어 대학에 못 보내도 부모님이 고생하신다고 감사하는 자녀를 보면 눈물이 나는 것입니다. 그래서 자녀를 위해 희생할 마음이 생기는 것입니다.

하나님의 마음이 그렇습니다. 우리가 어려운 상황에 있어도 "하나님 감사해요" 하고 주님 앞에 나오는 성도들을 보실 때 하나님은 너무나 감격하시고 기뻐하십니다. 예수님께서는 열 명의 나환자를 고쳐주셨는데 그 중 한 사람 사마리아 사람만이 와서 감사를 드렸습니다. 그때에 예수님은 "나머지 아홉은 어디 있느냐?"고 물으셨습니다. "나머지 아홉은 감사하지 않느냐?"는 말씀입니다. 그리고 감사하는 사마리아 사람에게 구원의 선물을 주셨습니다. 감사는 구원을 주실 만큼 주님께서 기뻐하시는 행위입니다.

하나님께서 이스라엘 백성들에게 섭섭하다고 하실 때가 언제인가 하면 감사를 잊어버리고 다른 신에게 가서 제사를 드릴 때였습니다. 감사는 하나님의 은혜를 깨달을 때 저절로 나옵니다. 감사와 은혜는 쌍둥이입니다. 은혜를 깨달은 사람은 감사할 수밖에 없고, 감사하는 사람은 은혜를 받은 사람입니다. 우리는 모두가 큰 은혜를 받았습니다. 구원의 은혜를 받았고, 하나님의 자녀가 되는 은혜를 받았습니다. 이 은혜가 얼마나 크고 놀라운지를 깨달아야 합니다. 하나님의 자녀는 악한 영으로부터 지켜주시는 은혜를 받은 것입니다.

오늘 말씀을 기록한 사도 바울은 내가 받은 은혜가 너무 크다고 하였습니다. 사도 바울이 도대체 어떤 은혜를 받았습니까? 사도 바울은 늘 고생길을 걸었습니다. 매를 맞고, 감옥에 갇히고, 굶고 매일 같이 고생의 연속이었습니다. 그런데도 바울은 "내가 나 된 것은 하나님의 은혜로 된 것"이라고 했습니다. 받은 은혜가 너무 크다고 생각하니 늘 감사가 나왔습니다. 그래서 사도 바울의 서신에 보면 늘 감사가 가득합니다. 사도 바울은 감사하는 자가 되라고 감사를 명령(골 3:15)했습니다. 감사를 드리되 넘치는 감사를 드리라고 했습니다(골 2:7). 범사에 감사하라고 했습니다(살전 5:18; 엡 10:20).

사도 바울은 육체의 가시에도 감사했습니다. 본문 말씀에서 사도 바울은 우리에게 승리를 주시는 하나님께 감사한다고 했습니다. 무슨 승리입니까? 영적인 싸움에서의 승리입니다. 부활의 승리입니다. 고린도전서 15장은 부활장으로 불립니다. 우리가 반드시 부활할 것을 말씀하며 "사망아 너의 승리가 어디 있느냐" 하고 말씀합니다. 사망은 승리하지 못한다는 것입니다. 인생은 누구나 사망으로 끝을 맺게 됩니다. 대단한 사람도, 똑똑한 사람도 다 사망 앞에서는 패배자가 됩니다. 그래서 사망이 승리하는 것 같았습니다. 그러나 믿음의 사람은 사망을 이기고 부활로 승리할 것을 말씀합니다. 그리고 그 결론이 오늘 읽은 말씀입니다.

그러므로 승리에 대한 감사는 사망에 대하여 승리를 주시는 하나님께 감사한다는 것입니다. 우리는 이 세상에 살면서 감사할 것이 많습니다. 하루하루 감사하고, 만나는 일마다 감사하고, 감사의 인생을 살다가 감사의 나라로 들어가는 것입니다. 착각하지 마세요. 불평하고 원망하다가 승리의 나라로 들어가는 법은 없습니다. 부활의 승리는 감사로 사는 사람에게만 주어집니다. 여러분 마지막에 승리하는 사람이 진짜 승리자입니다. 잘나가던 사람이 망하면 그것은 패배한 것입니다. 그러나 감옥에 갇혀있던 사람도, 음지에서 고생하던 사람도 마지막에 잘되면 그것이 승리입니다.

가장 중요한 승리가 있습니다. 그것은 천국 문에 들어갈 때 승리하는 것입니다. 이 싸움에서는 절대로 패해서는 안 됩니다. 여러분은 천국 문에서 승리하는 자가 되시기를 바랍니다. 이 승리는 나의 공로로 되는 것이 아닙니다. 하나님께서 주시는 선물입니다. 나는 부족하고 죄인임을 고백하는 자에게 주시는 선물입니다. 그래서 사도 바울도 늘 나는 죄인 중의 괴수라고, 나는 팔삭둥이만도 못한 자라고 고백하고 살았습니다. 그런데도 나를 구원해 주시는, 나를 승리케 하시는 하나님께 감사하는 것입니다.

58절에 '그러므로'라고 하는 말씀이 나옵니다. 이 말씀은 앞에 나오는 감사하는 사람은 어떻게 하라는 접속사입니다. 견실하며 흔들리지 말며, 주의 일에 더욱 힘쓰는 자들이 되라고 하십니다. 감사하는 사람은 견실하며 흔들리지 않습니다. 감사하는 사람을 사탄이 흔들 수가 없습니다. 고난이 와도 감사하는데 사탄이 틈탈 수가 없습니다. 시험들 거리가 와도 감사하니 사탄이 왔다가 일곱 길로 도망가게 되는 줄로 믿습니다. 이 세상에는 우리로 하여금 낙심하게 만드는 것이 참 많습니다. 찬송가에 나오는 내용처럼 이 세상에는 근심된 일이 많고, 참 죽을 일이 쌓여 있습니다.

그러나 감사하면 일어날 힘을 주십니다. 누가 나를 시험하여도 상처를 받으면 안 됩니다. 그것은 사탄에게 속는 것입니다. 우리는 시험 들 일을 통하여 연단을 받습니다. 그 연단이 여러분의 믿음을 더욱 강하게 만들고 축복의 큰 사람이 되게 하십니다. 먹는 것 때문에 낙심하고, 입는 것 때문에 불평하지 마세요. 감사하면 하나님께서 좋은 것으로 바꾸어 주십니다. 믿음으로 이기고 나면 그것이 별 것이 아닙니다. 별 것 아닌 것 때문에 낙심하고 소망을 잃어버리고 신앙을 잃어버립니다.

사람이 대단한 것 때문에 넘어지는 것이 아닙니다. 감사하며 살면 여러분을 욥으로 만들어 주시고 야곱으로 요셉으로 만들어 주십니다. 감사하는 사람은 주의 일에 더욱 힘쓰는 자가 되라고 하셨습니다. 하나님께 감사하는 사람은 그 눈이 하늘을 향해 있습니다. 그래서 감사하는 사람은 하나님의 일에 더욱 힘쓰는 사람이 됩니다. 크게 감사하는 사람이 크게 주의 일을 하는 사람이 됩니다. 추수감사절을 맞이하며 우리는 더욱 감사하는 자가 되어야 하겠습니다. 우리가 감사할 것이 많지만 가장 중요한 세 가지 감사를 꼭 기억하고 지키시기 바랍니다.

1. 하나님께 감사합시다.

먼저 지나온 날들을 감사하시기 바랍니다. 감사할 일들이 얼마나 많이 있었습니까? 감사를 잊어버리면 안 됩니다. 어떤 사람들은 '감사할 일이 있어야 감사하지' 그러는 분이 있는데, 과거에 있었던 일을 생각하면 감사할 내용들이 참 많습니다. 부모님의 사랑을 받고 자란 것도 감사할 일입니다. 일생을 살면서 사고 날 일들이 많았었는데 그때 그때 지켜주신 것도 감사할 일입니다. 그래서 오늘 내가 축복받은 자녀로 이 자리에 있는 것입니다.

저는 어릴 적부터 죽을 뻔한 적이 여러 번 있었습니다. 두 살 때쯤 우물에 빠져 죽을 뻔한 적이 있었습니다. 동네 우물을 파다가 가마니로 덮어 놓았는데 마당을 기어가 가마니 속으로 머리를 밀고 우물 속으로 들어가던 것을 어머니가 보고 달려와 떨어지는 저를 발뒤꿈치를 잡아 살렸습니다. 서너 살 때쯤 시골에 가다가 깊은 보로 떨어진 것을 아버지가 구해냈습니다. 1초만 늦었어도 물에 떠내려가 콘크리트 절벽 아래로 떨어져 시체도 못 찾을 뻔했습니다. 초등학교 시절에도 물에 빠져 죽을 뻔했습니다. 자동차 사고로 0.1초 사이로 살아난 적도 있습니다. 그때 죽었더라면 오늘 우리 교회에 서 있지도 못할 것입니다. 다섯 살 때쯤 서울 가는 기차에 올라탔는데 동생이 하도 울어서 다시 내렸습니다. 그때 안 내렸으면 서울역에서 구두 닦고 있었을 것입니다.

지금 생각해 보면 모든 것이 하나님의 섭리입니다. 하나님께서 우리 교회를 만나게 하시고 구원의 복음을 전하게 하시려고 인생의 걸음걸음을 함께해 주신 것입니다. 가만히 생각해 보면 감사할 일이 너무 많습니다. 기도할 때 가만히 생각해 보면 감사할 내용이 끝이 없습니다. '아, 하나님께서 나를 이렇게 사랑해 주시고, 훈련시켜 주시고, 지켜주셨구나!' 하는 사실을 생각할 때 감사거리가 넘치는 것입니다.

여러분도 지난날을 돌이켜보면 감사할 일들이 너무 많지 않습니까? 이것을 잊으면 안 됩니다. 추수감사절은 잊지 말라는 절기입니다. 여러분, 지나온 날들을 돌이켜보며 감사를 잊지 마시기 바랍니다. 그리고 오늘 감사하시기 바랍니다. 감사는 우리의 입술로 날마다 고백되어야 합니다. 기도로 감사하고 찬송으로 날마다 감사하십시다. 우리의 몸으로 감사하고, 물질로 감사하고, 마음으로 감사하십시다. 감사는 추상명사이지만 살아 움직이는 것입니다. 표현되는 것입니다.

오늘을 감사하면 하나님은 내일의 감사할 그릇을 더 크게 해주십니다. 또 내일 있을 일을 인하여도 감사하십시다. 오늘 사도 바울의 감사가 이런 감사입니다. 지금까지도 하나님의 은혜로 살았고, 지금도 은혜로 살고 있고, 마지막 날에도 승리를 주실 줄로 믿고 감사하십시다. 하나님의 은혜에 대하여 감사를 잊지 않는 추수감사절이 되시길 바랍니다.

2. 가정에서 감사합시다.

가정은 하나님께서 우리를 복 주시려고 만드신 선물입니다. 가정은 작은 교회요 천국의 모형입니다. 사람들이 하루의 일과가 끝나면 모두가 돌아가는 곳이 가정입니다. 돌아갈 곳이 없는 사람이 있다면 그 사람은 참 불행한 사람입니다. 가정에서 감사하는 것이 하나님의 뜻입니다. 가정에서 감사하지 못하면 문제가 일어나게 되어 있습니다. 가정이 흔들리면 모든 것이 다 흔들리게 되어 있습니다. 아무리 많은 물질을 가져도, 세상에서 높은 지위를 가져도 가정에서 행복하지 못하면 이 사람은 불행한 사람입니다. 그래서 성경은 교회의 직분자를 세울 때에도 가정에서 모범이 되는 자를 세우라고 하신 것입니다.

남편에게 감사하고, 아내에게 감사하고, 자녀에게 감사하고, 부모에게 감사하면 그 가정은 행복하게 되어 있습니다. 아내에게 감사하지 못하면 밖으로 돌게 되어 있는 것입니다. 아내도 밖으로 자꾸 나가게 되어 있는 것입니다. 자녀가 부모에게 감사하지 못하면 탈선하게 되어 있는 것입니다. 자녀를 감사하는 자녀로 키워야 자녀의 미래가 있습니다.

어느 가정에 이웃집 부인이 꼬마아이를 데리고 왔는데 사과를 깎아주었답니다. 주는 대로 받아먹으면서 한 번도 "감사합니다" 하고 인사를 하지 않더라는 것입니다. 그래서 좀 민망하게 있는데 그 아이의 어머니가 눈치를 채고 아이에게 말합니다. "얘, 어른이 사과를 주면 뭐라고 말을 해야 하지?" 그러자 이 꼬마가 잠깐 생각하더니 "아주머니, 껍질 깎아주세요"라고 말하더랍니다. 감사를 가르치지 않아서 그런 것입니다.

어떤 어머니가 배운 것도 없는데 자녀 셋을 아주 훌륭하게 키웠습니다. 그 비결이 어디에 있는가 하면 어머니는 자녀들에게 늘 세 가지를 암기하도록 가르쳤다고 합니다. 첫째, 모든 일에 감사하라. 둘째, 불평하는 사람과 놀지 말아라. 셋째, 감사하는 사람과 친하라. 이 세 마디로 자녀들을 훌륭하게 양육했다는 것입니다. 이 어머니가 사실은 똑똑한 어머니입니다. 훌륭한 어머니입니다. 감사하면 자녀의 미래가 변하는 것입니다.

하나님께서 만드신 것이 가정과 교회인데 이 둘은 공통점이 있습니다. 가정과 교회에서는 감사해야 됩니다. 비판하고 지적한다고 바뀌지 않습니다. 가정에서 아내의 잘못을 자꾸 지적하면 어떻게 됩니까? 이혼하게 됩니다. 자녀의 잘못을 자꾸 지적하면 자녀의 미래를 망치게 됩니다. 그래서 자꾸 칭찬하고 자꾸 감사해야 되는 것입니다. 교회의 원리도 그렇습니다. 비판하고 지적하면 잘되지 않습니다. 함께 무너집니다. 가정을 천국으로 바꾸는 것이 감사입니다. 오늘 돌아가셔서 서로에게 감사하시기 바랍니다. "여보, 지금까지 나같이 부족한 사람과 살아주어서 감사해", "얘들아 너희들이 잘 자라주어서 감사해", "아버지, 어머니, 살아계셔서 감사해요." 이렇게 감사할 때 여러분의 가정이 천국이 됩니다.

3. 교회에서 감사합시다.

교회는 하나님을 만나는 거룩한 처소입니다. 이 교회를 통하여 하나님은 말씀을 주시고 축복을 주십니다. 이 교회를 통하여 기도의 응답을 주십니다. 교회는 우리의 인생을 바꾸어 주는 위대한 능력이 있는 곳입니다. 교회는 우리의 영혼을 살찌워 주고 영원한 생명을 약속해 주는 곳입니다. 그러므로 교회는 하나님께서 주신 가장 큰 선물입니다. 세상이 무너져도 교회가 살아있으면 다시 일어섭니다. 만약 교회가 없다면 어떠하겠습니까? 그러므로 우리에게 교회를 주신 것을 감사하시기 바랍니다.

주의 전에 나와서도 늘 감사하시기 바랍니다. 말은 마음에서 나오는 것입니다. 그러므로 감사하는 성도는 감사하는 말이 나오게 되어 있습니다. 감사는 겸손한 사람이 하는 것입니다. 나 같은 죄인이 용서함 받고 구원의 은총을 입은 것을 깨달은 사람은 절대로 불평하지 않습니다. 불평은 은혜를 모르는 사람이 하는 것입니다. 더구나 우리에게 좋은 교회를 주셨습니다. 저는 목사님들을 만나면 늘 자랑합니다. 우리 교회는 제직회를 해도 10년 동안 말하는 사람이 없었다고, 사실은 단 한 번 있었다고……. 그러면 목사님들이 다 부러워하십니다.

성전 건축을 하는데 주차장이 없어졌는데도 성도들이 늘어난다, 성전 건축을 하는데 모아 놓은 돈이 하나도 없다고 하면 깜짝 놀랍니다. 교회는 평소에 돈을 쌓아놓고 있으면 안 됩니다. 구제하고 선교해야 합니다. 우리가 물질이 있어서 건축하는 것이 아닙니다. 꿈이 있기에 성전건축을 하는 것입니다. 연세 드신 은퇴하신 장로님, 집사님, 권사님들이 나와서 늘 전도하십니다. 이런 이야기를 하면 다른 교회 목사님들이 깜짝 놀랍니다. "아니 장로님들도 길에 나가서 전도합니까?" 그렇다고 하면 부러워합니다.

세상에 이런 좋은 교회를 우리에게 주셨습니다. 우리는 감사할 이유가 많습니다. 그러므로 우리는 늘 감사해야 합니다. 서로에게 자꾸 감사의 말을 해야 합니다. 감사를 주는 사람이 되어야 합니다. 감사는 여러분의 미래를 바꾸는 능력이 있습니다. 감사는 고난도 축복으로 바꾸는 능력이 있습니다. 감사는 점점 더 커지는 능력이 있습니다. 오늘 성경에도 감사하는 자에게 "너희 수고가 헛되지 않은 줄 앎이라"고 분명한 약속을 주셨습니다. 하나님의 약속은 반드시 지켜집니다. 우리의 작은 수고에도 반드시 응답이 있습니다. 이번 추수감사절에 더 많은 감사를 드려 감사의 축복을 받는 성도들이 됩시다.

적 용

ⓐ 오늘 말씀의 주제 파악하기:

ⓑ 오늘 말씀 중 은혜 받은 부분 나누기:

ⓒ 삶에 구체적으로 적용하기:

함께 드리는 기도제목

1. 하나님의 은혜에 대하여 감사를 잊지 않게 하옵소서.
2. 가정에서도 감사를 고백하며 살아가게 하옵소서.
3. 이번 추수감사절에 더 많은 감사를 드려 감사의 축복을 받게 하옵소서.

40

죽음① - 흙으로 돌아갈 인생

- **본 문**: 창세기 3장 19절(구 4쪽)
- **찬 송**: 180장(하나님의 나팔 소리, 통 168)
- **요 절**: 네가 흙으로 돌아갈 때까지 얼굴에 땀을 흘려야 먹을 것을 먹으리니 네가 그것에서 취함을 입었음이라 너는 흙이니 흙으로 돌아갈 것이니라 하시니라(창 3:19)

죽음은 우리 인간이 누구나 거쳐 가야 할 관문입니다. 죽음을 피할 수 있는 사람은 아무도 없습니다. 천하의 항우 장사도, 최고의 석학도, 최고의 미인도, 건강한 올림픽 금메달리스트도 죽음을 피할 수는 없습니다. 죽음은 인간이 한 번도 가보지 못한 영역입니다. 죽음 뒤에 무슨 일이 있을지 전혀 모릅니다. 어떤 사람이 길을 가는데 가족과 친구들과 아는 사람들이 함께 동행을 합니다. 한참을 가다가 아는 사람들이 다 돌아갑니다. 또 한참을 가다 보니 부모님도 돌아가고, 형제들도 돌아갑니다. 사랑하는 아내와 남편도 돌아갑니다. 자식들도 돌아갑니다. 그래서 혼자서 길을 갑니다. 이 길이 죽음의 길입니다.

죽음은 한 번도 가보지 않은 길을 혼자 가는 것입니다. 죽음은 누가 함께 가주는 것이 아닙니다. 그래서 두렵습니다. 진시황은 불로초를 구해 먹고 영생을 누리려 하였지만 그도 역시 죽고 말았습니다. 죽음 후의 미래를 위해 살아 있는 많은 여인들을 함께 묻게 했고, 흙으로 만든 병마총으로 영원한 힘을 누리려고 했습니다. 그러나 진시황은 그들과 함께 간 것이 아닙니다. 진시황도 혼자 갔습니다.

또 죽음은 언제 찾아올지 모릅니다. 이 세상에 태어나는 데에는 순서가 있지만 이 세상을 떠나가는 데에는 순서가 없습니다. 어린이에게도, 노인에게도, 건강한 사람에게도, 병든 사람에게도 누구나 죽음은 찾아옵니다. 연세 드신 분들이 '장수아리랑'이란 노래를 좋아합니다. 이 노래는 성서적이 아닙니다. 이 노래 가사에 보면 "육십 세에 저 세상에서 날 데리러 오거든 아직은 젊어서 못 간다고 전해라. 칠십 세에 저 세상에서 날 데리러 오거든 할 일이 아직 남아 못 간다고 전해라. 구십 세에 저 세상에서 또 데리러 오거든 알아서 갈 텐데 또 왔냐고 전해라"라고 되어 있습니다.

이 노래 가사대로 되는 것이 하나라도 있습니까? 하나도 없습니다. 젊어도 오라고 하면 가야 하는 것이 죽음입니다. 할 일이 많아도, 다 놓고 가야 하는 것이 죽음입니다. 내가 알아서 갈 수 있는 사람은 없습니다. 크리스천들은 이 노래가 맞지 않습니다. 하나님께서 오라고 부르시면 가야 하는 것이 인생입니다. 또 죽음은 빈손으로 가는 것입니다. 아무리 부자라도 갈 때에는 빈손 들고 갑니다. 내가 아끼던 것도 가져갈 수가 없습니다. 불신자들은 관 속에 종이를 잘라 만든 가짜 돈을 넣습니다. 왜 종이 돈입니까? 진짜 돈은 아까우니까 가짜 돈을 넣습니다. 그들도 죽음 후에는 돈을 가져갈 수 없다는 것을 다 알고 있습니다. 아내도 자녀도 땅도 아파트도 다 놓고 갑니다. 죽음에 대한 믿음의 관점이 바르지 못하기 때문에 가지고 갈 것도 아닌데 바들바들 떨면서 살다가 결국은 다 놓고 갑니다. 그러니 아까운 것입니다.

저는 수많은 죽음을 보면서 죽음 앞에 담대한 사람들을 보았고, 또 두려워하는 사람들도 보았습니다. 이를 갈면서 안 죽겠다고 하는 분도 보았습니다. 남편과 아내의 죽음 앞에서 모든 희망을 잃어버린 분들도 보았고, 자녀의 죽음을 보며 삶의 힘을 잃어버린 사람들도 보았습니다. 우리 교인들이 암에 걸리면 저를 찾아와 기도를 받습니다. 담담하게 있는 분도 있고 안절부절못하는 분도 있습니다. 도대체 죽음이 왜 신앙인들로 하여금 이렇게 되도록 만드는 것입니까? 며칠 더 살기 위해 온몸에 주사바늘을 꽂고 산소마스크를 쓴 채 중환자들이 신음하는 병실에서 임종을 맞이하는 것은 참으로 고통스러운 일입니다.

우리 성도님 중 한 분을 심방하면서 감동을 받았습니다. 남편이 오랫동안 식물인간으로 누워 있는데 그 남편을 아내가 집에서 정성껏 보살피는 것입니다. 아무도 없는 요양원에서 시끄러운 가운데 홀로 무관심 속에 죽음을 맞이하는 것은 고통스러운 일입니다. 죽음의 순간에 사랑하는 사람이 옆에 있어 천국의 소망을 주고 찬송을 불러주는 것이 이 세상을 떠나는 성도의 행복한 죽음입니다. 그래서 그런 죽음을 위해 기도 많이 하셔야 합니다. 성도들은 죽음도 성도답게 맞이해야 하고 성도답게 도와주어야 합니다. 믿음의 사람은 죽음에 대하여 불신자와 다른 생각을 가지고 있어야 합니다.

얼마 전 어떤 타 교회 권사님이 찾아와 누구누구 목사님도 했고, 누구도 했고, 그러면서 줄기세포를 보관하는 치료를 받으라는 것입니다. 그 권사님이 무료로 도와주겠다는 것입니다. 우리 교회 교인들은 그렇게 해서라도 정 목사 오래 살라고 그렇게 하시는 분 아무도 못 봤는데 다른 교회 권사님이 그러는 것입니다. 그래서 아마 그분들은 천국에 가고 싶지 않은 모양이라고, 나는 하나님께서 부르시면 그냥 간다고 그랬습니다.

집사람에게도 내가 죽을 때가 되면 튜브 꽂고, 산소마스크 씌우고, 어렵게 하지 말라고 했습니다. 조금 더 이 세상의 시간을 연장하겠다고 튜브를 꽂고 고통당하는 것은 우리가 바라는 죽음이 아닙니다. 죽음은 하나님을 만나는 시간이기 때문입니다. 우리가 그토록 기다려왔던 시간이기 때문입니다. 그 죽음을 위해 내가 이 땅에 있는 동안 환난과 핍박을 이기고, 죄의 유혹을 이기고 믿음으로 살아온 선물이기 때문입니다. 죽음도 은혜입니다. 그러므로 믿음의 사람들은 죽음 앞에서 너무 슬퍼해도 안 됩니다. 인간의 정으로 슬퍼하는 것이야 마땅하지만 하늘이 무너지는 모습으로 가슴을 치며 통곡해서는 안 됩니다. 적어도 하나님께로 간 것을 믿으면 눈물은 있지만 감사해야 그것이 믿음의 사람으로서 죽음을 맞이하는 모습입니다.

본문에서 "너는 흙이니 흙으로 돌아갈 것이니라"고 말씀하십니다. 우리 인간은 흙으로 지음을 받았습니다. 그리고 그 코에 생기를 불어넣어 주셨습니다. 그래서 살아있는 영이 되었습니다. 육체는 흙으로 지음 받았으나 하나님의 영을 받아 살아있는 존재가 된 것입니다. 그런데 오늘 말씀에 "네가 흙으로 돌아갈 때까지 얼굴에 땀을 흘려야 먹을 것을 먹으리니 네가 그것에서 취함을 입었음이라"고 했습니다. 이 말씀은 사람을 창조하시고 처음부터 주신 말씀이 아닙니다.

인간의 범죄 이후에 주신 말씀입니다. "네가 흙인 것을 잊었느냐? 네가 하나님의 지으심을 받은 사람인 것을 잊었느냐?" 하는 말씀입니다. “너의 불순종의 대가로 너의 원래 모습인 흙을 통해 땀을 흘려야 먹고 살 것이다. 그리고 너는 원래대로 돌아갈 것이다” 하는 말씀입니다. 불순종은 하나님께 대한 죄요, 죄는 모든 것을 다 잃게 되는 것입니다.

하나님께서 지으신 첫 사람이 아담입니다. ‘아담’(אָדָם)이란 말은 히브리어 ‘아다마’(אדמה)에서 나왔습니다. ‘아다마’는 진흙이란 뜻입니다. 일반적으로 땅이라고 번역이 되는데 땅 중에 가장 고운 흙을 ‘아다마’라고 합니다. 우리는 흙에서 왔다가 흙으로 돌아가는 존재인데 우리를 위하여 예수님께서 찾아오셨습니다. 그리고 예수를 믿는 자마다 우리의 죄를 덮어주시고 하나님께로 돌아갈 길을 열어주셨습니다. 그러므로 믿는 이의 죽음은 하나님께로 돌아가는 길입니다.

기독교인들 중에도 예수 믿으면서도 죽음을 유교적으로 혹은 불신자의 생각으로 믿는 사람들이 있습니다. 죽음은 모든 죄를 끝내고 하나님께로 가는 관문입니다. 그러므로 믿음의 사람들에게는 죽음이 두렵지 않은 것입니다. 그러나 천국이 없는 사람들에게는 죽음이 두렵습니다. 중국의 장자가 생사일여(生死一如)라는 말을 했습니다. 이 말은 성경에 나온 말입니다. 지금 내가 사는 곳이 천국입니다. 그리고 매일을 죽음 앞에서 우리는 주님을 맞이하듯 살아야 합니다. 사는 것이 다르고 죽는 것이 다른 것이 아닙니다.

지금을 천국으로 살 때에 죽음 이후 천국도 차지하게 되는 것입니다. 천국은 마지막에 만들어지는 것이 아닙니다. 지금 여러분의 마음속에 천국이 임한 것입니다. 예수님께서 너희 마음속에 천국이 이미 임하였다고 하셨습니다. 우리는 성령을 모시고 살다가 죽음을 통해 천국으로 이어지는 것입니다. 이 사실을 믿는 성도들은 죽음을 두려워하지 않습니다. 우리는 지금부터 우리 마음속에 천국이 임하도록 살아야 합니다. 그것이 죽음을 예비하는 성도의 삶입니다. 이 말을 잘못 이해하면 안 됩니다. 성도는 늘 죽을 준비를 하는 것으로 생각하고 죽음을 위해 살면 안 됩니다.

하나님께서 우리가 사는 날 동안에 사명을 주셨습니다. 그 사명을 잘 감당하면 이것이 복된 죽음으로 연결되는 것입니다. 여러분, 잘사는 것이 잘 죽는 것입니다. 잘못 살면 잘못 죽는 것입니다. 그러므로 성도들은 잘 사시기 바랍니다. 또 건강하게 살아야 합니다. 건강도 하나님께서 주신 은혜지만 내가 내 건강을 해치며 살면 그것도 하나님의 뜻에 어긋나는 것입니다. 하루하루 건강을 위해 관리도 잘해야 합니다. 그리고 건강한 죽음을 위해 기도 많이 하셔야 합니다.

저의 부친은 늘 죽음을 위해 기도해 오셨습니다. 그리고 이번 주에 천국에 가신다고 걸어서 집에 오셨습니다. 그리고 그 주에 하나님의 부르심을 입었습니다. 여러분도 죽음을 위해 기도 많이 하셔야 합니다. 연세 많으신 분들을 위해 제가 기도할 때 마지막까지 주일예배에 참석하게 해달라고 기도합니다. 이 기도가 최고의 축복기도입니다. 세상을 떠나는 주일까지 예배에 참석하고 세상을 떠나는 것이 복된 죽음입니다. 중병에 걸려 봉사도 중단하고, 신앙생활도 중단하고 그러는 분들이 있습니다. 그렇게 몇 년 더 사는 것이 잘사는 것이 아닙니다. 그러면 결국에는 모든 것을 다 잃게 되는 것입니다.

죽음 앞에 담대해야 합니다. 가장 멋진 죽음은 마지막까지 더 열심히 하나님을 믿고 일을 하다가 하나님 앞으로 가는 사람입니다. 중병에 걸리면 절대로 두려워하지 마십시오. 사명이 있다면 하나님께서 생명을 연장시켜 주십니다. 치료받는 것을 거부하시는 분들도 있습니다. 그것은 옳지 않습니다. 치료받을 지혜도, 은혜도 하나님께서 주신 것입니다. 하나님께 치료의 은총을 베풀어달라고 기도해야 합니다. 기적의 은총이 임하게 해달라고 그래서 하나님의 특별한 은총과 체험을 갖고 살게 해달라고 기도해야 합니다.

그러나 죽음이 눈앞에 왔는데 살기 위해 몸부림치는 것은 기독교인의 바른 죽음관이 아닙니다. 죽음이 임박해 오면 며칠 더 생명을 연장해 사는 것이 중요한 것이 아니라 내가 하나님 앞에 바르게 서 있는가를 생각하셔야 합니다. 죽을 수밖에 없지만 담대하게 사명을 하루하루 감당하고 기쁘게 살다가 하나님께로 가는 것이 기독교인의 죽음관입니다.

가족 가운데 임종의 순간이 다가오면 성도들은 조심해야 합니다. 지금 환자는 죽음의 입구에서 믿음의 싸움을 싸우고 있습니다. 악한 영은 마지막에 그 영혼을 빼앗아 가려고 애를 씁니다. 그런 상황에 옆에서 울고불고 하면 어떻게 되겠습니까? "큰일 났다. 어린 아들은 어떻게 하고……" 그런 이야기해서도 안 됩니다. 과학자들에 의하면, 사람이 죽음 후에 제일 마지막까지 살아있는 것이 청각이라고 합니다. 가끔 식물인간이 되신 분들을 심방하거나, 병원에서 죽음을 눈앞에 두고 사망선고를 받고 아무 의식도 없는 분들을 심방하게 되는 경우가 있습니다.

주의 말씀을 전하고 "믿음의 선한 싸움을 싸우고 천국에서 만납시다" 하고 말씀을 전하고 머리에 손을 얹어 기도하면 눈물을 주르르 흘리는 분들이 많습니다. 의학적으로 아무 의식이 없다고 했는데 왜 주의 종이 말씀을 전하고 손을 얹고 기도해 주는 그 순간에 눈물이 흐릅니까? 듣고 있는 것입니다. 그러므로 임종한 이후에도 절대로 통곡하며 울지 말라고 합니다.

언젠가 부친의 임종 앞에서 통곡하는 자녀에게 통곡하지 말라고 이야기한 적이 있습니다. 왜 슬프지 않겠습니까? 그런데 너무 병원이 떠나가게 서럽게 울면 임종을 맞이하는 영혼에게 영향이 있기 때문에 그런 것입니다. 믿음의 사람들은 임종하는 가족들 앞에서 담대하셔야 합니다. 장례식 이야기하는 것도 아닙니다. 천국의 소망을 자꾸 이야기하셔야 합니다. 예수님 이야기하고 십자가 이야기해야 합니다. 예수님 부르라고, 십자가 붙들라고 자꾸 이야기해야 합니다. 다 듣고 있기 때문입니다.

죽음은 남의 이야기가 아닙니다. 죽음은 늘 우리 앞에 있습니다. 우리 성도들은 하루하루 사는 날들이 죽음을 잘 준비하는 삶이 되기를 바랍니다. 그리고 죽음 앞에서 담대한 성도들이 되시기 바랍니다. 초대교회 성도들이 경기장 안에서 사자들이 울부짖는 그 앞에서도 믿음을 잃지 않았던 것은 죽음에 대한 믿음의 관점이 분명했기 때문입니다. 누구나 가야 할 죽음의 길, 그 길이 슬픔의 길이 아니라 하나님을 눈 뜨고 뵈옵는 성도들의 길이 되시기를 바랍니다.

적 용

ⓐ 오늘 말씀의 주제 파악하기:

ⓑ 오늘 말씀 중 은혜 받은 부분 나누기:

ⓒ 삶에 구체적으로 적용하기:

함께 드리는 기도제목

1. 죽음도 성도답게 맞이할 수 있는 믿음을 주옵소서.
2. 믿는 이의 죽음은 하나님께로 돌아가는 길임을 기억하며 잘 준비하게 하옵소서.
3. 죽음의 길은 슬픔의 길이 아니라 하나님을 뵈옵는 성도의 길임을 기억하며 죽음 앞에서 담대하게 하옵소서.

41

죽음② - 잘 준비하세요

본 문: 요한계시록 21장 1~4절(신 420쪽)

찬 송: 488장(이 몸의 소망 무언가, 통 539)

요 절: 모든 눈물을 그 눈에서 닦아 주시니 다시는 사망이 없고 애통하는 것이나 곡하는 것이나 아픈 것이 다시 있지 아니하리니 처음 것들이 다 지나갔음이러라(계 21:4)

우리 인생은 준비하는 인생입니다. 아기가 태어날 때가 되면 배냇저고리를 준비하고 우유병을 준비합니다. 막상 아기가 태어났는데 입힐 옷이 준비되지 않았다면 난감한 일입니다. 아기가 자라갈수록 다음 단계의 준비물들이 있습니다. 공갈젖꼭지도 준비하고 딸랑이도 준비합니다. 유치원에 가게 되면 가방도 준비하고 크레파스도 준비합니다. 학교에 가면 하루하루 준비해야 합니다. 매일 공부하는 책이 다르기 때문입니다. 대학입시를 준비하고 직장 취업을 준비하고 남자들은 군대를 준비합니다. 결혼식을 하게 되면 준비할 것이 참 많습니다. 우리는 보험을 준비하고, 연금을 준비하고, 옷을 준비하고, 건강을 위해 준비합니다.

그런데 가장 중요한 죽음에 대한 준비는 잊고 사는 사람들이 많습니다. 죽음은 젊은 사람도 준비해야 하고 건강한 사람도 준비해야 합니다. 하나님께서는 준비된 그릇에 선물을 주십니다. 그러므로 죽음도 잘 준비해야 합니다. 죽음은 무엇을 준비하는 것입니까? 묘지를 준비하고, 관을 준비하고, 장례식 비용을 준비하는 것을 말하는 것이 아닙니다. 하나님 앞에 서는 순간을 잘 준비해야 합니다. "너 세상에서 뭐하다 왔니? 너에게 맡겨준 시간과 건강과 재산과 능력을 잘 사용하고 왔니?" 하고 물으실 때 대답할 말이 있어야 합니다.

나이가 들고 몸이 약해지면 죽음에 대해 더 많이 준비해야 합니다. 병이 들어 병원에 입원하여 평생 먹지 못하고 입지 못하고 모아 놓았던 돈을 다 사용하고 가는 사람도 있습니다. 그렇게 되지 않도록 늘 기도하며 죽는 날을 준비해야 합니다. 믿음의 사람의 죽음은 슬픔이 아닙니다. 천국으로 가는 기쁨의 날입니다. 며칠 더 살기 위해 갖은 방법을 다 사용하고 고통스럽게 사는 것은 믿는 사람의 모습이 아닙니다. 이런 사람은 죽음이 행복할 리가 없습니다.

우리는 죽음을 행복하게 맞이해야 합니다. 죽음이 축복이 되어야 합니다. 자살하는 사람의 죽음은 행복할 리가 없고 축복이 될 수가 없습니다. 어떤 사람이 죽음을 행복하게 맞이할 수가 있습니까? 하나님 앞에서 은혜로 산 사람만이 죽음을 은혜로 받을 수가 있습니다. 천국의 소망을 가진 사람만이 죽음을 은혜로 받을 수가 있습니다.

1. 세상을 잘 정리해야 합니다.

나이가 들어가면서 내가 그동안 마음 아프게 하고 산 사람은 없었는지, 다른 사람에게 폐를 끼친 일은 없었는지 돌이켜보아야 합니다.

죽음은 늘 준비해야 하는 것이지만 특별히 나이가 들어가면 하나하나 정리해 나가야 합니다. 죽음이 임박하면 이미 정리할 기회가 없기 때문입니다. 재물도 잘 정리해야 합니다. 우리는 너무 힘든 시대를 살아왔기 때문에 돈에 대한 집착이 강합니다. 그래서 연세 드신 분들은 아끼는 것이 습관이 되어 있습니다.

오래전 다른 교회에서 가난하게 사시는 할머니의 장례식을 집례한 적이 있습니다. 이분에게는 친척도 없었습니다. 돈도 없었습니다. 그래서 교회에서 옷도 사 드렸고 구제비를 드린 적도 있습니다. 연탄불도 안 때고 김치 한 가지로 끼니를 때우시는 것을 보며 '너무 가난하구나!' 하고 생각을 했습니다. 그런데 이분에게는 집이 있었습니다. 당시 몇천만 원을 호가하는 집이었기에 저는 그 집을 팔아 전세를 들고 나머지 돈으로 드시고 싶은 것 드시고 편안히 사시라고 했습니다.

그런데 이분은 늘 힘들게 사셨습니다. 그러다가 이분이 돌아가신 것을 아무도 몰랐습니다. 구역장이 며칠 동안 연락이 안 된다고 집에 찾아갔더니 이미 며칠 전에 돌아가신 것입니다. 그런데 청년들을 데리고 가서 방을 드러내고 하다 보니 이불 밑에서 통장이 나왔습니다. 당시 5백만 원이 들어 있었습니다. 그때 얼마나 마음이 아팠는지 모릅니다. 돌아가시기 전 평소에 먹고 싶었던 것들을 이웃들과 나누어 먹는 행복을 가져야 합니다.

근검절약하는 것은 기독교 정신입니다. 그러나 지나치게 물질을 아끼는 것은 성경적이 아닙니다. 하나님께서 물질을 주신 것은 사용하라고 주신 것입니다. 지배하라고 주신 것입니다. 돈이 많은 분들은 자식에게 물려주려고 더 아끼는 경향이 있습니다. 그것은 기독교 정신이 아닙니다. 이웃을 위해 사용할 줄 알아야 합니다. 서양은 기독교 문화의 배경을 가지고 있기 때문에 유언을 할 때 사회로 환원하는 것이 하나의 문화가 되어 있습니다. 내 것이 아니라는 것입니다.

우리는 너무 가난하게 살아왔기 때문에 물질도 그저 아껴 쓰다가 자식에게 주려고 합니다. 자식에게도 주어야 하지만 하나님 몫도 있어야 합니다. 여러분이 이 세상을 떠날 때에 적어도 재산의 1%는 다음 세대를 위하여, 기아에 굶주리는 이웃나라의 어린이들을 위하여, 불우한 이웃들을 위하여 장학금으로 구제비로 씨앗을 뿌리고 가는 것이 좋습니다. 이것을 나중에 하려고 하면 늦습니다. 자식들 간에 분쟁이 일어납니다.

한 가지 더 꼭 하고 싶은 이야기는 가능한 재산을 미리 자녀들에게 분배하지 말라는 것입니다. 그리고 이 집 저 집 다니며 후회하는 분들을 많이 보았습니다. "내 자녀는 안 그래요" 하는 분들이 꼭 후회하시더라구요. 내 노년의 삶을 위한 재정은 남겨놓아야 합니다. 어렵게 사시는 분들이 있습니다. 어떤 분은 알코올 중독자 자녀가 있어서 어렵게 모은 돈을 다 빼앗아갑니다. 방법이 없어 몰래 통장을 만들어 드릴 테니 거기에 저축을 하라고 했는데 잘 못 알아들으십니다.

내 힘으로 살지 못할 때를 위하여 대비를 하는 것 또한 지혜입니다. 자녀들을 위하여 미리 유언을 작성해 놓는 것이 중요합니다. 유언장도 잘못 쓰면 헛것이 됩니다. 유언장 쓰는 방법도 잘 아셔야 합니다. 세상에서 정리할 것을 잘 정리하지 못하고 이 세상을 떠나게 되면 여러 사람에게 고통을 주기 때문입니다. 여러분은 죽음을 맞이할 때 세상에 있는 더러운 흔적을 다 지우고 깨끗하게 떠날 수 있기를 바랍니다.

2. 하나님 앞에서 잘 준비해야 합니다.

본문 말씀은 우리가 만날 천국에 대한 묘사입니다. 이 천국은 인간의 죄로 잃어버렸던 에덴동산에 대한 묘사입니다. 우리의 죄를 위해 이 땅에 오신 예수님을 믿으면 다시 회복시켜 주시는 곳입니다. 이곳은 우리가 세상에서 가지고 있던 것은 하나도 가지고 가지 못합니다. 그곳은 새 하늘과 새 땅이라 하셨는데 새사람만이 갈 수 있는 곳입니다. 새 예루살렘이 하늘에서 내려오는데 새 예루살렘은 하나님이 계신 곳입니다. 그곳에 가면 모든 눈물을 씻어 주십니다.

이 말씀을 묵상하면 참 은혜가 됩니다. 주님을 위하여 눈물을 흘린 사람만이 씻을 눈물이 있는 것입니다. 주님께서 위로해 주시는 사람이 되는 것입니다. 여러분 얼마나 주님을 위해 눈물을 흘리셨습니까? 그러면 위로받을 것이 많습니다. 예수님은 산상수훈에서 "애통하는 자는 복이 있나니 저희가 위로를 받을 것임이요"라고 하셨습니다. 주님을 위해 수고한 사람은 다시는 눈물을 흘릴 일이 없을 것이고 그 위로가 자랑이 될 것입니다. 사망도 없고 곡하는 것도 없습니다. 다시는 두려워할 일도 없고 가슴 아파할 일이 없습니다.

어떤 사람에게입니까? 천국을 잘 준비한 사람에게입니다. 천국은 누가 준비해 주는 것이 아닙니다. 내 천국은 내가 준비해야 합니다. 어린 자녀가 세상을 떠나도 천국의 확신이 있으면 그 슬픔이 오래가지 않습니다. 슬픔이 소망으로 바뀝니다. 그래서 우리 신앙의 선조들은 "이 몸의 소망 무엔가 우리 주 예수뿐일세" 하고 찬송을 불렀습니다. 우리 주 예수를 소망으로 삼고 사는 사람은 천국의 굳건한 반석 위에 서게 되는 것입니다. 여러분, 예수 잘 믿어야 합니다. 그저 믿으면 안 됩니다. 잘 믿어야 잘 죽을 수 있습니다. 잘 믿어야 죽음의 순간에 "하나님 감사해요" 하고 기도할 수 있습니다.

천국 문은 좁습니다. 많은 사람들이 가는 곳이 아닙니다. 그 길로 가는 사람이 적을 것이라고 예수님은 말씀하셨습니다. "나더러 주여 주여 하는 자마다 다 천국에 들어갈 것이 아니요 다만 하늘에 계신 내 아버지의 뜻대로 행하는 자라야 들어가리라"(마 7:21)고 하셨습니다. 선지자 노릇을 하고 귀신을 내어쫓는 능력을 행하였어도 안 된다고 하셨습니다. "내가 너희에게 이르노니 너희 의가 서기관과 바리새인보다 더 낫지 못하면 결코 천국에 들어가지 못하리라"(마 5:20)고 말씀하셨습니다.

서기관과 바리새인들의 의가 대단합니다. 이들은 금식하고 기도하며 십일조를 채소의 하나까지 정확하게 드렸습니다. 믿음뿐 아니라 우리의 삶이 정직해야 한다는 말씀입니다. 그래서 천국 문이 좁은 것입니다. 우리 한국교회는 믿음을 잘못 가르쳤습니다. 그저 '믿습니다'만 하면 믿는 것으로 착각하게 만들었습니다. 예수님의 말씀을 보면 그것이 아닙니다. 참 믿음은 참 사람으로 변화가 되는 것입니다. 그래서 바리새인보다 서기관보다 더 의롭게 사는 것입니다. 어떻게 그럴 수가 있습니까? 서기관과 바리새인들은 자신의 의로 하려고 하니 죄를 지은 것입니다.

그러나 믿음으로 하면 성령께서 내 속사람을 바꾸어주시고 나도 모르게 주님을 따라 사는 사람으로 변화됩니다. 믿음으로 살고 성령께서 주시는 은혜를 입고 살아야 합니다. 이런 사람은 지금도 천국에 삽니다. 그리고 하나님께서 오라 하시면 열린 천국 문으로 들어가게 되는 줄로 믿습니다.

3. 여러분의 장례식이 축제가 될 수 있기를 바랍니다.

개그우먼 김미화 씨는 자기 묘비명을 미리 정했는데 "웃기다 자빠졌네"라고 했습니다. 평생을 남을 웃기며 살다가 죽어서도 남에게 웃음을 주는 사람입니다. 외국의 어떤 묘비명에 "이 무덤 속에 내 아내 잠들다. 그녀는 생전에 늘 잔소리뿐이었다. 벗들이여, 조용히 걸어갈지어다. 그녀가 잠을 깨어 다시 입을 열지 않도록." 이런 묘비명도 있답니다. 저는 후세에 "예수님을 위해 살다간 사람"이라는 묘비명이 새겨질 수 있으면 좋겠다 기도합니다. 이왕이면 여러분의 묘비명도 한번 생각해 보시기 바랍니다.

웰빙이란 말이 한참 유행어가 되었는데 웰다잉도 중요합니다. 잘 사는 것뿐 아니라 크리스천은 잘 죽어야 합니다. 미즈메디병원의 설립자인 노경영 박사는 환자 수술을 하다가 C형 간염에 감염이 되었습니다. 병이 악화되었을 때 아들이 간 이식을 권유했지만 오래 사는 것이 중요하지 않다고 거부를 했습니다. 그리고 자녀들에게 심폐 소생이나 인공호흡 등 생명 연장 치료를 하지 말 것을 당부했습니다. 그리고 그동안 관계했던 사람들에게 일일이 전화하여 고맙다, 혹은 미안하다고 했습니다. 그리고 재산은 교회와 학교에 기부를 했습니다. 그리고 "나는 행복하다. 감사하게 살다 간다"는 말을 남겼습니다. 손명세 연세대보건대학원장은 이분이 최고의 웰다잉이라고 이야기 했습니다.

대한민국의 최고 영웅 중 한 분인 포항제철을 세운 박태준 씨는 모랫바람을 많이 마셔 폐부종으로 세상을 떠났습니다. 박태준 씨는 전국 불교 신도회 회장이었는데 이후에 기독교 신자가 되었고 집사님이 되었습니다. 생전에 성경공부를 아주 꼼꼼하고 열심히 했다는 이야기가 있습니다. 박태준 씨는 교육이 힘이라고 생각하여 27개의 학교를 세웠습니다. 노년에 지구상에 자신의 이름으로 된 부동산은 다 없애라고 했고 재산을 처분하여 14억 중 10억을 '아름다운 재단'에 기부했습니다.

그리고 전세를 살다가 아내가 이러다가 남의 집에서 죽는 것 아니냐고 한 말이 마음에 걸려 작고 허름한 주택을 하나 사게 되었지만 끝까지 본인의 이름으로 등기하지 않고 세를 얻는 것으로 했습니다. 박태준 집사님이 세상을 떠난 후 동작동 국립묘지에 하도 많은 사람들이 쉬지 않고 찾아와 그 부인이 일 년 동안 하루도 빠지지 않고 묘지에 나가 커피믹스를 대접하며 살았습니다. 많은 사람들이 이 땅에 태어나 죽음을 맞이하지만 참 아름다운 웰다잉입니다.

세상에서 큰일을 하고 죽는 사람만이 아름다운 죽음은 아닙니다. 농부로 살아도, 평생 청소를 하고 살아도 아름다운 죽음을 맞이하는 많은 분들이 있습니다. 바라기는 주의 종이 말씀을 전할 때 기쁜 마음으로 집례할 수 있기를 바랍니다. 참 수고하셨다고 천국에서 꼭 만나자고 약속하는 감사의 눈물이 나는 여러분이 되시기를 바랍니다. 몸이 아프다고 교회에 나오는 것을 게을리하다가 죽음을 맞이하는 사람을 보면 참 안타깝습니다. 그렇게 몇 달 더 살려고 하는 것은 기독교인의 죽음을 향한 자세가 아닙니다. 죽음의 자리까지 주님 전에 나오는 것이 믿음의 모습입니다.

죽음에 대해 설교를 준비하다 보니 전할 것이 너무 많아 시간이 부족합니다. 장기 기증도 하시고 세상에 좋은 씨앗을 뿌리고 가시기 바랍니다. 성전 건축이 이루어지면 그때 우리 모든 성도들이 장기기증운동을 하려고 기도하고 있습니다. 우리의 남겨진 육신으로 불행한 사람들이 새 삶을 누린다면 그것도 참 감사한 일입니다. 시신을 묶고 하는 것보다 정장을 입고 장례식을 하는 것이 더 좋습니다. 우리의 장례문화가 바뀌었기 때문에 이제는 시신을 묶을 필요가 없기 때문입니다. 여러분의 평소 모습대로 장례식에서 얼굴을 볼 수 있었으면 좋겠습니다.

여러분은 죽음을 위해 기도 많이 해야 합니다. 기도 많이 하시는 분들을 보면 평소에 기도한 대로 세상을 떠나는 것을 많이 보게 됩니다. 임종 때 목사님의 기도를 받고 세상을 떠날 수 있게 해달라고 기도해야 합니다. 갑작스런 죽음이 아니라 며칠이라도 누워 자녀들에게 유언을 하고 축복기도를 할 기회를 달라고 기도해야 합니다. 죽음의 순간에 꼭 믿음의 말을 하게 해달라고 기도로 미리 준비해야 합니다.

병원에서 죽지 않고 내가 자던 침대에서 이 세상을 떠나게 해달라고 기도해야 합니다. 치매나 중풍 같은 질병이 오지 않도록 기도해야 합니다. 예배와 함께 찬송 소리를 들으며 세상을 떠나게 해달라고 기도해야 합니다. 장례식에 많은 분들이 와서 참 복된 죽음이었다고 이야기할 수 있도록 기도해야 합니다. 늘 기도하면 은혜를 베풀어주십니다.

여러분, 이분이 정말 주님을 위해 열심히 살다가, 이웃에게 위로를 주며 살다가 천국에 잘 가셨다고 모두가 축복할 수 있는 죽음이 되시길 바랍니다.

적 용

ⓐ 오늘 말씀의 주제 파악하기:

ⓑ 오늘 말씀 중 은혜 받은 부분 나누기:

ⓒ 삶에 구체적으로 적용하기:

함께 드리는 기도제목

1. 죽음을 맞이할 때 세상에 있는 더러운 흔적들을 다 지우게 하옵소서.
2. 하나님께서 오라 하실 때 열린 천국 문으로 들어가는 축복을 주옵소서.
3. 마지막에 모두가 축복할 수 있는 죽음을 맞이하게 하옵소서.

신앙의 기초 시리즈 33

42

은사를 발견하라

- **본 문**: 로마서 12장 6~8절(신 256쪽)
- **찬 송**: 441장(은혜 구한 내게 은혜의 주님, 통 498)
- **요 절**: 우리에게 주신 은혜대로 받은 은사가 각각 다르니 혹 예언이면 믿음의 분수대로, 혹 섬기는 일이면 섬기는 일로, 혹 가르치는 자면 가르치는 일로, 혹 위로하는 자면 위로하는 일로, 구제하는 자는 성실함으로, 다스리는 자는 부지런함으로, 긍휼을 베푸는 자는 즐거움으로 할 것이니라(롬 12:6~8)

은사란 헬라어로 카리스마(χάρισμα)란 단어로 주님의 몸 된 교회를 위하여 성도들에게 주시는 하나님의 선물입니다. 하나님께서 성도들을 부르셨을 때 모두에게 은사를 주셨습니다. 흔히 은사라고 하면 신유의 은사나 방언과 통역의 은사 등으로 생각하는데 성경에는 많은 은사가 나옵니다. 본문 말씀에도 예언하는 은사, 가르치는 은사, 위로하는 은사, 구제하는 은사, 다스리는 은사, 긍휼을 베푸는 은사가 나옵니다. 고린도전서 12장을 은사장이라 하는데 여기에도 보면 지혜와 지식의 말씀, 믿음의 은사, 병 고치는 은사 등 12가지 은사가 나옵니다.

고린도 교회는 은사가 많은 교회였습니다. 그래서 그 은사 때문에 서로 "누가 받은 은사가 더 높은 은사냐?" 하는 것 가지고 싸우기도 하였고 문제가 일어났습니다. 그래서 사도 바울은 은사에 대하여 말씀하다가 "너희는 더욱 큰 은사를 사모하라"고 하십니다. 그 더 큰 은사가 고린도전서 13장에 나오는 사랑의 은사입니다. 고린도전서 13장은 "그런즉 믿음, 소망, 사랑 이 세 가지는 항상 있을 것인데 그 중의 제일은 사랑이라"고 결론을 맺습니다.

사랑이 없는 모든 은사는 헛것이라는 말입니다. 은사는 교회를 위하여 주신 것인데 교회를 섬긴다는 것은 사랑이 없이는 안 되는 일이기 때문입니다. 교회를 사랑하면 이웃을 사랑하고 형제를 사랑하게 됩니다. 하나님은 우리를 사랑하셔서 예수님을 이 땅에 보내주셨습니다. 예수님은 우리를 사랑하셔서 십자가에 달려 우리의 죄를 사해 주셨습니다.

은사론은 신학적으로 굉장히 중요한 주제입니다. 은사론 때문에 이단도 많이 나왔습니다. 우리는 왜 은사를 주시는지를 분명히 깨달아야 합니다. 성령께서는 우리를 사랑하시므로 각양 은사를 주셔서 우리로 하나님을 섬기게 하십니다. 그 은사를 통하여 우리의 믿음이 굳건해지고 풍성하게 하십니다. 그런데 내게 주신 은사를 깨닫지 못하고 교회만 왔다갔다하는 성도들이 많습니다. 교회는 설교만 들으러 오는 곳이 아닙니다. 내가 예배를 통하여 하나님을 만나고, 하나님의 음성을 듣고, 그 음성에 순종하는 것이 신앙생활입니다.

관객이 있는 교회는 건강한 교회가 아닙니다. 성도들은 말씀을 듣고는 은사에 따라 교회를 섬겨야 합니다. 그래야 영적 비만에 걸리지 않습니다. 교회를 섬긴다는 것을 교회학교로, 찬양대로, 주차봉사로,

전도대 등 특별한 일을 통해 섬기는 것만으로 생각하고 이것은 나와 상관없는 것이라고 미리 생각하는 성도들이 있습니다. 은사는 그런 것뿐만이 아닙니다. 나의 생활 속에 은사로 주신 것이 참 많습니다.

1. 내게 주신 은사를 발견해야 합니다.

여러분 모두에게 이미 은사를 주셨습니다. 그 은사는 한 가지만이 아닙니다. 그런데 그 은사를 깨닫지 못하고 있습니다. 어떤 사람은 이웃을 잘 대접하는 은사가 있습니다. 그래서 이웃을 초청하여 식사를 대접하면 신이 납니다. 그런 반면에 이웃을 초청하여 식사만 하려고 하면 어려워하는 사람도 있습니다. 식사 대접도 은사가 있어야 합니다. '아, 나에게 대접하는 은사를 주셨구나!' 하는 사실을 깨달으면 이웃을 대접하여 하나님께 영광을 돌리고 새가족을 대접하여 봉사하게 됩니다.

어떤 사람은 운동의 은사를 받았고, 어떤 사람은 예술의 은사를 받은 사람이 있습니다. 이 특별한 은사를 받아 주님을 위해 일하면 놀라운 일들이 일어납니다. 어떤 사람은 행정의 은사를 받은 사람도 있습니다. 이런 사람이 교회에서 귀하게 쓰임 받을 수 있습니다. 그런데 성령께서 함께하시지 않으면 그 은사가 오만과 독선으로 갑니다. 그래서 다른 사람을 힘들게 하고 교회 공동체의 부흥을 가로막게 됩니다.

본문 말씀에도 은사가 다 다른데 예언이면 믿음의 분수대로 하라고 하셨습니다. 초대교회는 예언하는 사람들이 많았습니다. 그래서 서로 하나님의 음성을 들었다고 했습니다. 구약시대에는 하나님께서 음성을 주셨습니다. 그래서 그 음성을 듣고 전한 사람들이 선지자들입니다. 그 말씀이 기록되어 오늘 우리가 가지고 있는 구약성경이 되었습니다. 예언은 하나님의 말씀입니다. 그런데 그 분수를 넘어가면 안 됩니다. 사탄이 틈타기 때문입니다.

예언은 하나님의 말씀을 사람들에게 전하는 것인데 마치 무당이 미래 일을 알아맞히듯 하는 것으로 생각하는 사람들이 있습니다. 그것은 성경을 잘못 이해해서 그런 것입니다. 예언기도 한다고 하면서 "공장을 경영하는데 어떻게 해라, 자녀를 어느 대학에 보내라" 하는 사람이 있는데 그것은 성경이 말씀하는 예언이 아닙니다. 성경이 말씀하는 예언은 하나님의 말씀을 의미하는 것입니다. 그래서 믿음의 분수대로 하라고 하셨습니다.

아침에 일어나 "하나님, 어느 쪽으로 갈까요?"라고 기도하고 음성을 듣고 행한다는 사람들이 있습니다. 텔레비전 방송에 보면 그런 사람들이 많이 있습니다. 그런 소리에 속지 않아야 합니다. 믿음이 굉장히 좋은 것 같지만 그것이 아닙니다. 하나님께서는 이미 우리에게 성경을 통해 하나님의 말씀을 주셨습니다. 그 말씀을 부지런히 읽고 듣고 순종하면 되는 것인데 내가 또 다른 음성을 들으려고 할 때 사탄이 틈타게 됩니다. 사도 바울 같은 이가 영력이 부족해서 그런 기도를 못한 것입니까? 왜 피할 길을 미리 알고 피하지 않았습니까? 하나님께서는 그렇게 가르쳐주시는 것이 아닙니다. 하나님의 말씀을 청종하고 따라갈 때 합력하여 선을 이루실 줄로 믿고 순종하는 것이 예언의 말씀인 성경을 믿고 따라가는 성도의 바른 모습입니다.

물론 초대교회 이후에 예언이 끝난 것은 아닙니다. 하나님께서는 때로 예언도 주시고 환상도 주십니다. 그러나 이미 필요한 모든 것들을 성경을 통해서 주셨습니다. 그 무엇도 하나님의 말씀인 성경의 권위보다 위에 있어서는 안 됩니다. 신비주의란 자신의 체험을 성경의 권위보다 더 중요하게 생각할 때 오는 결과입니다. 성경의 말씀을 통해 하나님의 음성을 들으려고 해야 하는데 내가 직접 듣겠다고 하면 사탄이 다른 소리를 듣게 하는 것입니다. 그래서 개혁교회의 전통은 오직 성경의 권위 아래 세워진 것입니다.

성경의 말씀을 듣고 그 말씀이 나에게 감동을 주시는 대로 순종하면 됩니다. 성경을 읽고 말씀을 들으면 그 말씀이 내게 감동을 주십니다. 우리는 예배를 드리며 하나님의 음성을 듣는 일에 집중해야 합니다. 그리고 성령께서 내게 주신 말씀을 따라 주님의 교회를 섬길 일을 깨닫게 하십니다. '나는 은사가 없다'고 생각하는 사람들이 있는데 그렇지 않습니다. 하나님은 많은 은사를 주셨습니다.

어떤 성도들은 정리정돈하는 데 은사가 있습니다. 이런 사람이 한 번 지나가면 모든 것이 깨끗해집니다. 어떤 성도는 인테리어에 은사가 있는 분이 있습니다. 이런 분들이 교회 관리를 맡으면 교회가 환해집니다. 그런데 은사가 없는 분이 자기 생각을 고집하면 참 어려워집니다. 지방에서 목회할 때 그 교회에 부임했더니 한 가지 특징이 현관 안에 커다란 나무 장식품이 있었습니다. 얼마나 나무가 큰지 큰 고목나무 같았습니다. 그런데 교회에 들어가자마자 그 누런 나무가 누워 있으니 영 보기에 안 좋았습니다. 그래서 "어떻게 된 거냐?" 했더니 연세 많이 드신 장로님이 너무 좋다고 가져다 놓으셨는데 아무도 못 치운다는 것입니다. 보는 사람마다 한 마디씩 하면서 치우지 못하는 것입니다. 그래서 은사도 분수대로 하라고 하신 것입니다.

교회에는 내가 보기에 좋아 보이는 물건을 사오면 안 됩니다. 그러면 치우지도 못하고 참 어렵습니다. 은사도 잘 사용해야 하는 것입니다. 어떤 성도들은 찬양에 은사를 받은 분들이 있습니다. 그래서 찬양을 하면 은혜롭고, 찬양을 하면 기쁨이 있습니다. 이런 사람들은 찬양의 은사를 받은 분들입니다. 그런데 찬양만 해서는 안 됩니다. 다른 봉사도 함께해야 합니다. 찬양대원들도 봉사도 하고 전도도 해야 합니다. 중보기도에도 나와야 합니다. 그러면 하나님께서 나에게 각양 은사를 주신 것을 발견할 수가 있습니다.

내가 가진 은사를 발견하지 못해 땅속에 묻어놓고 있는 성도들이 많습니다. 하나님께서 우리에게 은사를 주신 것은 우리를 사탄 마귀로부터 지켜주시고 믿음으로 풍요하게 하시기 위함입니다. 그래서 각자에게 맞는 은사를 이미 주셨습니다. 은사를 깨닫지 못할 때 내가 누려야 할 축복을 차지하지 못하게 됩니다. 교회의 부흥을 지체하게 됩니다. 그러나 은사를 깨닫고 순종할 때 우리 가운데 영적 기쁨이 충만하게 됩니다. 여러분으로 인하여 교회가 부흥하고 하나님께서 기뻐하시는 역사가 더욱 많이 일어나게 됩니다.

우리가 하나님께서 주신 은사를 발견하려면 성령의 인도하심을 믿어야 합니다. 그리고 은사를 깨닫기 위하여 간절히 기도해야 합니다. 우리 교회 성도들은 모두가 하나님께서 주신 은사를 발견하고 그 은사를 통해 복된 삶을 사시기를 바랍니다.

2. 받은 은사를 잘 지켜야 합니다.

하나님은 모두에게 다 은사를 주셨습니다. '나는 왜 은사가 없을까?' 하고 생각하지 마세요. 이미 필요한 은사를 주셨습니다. 미국에 털이 거의 다 빠지고 괴물같이 보이는 개가 있었습니다. 이 개가 거리를 어슬렁거리다가 잡혀 수용소에 갇혀 죽을 날만 기다리고 있었습니다. 그런데 사육사가 보니 이 개가 기러기만 보면 죽일 듯이 달려가서 짖어대는 것입니다. 사육사는 신문에서 기러기 때문에 비행장이 큰 골치를 앓고 있다는 기사를 읽었습니다. 새들이 터빈 속으로 들어가면 비행기가 추락하지 않습니까?

사육사는 그 개를 데리고 비행장을 찾아갔습니다. 비행장 측에서는 별로 대수롭지 않게 생각했으나 시험 삼아 그 개를 인수하기로 했습니다. 그런데 놀라운 일이 벌어졌습니다. 이 개는 기러기만 보면 놀라운 능력을 발휘하여 쫓아버리는 것입니다. 비행장 측에서는 터빈이라는 이름까지 지어주고 개에게 표창장까지 주었습니다. 이 개가 일 년에 자그마치 36억 원어치 일을 한다는 것입니다. 병들고 못생긴 개에게도 기러기를 쫓는 은사가 있습니다.

하나님께서는 우리에게도 여러 가지 은사를 숨겨주셨습니다. 지금 외국에서 목회하는 어떤 목사님이 한번은 "목사님, 제가 신유의 은사가 있는 줄 몰랐어요" 하시는 것입니다. 교회에 문제가 있어서 간절히 기도하다 보니 어느 날 환자들이 보이더라는 것입니다. 어떤 사람은 심장이 아픈 것이 보이고, 어떤 사람은 위가 아픈 것이 보이더랍니다. 그래서 자꾸 그쪽으로 손이 가는데 실수할까 봐 굉장히 고민을 많이 했답니다. 그런데 기도하면 병이 낫는다는 것입니다. 지금까지 수십 년 목회하면서 내게 이런 은사가 있는 줄 몰랐다고 하는 이야기를 들었습니다.

그런데 그 은사가 계속되는 것이 아닙니다. 하나님께서는 때로 필요에 의하여 은사를 주시고 거두어 가기도 하십니다. 우리는 우리의 은사를 소멸하지 않기 위해 기도하고 애써야 합니다. 그래서 성경은 성령의 은사를 소멸치 말라고 말씀하십니다. 중보기도의 은사를 받은 사람은 쉬지 않고 기도를 해야 합니다. 그래야 하나님께서 그 은사를 풍성케 해주시는 것입니다. 사랑의 은사를 받은 사람은 자꾸 사랑하면 더 큰 사랑의 주인공이 됩니다. 그래서 테레사 수녀처럼 되는 것입니다.

기도의 은사를 받은 사람도 더 기도해야 합니다. 그러면 능력 기도의 주인공이 됩니다. 그러나 기도하지 아니하면 기도의 능력이 사라지게 됩니다. 병 고치는 은사를 받은 성도들도 있습니다. 이런 사람은 겸손해야 합니다. 내가 능력이 있어서 병을 고치는 것이 아니라 하나님께서 교회를 섬기라고 주신 것을 깨닫고 겸손하게 섬길 때 그 은사가 지속되는 것입니다. 사람들은 교만하기 때문에 병 고치는 은사를 받고 잘못된 사람들이 많습니다. 이단의 교주들이 대부분 그런 사람들입니다. 이들이 예수 믿고 특별한 은사를 받아 겸손하게 교회를 섬겨야 하는데 사탄이 틈탄 것입니다. 병을 고치게 되었다고 돈을 받고 그러다 보면 야단도 치게 되고 교만하게 되는 사람들을 여럿 보았습니다. 그러면 하나님께서 은사를 거두어 가십니다.

예수님께서는 우리에게 달란트의 비유를 해주셨습니다. 달란트의 비유는 충성한 종에게 달란트를 더하여 주신다는 비유입니다. 저는 목회를 하는 후배 목사님들이 찾아와 조언을 구할 때 늘 하는 이야기가 있습니다. 내가 달란트가 부족하여도 죽을 힘을 다하여 충성하면 하나님께서 달란트를 더하여 주신다고……. 그래서 내 그릇을 크게 해주십니다. 은혜도 그릇만큼 받고, 축복도 그릇만큼 받습니다. 하나님께서 요셉을 사용하시기 위하여 감옥에서 연단시키시고 훈련시키셔서 그의 그릇을 크게 만드셨습니다.

모세도 이집트의 왕궁에서 자라게 하시면서 그의 그릇을 크게 만드셨습니다. 그릇이 준비되지 않은 사람은 절대 큰일을 할 수 없습니다. 오히려 일을 망치는 것입니다. 그릇만큼 일합니다. 이것이 달란트입니다. 그릇은 점점 더 커지는 특징이 있습니다. 내가 받은 은사를 감사함과 순종으로 지킬 때 하나님은 더 큰 은사를 우리에게 부어주십니다. 그래서 큰 일꾼이 되게 하십니다. 큰 축복의 사람이 되게 하십니다. 지금 주신 달란트를 감사함으로 순종하여 더 큰 은사를 받는 성도들이 됩시다.

3. 자기 은사를 감당할 줄 알아야 합니다.

본문 말씀에 "예언이면 믿음의 분수대로, 혹 섬기는 일이면 섬기는 일로, 혹 가르치는 자면 가르치는 일로, 혹 위로하는 자면 위로하는 일로, 구제하는 자는 성실함으로, 다스리는 자는 부지런함으로, 긍휼을 베푸는 자는 즐거움으로 할 것이니라"고 말씀합니다. 섬기는 은사를 받았으면 섬기는 일로 하라고 하십니다. 가르치는 자는 가르치는 일로 하라고 하십니다. 무슨 뜻입니까? 은사는 우열이 없습니다. 하나님의 일은 다 똑같습니다. 목사라고 해서 특별한 은사가 있는 것이 아닙니다. 하나님께서 목사로 세워주셨으니 순종하는 것입니다. 그러면 필요한 것을 주십니다.

문제는 섬기는 자는 섬기는 일로 일해야 하는데 다른 은사의 영역을 넘어갈 때 문제가 일어나게 됩니다. 집사는 집사의 일을, 권사는 권사의 일을 하면 됩니다. 물질의 은사를 주신 분은 물질로 봉사하면 됩니다. 일을 잘하는 분은 그 일로 봉사하면 됩니다. 고린도전서 12장에 "은사는 여러 가지나 성령은 같고 직분은 여러 가지나 주는 같으며" 라고 말씀하셨습니다. 다 하나님께서 주시는 것입니다. 그러므로 여기에는 높고 낮은 것이 없습니다.

교회에서 하는 봉사는 다 귀합니다. 다 하나님께 영광을 돌리는 것입니다. 청소하는 분이 없으면 교회가 순식간에 더러워질 것입니다. 방송을 담당하는 사람, 안내하는 사람, 다 하나님의 귀한 일을 하는 것입니다. 고린도전서 12장에 몸의 약하게 보이는 지체가 도리어 요긴하다고 하셨습니다. 다른 부서에서 일을 미리 처리하지 않았다고 마치 위에서 가르치는 것처럼 야단치면 그것은 내 몸을 학대하는 것입니다. "만일 한 지체가 고통을 받으면 모든 지체가 함께 고통을 받고 한 지체가 영광을 얻으면 모든 지체가 함께 즐거워하느니라 너희는 그리스도의 몸이요 지체의 각 부분이라"고 말씀하셨습니다. 주님의 몸이면 다른 지체와 함께 즐거워하고 함께 고통 받는 것입니다.

은사는 하나님의 교회를 위하여 우리 모두에게 주셨습니다. 은사는 하나님의 선물이니 너무 귀합니다. 선물로 주신 은사를 사용하지 못하고 묻어둔 사람들은 불행한 사람들입니다. 그 은사를 발견하고 사용하시기 바랍니다. "하나님, 은사를 발견하게 해주세요" 하고 기도하시기 바랍니다. 그 은사가 여러분을 축복되게 할 것입니다. 그 은사가 여러분을 확신 있게 할 것입니다. 그 은사가 여러분의 영광이 될 것입니다.

우리 모두가 은사를 깨달아 섬길 때 복음이 크게 전파될 것입니다. 교회는 늘 화평하게 되고 은혜가 충만하게 될 것입니다. 우리 성도들은 모두 주신 은사를 잘 발견하여 순종함으로 사용하고 주님을 위해 귀하게 사용되는 일꾼들이 되시기를 바랍니다.

적 용

ⓐ 오늘 말씀의 주제 파악하기:

ⓑ 오늘 말씀 중 은혜 받은 부분 나누기:

ⓒ 삶에 구체적으로 적용하기:

함께 드리는 기도제목

1. 하나님께서 주신 은사를 발견하고 그 은사를 통해 복된 삶을 살게 하옵소서.
2. 나에게 주신 달란트를 감사함으로 순종하여 더 큰 은사를 받게 하옵소서.
3. 주신 은사를 잘 발견하여 순종함으로 사용하고 주님을 위해 귀하게 사용되는 일꾼이 되게 하옵소서.

43

잊지 맙시다

본 문: 누가복음 4장 16~21절(신 93쪽)

찬 송: 96장(예수님은 누구신가, 통 94)

요 절: 주의 성령이 내게 임하셨으니 이는 가난한 자에게 복음을 전하게 하시려고 내게 기름을 부으시고 나를 보내사 포로 된 자에게 자유를, 눈먼 자에게 다시 보게 함을 전파하며 눌린 자를 자유롭게 하고 주의 은혜의 해를 전파하게 하려 하심이라 하였더라(눅 4:18~19)

세상의 달력은 1월부터 시작되지만 교회력은 대림절로부터 시작됩니다. 그만큼 대림절이 중요한 절기입니다. 대림절은 예수님의 오심을 기다리는 절기로 성탄절 4주 전부터 시작됩니다. 성탄절은 예수님께서 오신 날입니다. 우리는 대림절 기간 동안 예수님의 다시 오심을 사모하며 몸과 마음을 정결하게 하여 기다리는 절기가 될 수 있기를 바랍니다.

예수님을 기다리는 것도 훈련입니다. 예수님께서 열 처녀의 비유를 주셨는데 슬기로운 처녀들은 등과 기름을 준비하여 신랑이 올 때를 기다렸습니다. 그러나 미련한 처녀들은 기름을 예비하지 못하여 그만 신랑이 올 때에 등불을 켤 수가 없었고 신랑을 맞이할 수가 없었습니다. 예수님의 이 비유는 오늘 우리에게 깨어 주님의 다시 오심을 예비하며 기다리라는 말씀입니다. 예수님이 오시면 우리의 모든 소망이 이루어집니다. 예수님을 진정 기다리는 사람은 경건하게 살아갑니다. 죄와 불의와 타협하지 않습니다. 예수님을 만날 준비를 하며 살아갑니다. 그럴 때 예수님을 맞이하는 감격의 성탄절이 됩니다.

본문 말씀에 보면 예수님께서 고향을 찾아가셔서 회당에 들어가셨습니다. 당시 회당에 가면 성경을 맡은 자가 있는데 들어오는 사람에게 성경을 줍니다. 예수님께서도 회당에 들어가 성경을 받아 그 중에서 이사야 61장의 말씀을 펴서 읽으셨습니다. 이 말씀은 예수님께서 오신 이유를 기록한 말씀입니다. 일찍이 이사야를 통해 예언된 말씀입니다. 우리는 예수 믿으면서 예수님이 어떤 분이신지를 잊지 않아야 합니다.

본문 말씀에 "가난한 자에게 복음을 전하게 하시려고 성령께서 내게 기름을 부으셨다"고 했습니다. "가난한 자에게만 복음을 전하시면 부자는 어떻게 됩니까?" 하고 질문할 수 있습니다. 두 가지로 가난한 자가 있습니다. 하나는 물질적으로 가난한 자입니다. 물질적으로 가난한 사람들은 먹고 살기에 힘이 듭니다. 당시에 가난한 자들은 고통스런 삶을 살았습니다. 우리나라도 조선시대 같은 경우를 보면 가난한 백성들은 너무 고생하지 않았습니까? 좋은 것은 양반들이 다 가져가 버렸습니다. 일을 하지만 그것이 내 일이 아닙니다. 열심히 노력하면 잘된다는 보장이 있어야 하는데 남보다 열심히 일을 해도 다 빼앗아 가버립니다.

예수님 당시에도 그랬습니다. 땅을 가진 자들에게 빼앗기고 로마에 세금으로 빼앗깁니다. 그러니 희망이 없습니다. 예수님 당시에 메시아가 오시기를 가장 간절하게 기다린 사람들이 누구였겠습니까? 바로 가난한 사람들이었습니다. 그래서 예수님은 들판의 목자들에게 처음으로 나타나셨고 가난한 어부들이 있는 갈릴리로 가셨습니다. 가난한 자에게 복음을 전하러 오셨는데, 가난한 자의 복음이 무엇입니까? 잘살게 된다는 것입니다. 실제로 복음이 들어가는 나라마다 잘사는 나라가 되었습니다.

우리나라도 기독교는 가난한 사람들이 믿는 종교라고 했는데 이들이 예수 믿고 다 복을 받았습니다. 예수 믿으면 잘되는 것입니다. 이것을 기복적이라고 이야기하면 안 됩니다. 예수 믿으면 복을 받고 잘된다는 것은 성경이 말씀하는 내용입니다. 예수님께서는 가난한 자들의 한을 풀어주시려고 오셨습니다. 가난은 복이 아닙니다. 그러므로 가난한 자는 가난을 벗어나게 해달라고 기도하고 복을 받아야 합니다.

그다음 가난한 자의 두 번째 의미는 영적으로 가난한 자입니다. 예수님께서는 마음이 "가난한 자는 복이 있나니 천국이 저의 것임이요"라고 하셨습니다. 예수님 당시에도 부자들이 예수님을 찾아왔습니다. 삭개오 같은 사람이 대표적입니다. 마태 같은 사람은 예수님을 따르는 제자가 되었습니다. 당대에 굉장한 부자인 니고데모도 그렇고, 아리마대 요셉도 그렇습니다. 이들은 부자였지만 마음이 가난한 자들이었습니다. 마음이 가난한 자는 예수님을 구주로 모시는 사람입니다. 이런 사람이 복이 있는 사람입니다. 천국을 차지할 사람들이기 때문입니다. 나를 낮춘 만큼 하나님께서 높아지시고 나를 비운 만큼 하나님께서 부요해지십니다. 그리고 그 축복을 우리에게 돌려주십니다.

얼마 전에 장로님들과 우리 임직자들의 헌금으로 지어진 필리핀 아태장로회신학대학교와 아태기술학교를 방문했습니다. 부총장님이 설명을 하는데 필리핀 문교부로부터 대학시설에 대한 문제로 지적을 받았는데 해결할 방법이 없었답니다. 그러면 많은 불이익을 받게 됩니다. 그런데 얼마 전에 완공된 아태기술학교를 통해서 2층 300평을 학교 강당으로 사용하게 되어 문제를 해결했다고 하나님의 놀라운 섭리라고 목이 메어 말을 잇지를 못합니다. 그 이야기를 듣고 우리 장로님들도 감동을 받았고 눈시울이 붉어졌습니다. 여러 장로님들이 주머니를 털어 학교에 사용해 달라고 저에게 가져왔습니다.

남의 나라에 학교가 지어진 것에 대해 왜 우리가 감동을 받고 함께 감사합니까? 마음이 가난하기 때문입니다. 하나님의 나라가 그곳에서 확장되고 복음이 전파되는 것을 기뻐하는 것은 마음이 가난하기 때문입니다. 우리가 복음을 받고 마음이 가난해지면 여기에 기적이 일어나기 시작합니다. 복음은 우리의 상황을 바꾸는 능력이 있습니다. 복음은 어둠을 밝게 하는 힘이 있습니다. 복음은 악한 사탄의 저주를 물리치는 힘이 있습니다.

복음은 희망을 잃은 사람들에게 위로가 되고 새 힘이 됩니다. 복음의 능력은 내게 있는 것이 아니라 하나님께 있기 때문입니다. 복음은 우리를 살립니다. 주님께서는 "복음 전하는 자들이 복음으로 말미암아 살리라"(고전 9:14)고 말씀하셨습니다. 우리가 노력해서 잘사는 것이 아닙니다. 우리가 똑똑해서 천국을 차지하는 것이 아닙니다. 복음이 하는 것입니다. 우리는 모두가 잘되기를 원합니다. 그리고 마지막에 천국을 차지하기를 원합니다. 누가 하는 것입니까? 복음이 하는 줄로 믿으시기 바랍니다. 본문 말씀에 복음이 하는 네 가지가 나옵니다.

1. 포로 된 자에게 자유를 주십니다.

포로란 전쟁에 패하여 적국에 끌려간 사람을 포로라고 합니다. 포로가 되면 그 순간부터 생명을 보장받을 수 없습니다. 내 마음대로 할 수 있는 것이 없습니다. 고국에 다시 돌아갈 수 없습니다. 가족을 만날 수도 없습니다. 시키는 대로만 해야 합니다. 다시 자유인이 될 수 있는 방법이 거의 없습니다. 그런데 포로에게 자유를 준다고 하면 얼마나 놀라운 일입니까? 예수님은 사람들이 포로가 되어 있음을 보셨습니다.

요즘 정치권에서 문제가 된 사람들이 나옵니다. 이들이 권력에, 물질에, 다른 것에 포로가 되었습니다. 그래서 수단방법을 가리지 않았고 불의를 일삼았습니다. 그래서 결국은 손이 묶여 들어가게 된 것입니다. 사탄은 우리를 포로로 삼고 묶어서 데리고 가려고 합니다. 나의 힘으로 어떻게 할 수가 없습니다. 그럴 때에 우리 주님께서 오시면 포로에서 해방이 되는 것입니다.

코가콜라의 창업주인 아사 캔들러는 알코올 중독자였습니다. 그런데 어느 날 갑자기 마음을 울리는 하나님의 음성을 들었습니다. 집에 돌아와 아내에게 이야기를 하니 아내가 그 시간에 남편의 금주를 위해 기도하고 있었다는 것입니다. 깨달은 아사 캔들러는 그 순간 알코올로부터 해방이 되었습니다. 알코올 중독자를 고치는 것은 너무나 힘든 일입니다. 노력 가지고 잘 안 되는 일입니다. 하나님의 영이 임하시니 그를 술의 포로에서 해방시켜 주셨습니다. 그리고 그 순간부터 십의 일을 하나님께 철저히 드렸습니다. 그리고 당시 2,300달러를 주고 코카콜라를 인수하여 세계적인 기업이 되는 축복을 받았습니다.

오늘도 죄의 포로가 되어 있는 사람들이 많이 있습니다. 분노와시기와 질투의 포로가 된 사람들이 있습니다. 이런 사람들은 별 것 아닌 일에도 분노하고 시기합니다. 정욕의 포로가 된 사람도 있습니다. 오로지 정욕의 추구만을 위해 살아갑니다. 부정적인 생각과 불평하는 일에 포로가 된 사람들도 있습니다. 이런 사람들은 매사를 부정적으로 보고 불평합니다. 물질의 포로가 된 사람들도 많습니다. 그래서 하나님께서 주신 아름다운 인생을 오로지 돈을 더 모으기 위하여 허비하는 사람들이 있습니다. 염려에 포로가 된 사람들, 도박에 포로가 된 사람들 등 이 세상에는 수많은 포로 된 자들이 있습니다.

포로가 된 사람들은 내가 포로가 된 줄도 모릅니다. 어떻게 해야 합니까? 예수님을 모시면 포로에서 해방되는 것입니다. 예수님을 만나면 이전에 좋던 것들이 싫어지고 냄새나게 됩니다. 그리고 주님 만나는 시간이 가장 행복한 시간이 되는 것입니다.

> "내 기도하는 그 시간 그때가 가장 즐겁다 이 세상 근심 걱정에 얽매인 나를 부르사 내 진정 소원 주 앞에 낱낱이 바로 아뢰어 큰 불행 당해 슬플 때 나 위로받게 하시네"(364장)

할렐루야! 성도 여러분, 세상의 포로가 된 것이 있으면 예수님 안에서 자유를 누리는 축복이 임하시기를 바랍니다.

2. 눈먼 자에게 다시 보게 함을 전파하십니다.

오늘 예수님의 선포는 계속해서 두 가지 의미를 담고 있습니다. 하나는 육체적인 것이요 하나는 영적인 것입니다. 요한복음 9장에 보면 나면서부터 소경이 된 사람이 나옵니다. 예수님께서는 눈에 진흙을 발라 고쳐주셨습니다. 보통 사람 같으면 "지금도 답답한데 눈에 진흙까지 발라놓다니……. 지금 뭐하는 거냐?"고 거부하지 않겠습니까? 그런데 그 사람은 그렇게 하지 않았습니다. 예수님 말씀에 끝까지 순종하여 실로암 못가에 가서 눈을 씻었습니다. 이 사람의 평생의 소원은 눈을 뜨는 것이었습니다. 그러나 이것은 해결이 불가능한 것이었습니다.

그런데 예수님을 만남으로 해결이 되었습니다. 예수님은 불가능한 문제를 해결해 주시는 분이십니다. 우리 성도들과 이야기를 하다 보면 기도는 하는데 내가 미리 한계를 그어놓고 기도하는 분들이 의외로 많습니다. "이것은 안 되니 이 정도라도 해주십시오" 하는 것입니다. 그것은 하나님을 믿고 의지하는 기도가 아닙니다. 그런 기도는 응답받지 못한다고 야고보서에 말씀하셨습니다. 우리는 육신의 질병에 걸려 세상적인 방법으로 해결할 수 없을 때에도 "주님은 하실 수 있음을 내가 믿나이다" 하는 믿음으로 나와야 합니다. "다시 보게 될 줄로 믿습니다" 하는 믿음이 있어야 응답을 받습니다.

얼마 전 포항에서 집회를 하는데 설교하다 보니 많이 본 얼굴이 앉아있었습니다. 우리 교회에 나오시는 분입니다. 마침 치유에 대한 말씀을 전하고 있었습니다. 이분이 포항에 사시는데 자주 서울에 올라와 우리 예배에 참석하십니다. 이분이 병원에서 실명 선고를 받았습니다. 그런데 기도로 응답을 받았습니다. 그래서 지금 보고 있습니다. 이분이 보이시길래 "아니 집사님, 그때 실명 선고 받고 우리 교회 와서 기도받고 가셨잖아요? 지금 어떠세요?" 그러니까 "목사님, 잘 보입니다" 하는 것입니다. 그래서 모두가 함께 은혜를 받았습니다.

하나님께서는 다시 보게 하는 능력이 있으신 분이십니다. 언젠가 우리 여학생이 학교에서 눈을 다쳐 실명하게 되었다고 기도받으러 왔습니다. 그래서 기도해 주었는데 병원에 갔더니 괜찮다고 하더랍니다. 어제는 병원에 갔더니 앞이 안 보였고 "실명이다"라고 했는데 다음날은 보이니 원래 괜찮았었다는 것입니다. 그래서 어머니 집사님에게 전하라고 그랬습니다. "하나님께서 고쳐주신 것인데, 병원에서 괜찮다고 해서 원래 괜찮았던 것으로 생각하지 마세요. 하나님께서 섭섭해하십니다. 감사하셔야 합니다"라고 말입니다.

하나님은 눈먼 자도 보게 하시고 육신의 질병도 고쳐주시는 분이시요, 우리 주님께서 이 일을 위해 오셨다고 성경은 말씀하고 있습니다. 그리고 영적으로 눈먼 자들이 있습니다. 눈으로 보는 것은 잘 보지만 인간의 눈이 보지 못하는 것은 못 보는 사람들입니다. 우리가 왜 인간이 되었는지 못 보고 삽니다. 하나님께서 가라고 하시는 길을 못 봅니다. 주님께서 명하시는 길을 못 봅니다. 그러니 죄의 길로, 엉뚱한 길로 가는 것입니다. 여러분, 영의 눈이 열려야 예수님을 바라볼 수 있는 것입니다. 영의 눈이 열려야 천국의 길을 바라보고 갈 수 있습니다. 그러므로 예수님을 만나 복음을 듣고 영의 눈이 열려 예수님 따라 사는 성도들이 됩시다.

3. 눌린 자를 자유롭게 하십니다.

예수님 당시에 눌려 있는 사람들이 많았습니다. 로마에 눌려 있고 지배자들에게 눌려 있는 백성들이 많았습니다. 주님은 눌려 있는 것을 원치 않으십니다. 이스라엘 백성들이 애굽의 포로로 눌려 있을 때 이들은 하나님께 부르짖었습니다. 너무 고통스럽다고 우리를 자유케 해달라고 부르짖었습니다. 하나님은 그 기도를 들으시고 모세를 보내어 이들을 해방시켜 주셨습니다. 하나님은 정의로운 세상을 원하십니다. 그래서 신명기에 보면 압제당하는 자들에 대한 말씀이 많이 나옵니다. 우리는 모두가 하나님의 피조물이요 자녀들인데 자녀들끼리 서로를 압제하면 이것은 죄를 짓는 것입니다.

우리 기독교가 일제강점기에나 공산치하에서나 죽음을 각오하고 일어선 것은 형제가 형제를 누르고 사는 것이 하나님의 뜻이 아니기 때문입니다. 기독교인은 공의로워야 합니다. 최근에 국가적인 부정에 많은 기독교인들이 연루된 것을 보면서 참 마음이 아팠습니다. 다른 사람을 누르고 사는 것은 기독교인의 삶이 아닙니다. 다른 사람을 섬기고 함께 행복하게 사는 것이 기독교입니다. 그럴 때 세상의 빛과 소금이 될 수 있습니다.

그리고 영적으로 눌려 있는 사람들이 많습니다. 거라사 지방의 광인도 눌려 있었습니다. 가끔씩 영적으로 눌려 기도받으러 오시는 분들이 있습니다. 얼마나 힘이 듭니까? 내가 어떻게 해보려고 해도 안 됩니다. 또 불안으로, 우울증으로, 불면증으로 눌려 있는 사람들이 있습니다. 예수님은 눌린 자를 자유롭게 하기 위해 오셨습니다. 그러므로 담대하게 외치시기 바랍니다. "나와 내 가정을 누르는 악한 사탄의 역사들아 물러갈지어다." 그리고 주님께서 주시는 자유를 누리시기 바랍니다.

4. 주의 은혜의 해를 전파하러 오셨습니다.

은혜의 해는 구약에서 희년이라고 부릅니다. 안식년을 일곱 번 지나고 나면 그다음 해인 50년째가 희년입니다. 희년에는 노예가 된 사람들이 가족에게로 돌아가고 외국인들도 자유인이 될 수 있습니다. 빚진 것도 다 탕감이 됩니다. 그러니 가난한 자, 포로된 자, 눌린 자들은 이 희년이 얼마나 기다려지겠습니까? 기적 같은 일이 벌어지는 것입니다. 하나님께서는 인간이 악하기 때문에 제도 때문에 서로를 억압하고 고통을 주는 일들이 만들어질 것을 아시고 이렇게 희년을 명하시고 모두에게 자유를 주십니다.

예수님은 우리에게 은혜의 해인 희년을 전파하러 이 세상에 오셨습니다. 예수님이 왜 오셨는지를 잊지 마십시다. 예수님은 우리 인생의 묶여 있던 문제들을 해결하시기 위해서 오셨습니다. 누구든지 예수님을 믿기만 하면 희년의 축복을 누릴 수가 있습니다. 우리는 모두가 인생의 문제를 가지고 있습니다. 주님 앞에 나오시기 바랍니다. 그리고 주님께서 선포하시는 은혜의 해의 주인공이 되시기를 바랍니다. 어떻게요? 주님께서 주시는 복음을 받아들이기만 하면 됩니다.

복음을 받고 여러분의 마음에 묶인 것들이 풀려지기를 바랍니다. 가정의 어둠이 물러가기를 바랍니다. 복음이 들어가면 해결이 됩니다. 지금 우리 사회를 묶고 있는 것들이 있습니다. 가난한 자들이 있습니다. 포로 된 자, 눈 먼 자, 눌린 자가 있습니다. 우리 가운데 진정한 예수님의 복음이 임하시면 문제가 해결되는 줄로 믿습니다.

여러분, 대림절은 예수님을 기다리는 절기입니다. 간절한 마음으로 예수님의 오심을 기다리며 예수님을 만나 문제를 해결받는 여러분과 이 민족이 되기를 바랍니다.

적 용

ⓐ 오늘 말씀의 주제 파악하기:

ⓑ 오늘 말씀 중 은혜 받은 부분 나누기:

ⓒ 삶에 구체적으로 적용하기:

함께 드리는 기도제목

1. 예수님 안에서 자유를 누리는 축복이 임하게 하옵소서.
2. 예수님을 만나 복음을 듣고 영의 눈이 열리게 하옵소서.
3. 간절한 마음으로 예수님의 오심을 기다리며 예수님을 만나 인생의 문제를 해결 받게 하옵소서.

44

하나님을 기다리는 사람들

- **본 문**: 다니엘 1장 8~17절(구 1,231쪽)
- **찬 송**: 104장(곧 오소서 임마누엘, 통 104)
- **요 절**: 다니엘은 뜻을 정하여 왕의 음식과 그가 마시는 포도주로 자기를 더럽히지 아니하리라 하고 자기를 더럽히지 아니하도록 환관장에게 구하니 하나님이 다니엘로 하여금 환관장에게 은혜와 긍휼을 얻게 하신지라(단 1:8~9)

흔히 현대사회를 기다림이 없는 사회라고 말합니다. 기다림의 여유를 갖지 못하는 시대인 것입니다. 일본의 작가요 교수인 '와시다 기요카즈'는 《기다린다는 것》이란 책을 썼습니다. 이 책에서는 기다림의 여러 가지 모습을 말합니다. 목을 빼고 기다리고, 마음을 다잡아 기다리고, 숨죽여 기다리고, 멍하니 기다리고, 애달프게 기다리고, 끝까지 못 기다리고, 밤을 새워 기다리고, 정신이 나가도록 기다리고……. 이렇게 기다림에 대해 말합니다.

옛날에 편지 한 통을 보내려면 편지지에 편지를 쓰고 우표를 사고 우표를 밥풀로 봉투에 붙여 우체통에 넣어 보냅니다. 편지 쓰는 것도 시간이 걸리고 우표를 사려면 시내 한가운데 있는 우체국까지 수 킬

로미터를 걸어야 했습니다. 편지를 보내고 나면 며칠이 지나야 도착이 되고 상대방도 편지를 써서 보내면 열흘이 다 되어 답장이 도착합니다. 옛날에는 연애편지를 다 그렇게 썼습니다. 편지를 보내놓고 나면 열흘 동안 기다리는 것입니다. 현대사회는 그렇게 기다릴 여유가 없습니다. 휴대폰으로 직접 전화를 겁니다. '와시다 기요카즈'는 휴대폰이 사람들을 더 이상 기다릴 수 없는 시대로 만들었다고 말합니다.

대림절은 기다리는 절기입니다. 예수님께서 다시 오실 것을 기다리는 절기입니다. 기다리는 사람은 소망이 있습니다. 누구에게입니까? 예수님의 오심을 준비하는 사람들에게입니다. 대림절은 준비한 사람들만이 가질 수 있는 특권이요 축복입니다. 초대교회 성도들은 서로 만나서 인사를 할 때 '마라나타'라고 했습니다. '주 예수여 오시옵소서'라는 뜻입니다. 초대교회 성도들은 예수님께서 다시 오실 날을 기다리며 살았습니다. 그래서 이들은 정결한 삶을 살 수 있었던 것입니다. 오늘도 예수님을 기다리는 사람들은 정결한 삶을 삽니다. 함부로 살 수가 없습니다. 성경은 하나님을 기다리는 사람들의 삶의 모습이 기록되어 있는 책입니다.

본문 말씀에 나오는 다니엘도 하나님을 기다리는 사람이었습니다. 다니엘은 주전 605년에 바벨론의 포로로 끌려간 청년입니다. 동시대에 바벨론으로 끌려간 에스겔은 선지자로, 오늘로 말하면 목사입니다. 그런데 다니엘은 평신도입니다. 평신도로서 별과 같이 빛나는 신앙으로 성경 중에 특별히 다니엘서라는 제목으로 기록된 인물로 오늘 우리에게 귀한 교훈을 주고 있습니다.

바벨론 왕은 이스라엘의 젊고 똑똑한 청년들을 잡아갔습니다. 그리고 이들에게 좋은 음식을 주고 최고의 공부를 시켰습니다. 바벨론이 세계를 다스리는데 타국 청년들을 교육시켜 그들로 하여금 팍스 바빌로니아 즉 세계적인 바빌로니아를 세우려고 한 것입니다.

이렇게 볼 때 다니엘은 나라를 빼앗긴 불행한 청년이었지만 그중에 바벨론에 의해 선택받은 자였습니다. 왕은 다니엘에게 새 이름을 지어주었습니다. 우리로 말하면 창씨개명을 시킨 것입니다. 이스라엘의 민족성을 지우려 한 것입니다. 우리나라도 일제의 지배를 받을 때 창씨개명을 강요당했습니다. 한국 사람임을 지워버리도록 창씨개명을 하게 한 것입니다. 그래서 새로운 일본식 성과 이름을 사용하게 했습니다.

다니엘의 이름은 '하나님은 나의 재판장이시다'라는 좋은 뜻을 가지고 있었는데 '벨드사살'이란 이름으로 바꾸어 불렀습니다. '벨이여 그의 생명을 보존하소서'라는 뜻입니다. 벨은 바벨론의 우상으로 히브리어로 '마르둑'이라고도 불리며 '전쟁과 폭풍의 신'의 이름입니다. 그러나 그 이름을 바꾸었다고 해서 다니엘의 마음까지 바꾸지는 못했습니다. 다니엘은 뜻을 정했다고 했습니다. '나는 우상을 섬기지 아니하고 오직 하나님만을 섬기겠다. 우상의 음식도 먹지 않겠다' 하고 마음에 작정한 것입니다.

우상에게 바쳐진 제물은 최상의 것을 썼습니다. 그리고 제사가 끝나면 그 음식을 왕과 높은 사람들이 먹는 것입니다. 보통 사람들은 구경도 못할 좋은 음식을 매일같이 먹을 특권이 다니엘에게 있었습니다. 그러나 다니엘은 그 음식을 하나님께서 기뻐하시지 않는 줄로 믿었습니다. 그 음식을 먹지 않으면 어떤 불행한 일이 일어날지도 알고 있었습니다. 그럼에도 불구하고 다니엘은 뜻을 정하여 음식을 먹지 아니한 것입니다. 이 일을 위하여 다니엘은 환관장에게 부탁을 했습니다. "함께 잡혀온 세 친구와 함께 이 음식을 먹지 않고 열흘간

채식을 주어 먹게 해 보십시오. 그리고 그 얼굴을 비교하여 보십시오"라고 했습니다. 다니엘은 하나님께서 지켜주실 줄로 믿는 믿음이 있었습니다. 그래서 시험해 보라고 한 것입니다.

과학적으로 생각하면 고기와 포도주와 좋은 음식을 먹는 사람의 얼굴이 더 기름지고 건강해 보일 것입니다. 그러나 믿음의 눈으로 보면 그렇지 않습니다. 공부를 많이 하면 좋은 직장에 들어가고 행복합니까? 그런 것이 아닙니다. 좋은 음식을 먹는 사람이 더 건강합니까? 반드시 그런 것은 아닙니다. 성경에는 "마른 떡 한 조각만 있고도 화목하는 것이 제육이 집에 가득하고도 다투는 것보다 나으니라"(잠 17:1)고 말씀하셨습니다. 은혜를 깨닫고 사는 사람이 행복합니다. 좋은 차를 타고 온 사람이 예배에 더 큰 감격이 있습니까? 아닙니다. 은혜를 깨달은 사람이 예배 때마다 하나님을 만나고 감사와 감격이 있습니다. 그러므로 여러분은 늘 은혜를 입는 사람이 되시기 바랍니다.

환관장은 청년들의 건강을 책임진 사람입니다. 얼굴이 못쓰게 되면 왕으로부터 책임 추궁을 당하게 될 것입니다. 요즘 같은 추궁이 아닙니다. 저 환관장을 능지처참하라고 할 것입니다. 그런데도 환관장은 다니엘의 제안을 허락합니다. 이것을 성경은 기록하기를 "환관장에게 은혜와 긍휼을 얻게 하신지라"라고 했습니다. 우리는 하나님의 은혜와 긍휼을 입어야 살 수 있습니다. 하나님께서 긍휼히 여기시는 자에게 모든 상황과 여건과 사람들을 통해 은혜를 베풀어주십니다. 성경에는 은혜 받은 사람들의 이야기가 나옵니다. 이스라엘 백성들은 마른 광야에서 40년 동안 살았어도 물과 먹을 것이 없어 죽지 않았습니다. 그렇다고 어려움이 없었다는 이야기가 아닙니다. 어려움이 찾아오지만 순간순간 피할 길을 열어주셔서 아주 망하지 않게 하시고 선한 길로 인도하시는 것이 하나님의 은혜입니다.

이삭은 광야에서 우물을 팔 때마다 물이 나왔습니다. 이것이 하나님의 은혜입니다. 사도 바울도 나는 은혜 받은 자라고 고백하고 있습니다. 은혜 받았기에 모든 사도들 가운데 위대한 사도가 될 수 있었습니다. 마리아도 은혜 받은 자입니다. 주의 사자가 마리아에게 나타나셔서 한 말이 "네게 은혜가 있을지어다"라고 했습니다. 은혜 받았기에 예수님을 잉태하는 축복을 받은 것입니다. 우리는 모두 은혜 받은 사람들입니다. 우리는 은혜 받았기에 하나님의 자녀가 되었고 하나님의 말씀을 들을 수 있는 귀한 교회를 주셨습니다. 그러므로 우리는 은혜 받은 것을 잊지 않고 감사해야 합니다.

우리 교회가 건축을 하면서 겨울에 진입로가 폐쇄되고 주차장이 없어서 많은 성도들이 어려움을 겪었습니다. 이러한 때에 우리는 더 큰 은혜를 누릴 기회가 찾아오는 것을 경험하였습니다. 감사로 나올 때 하나님은 더 큰 은혜를 우리에게 부어주셨습니다. 다니엘도 어려운 상황에서 담대히 믿음을 지키기로 할 때 하나님이 환관장을 통해 은혜와 긍휼을 주셨습니다. 하나님께서 환관장의 마음을 감동시켜 주셨습니다.

우리는 세상을 두려워하지 않아야 합니다. 하나님을 두려워해야 합니다. 옛날에 훈련소 시절에나 군 시절에 장갑이나 군화 등이 없어지는 경우가 많이 있었습니다. 그러면 어떻게 해야 합니까? 내 물건 없어졌다고 이야기하는 사람은 바보가 됩니다. 아무 소리 하지 않고 조용히 있다가 다른 사람의 것을 훔쳐 와야 합니다. 그래야 기합을 받지 않습니다. 물건이 없어지면 기합을 받고 그다음에는 고참들에게 구타를 당했습니다. 그런데 저는 훈련소 시절에 제 물건이 없어져도 다른 사람의 물건에 손을 대지 않았습니다.

내가 신학생인 것을 다 알고 있는데, 저녁 취침시간마다 대표로 기도하고 있는데 예수 믿는 사람이 자기들과 똑같이 도둑질을 한다고 생각하면 그것은 하나님의 영광을 가리는 것이었기 때문입니다. 내 물건이 없어졌다고 그러면 동기들이 채워주고 근무하는 부대에 가서도 고참들이 채워줬습니다. 정 이병은 예수 믿기 때문에 남의 물건을 훔치지 않는다고 자기들이 이야기를 했습니다. 그렇게 군생활을 하면 얼마나 어려움이 많겠습니까? 훈련이 있는데 주일날 교회 가겠다고 해서 매도 많이 맞았습니다. 그런데 하나님이 은혜를 주셔서 아예 교회에 가서 생활할 수 있도록 보내주신 것입니다. 할렐루야!

제 친구 중에 고등학교 체육 선생님이 있는데 처음에 선배 체육 선생님들이 어떤 종이를 들고 와 사인을 하라고 하더랍니다. 그래서 뭐냐고 물어보니 체육복을 구매하는데 한 업체에서 구매를 하도록 하는 사인이었습니다. 그러면서 이렇게 해야 1년 동안 회식비가 여기서 나온다는 것입니다. 그 이야기를 듣고 선배 체육 선생님들과 대판 싸움이 벌어졌습니다. "어떻게 학생들의 돈으로 그럴 수 있느냐? 난 못한다"고 말입니다. 그런데 그 이야기가 교장선생님에게 들어가고 오히려 친구 선생님이 정직한 사람으로 인정받아 최고로 빨리 진급하여 주임이 되었습니다.

예수 믿는 사람들이 믿음으로 살면 하나님께서 영광을 받으십니다. 그리고 은혜로 지켜주십니다. 우리 인생은 은혜로 살아야 하는 것입니다. 주의 종이 하는 일이 무엇입니까? 여러분으로 하여금 은혜받게 하는 것입니다. 그리고 은혜의 길로 계속해서 걸어가다가 천국까지 가는 길을 돕는 것입니다. 다니엘은 바벨론 왕인 느부갓네살보다 하나님을 더 귀하게 여겼습니다. 그래서 하나님의 법을 어기지 않기로 결심을 했습니다. 이것은 두려운 일입니다. 죽음을 자초하는 일입니다. 노예로 잡혀온 주제에 시키는 대로 할 것이지 하고 왕궁에서 쫓아내면 노예로 살아야 합니다.

그러나 다니엘은 이 세상이 전부가 아님을 믿었습니다. 그래서 하나님의 말씀을 선택한 것입니다. 크리스천 중에도 두 가지 종류의 사람들이 있습니다. 한 종류는 세상 사람들처럼 사는 사람들입니다. 가치관도 목적도 비슷합니다. 그래서 그들이 죄를 지을 때 함께 짓고 그들이 좋아하는 것을 함께 좋아하며 세상에 목적을 두고 살아갑니다. 또 한 종류의 사람은 하나님을 중심에 두고 사는 사람입니다. 세상과 하나님을 놓고 하나님을 선택합니다. 하나님만이 우리를 지켜주시고 영원한 하나님 나라로 인도해 주실 분이심을 믿기 때문입니다.

다니엘은 하나님의 약속을 기다리는 자였습니다. 이 세상에서 손해를 볼지라도 나는 하나님의 약속을 믿고 기다리겠다고 마음에 정한 사람이었습니다. 세상에 목표를 두고 사는 사람은 세상이 무너질 때 함께 무너지고 맙니다. 이 세상에는 무너지는 것이 도처에 있습니다. 세상에 목표를 두고 사는 사람은 건강이 무너지면 다 무너지는 것입니다. 직장이 무너지고 사업이 무너지면 다 무너지는 것입니다. 가정이 무너지고 자녀가 무너지면 크게 낙심합니다. 다시 일어설 길이 없을 때는 절망합니다. 그러나 하나님을 믿고 사는 사람들은 절망이 없습니다. 하나님께서 지켜주시고 천국까지 인도하실 것을 믿기 때문입니다.

다니엘이 하나님의 말씀을 믿고 하나님을 선택했을 때 그 결과가 무엇입니까? "하나님이 이 네 소년에게 학문을 주시고 모든 서적을 깨닫게 하시고 지혜를 주셨으니 다니엘은 또 모든 환상과 꿈을 깨달아 알더라"(단 1:17). 다니엘과 세 친구에게 지식과 지혜를 주셔서 모든 청년들보다 뛰어나게 하셨습니다. 특별히 다니엘에게는 모든 환상과 꿈을 깨달아 아는 은혜를 주셨습니다. 이 말씀을 잘 보아야 합니다. 다니엘이 원래부터 지혜와 지식이 있어 공부를 잘하고 환상과 꿈을 깨달아 아는 자가 아니었습니다. 그저 믿음이 좋은 청년이었습니다.

그런데 죽음까지도 각오하고 오직 하나님만을 붙들겠다는 믿음의 결정을 할 때에 하나님께서 지혜와 지식과 모든 환상과 꿈을 아는 은사를 주셨습니다. 다니엘 2장에 보면 느부갓네살 왕이 꿈을 꾸고 번민하는데 그 꿈을 다니엘이 해석합니다. 어떻게요? 지금 하나님께서 환상과 꿈을 깨달아 아는 은사를 주셨기 때문입니다. 이 은사가 다니엘을 온 나라를 다스리는 위치에 이르게 한 것입니다. 왕이 다니엘에게 엎드려 절을 하기도 합니다. 이렇게 인정받는 사람이 된 것입니다. 왕의 신임을 받은 후에도 다니엘은 믿음을 지켰습니다. 그래서 사자 굴에 던져지는 어려움을 당하기도 했습니다. 그러나 사자 굴에서도 지켜주시는 하나님의 기적을 체험한 후 그는 더 크게 쓰임을 받았습니다. 오히려 대적들이 다 죽었습니다.

바벨론이 망한 후 메대가 더 크게 쓰임을 받습니다. 메대가 페르시아에게 망한 후에도 페르시아 고레스 왕에게 대접을 받습니다. 하나님께서 다니엘에게 은혜를 베푸신 것입니다. 성경에서 다니엘서는 신약성경의 요한계시록처럼 구약의 계시로 분류가 됩니다. 하나님께서 다니엘을 사랑하셔서 미래의 일을 보여주시는 특별한 은혜를 입어 이 계시를 성경에 기록한 것입니다. 다니엘은 처음에는 특별한 사람이 아니었습니다. 그저 믿음으로 살려고 하는 청년이었습니다. 그러나 믿음의 길을 걸어가기로 마음을 정하였을 때 하나님의 특별한 은혜를 입은 것입니다.

우리는 대림절을 지나고 있습니다. 대림절은 예수님의 다시 오심을 기다리는 절기입니다. 예수님을 마음에 정하고 준비하는 자만이 대림절의 주인공이 될 수 있습니다. 우리 성도들은 어둔 세상에서 세상 사람들을 따라 사는 사람들이 아니라 하나님께 마음을 정하고 다니엘처럼 살아 은혜를 입는 성도들이 되시기를 바랍니다. 주님의 오심을 기다리며 살아 주님을 기쁨으로 만나는 성도들이 됩시다.

적 용

ⓐ 오늘 말씀의 주제 파악하기:

ⓑ 오늘 말씀 중 은혜 받은 부분 나누기:

ⓒ 삶에 구체적으로 적용하기:

함께 드리는 기도제목

1. 하나님께 받은 은혜를 잊지 않고 감사하며 살게 하옵소서.
2. 하나님께 마음을 정하고 다니엘처럼 살아 은혜를 입게 하옵소서.
3. 예수님을 마음에 정하고 준비하여 대림절의 주인공이 되게 하옵소서.

45

방주를 준비한 노아

- **본 문**: 창세기 6장 13~22절(구 7쪽)
- **찬 송**: 105장(오랫동안 기다리던, 통 105)
- **요 절**: 너는 고페르 나무로 너를 위하여 방주를 만들되 그 안에 칸들을 막고 역청을 그 안팎에 칠하라(창 6:14)
노아가 그와 같이 하여 하나님이 자기에게 명하신 대로 다 준행하였더라(창 6:22)

대림절은 예수님의 재림을 기다리는 훈련의 기간입니다. 기다림에는 두 가지가 있습니다. 첫째는 불안한 기다림입니다. 몸에 이상이 있어 병원에 가서 검사를 하고 결과를 기다리는 일주일은 불안한 시간입니다. 이때가 즐거울 리가 없습니다. 사형수가 사형언도를 받고 살아가는 시간은 불안한 기다림입니다. 아침에 일어나면 오늘 저녁까지 아무 일 없이 지나갈 수 있을까 하는 두려움이 매일같이 찾아옵니다. 우리가 사는 세상에는 불안한 기다림이 참 많습니다.

둘째는 소망의 기다림입니다. 수능시험을 보았는데 점수를 맞추어 보았더니 만점입니다. 이런 학생은 발표날이 기다려지고 대학에 들어갈 날이 기다려질 것입니다. 평생 내 집을 사기 위해 적금을 부어왔는데 아파트가 당첨되어 한 달 후에 입주하게 된다면 그 한 달이 기쁜 기다림일 것입니다. 우리 교회가 건축을 하고 있는데 성전이 완공될 그날이 얼마나 기다려지는지 모릅니다. 주차를 할 수 없어 고통스러운데 성전 건축이 완공되면 5천 평 가까운 넓은 주차장이 준비될 것을 생각하니 그날이 너무 기다려지는 것입니다.

얼마 전 대통령 탄핵을 위한 국회에서의 투표를 보면서 그 결과를 저도 기다렸습니다. 그러면서 '이 결과를 기다리는 사람들의 마음이 제각각이겠다' 하는 생각을 했습니다. 세상 사람들은 죽음의 날을 두려움 속에 기다립니다. 그러나 믿음의 사람은 그날이 결코 두렵지 않습니다. 믿음으로 주님을 위하여 산 성도에게는 은혜의 날, 축복의 날이기 때문입니다. 그러므로 성도들은 대림절을 기쁨 속에 준비해야 합니다. 내 영혼을 정결하게 해야 합니다. 성경을 읽고 찬송을 부르며 주의 날을 준비하는 것입니다. 성탄 트리를 밝혀놓고 이웃들에게 복음을 전하고 구제하며 주의 날을 기다리는 것입니다.

준비하는 성도들에게는 주님이 언제 오시든지 상관이 없습니다. 주님의 재림의 날은 언제입니까? 그날은 아무도 모릅니다. 그래서 매일매일 준비하는 삶을 살아야 합니다. 예수님께서는 제자들에게 재림에 대해 말씀하시면서 노아의 때처럼 인자의 임함도 그러하리라고 말씀하셨습니다. 노아의 때는 홍수 전에 노아가 방주에 들어가던 날까지 사람들이 먹고 마시고 장가들고 시집가고 있으면서 홍수가 나서 그들을 다 멸하기까지 깨닫지 못하였다고 말씀하셨습니다. 예수님의 재림의 날까지 준비하지 못한 사람들은 깨닫지 못하고 살다가 멸망의 날을 맞이한다는 말씀입니다.

오늘은 심판의 날을 믿음으로 준비한 노아의 기다림에 대하여 말씀을 전하려고 합니다. 노아의 때는 죄악이 가득하고 사람들이 계획하는 것이 항상 악한 때였다고 했습니다. 그래서 하나님은 사람을 지으셨음을 근심하시고 죄악 속에 있는 모든 것들을 지면에서 쓸어버리기로 하셨습니다. 본문 말씀 앞 8절에 보면, "그러나 노아는 여호와께 은혜를 입었더라"고 말씀하십니다. 은혜라는 말은 히브리어로 '하난'이라는 단어인데 '자비를 베푼다, 불쌍히 여긴다'의 뜻입니다. 노아가 구원을 받은 이유가 여기에 있습니다. 하나님의 은혜입니다. 노아가 위대해서 하나님의 은혜를 입은 것이 아닙니다. 우리는 하나님의 은혜를 잘 깨달아야 신앙생활에서 승리합니다.

신앙생활을 잘하기 위해서는 하나님의 은혜가 필요합니다. 신앙생활은 내가 하는 것이 아니라 하나님의 은혜가 있어야 하기 때문입니다. 저는 은혜를 참 많이 받은 사람입니다. 부교역자 생활을 할 때에도 하나님의 은혜를 많이 입었습니다. 개척교회를 할 때에도 하나님의 은혜를 입었고 가는 교회마다 하나님의 특별한 은혜를 입었습니다. 은혜가 임하면 다 되는 것입니다. 그래서 저는 늘 "은혜 주세요. 은혜 주세요. 더 큰 은혜 주세요" 하고 기도합니다.

은혜가 있으면 부족한 사람도 넉넉하게 됩니다. 은혜가 있으면 약한 사람도 강한 사람을 이기는 것입니다. 다윗이 골리앗을 상대할 때 물맷돌을 준비하여 빙빙 돌리다가 골리앗에게로 던졌습니다. 그런데 그게 왜 하필이면 정수리에 맞습니까? 조금 아래 갑옷에 맞던지 조금 위 투구에 맞았더라면 오히려 다윗이 죽었을 것입니다. 다윗이 이후에 내가 물맷돌을 참 잘 던졌다고, 그때 힘을 다하여 머리를 노리고 던졌더니 제대로 맞았다고 생각을 했더라면 다윗은 교만한 사람이 되었을 것입니다. 그러나 다윗은 모든 것을 하나님의 은혜로 알았습니다. 그때 정수리에 제대로 맞은 것이 하나님의 은혜였다고, 그래서 은혜를 늘 사모한 사람이 다윗입니다. 남의 이야기가 아닙니다.

우리가 은혜받은 사람들입니다. 아무 자격 없이 하나님의 자녀가 되었고 구원의 은총을 입었습니다. 좋은 회사에 들어가려면 남보다 뛰어난 실력이 있어야 합니다. 좋은 집에 살려면 남보다 많은 돈을 지불해야 합니다. 그런데 교회는 그렇지 않습니다. 교회는 이 세상에서 가장 귀한 곳이지만 부족한 사람도 하나님의 은혜를 입으면 다 들어올 수가 있습니다. 죄 많은 사람도 은혜를 입으면 다 들어옵니다. 우리는 이 교회에서 하나님의 더 큰 은총을 입는 것입니다. 여러분은 늘 은혜를 사모하고 은혜의 사람들이 되시기를 바랍니다.

1. 하나님의 설계도대로 살아야 합니다.

하나님은 노아에게 방주를 만들 것을 명하셨습니다. 하나님께서는 아주 상세하게 방주를 짓는 법을 말씀하셨습니다. 고페르 나무로 지으라고 하셨는데, 고페르 나무는 침엽수로 잣나무 비슷한 나무입니다. 강하고 잘 썩지 않는 나무입니다. 방주의 크기는 오늘의 방식으로 환산하면 길이가 135m, 높이가 13.5m, 넓이가 22.5m입니다. 문은 옆으로 내고 3층으로 만들었습니다. 요즘은 목재도 많고, 연장도 많고, 일하는 데 그리 큰 어려움이 없습니다. 그 당시는 연장도 시원찮습니다. 나무도 하나하나 잘라다가 사용해야 하는데 그 나무들을 운반하는 것도 어렵습니다. 그러니 120년 동안 지은 것입니다.

노아는 하나님의 설계대로 방주를 지었습니다. 당시에 이런 큰 배를 지은 사람들이 없습니다. 그런 큰 배가 필요하지도 않았고 큰 배를 지을 항만도 없었습니다. 그런데 노아는 하나님의 설계대로 배를 지었는데 놀랍게도 그 배가 떠올랐습니다. 대형 선박이 쉽게 물 위에 뜨는 것이 아닙니다. 비율이 정확하게 맞아야 침몰하지 않습니다. 현대적인 대형선박을 건조한 것이 1834년입니다. 영국의 'Great Britain' 호로 노아의 방주보다 작은 약 100m 길이의 배를 건조했습니다.

그런데 노아의 방주가 대형선박의 설계와 너무나 똑같습니다. 하나님께서는 수천 년 전에 이미 설계도를 주신 것입니다. 우리 인생은 하나님의 설계도대로 살면 행복합니다. 설계도대로 살면 축복을 받고 영생을 얻습니다. 그 설계도가 바로 성경입니다. 하나님은 우리가 복된 인생으로 살도록 성경말씀을 기록하여 주셨습니다. 그리고 매주일 말씀을 풀어 우리에게 먹여주십니다. 이 세상 만물은 하나님의 설계도대로 창조하셨습니다. 빛과 어둠을 창조하시고 산과 바다도 만드셨습니다. 사람을 창조하시고 사람이 사는 법도 하나님께서 만드셨습니다. 인류가 하나님의 말씀대로 살면 행복할 텐데 하나님의 말씀대로 살지 않아 죄악이 주장하게 되고, 세상이 악하게 되어 불행이 찾아오는 것입니다.

노아의 홍수도 하나님의 말씀대로 살지 않아 인류에 불행을 가져온 것입니다. 오늘 우리나라가 불행한 일들을 만나는 것도 하나님의 말씀의 토대 위에서 그 이유를 찾아야 합니다. 대통령을 잘못 뽑아서 문제가 생긴 것이 아닙니다. 대통령 한 사람만 교체하면 문제가 해결되면 좋겠지만 그렇지 않습니다. 경제인들이 잘못해서 그런 것도 아닙니다. 더 근본적인 원인은 하나님의 말씀의 원리를 떠난 데서 시작되는 것입니다. 그러므로 우리는 민족의 불행 앞에서 기독교인들이 먼저 회개해야 합니다. 하나님은 회개하면 새로운 길을 열어주십니다. 다시 행복하게 해주십니다.

삼손에게 왜 불행이 찾아왔습니까? 삼손이 하나님의 말씀대로 살았으면 삼손도 행복하고 이스라엘 백성들도 행복했을 것입니다. 하나님의 말씀을 떠나는 순간 이스라엘 백성들에게도 불행이 찾아오고 삼손도 블레셋에게 잡혀가 두 눈을 뽑히고 불행한 종말을 맞게 되었습니다. 성경에는 삼손이 철저하게 회개했다는 기록이 없습니다. 회개했더라면 역사가 다르게 쓰였을 것입니다.

우리 인생은 하나님의 말씀대로 살아야 행복합니다. 가정이 행복하게 되는 원리도 성경말씀대로 살면 됩니다. 며느리를 볼 때에도 믿음 좋은 며느리를 보아야 합니다. 세상 조건 따르다가, 눈에 보기에 좋은 대로 따르다가 후회하는 일이 많습니다. 자녀를 양육할 때에도 하나님의 말씀대로 키우면 절대로 후회가 없습니다. 하나님의 말씀은 절대로 잘못되지 않기 때문입니다. 교회가 복되려면 하나님의 말씀에 굳게 서야 합니다. 성도들이 말씀대로 살고 교회도 말씀을 따라가면 하나님께서 그 교회를 통하여 복을 내려주십니다. 복음 전하기 위해 애쓰는 교회를 지켜주십니다. 기독교의 모든 불행한 역사는 교회가 하나님의 말씀대로 서지 못했을 때 온 것입니다. 말씀이 우리를 지켜주십니다. 세상은 날마다 바뀝니다. 유행도 바뀌고 문화도 바뀝니다.

얼마 전만 해도 우리나라는 단일민족이라고 했습니다. 이제는 그런 말 하면 안 됩니다. 우리나라에는 이미 다문화 가정들이 많습니다. 이들과 함께 우리 대한민국을 이루어 나가야 합니다. 미국에 계신 목사님에게 들은 이야기인데 이민 간 어느 가정에 경찰이 찾아왔답니다. 왜 그러냐고 했더니 당신 가정에 문제가 있어 조사할 것이 있다고 하더랍니다. 알고 보니 어린아이가 학교에서 너희가 자란 나라에 대하여 자랑을 해보라 했는데 이 아이가 "우리나라는 단일민족 국가이다"라고 했답니다. 선생님이 그 말을 듣고 경찰에 신고를 한 것입니다. 이 아이는 인종차별주의자이기 때문에 가정부터 조사해야 한다는 것입니다. 이것이 남의 이야기가 아니라 오늘 우리나라의 이야기가 되었습니다.

세상의 모든 것은 다 바뀝니다. 세상의 진리는 영원한 것이 없습니다. 그러나 영원히 변치 않는 하나님의 말씀이 우리에게 있습니다. 가정에 환난이 왔습니까? 하나님의 말씀을 떠났는지 돌이켜보십시오. 영적으로 곤고함이 있습니까? 문제가 있습니까? 하나님의 말씀으로 돌아가십시오. 그러면 해결이 되는 것입니다.

> "내가 산을 향하여 눈을 들리라 나의 도움이 어디서 올까 나의 도움은 천지를 지으신 여호와에게서로다"(시 121:1-2).

우리 인생의 도움은 하나님께로부터 옵니다. 하나님은 우리를 지켜주셔서 우리의 그늘이 되어주십니다. 낮의 해와 밤의 달이 우리를 상하거나 해치지 않도록 지켜주십니다. 우리의 환난을 면케 해주십니다. 우리의 영혼을 지켜주십니다. 모든 것이 하나님의 말씀을 바라볼 때 되는 줄로 믿습니다.

2. 말씀에 순종해야 합니다.

노아에게 방주를 지으라 하셨을 때 그 방주는 쓸모가 없는 방주였습니다. 그 큰 방주를 어디에 쓰겠으며 더구나 산 위에 방주를 짓는다는 것은 상식적으로 이해가 안 되는 일이었습니다. 노아의 방주를 산 위에 지었다고 하는데 성경에 산 위라고 기록된 곳은 없습니다. 다만 40일 동안 샘이 터져 나오고 비가 내린 후 배가 떠올랐다고 하니 산 위에 지었을 것으로 추측을 합니다. 노아가 방주를 짓는 동안 얼마나 말이 많았겠습니까? 노아가 미쳤다고 말들을 했을 것입니다. 배를 바다에서 만들어야지 산 위에서 만드니 얼마나 재미있는 구경거리였겠습니까? 사람들이 처음에는 재미있어하다가 나중에는 조롱했을 것입니다.

노아는 나무 한 그루 베어 끌고 와서 나무를 깎아 맞춥니다. 통나무를 끌고 오는 일이 쉬운 일이 아닙니다. 시골에 있는 기도원에 가면 산에 올라가 죽은 나무를 땔감으로 쓰기 위해 끌고 옵니다. 그런데 그 말라버린 작은 소나무 하나 끌고 오는 것도 쉬운 일이 아닙니다. 그러니 큰 나무를 잘라 끌고 오는 일은 노아의 온 가족이 죽을 힘을 다해야 하는 일이었습니다. 도구도 시원찮으니 하루 종일 해도 진도가 안 나갑니다. 이 정도 되면 노아의 가족들이 불평을 말하고 반대할 만도 합니다. 아버지가 이상하게 되었다고 하지 않겠습니까? 그렇게 120년을 산 것입니다. 가만히 보면 노아 가족들의 순종하는 믿음이 훌륭한 것입니다. 순종은 오직 하나님의 말씀을 가장 최고의 권위에 둘 때 일어나는 행위입니다. 순종은 아주 단순한 것입니다. "하나님이 최고다, 절대적이다"라고 생각할 때 순종이 일어납니다.

여러분, 가장 시끄러운 교회가 어떤 교회인지 아십니까? 똑똑한 사람이 많은 교회입니다. 그러면 가장 평안하고 행복한 교회가 어떤 교회인지 아십니까? '내가 가장 부족합니다. 내가 죄인입니다' 하는 사람이 많은 교회입니다. 내가 부족하니 말할 것이 없습니다. 서로를 존중합니다. 내가 죄인이니 늘 은혜로 삽니다. 감사하게 됩니다. 그러니 하나님께서 복을 주시고 교회가 부흥하게 됩니다. 교회가 부흥한다는 것의 의미를 잘 아셔야 합니다. 회사가 커지는 것과 같은 것이 아닙니다. 하나님께서 구원받을 성도들을 맡겨주시는 것입니다. 그래서 상급이 커지는 것입니다. 이것이 놀라운 축복이요, 은혜인 것입니다.

노아와 노아의 가족은 "내 생각에는……" 하고 묻지 않고 하나님의 말씀에 절대적으로 순종했습니다. 왜 산 위에 배를 짓느냐고 묻지 않았습니다. 하나님 말씀대로 쉬지 않고 배를 지었습니다. 먹을 것을 저축했습니다. 그 결과 노아와 그의 가족들이 멸망하는 세상에서 구원을 얻게 된 것입니다. 오늘 말씀 뒤에 나오지만 방주가 완성된 후 하나님은 배를 덮어주셨습니다. 배를 덮기 전에 노아와 그 가족들이 사람들에게 가서 전도했지만 아무도 그의 말을 듣지 않았습니다. 이것은 노아의 때나 지금이나 다를 바가 없습니다. 하나님께서는 빨리 방주로 들어갈 것을 명하셨고 40일 동안 쉬지 않고 땅의 샘이 터져 나오고 하늘에서는 비가 내렸습니다. 그래서 온 지구상을 물로 덮게 되었습니다.

노아의 방주를 통해 우리는 깨달아야 합니다. 오늘 우리도 방주를 짓고 있는 사람들입니다. 신앙생활은 방주를 짓는 생활입니다. 신앙생활은 세상 사람들이 볼 때 이해가 되지 않는 것도 많습니다. 봉사하고, 헌금을 드리고, 주일 성수하고 이런 것들이 이해가 되지 않습니다. 바쁘면 쉴 수도 있는데 목숨을 걸고 정성을 다해 주일을 지키는 것이 이해가 잘되지 않습니다. 그러나 우리는 매주일 말씀에 순종하며 방주를 짓는 것입니다. 조금만 잘못 지어도 배는 물이 새게 됩니다. 그래서 꼼꼼히 지어야 합니다. 그것은 말씀대로 짓는 것입니다. 우리 인생의 방주가 완성이 되는 날, 그날이 바로 주님을 만나는 날입니다.

우리는 대림절을 준비하고 있습니다. 대림절은 주님을 만나는 날을 연습하는 절기입니다. 믿음의 방주를 잘 준비하여 다시 오실 주님을 만나 생명을 구하는 성도들이 됩시다.

적 용

ⓐ 오늘 말씀의 주제 파악하기:

ⓑ 오늘 말씀 중 은혜 받은 부분 나누기:

ⓒ 삶에 구체적으로 적용하기:

함께 드리는 기도제목

1. 늘 은혜를 사모하고 은혜의 사람이 되게 하옵소서.
2. 하나님의 설계도인 하나님 말씀대로 순종하며 살아가게 하옵소서.
3. 믿음의 방주를 잘 준비하여 다시 오실 주님을 만나는 대림절이 되게 하옵소서.

46

다시 오실 주님

- **본 문**: 마태복음 24장 29~31(신 42쪽)
- **찬 송**: 125장(천사들의 노래가, 통 125)
- **요 절**: 그때에 인자의 징조가 하늘에서 보이겠고 그때에 땅의 모든 족속들이 통곡하며 그들이 인자가 구름을 타고 능력과 큰 영광으로 오는 것을 보리라(마 24:30)

매년 대림절을 맞이하다 보면 이 대림절도 자칫 절기 행사로 흘러버릴 수 있습니다. 이것을 우리는 가장 조심해야 합니다. 대림절은 실제 주님이 오시듯이 준비하는 절기입니다. 그저 일 년에 한 번 지나가는 절기로 지키면 안 됩니다. 출애굽기 12장에 보면 유월절을 지키는 법이 나와 있습니다. 하나님께서는 유월절을 지키는 방법을 아주 구체적으로 말씀하셨습니다. "허리에 띠를 띠고 발에 신을 신고 손에 지팡이를 들고 어린양의 고기와 무교병과 쓴 나물을 급히 먹으라"고 하셨습니다. 이렇게 하면서 출애굽의 임박함을 몸으로 체험케 하셨습니다.

이스라엘 백성들이 처음에는 이렇게 유월절을 지키면서 지난날들을 회상하며 감격해했습니다. 그런데 시간이 지나면서 이것도 하나의 행사로 여겨졌습니다. 하나님의 은혜와 구원의 감격을 잊어버렸기 때문입니다. 그래서 예수님께서는 유월절 전 날 제자들과 마지막 식사를 하시면서 빵을 찢어주시며 "이것은 너희를 위하여 찢긴 나의 몸이다." 또 잔을 주시며 "이것은 너희를 위하여 흘리는 나의 피다. 받으라. 먹으라. 마시라"고 말씀하셨습니다. 너희를 위하여 십자가에 찢기고, 피를 흘린 그 은혜와 감격을 성찬의 예식을 행하며 다시 회상하고 잊지 말라는 것입니다.

우리는 대림절을 지나며 무엇을 잊지 않아야 합니까? 다시 오시겠다 하신 예수님의 약속을 잊지 않아야 합니다. 대림절은 성탄절을 기다리는 절기가 아닙니다. 예수님의 재림을 기다리는 절기입니다. 본문 말씀은 예수님께서 다시 오실 때 일어날 징조를 말씀하고 있습니다. 본문 말씀 바로 앞에도 예수님의 재림을 기다리는 성도들이 잊지 않아야 할 일들을 말씀하셨습니다. 그때에는 거짓 그리스도와 거짓 선지자들이 일어날 것이라고 말씀하셨습니다. 주님을 기다리는 성도들은 거짓 그리스도를 조심해야 합니다.

우리나라에는 자칭 그리스도가 참 많습니다. 이장림, 문선명을 비롯하여 신천지의 이만희, 하나님의 교회라 하는 안상홍 등 자칭 재림주가 참 많습니다. 우리는 성경말씀대로 믿어야 합니다. 우리 주님이 오시는 날은 언제입니까? 그날과 그 시는 아무도 모른다고 하셨습니다. 그러므로 언제 재림이 있다 하는 것은 다 가짜입니다. "그때에 인자의 징조가 하늘에서 보이겠고 그때에 땅의 모든 족속들이 통곡하며 그들이 인자가 구름을 타고 능력과 큰 영광으로 오는 것을 보리라"(마 24:30)고 말씀하셨습니다. 그날은 심판의 날입니다.

그러므로 자칭 재림주라 하는 것들은 다 가짜입니다. 이들은 구름 타고 오지 않았습니다. 그리고 다 늙습니다. 병들고 죽습니다. 이들은 인간이기 때문입니다. 그날에는 거짓 선지자도 많다고 했습니다. 삯꾼 목자가 많아질 것이라는 말씀입니다. 복음을 전하지 않고 헛된 것을 믿는 교회가 많아질 것이라는 말씀입니다. 교회는 복음공동체임을 잠시도 잊어서는 안 됩니다. 교회에 나와 하나님의 말씀을 듣고 은혜와 축복을 받고 세상에 나아가서 빛으로 소금으로 살며 복음을 전하는 것이 교회의 가장 중심적인 사명입니다. 왜 이렇게 삽니까? 주님의 오심을 믿고 기다리기 때문입니다.

우리 주님이 오시는 날에는 31절 말씀에 "그가 큰 나팔소리와 함께 천사들을 보내리니 그들이 그의 택하신 자들을 하늘 이 끝에서 저 끝까지 사방에서 모으리라"고 기록된 것과 같이 우리는 모두 천국 잔치에 들어가는 날이 되는 것입니다. 대림절의 마지막 날 그날에는 큰 나팔소리가 울려 퍼질 것입니다. 그리고 천사들이 우리에게 다가올 것입니다. 그리고 우리를 주님 앞으로 모으실 것입니다. 그때에 우리는 주님을 찬양하며 주님의 나라로 들어가게 될 것입니다. 대림절은 이날을 기다리는 훈련입니다. 우리는 대림절을 어떻게 준비하며 기다려야 하겠습니까?

1. 회개와 기도입니다.

세례 요한은 예수님의 오심을 전하면서 "회개하라 천국이 가까이 왔다"고 외쳤습니다. 회개한 사람만이 오신 예수님을 만날 수가 있었기 때문입니다. 우리는 원래 죄 용서를 받을 수 없는 사람들입니다. 그런데 주님께서 죄인 된 우리를 초청하시고 용서를 베풀어주십니다. 죄를 사함 받은 다음에는 옛것을 버려야 합니다. 그런데 그것이 잘 안 됩니다. 아침에 일어나면 또 같은 죄를 반복합니다. 복음을 전하지 못합니다. 주님을 찬양하지 못합니다. 부정적인 생각이 자꾸 들어옵니다. 형제를 사랑하지 못했습니다. 지난 한 주간에도 우리는 얼마나 많은 죄를 지었습니까? 주님 앞에 나오면 내 죄가 자꾸 보여야 합니다.

나는 의롭고, 나는 바르게 살았다고 말하는 사람들이 바리새인입니다. 바리새인의 특징은 내 죄가 없다고 합니다. 내가 정의롭다고 합니다. 우리는 모두가 죄인인데, 죄인은 두 가지가 있습니다. 용서받은 죄인과 용서받지 못한 죄인입니다. 우리는 용서받은 죄인인 것입니다. 그리고 또 매주일 주님 앞에 나와 우리 죄를 회개함으로 용서받아야 하는 죄인인 것입니다. 요한계시록에 "자기 두루마리를 빠는 자들은 복이 있나니"라고 하셨습니다. 자기 두루마리를 빤다는 것은 회개한다는 말입니다. 우리 죄는 회개 없이는 정결하게 되지 않기 때문입니다.

우리는 예배시간마다 사죄의 선포시간이 있습니다. 주의 종이 능력이 있어서 사죄를 선포하는 것이 아닙니다. 이 시간은 우리 죄를 철저히 고백하고 회개하는 시간입니다. 하나님 앞에 나와 나의 죄 된 모습을 다 드러내고 엎드리며 회개하는 시간입니다. 그러므로 이 시간이 아파야 합니다. 내 죄를 아파하며 회개할 때 주님께서 사죄를 선포해 주시는 것입니다. 주의 종은 다만 주님의 말씀을 의지하여 선포하는 것입니다. 교회는 주님을 만나 죄 사함을 입는 곳입니다. 그리고 그 은혜로 우리는 살아갑니다. 이 대림절에 그동안 깨닫지 못한 죄까지 깨닫는 은혜가 있기를 바랍니다.

어떤 사람에게 이 은혜가 임합니까? 말씀 앞에 엎드려 기도하는 사람입니다. 기도는 하나님과 교통하는 시간입니다. 일방적인 시간이 아닙니다. 하나님의 음성을 듣고 내 소원을 아뢰는 시간입니다. 이 대림절에 말씀을 묵상하며 우리 죄가 낱낱이 보여지는 은혜가 있기를 바랍니다. 그리고 그 죄를 바라보며 회개하고 기도하는 대림절이 되기를 바랍니다. 이것이 대림절을 맞이하는 성도의 자세인 것입니다.

2. 깨어 있어야 합니다.

그날은 도적같이 임한다고 했습니다. 도적이 언제 오는지 알고 있으면 미리 깨어 방비를 할 것입니다. 도적은 잠들어 있을 때 옵니다. "그러므로 우리는 다른 이들과 같이 자지 말고 오직 깨어 정신을 차릴지라"(살전 5:6)고 말씀합니다. 깨어있다는 말은 영적으로 깨어있다는 말입니다. 성령충만해야 한다는 말입니다. 삼손은 들릴라의 무릎을 베고 잠이 들었다가 머리를 깎기고 붙잡혀갔습니다. 유드고는 말씀을 들으며 졸다가 다락에서 떨어졌습니다. 예수님의 열 처녀의 비유에서도 신랑이 더디올새 미련한 다섯 처녀는 졸며 자다가 기름이 떨어지는 것을 몰랐습니다. 등불은 성령의 기름입니다.

우리의 영이 졸면 문제가 크게 생깁니다. 예수님께서 마지막 골고다의 기도를 드리실 때에 "함께 깨어 기도하라" 하셨는데 제자들이 졸다가 큰 시험을 당했습니다. 로마 병사들이 올 때에 다 도망치고 만 것입니다. 어느 교회에서 목사님이 설교를 하는데 교인들이 늘 졸고 있더랍니다. 그래서 장로님과 함께 계획을 했습니다. 어느 주일 평상시처럼 설교를 하면서 "여러분, 우리 주님께서는 반드시 다시 오십니다. 우리가 깨어있어야 합니다" 하고 말씀을 전하는데 교인들이 정신을 집중하지 못하고 듣고 있었습니다. 그때 목사님이 갑자기 설교를 중단하고 "여러분, 저기 보세요. 지금 예수님께서 공중에 재림하고 계십니다" 하고 큰 소리를 쳤습니다.

그때에 교회 천정에서 "뿌우~" 하고 우렁찬 나팔소리가 들렸습니다. 교회 천정에 숨어 계시던 장로님이 나팔을 불었던 것입니다. 그러자 졸던 교인들이 일어났다 앉았다 하면서 안절부절못하는 사람, 의자 밑에 머리를 박고 기도하는 사람, 완전히 졸다가 불난 줄 알고 출입구로 뛰어가는 사람, 온통 교회가 난장판이 되었답니다. 몇 사람만이 "할렐루야, 주 예수여 오시옵소서" 하고 기도하더라는 것입니다. 여러분은 어떨 것 같습니까? 재림의 나팔이 울려 퍼질 때 "주 예수여 오시옵소서" 하고 두 손 들어 주님을 맞이하는 성도들이 되시기를 바랍니다.

사탄은 우리로 하여금 졸게 합니다. 병들게 합니다. 다른 것을 바라보게 합니다. 그래서 하나님의 약속으로부터 멀어지게 만드는 것입니다. 주의 종은 여러분의 심령에 항상 좋은 것만을 뿌립니다. 하나님의 말씀은 절대로 잘못된 것이 없습니다. 그 말씀을 붙들고 살면 여러분의 영혼이 풍성해지고 강건한 축복을 받게 되는 것입니다. 그런데 사탄은 여러분의 심령에 가라지를 뿌립니다. 악한 생각을 하게 만들고 성도들 분열하게 만들고, 미움과 질투와 불평 등 모든 가라지를 다 모아 뿌립니다. 이 가라지는 얼마나 잘 자라는지 모릅니다. 농사를 지으면 배추나 고추는 김을 매주고 약을 뿌려주고 거름을 주어도 잘 죽습니다. 병충해가 한 번 돌면 고추 농사가 다 망합니다. 그런데 잡초는 농약을 주어도 그 틈에서 끄떡없이 자랍니다. 뽑아도 뽑아도 또 나와 자랍니다. 곡식이 먹어야 할 거름의 영양분을 다 빼앗아 먹습니다. 그리고 어느새 스스로 씨를 뿌립니다.

영적인 원리가 이와 같습니다. 하나님께서 우리를 사랑해 주시고 주의 종을 통해 늘 말씀을 주셔도 성도들이 잘 자라지 않습니다. 그런데 가라지는 가꾸지 않아도 혼자서 잘 자랍니다. 그러므로 성도들은 깨어 하나님의 말씀을 듣고 날마다 내 속에 자라는 가라지를 뽑아버려야 합니다. 이 시간이 가라지를 뽑는 시간입니다. 사람은 다 죄를 짓게 되어 있습니다. 그러나 그 죄가 여러분을 주장하게 해서는 안 됩니다. 그 죄를 주님 앞에 나올 때마다 말씀에 비추어보고 '아, 여기에 숨겨진 가라지가 있구나!' 하고 뽑아버려야 합니다.

하나님의 말씀은 우리 마음에 평안을 줍니다. 감사를 줍니다. 사랑을 줍니다. 천국의 소망을 줍니다. 주님을 위해 충성하는 마음, 헌신하는 마음을 줍니다. 그러나 가라지는 평안을 빼앗아가고, 불편하게 만들고, 미워하게 만들고, 질병을 주고, 세상일에 몰두하게 만듭니다. 여러분, 자꾸 천국이 임해야 하는 것입니다. 이 대림절에 여러분의 마음을 말씀에 비추어보시기 바랍니다. 그리고 가라지를 뽑아버리고 깨어있는 성도들이 됩시다.

3. 상급을 사모하는 성도들이 되시기 바랍니다.

예수님께서도 상급을 여러 곳에서 말씀하셨습니다. "또 내 이름을 위하여 집이나 형제나 자매나 부모나 자식이나 전토를 버린 자마다 여러 배를 받고 또 영생을 상속하리라 그러나 먼저 된 자로서 나중 되고 나중 된 자로서 먼저 될 자가 많으니라"(마 19:29~30)고 말씀하셨습니다. "보라 내가 속히 오리니 내가 줄 상이 내게 있어 각 사람에게 그가 행한 대로 갚아 주리라"(계 22:12)고 말씀하셨습니다. "선지자의 이름으로 선지자를 영접하는 자는 선지자의 상을 받을 것이요 의인의 이름으로 의인을 영접하는 자는 의인의 상을 받을 것이요 또 누구든지 제자의 이름으로 이 작은 자 중 하나에게 냉수 한 그릇이라도 주는 자는 내가 진실로 너희에게 이르노니 그 사람이 결단코 상을 잃지 아니하리라 하시니라"(마 10:41~42)고 말씀하셨습니다.

예수님의 팔복도 믿음을 지킨 자에게 주시는 상급에 대한 말씀입니다. 사도 바울도 "이는 우리가 다 반드시 그리스도의 심판대 앞에 나타나게 되어 각각 선악간에 그 몸으로 행한 것을 따라 받으려 함이라"(고후 5:10), "푯대를 향하여 그리스도 예수 안에서 하나님이 위에서 부르신 부름의 상을 위하여 달려가노라"(빌 3:14)고 고백했습니다. 히브리서 기자도 "믿음이 없이는 하나님을 기쁘시게 하지 못하나니 하나님께 나아가는 자는 반드시 그가 계신 것과 또한 그가 자기를 찾는 자들에게 상 주시는 이심을 믿어야 할지니라"(히 11:6)고 말씀했습니다.

성경 곳곳에서 우리가 받을 상급에 대해 말씀합니다. 천국에는 반드시 상이 있습니다. 받을 영광이 다르다는 말입니다. 믿음의 사람은 영원한 주님의 나라에서 받을 상을 소망하고 바라보는 것입니다. 이 상을 믿는 사람은 잠시뿐인 세상에서 받는 괴로움과 환난을 두려워하지 않습니다. 천국의 상이 너무나 크고 위대하기 때문입니다. 이 세상에서도 상을 받으면 기분이 좋습니다. 그러나 그 상은 다 없어질 상입니다. 영원히 변치 않는 상, 영원히 누릴 상을 우리 주님은 약속해 주셨습니다. 그것은 새 하늘과 새 땅에서 받을 상입니다. 그 상급을 기다려야 하는 것입니다. 여러분, 부끄러운 구원이 있다고 했습니다. 여러분은 상을 받는 구원의 성도가 되시기 바랍니다. 어떤 사람에게 상을 주십니까? 남보다 충성된 종에게 상을 주십니다. 더 헌신하는 자에게 상을 주시고 순교자에게 상을 주십니다.

요즘 현대교회는 봉사자를 찾기가 힘이 든다고 합니다. 식당 봉사를 맡길 분이 없어 기도하다가 한 권사님에게 "식당 봉사를 맡아주시오" 하고 말씀을 드렸습니다. 이분이 몸도 아프고 상황이 어려운데 믿음으로 하겠다고 했습니다. 그래서 식당에서 식사하는 몇 년 동안 봉사해 주셨습니다. 이제 70이 되셔서 "권사님, 그동안 고생 많으셨지요?" 하고 이야기하니 "아니요, 목사님 봉사하면서 받은 은혜와 축복이 훨씬 더 커요" 하고 대답을 합니다. 그 말을 듣고 얼마나 감사한지 모릅니다. 여러분도 그동안 공짜 밥을 먹었으니 식당에서 헌신하는 분들을 위해 축복하는 기도를 잊지 말고 꼭 하시기 바랍니다. 사실은 이 땅에서 받은 은혜와 축복보다 더 귀한 축복이 있습니다. 하늘의 큰 상급이 있음을 믿으시기 바랍니다.

맥라건 인터내셔널의 CEO인 '팻 맥라건'이 쓴 《바보들은 항상 결심만 한다》라는 책이 있습니다. 바보들은 항상 결심만 하며 산다는 것입니다. '내일부터 열심히 믿어야지, 내일부터 열심히 봉사해야지, 내일부터 잘살아야지' 이렇게 결심만 하면서 실제로는 하지 않는 바보들을 말하고 있습니다. 여러분, 상급은 실천하는 자의 것입니다. 주님께서 주시는 상을 받으려면 주님을 위해 헌신하십시오, 봉사하십시오. 주님의 명령을 따르십시오. 주님을 기쁘시게 하십시오. 그럴 때 천국의 상이 클 것입니다.

이 대림절에 주님의 오실 날을 잘 준비하시기 바랍니다. 주님이 오실 날이 멀었다고 생각하는 자에게 주님은 도적같이 오십니다. 이번 주간에도 여러 성도들이 하나님의 부르심을 입었습니다. 주님의 나라에 간 것입니다. 우리 성도들은 늘 깨어있어 주님을 기쁨으로 맞이하고 상급 받는 성도들이 되시기를 바랍니다.

적 용

ⓐ 오늘 말씀의 주제 파악하기:

ⓑ 오늘 말씀 중 은혜 받은 부분 나누기:

ⓒ 삶에 구체적으로 적용하기:

함께 드리는 기도제목

1. 우리 죄를 바라보며 회개하고 기도하는 대림절이 되게 하옵소서.
2. 하나님의 말씀을 듣고 날마다 내 속에 자라는 가라지를 뽑아버리게 하옵소서.
3. 늘 깨어있어 주님을 기쁨으로 맞이하여 하나님의 상급을 받게 하옵소서.

신앙의 기초 시리즈 34

47

너는 행복한 사람이로다

- **본 문**: 신명기 33장 29절(구 318쪽)
- **찬 송**: 560장(주의 발자취를 따름이)
- **요 절**: 이스라엘이여 너는 행복한 사람이로다 여호와의 구원을 너같이 얻은 백성이 누구냐 그는 너를 돕는 방패시요 네 영광의 칼이시로다 네 대적이 네게 복종하리니 네가 그들의 높은 곳을 밟으리로다(신 33:29)

이 세상에는 완전한 것이 없습니다. 완전한 사람도 없습니다. 건강이 좋으면 물질이 부족하고, 물질이 많으면 가정에 문제가 있습니다. 성격에 문제가 있습니다. 하나님께서 그렇게 만드셨기 때문입니다. 하나님께서는 하나님을 의지하고 살도록 인생을 부족하게 만드셨습니다. 우리는 부족하기 때문에 불행한 것이 아니라 부족하기 때문에 오히려 행복한 것입니다. 본문 말씀은 모세가 이스라엘 백성들의 각 지파를 축복한 내용입니다. 하나님께서는 모세에게 "너는 가나안 땅에 들어가지 못하리라"고 하셨습니다. 성경에는 모세가 가나안 땅에 들어가지 못한 이유를 몇 가지로 설명합니다.

첫째는 하나님께서 가나안 땅을 선물로 주셨는데 백성들이 믿지 못했습니다. 그래서 정탐을 하려고 했습니다. "그럴 필요없다. 하나님께서 주셨으니 우리가 들어가서 차지하자" 하면 되었는데 그만 백성들의 뜻에 동조했습니다. 하나님을 온전히 믿지 못한 죄인 것입니다.

둘째는 므리바 사건입니다. 백성들이 물이 없어 하나님을 원망할 때 모세는 분노하며 "내가 너희를 위하여 이 반석에서 물을 내랴" 하고 지팡이로 반석을 두 번 쳤습니다. 하나님께서는 반석을 명하여 물을 내라고 하셨는데 자신이 하는 것처럼 반석을 친 것입니다. 하나님께서 명하셨으니 그대로 전하면 되는데 내가 한다고 했습니다. 하나님의 영광을 가로챈 것입니다.

셋째는 주경학자들이 지적하는 부분입니다. 모세는 이스라엘 최고의 영도자였습니다. 그의 얼굴에 빛이 나서 사람들이 쳐다보지 못한 적도 있습니다. 가나안 땅에 들어가면 모든 것을 다 이루게 됩니다. 모세는 민족적 영웅이 될 것입니다. 그러므로 하나님은 개인이 우상화되는 것을 원치 않으신다는 것입니다. 모세는 이제 가나안 땅을 눈앞에 두고 자신은 들어가지 못하지만 마지막으로 이스라엘을 축복하고 있습니다.

본문 말씀은 아셀 지파와 이스라엘 백성들에게 주시는 축복의 선언입니다. "이스라엘아 너는 행복한 사람이로다"라고 말씀합니다. 이 말씀은 오늘 우리에게도 들려주시는 말씀입니다. 여러분은 행복한 사람들입니다. 하나님께서는 아담을 창조하시고 에덴의 행복을 주셨습니다. 그런데 아담과 하와가 하나님의 명령에 순종하지 못함으로 이 행복을 스스로 깨어버렸습니다. 아담과 하와는 하나님처럼 되고 싶었습니다. 눈이 밝아지고 싶었습니다. 이것이 교만입니다. 교만이 죄를 불러왔습니다. 교만은 다른 사람과 나를 비교하는 것입니다.

인류 첫 번째 살인자인 가인도 아벨과 자신을 비교했습니다. 여기서 비극이 시작된 것입니다. 가정에서 자녀들을 불행하게 만드는 비결은 자녀들을 비교하면 됩니다. "형은 잘하는데, 넌 왜 그러냐?" 하고 비교하면 동생은 마음에 심각한 상처를 입고 자라게 됩니다. 매사에 형과 경쟁하려고 합니다. 경쟁이 안 되면 "나는 안 되는 사람이다"라고 스스로를 포기합니다. 사람이 다 똑같지 않습니다. 머리가 좋은 사람도 있고 나쁜 사람도 있습니다. 운동을 잘하는 사람도 있고 못하는 사람도 있습니다. 모두가 류현진 선수처럼 야구를 잘할 수 있습니까? 내가 잘하는 것을 열심히 하며 살면 됩니다.

인생이 다 똑같지 않습니다. 어려움이 많은 사람도 있고 쉽게 사는 사람도 있습니다. 아브라함같이 사는 사람도 있고, 야곱같이 사는 사람도 있습니다. 요셉같이 고난의 삶을 이기고 산 사람도 있습니다. 우리도 교회에서 보면 다 다릅니다. 그러나 하나님께서는 각자에게 다 행복의 분깃을 주셨습니다. 하나님께서 자녀들에게 원하시는 것은 행복하게 사는 것입니다. 여러분의 자녀들이 어떻게 사는 것을 원하십니까? 부자로 사는 것, 좋은 직장을 얻는 것, 건강한 것 등 많은 것을 원하지만 가장 원하는 것은 자녀들이 행복하게 사는 것입니다.

하나님도 그렇습니다. 하나님의 자녀들이 행복하게 사는 것을 가장 원하십니다. 그래서 각자에게 다른 삶을 주시지만 행복하게 사는 것을 원하시고 행복을 이미 주셨습니다. 행복의 반대가 무엇입니까? 불행입니다. 불행은 내가 행복하다는 것을 깨닫지 못하고 불평하는 것입니다. 사람들은 늘 부족합니다. 그래서 부족한 것을 채우려고 합니다. 돈을 벌려고 하고 자녀를 교육시키려고 합니다. 그래서 돈을 벌면 완전해집니까? 자녀가 공부를 다하면 완전해집니까? 또 다른 부족함이 늘 있습니다.

오늘 현대인들은 늘 부족하다고 합니다. 정치를 보면서 부족하다고 합니다. 내가 지지하는 정당이 아니면 사사건건 다 못마땅합니다. 그래서 텔레비전을 보면서도 불평을 합니다. 비싼 음식을 사먹으면서도 무엇이 부족했다고 생각합니다. 생선이 짜고 회는 좀 작게 썰어놓아서 맛이 없었다고 합니다. 여러분, 예배를 드리고 나서는 행복하십니까? 찬양대가 어디가 부족했다고 말합니다. 그러는 자기는 찬양을 잘합니까? 찬양대가 찬양을 매주일 드리기 위해 얼마나 열심히 기도하고 연습하는지 아십니까? 혹시 '이 부분에서는 왜 이렇게 설교하지?' 하고 설교를 늘 비판하는 것은 아닙니까?

여론조사 기관인 갤럽이 2015 세계의 국가별 행복지수를 조사했는데 조사 대상 143개국 가운데 한국은 행복지수가 118번째였습니다. 한국처럼 잘사는 나라가 어디에 있습니까? 일본에 가보니 수박을 먹어도 조각을 사서 먹습니다. 우리처럼 한 통을 잘라서 먹지 않습니다. 음식을 사먹는데 반찬을 아주 적게 줍니다. 단무지 몇 개 줍니다. 더 달라고 하면 돈을 더 내라고 합니다.

유럽에 가보니 그 잘사는 나라에서 승용차들이 거의 다 소형차들입니다. 우리는 작은 차를 타고는 만족해하지 않습니다. 독일 같은 나라에 가보면 20여 년 된 자동차들이 다 잘 다닙니다. 냉방장치가 없는 차들도 많습니다. 그러면 그 사람들이 불평하면서 차를 탑니까? 아닙니다. 행복은 조건이 아닙니다. 많은 것을 가졌다고 행복한 것이 아닙니다. 행복은 깨닫는 데 있습니다. 내가 행복하지 못하다고 느끼는 사람들을 보면 못 배운 사람보다 많이 배운 사람들이, 못 사는 사람보다 잘사는 사람들이 더 그렇습니다.

닭들이 모이를 쪼아 먹는 것을 보면 참 행복하게 보입니다. 소도 풀을 뜯어먹는 것을 보면 참 행복하게 먹습니다. 어릴 때 한번은 소가 하도 맛있게 풀을 먹길래 나도 그 풀을 뜯어 먹어본 적이 있습니다. 그런데 맛이 하나도 없습니다. 그런데도 소는 침을 흘려가며 늘 맛있게 먹는 것입니다. 사람들은 풀을 먹어도 그저 먹지 않습니다. 소스를 만들어 먹고, 된장을 발라 먹고 온갖 방법을 다해 맛있게 먹으려고 합니다. 물을 먹어도 물에 맛을 냅니다. 사과 맛, 복숭아 맛, 포도 맛, 레몬 맛, 석류 맛 등 온갖 종류의 맛이 있습니다. 그러면서도 늘 부족해합니다.

우리는 행복할 줄 알아야 합니다. 이스라엘 백성들의 특징은 행복을 깨닫지 못하는 데 있었습니다. 이들은 하나님의 특별한 은총을 입은 백성들인데도 불구하고 늘 불평했습니다. 그래서 오늘 말씀은 '너는 행복한 자'라는 것을 깨달으라고 주신 것입니다. 사람은 만족할 줄 알아야 행복합니다. 감사한 줄 알아야 행복합니다. 탕자의 비유에 보면 탕자는 늘 불평이 있었습니다. 아버지의 품에 있으면서 부족함이 없었는데도 늘 그의 시선은 밖으로만 향했습니다. 마침내 아버지의 유산 상속을 요구하여 그 돈을 가지고 세상에 나갔습니다. 그 많은 돈을 흥청망청 쓸 때에는 친구도 많았습니다. 재미가 있었고 행복했을 것입니다.

그러나 그 행복이 얼마 가지 않았습니다. 여러분, 세상의 행복은 계속되는 것이 아닙니다. 언젠가 끝나는 날이 옵니다. 언젠가 어떤 분이 가장 친한 친구라고 저에게 소개를 했습니다. 함께 식사를 하는데 제가 보기에는 친구가 아니었습니다. 그 친구는 돈이 없기 때문에 돈 많은 친구의 옆에서 그저 이야기를 듣는 것입니다. 제가 보기에는 돈이 떨어지면 이 친구도 떠날 것입니다. 정치하는 사람들이 힘이 있을 때는 가까이하는 사람들도 참 많습니다. 그것이 자기의 능력이라고 착각하면 어리석은 것입니다. 사람들은 힘 앞에 엎드리는 것입니다.

얼마 전 뉴스에 故김대중 대통령의 처남 되는 분이 세상을 떠난 기사가 났습니다. 이분은 정권의 실세였습니다. 당시 이분을 통하지 않고는 아무것도 할 수 없다고 했습니다. 그런데 여든이 넘어 아내와 이혼하고 홀로 살다가 세상을 떠난 지 5일 만에 오피스텔에서 발견이 되었습니다. 이야기를 들어보니 학교 동기들이 일주일에 10만 원 정도 도와주는 것으로 살았다는 것입니다. 오피스텔에 돌아가도 누가 밥을 해주는 사람도 없었고 굶기를 다반사로 했다는 것입니다. 외롭고 쓸쓸했습니다. 미국에서 한인 회장도 했고, 대통령의 처남이니 누구와 밥을 먹어도 밥값을 내야 했을 것입니다. 밥값을 안 내면 짠돌이라고 욕을 했을 것입니다. 그러니 마음고생이 얼마나 심했겠습니까? 이분의 뉴스를 들으면서 참 권력이 무상하구나 하는 것을 느꼈습니다.

사람들이 정 목사를 훌륭하다고 말합니다. 이 말에 속지 않아야 합니다. 제가 훌륭한 것이 아니라 우리 교회가 훌륭한 것입니다, 지금은 많은 사람들이 찾아와 사람들 만날 시간도 없지만 우리 교회가 없으면 저에게 찾아올 사람도 없을 것입니다. 세상의 것으로 행복해하는 사람은 세상의 것이 사라지는 순간 행복이 사라집니다. 그리고 일어설 수 있는 힘을 잃어버리는 것입니다. 그러나 하나님 안에 있는 사람은 늘 행복합니다. 하나님은 언제나 변함이 없으십니다. 하나님은 모든 것을 다 가지고 계십니다. 하나님은 조건을 바꾸어주실 수 있는 분이십니다. 그러므로 우리가 하나님을 붙잡고 살면 언제나 행복합니다.

본문 말씀은 하나님의 자녀들이 행복한 이유를 말씀하고 있습니다.

"여호와의 구원을 너같이 얻은 백성이 누구냐 그는 너를 돕는 방패시요 네 영광의 칼이시로다 네 대적이 네게 복종하리니 네가 그들의 높은 곳을 밟으리로다"(신 33:29).

이스라엘은 애굽에서 하나님의 전적인 도우심으로 해방되었습니다. 광야생활을 하는 가운데 목이 말라 아우성을 쳤지만 사실은 목이 말라 죽은 사람이 없었습니다. 만나와 메추라기로 늘 먹을 것이 있었습니다. 이렇게 하나님의 구원을 얻은 백성들인 것입니다.

오늘 우리가 그렇습니다. 이 사실을 깨달아야 감사가 나옵니다. 우리는 이집트와는 비교도 할 수 없는 악한 사탄의 세력에서 하나님의 은혜로 해방이 되었습니다. 이스라엘이 광야를 걸어갔던 것처럼 우리도 세상을 살면서 어려움이 있습니다. 질병이 찾아오기도 하고 눈물나는 일들이 일어나기도 합니다. 그러나 하나님의 은혜를 입어 여기까지 왔습니다. 오늘도 하나님의 집에 와서 하나님의 말씀을 듣는 것이 얼마나 큰 은혜인지를 깨달아야 합니다.

이 은혜를 잊어버린 사람들이 불평합니다. 불평은 교만하기 때문에 오는 것이라고 했습니다. 이런 사람이 있으면 그 사람만 문제가 있는 것이 아닙니다. 주변의 사람들에게 나쁜 영향을 미칩니다. 그래서 다른 사람이 받을 복도 못 받게 합니다. 여러분이 하나님의 구원의 백성이 된 것을 진심으로 감사하시기 바랍니다. 하나님은 우리를 돕는 방패가 되어주십니다. 우리의 영광의 칼이 되어주십니다. 세상이 아무리 무시무시한 칼을 들고 덤벼들어도 하나님이 방패가 되어주시니 그 방패를 뚫을 수가 없습니다. 하나님께서 영광의 칼이 되어주시니 우리가 나아갈 때에 승리하도록 도와주십니다. 그래서 우리로 높은 곳에 서게 하십니다.

우리 교회에는 예수 믿지 않을 때 잠을 못자고 귀신이 나타나 못 살게 굴어서 예수 믿은 분들도 여러 분 있습니다. 돌아가신 할머니가 나타나거나 누가 나타나서 잠을 못 잔다는 것입니다. 그래서 너무 힘이 들어 교회에 나왔는데 예수 믿고 이러한 일들이 다 그쳐졌다는 것입니다. 하나님께서 돕는 방패가 되시기 때문입니다. 하나님의 방패를 이길 자는 이 세상에 없습니다.

세상에서 실패한 사람도 교회에 많이 있습니다. 부도가 나서 교회에 나온 사람도 있습니다. 세상 사람들은 부도가 나면 술을 퍼 마십니다. 낙심합니다. 사람들을 원망합니다. 그러면 점점 더 악화되는 것입니다. 술을 많이 마시니 병이 나고, 다른 일도 못하게 됩니다. 가족들이 서로 원망합니다. 그러나 믿음의 사람들은 세상에서 문제가 생겨도 교회에 나와 새 힘을 얻습니다. 하나님께서 그 손에 힘을 주십니다. 새로운 길도 열어주십니다. 가만히 보니 망했던 분들이 더 열심히 신앙생활을 합니다. 그리고 매일매일을 행복해합니다. 하나님의 방패 되심과 영광의 칼이 되어주심을 체험했기 때문입니다.

우리 인생은 다 병이 있습니다. 몸이 아프면 병원에 가서 그 원인을 찾아내고 치료를 해야 합니다. 제가 아는 사람이 밤중에 배가 하도 아파 무엇인가 위를 잡아 뜯는 것 같아 응급실로 갔더니 의사선생님이 "회를 먹었느냐?" 그러더랍니다. 그렇다고 했더니 위 내시경을 집어넣고 작은 기생충을 잡아내더랍니다. 이 기생충이 위액에도 잘 녹지 않고 위를 뚫고 들어간답니다. 그래서 죽지도 않고 몸 안에 기생을 한다는 것입니다. 의사선생님이 "여기도 한 마리 또 있네" 하면서 잡아내더라는 것입니다. 의사선생님에게 가지 않았더라면 어떻게 되었겠습니까?

영혼의 병도 그렇습니다. 여러분은 모두가 다 영혼의 병이 있습니다. 이 병이 진짜 무서운 병입니다. 고치지 않으면 인생이 불행하고 그러다가 마침내 영원한 불행을 맛보게 되는 것입니다. 영혼의 병은 어떻게 고칩니까? 교회에 나와야 합니다. 우리의 의사가 되시는 주님을 만나 그 음성을 들으면 우리 영혼의 병을 치유시켜 주십니다. 말씀으로 치유해 주십니다. 그러므로 예배시간에 하나님의 말씀을 들을 때 힘을 다하여 들으시기 바랍니다. 그러면 인생이 치유되고 행복해지는 것입니다.

사탄은 우리의 행복을 빼앗아가는 자입니다. 행복을 빼앗긴 것이 있으면 다시 찾아오시기 바랍니다. 여러분, 심령이 행복하시기 바랍니다. 주의 전에서 늘 행복하시기 바랍니다. 감사하는 사람은 말씀을 들을 때마다 은혜를 받습니다. 은혜를 받으면 행복하게 됩니다. 은혜를 받으면 그 은혜가 이루어지는 능력이 있습니다. 그래서 잘되는 역사가 일어납니다.

우리 교인들이 "목사님 행복해요" 하는 말을 들을 때마다 제가 얼마나 행복한지 모릅니다. 제가 여러분을 행복하게 할 능력이 있는 것이 아닙니다. 하나님께서 주시는 은혜를 받으니 목사님을 보아도 행복해지는 것입니다. 장로님을 보아도 행복하고, 집사님 권사님을 보아도 행복한 사람이 되는 것입니다. 여러분의 마음속에서 행복을 훔쳐가는 여우를 잡아야 합니다. 아가서 2장에 보면 포도원을 허는 작은 여우를 잡으라고 말씀합니다. 여우는 우리 가운데서 행복을 훔쳐가는 사탄의 역사입니다.

가정에서 서로 감사하고 행복해야 하는데 미움이 일어나게 만듭니다. 주의 전에 감사와 감격으로 나와 은혜를 받고 축복의 삶으로 나아가야 하는데 작은 여우가 이것을 훔쳐갑니다. 여러분의 심령에, 가정에, 일터에, 신앙생활에 행복을 훔쳐가는 여우가 있습니까? 하나님께로 나오면 다 고쳐주십니다. 너는 '행복한 사람'이라 말씀하신 대로 우리를 행복한 길로 인도해 주십니다. 성도 여러분, 하나님께서 주신 행복을 다 차지하고 살아가는 성도들이 됩시다.

적 용

ⓐ 오늘 말씀의 주제 파악하기:

ⓑ 오늘 말씀 중 은혜 받은 부분 나누기:

ⓒ 삶에 구체적으로 적용하기:

함께 드리는 기도제목

1. 오늘 말씀처럼 나는 행복한 사람이라는 것을 깨닫게 하옵소서.
2. 우리가 하나님을 붙잡고 살아 언제나 행복한 삶을 살아가게 하옵소서.
3. 너는 행복한 사람이라 말씀하신 대로 우리를 행복한 길로 인도하여 주옵소서.

말씀과 기도가 있는 구역 만들기 9

기초가 튼튼한 사람들

1판 1쇄 인쇄 _ 2018년 1월 5일
1판 1쇄 발행 _ 2018년 1월 10일

지은이 _ 정명철
펴낸이 _ 이형규
펴낸곳 _ 쿰란출판사

주소 _ 서울특별시 종로구 이화장길 6
편집부 _ 745-1007, 745-1301~2, 747-1212, 743-1300
영업부 _ 747-1004, FAX 745-8490
본사평생전화번호 _ 0502-756-1004
홈페이지 _ http://www.qumran.co.kr
E-mail _ qrbooks@gmail.com / qrbooks@daum.net
한글인터넷주소 _ 쿰란, 쿰란출판사
등록 _ 제1-670호(1988.2.27)
책임교열 _ 박신영·김영미

 ISBN 979-11-6143-078-2 93230